贵州省习近平新时代中国特色社会主义思想进教材
建设研究基地

《中国古代史（下）》
课程教学研究与案例分析

Course Teaching Research and Case Analysis of
Ancient Chinese History (Part II)

王雅克○著

中国社会科学出版社

图书在版编目（CIP）数据

《中国古代史（下）》课程教学研究与案例分析／王雅克著. —北京：中国社会科学出版社，2023. 12

ISBN 978 - 7 - 5227 - 2759 - 2

Ⅰ. ①中… Ⅱ. ①王… Ⅲ. ①中国历史—古代史—教学研究—高等学校 Ⅳ. ①K220. 7

中国国家版本馆 CIP 数据核字（2023）第 235597 号

出 版 人	赵剑英	
责任编辑	宋燕鹏	
责任校对	李 硕	
责任印制	李寡寡	

出 版	中国社会科学出版社	
社 址	北京鼓楼西大街甲 158 号	
邮 编	100720	
网 址	http://www.csspw.cn	
发 行 部	010 - 84083685	
门 市 部	010 - 84029450	
经 销	新华书店及其他书店	

印 刷	北京君升印刷有限公司	
装 订	廊坊市广阳区广增装订厂	
版 次	2023 年 12 月第 1 版	
印 次	2023 年 12 月第 1 次印刷	

开 本	710 × 1000 1/16	
印 张	27. 75	
字 数	512 千字	
定 价	158. 00 元	

序　　一

癸卯三月初某日，在贵州师范大学任教的王雅克君来函告之，其教学专著《〈中国古代史（下）〉课程教学研究与案例分析》即将由中国社会科学出版社出版，嘱予为其大著作序。

读其书，知其人。首先谈谈我所认识的王雅克君。我们的师生缘分始于2009年，他大学毕业并在中学任教数年后，立志深造，考入河北大学宋史研究中心，彼时本人在中心任教并首获硕士生导师资格。研究生三年时间里，教学相长，我们的师生之谊也在互相学习中结成。2012年他考取了中国科学院自然科学史研究所科技史专业的博士研究生，三年之后毕业即到贵州师范大学任教，讲授《中国古代史》《科学技术史》等课程。八年时间里，教学、科研并重，尤其注重历史专业本科课程的教学工作与师范生教学能力的培养，成绩斐然。于我而言，仅在研究生教学方面有一些经验性的浅薄认识，对本科教学则是"师不必贤于弟子，闻道有先后，术业有专攻"了。

本书上篇，作者枚举了宋元明清时期的二十个教学设计方案，逐一分析了教学内容、目标、重难点，且对于教学策略、板书设计、教学流程和教学环节的把握细致入微。在课程内容上，作者紧紧围绕中国古代社会后半段的政治、经济、文化、科技展开。政治经济方面，既包括拐点性质的历史事件，如澶渊之盟、郑和远航；又包括影响深远的经济改革，如王安石变法时期青苗法的推行、明太祖"治隆唐宋"的表现。这些重大历史事件和经济改革措施，有助于我们理清历史发展的主体脉络。科技文明方面，既包括充满人文精神的东坡治水、宋人抗疫，又包括繁荣稳定之下的宫城营建、舆图绘制、图书编纂和科举的繁盛与西传。这些中国古代文化科技方面的伟大成就，代表了中华民族优秀的文化遗产。文化思想方面，既包括封建王朝贪腐亡国之鉴，又包括名臣巨儒爱民治世之明。让我们面对传统文化，可以做出择优去劣的明智选择。课程所选取讲授的内容，落脚于"自觉弘扬中华优秀传统文化"，无疑充分体现并落实了2020年教育部《高等学校课程思政建设指导纲要》所提出的"课程思政理念"。

本书下篇，为课程教学详案与反思评价。在课程举隅的详案部分，充分体现了他的学术专长，树立了研教结合的榜样。以其中的宋代为例，两宋时期是中国古代经济、文化发展的高峰，在相关的六个教学设计方案中，作者颇具巧思：其一，选取重点、细致深入。澶渊之盟是对宋、辽双方乃至整个东亚政治格局产生深远影响的历史事件；青苗法（又称常平新法）的推行，是关乎王安石变法成败的重要内容之一，至南宋朱子社仓法也有所借鉴。其二，结合现实、视角新颖。唐宋八大家之一的苏东坡因治水之功，名列 2019 年水利部公布的第一批中国历史治水名人；他还是宋人抗疫的代表人物，在杭州散发名为"圣散子方"的中药，并建立了我国历史上第一所官办慈善医院"安乐坊"。宋人的系列抗疫措施，为 2020 年以来我国新冠疫情的防治提供了切实有益的借鉴。新冠疫情能最终取得胜利，传统的中医、中药学也发挥了重要作用。其三，正反对比、客观平实。宋代文化繁荣与专制腐朽是看似对立的历史现象，但实则是历史发展矛盾论的具体表现，两节课程对照来讲，使学生对历史的认识更具客观性。同时，作为中国科学院自然科学史研究所博士的学术身份，他的科技史研究专长在本书的详案中也有突出体现。郑和远航的科技条件、紫禁城的营建、明人治蝗、小冰河期在明清易代中的影响、《皇舆全览图》的绘制，涉及航海、建筑、农业、气候、地图等自然科学知识。科学文明史，既是中华优秀传统文化的重要组成部分，又对世界文明的发展产生了深远影响。本书对中国古代科学文明史的关注与弘扬，十分有助于学生树立马克思主义唯物史观，增强对中华民族优秀文化的自豪感和自信心。

此外，十一位教育教学专家在肯定教学效果的同时，就课程导入、教学方法、详略及不足，给出了切实中肯的点评意见。比如："历史学的学科特质之一在于论从史出，史料实证是历史解释的基础。通过引导学生分析史料，能够训练历史专业本科生基本的历史素养。建议该部分讲授时，可以适当压缩讲授内容，在现有内容中选择更具有代表性的文化现象和历史人物进行阐述，增加必要的史料文献，彰显历史学的学科特质。"围绕"立德树人"推进高校与中学历史教学的融合，是思政理念落实到课程教学实际的重要环节。中学历史教学偏重于对知识的掌握，高等学校历史教学更注重对学生能力的培养。作为高等学校的教师，以教促研，以研优教，教研相长，是课程反思评价中的重大收获。

以上为本人拜读王雅克君首部教学专著的粗浅感受和心得。书中所列诸位教育教学专家的点评，亦使我获益良多。教学相长，薪火相传。借此序言，向王雅克君表示衷心祝贺。

王晓薇

2023 年 4 月

于河北大学宋史研究中心

序　二

高校学者出版的学术研究书籍汗牛充栋，但专门针对一线教学的著作相对要少得多，精品教学设计更是凤毛麟角，从这一角度来看，雅克博士这本著作的出版实乃学界一大幸事！

这本书的成书基础是雅克博士冲刺第六届全国高校青年教师教学竞赛过程中精心打磨的比赛材料，赛后他又根据指导专家的意见作了大量修改。"青教赛"是目前国内高校教师教学竞赛的最高水平的赛事，比赛竞争之激烈，材料要求之高都远非其他可比。我也参加过这项赛事，深知备课过程之艰辛，质量要求之高。不是"金课"，不出精品，很难层层突围，哪怕冲出校赛都非常不易。这本书以"青教赛"的参赛教案材料为基础，水平是很有保证的。

众所周知，课上得好与坏与课前是否用心备课、是否精心设计直接相关，评价教学设计的好坏和评价授课水平的高低在标准上也紧密相连，首先都要看教师对教学内容的选择和把握。教学内容本身的学术性应该是评价高校教师教学设计的首要标准。格里高利《教学七律》第一点就强调教师对教学内容的掌握。作为承担学术教学研究的主阵地，高校教学更应该强调"内容为王"。雅克博士这本教学设计汇编在教学内容选择方面非常有特色。第一，他不是对整个《中国古代史（下）》这门课程全部内容的泛泛讲授，而是结合自己的研究专长选取了二十个教学点进行深入发掘。从教学层面来看，教学内容的选择首先是重难点的选择。本科生的自主学习能力较强，课堂教学在很多时候不必面面俱到，抓住关键点以点带面，讲授方法，引发思考，培养能力是关键。这二十个教学设计都是围绕教学重难点的突破，这是实施有效教学的重要特征。第二，这二十个教学设计都具备较高的学术含量。一直以来，高校课程的学术含量都是高阶课堂的重要特征。这就要求教师在备课过程中，广搜史料，大量阅读相关学术论著，对所讲内容有透彻深入地掌握。比如基于一手文献，对苏轼治水理论和实践经验的讲解，就揭示了苏东坡治水专家的身份，这就有助于学生学会从不同角度认识、评价历史人物，进而提升学生的史学思辨能力。第三，这二十个教学设计中科技史内容的讲授是一大亮点，这也是教师个人学术专长和教学特色的有机结合，比如，郑和远航是明史中的重要内容。而《郑和远航的科技条件》就是从科技史的角度、结合必要的细节，分析了郑和远航得以成功的奥秘所在。直观形象地为学生们展现了六百年前那幅波澜壮阔的历史画卷，这对古代史的教学而言，是非常有益的补充。事实上，高校各学科的教学都需要有深厚研究基础的教师以自己的学术专长为突破口来为本科教学的高楼大厦增砖添瓦，这种举隅式的补充很值得提倡。

教学是门科学，只有丰厚的学科知识也是不够的。我们不仅要知道讲什么，还要知道如何讲。优秀的教学设计也必须有相关教学理论的支撑。教师对相关理论不仅要学的透，悟得深，还要应用地自然贴切。雅克的这本教学设计汇编全面贯彻了以学生为中心的理念，重视学情分析，重视诱思探究，通过预习和作业等教学安排有效链接了学习全过程，教学环节设计也都凸显了学生的主体地位。在教学目标设定上，教师遵循了学院最新版的人才培养方案，注重能力素养的落实，注重与社会需求对接，也关照了中学历史教学的核心素养，完全符合当前师范专业认证的核心理念。更为难得的是，在追求深度和个性的同时，教师在设计层面也非常注重规范和细节。大学教师的教师设计，多数都比较偏重教学内容的发掘，常常在设计规范层面略显随意。雅克博士的教学设计在内容层面比较全面，教材、课程、学情、课程资源等内容都有较为周全的考虑，教学流程逻辑顺畅，环节也非常清晰，尤其是导入和小结都非常精彩，很有艺术性，值得反复玩味。必须要指出的是，该书中的 PPT 和板书设计也都很讲究。即便仅仅是粘贴在环节框架内的几张图片，体现不出全貌，仍可见版面设计之精美、讲授逻辑之清晰以及图片选择之审慎。多数高校教师都很依赖 PPT，往往忽视板书，雅克博士却在板书设计上用力颇深，很值得关注。其特点是主线清晰，简洁明了，和精彩的讲授相得益彰。从我现场听课的感受来看，精美的 PPT 和工整大气的板书就像课堂的双翼，提升了整个讲授的质量和高度，绝对不能偏废其一。此外，这本书的专家点评部分也是一大亮点。书中记录并提炼了专家在多次磨课过程中的重要点评，其中不乏启发教学研讨的智慧火花，对深入理解该教学设计以及相关的教学研究都有相当的参考价值。

当然，限于本书的体例和作者的精力，本书也存在一些问题。我认为既然汇集成一本书，就应该有一些整体的设计，在单个的教学设计之外应该有一些课程内容或者教学设计理念层面的论述。比如二十个教学设计的课程分析、教材分析部分内容都是重复的，分析的透彻性尚有不足，可以考虑在教案成书过程中将这部分内容删除，在单个的教案之前以专题论述的形式单列更为深入的课程分析及教材分析，这样也许会更合理一些。另外，该书在课程资源的开发和建设尚有改善空间，作为教学行为的重要组成部分，教学反思也是应该有的。

总之，雅克博士的这本教学设计举隅中有不少新的尝试，对《中国古代史》乃至其他文史类本科专业课程的教学也有很多借鉴意义，在当下以本为本，重视本科教学的大背景下，该成果很值得大力推广。

时光拨回到 2014 年 9 月初，刚参加完国赛后，我手上也有一份厚厚的教案材料，可叹后来一直忙忙碌碌，未能再深入研究整理，到现在也还只是躺在书柜里的一堆资料。雅克书成后，托我写序，我觉得很惭愧，勉为其难。人生总是这样，有很多美丽的风景在匆忙赶路的旅途中错过了，幸有雅克博士能够懂得生活的诗意，驻足赏析，提笔丹青，为我们留下了教学人奋力耕耘的美好画卷。谢谢雅克，也借此机会向能研读此书或能提出宝贵修改意见的专家、教师们致谢！

冷江山

2023 年 4 月

于贵州师范大学花溪校区龙文山下

目　录

导　言

上　篇
《中国古代史（下）》课程教学设计举隅

下 篇
《中国古代史（下）》课程教学详案与反思评价

结 语

导 言

践行有效教学理念，落实课程思政元素

——《中国古代史（下）》课程教学理念

无论教学者是否主动地运用某种教学理念，课程教学的开展，都离不开特定教学理念的指导。尤其师范高校的专业课教学不仅要教书育人，而且承担着为中等教育培养师资的责任，教学理念尤为重要。通常而言，现代教学理念主要有以人为本理念、全面发展理念、素质教育理念、创造性理念、开放性理念、建构主义理念等等①，而上述诸多理念落实到具体的课堂教学中就直接指向了有效教学理念。

何为有效教学？学术界至今还没有达成共识②。有学者主张，学生有无进步是判断教学效益，即有效教学的唯一标准③，也有学者认为既促进学生发展又促进教师自我成长的教学才是有效教学，有效教学应该是对教学的基本要求④。张静华在博士学位论文中对有效教学概念的内涵演变进行了梳理，认为能够促进学生学习与发展的才是有效教学⑤等等。事实上，有效教学理念可以分为狭义和广义两方面。狭义方面主要集中于一堂课的教学，即教学由师生共同参与完成，在教师的设计和引导下，能够激发学生的兴趣、促进学生的学习、提升学生的能力。广义而言，通过课后总结反思以及课程结束后的总结反思，能够使教师基于教学过程，从课堂教学和课程教学两方面反思教学、完善教学，在课程整体上提升教师教学和育人的能力。总之，教学相长是有

---

① 吴金秋：《中国高校"融入式"创新创业教育》，黑龙江人民出版社 2013 年版，第 28 页。

② 参见姚利民《有效教学研究》，博士学位论文，华东师范大学，2004 年；何旭明《通俗：大学有效教学的关键》，《中国大学教学》2009 年第 8 期；吴艳茹、闫广芬《大学教师有效教学的特征分析与校际比较》，《教育研究与实验》2009 年第 3 期；赵菊姗《大学有效教学及教学管理的理念与思考》，《中国大学教学》2010 年第 1 期；罗生全、程芳芳《大学教师有效教学特质及其养成》，《黑龙江高教研究》2012 年第 6 期；陈晓端、张立昌《有效教学》，高等教育出版社 2015 年版；王兴宇、李卫东《研究型大学有效教学的实证研究——以山东大学为例》，《教育与教学研究》2015 年第 12 期；肖庆华《有效教学的异化及其伦理视野》，《教育研究》2017 年第 11 期；崔允漷《有效教学》，华东师范大学出版社 2018 年版等等。

③ 崔允漷：《有效教学：理念与策略（上）》，《人民教育》2001 年第 6 期。

④ 余文森：《有效教学十讲》，华东师范大学出版社 2009 年版，第 25 页。

⑤ 张静华：《本科课堂教学有效性研究》，博士学位论文，华东师范大学，2021 年。

效教学的重要衡量标准。

2020 年，教育部在《高等学校课程思政建设指导纲要》中提出了"课程思政理念"，强调高校课程教学的根本任务是落实"立德树人"，明确要求"全面推进高校课程思政建设，发挥好每门课程的育人作用，提高高校人才培养质量""落实立德树人根本任务，必须将价值塑造、知识传授和能力培养三者融为一体、不可割裂"①。其中对于历史学专业课程的要求之一是"自觉弘扬中华优秀传统文化"。基于此，《中国古代史（下）》的教学内容是选取宋、元、明、清②四个阶段政治、经济、文化、外交、社会等领域中重要的历史事件、文化成就、历史人物进行阐述、分析和评价，从历史的角度培养学生站在马克思主义的立场，依托具体史料，辩证分析历史事件、多角度评价历史人物的史学思维。通过对多民族统一的历史大势的讲解，强化学生多元一体的民族观，从而筑牢中华民族共同体意识；通过对不同阶段优秀文化成就及其影响的阐释，增进学生的文化认同，坚定学生的文化自信。

那么，有效教学理念与课程思政元素的关系如何？以历史学专业核心基础课《中国古代史（下）》为例，针对课堂教学，通过怎样的途径践行有效教学理念、落实课程思政元素呢？

一　有效教学理念与课程思政元素的关系

课堂教学是一种认知与实践的过程，确切而言，是在教师有计划地引导之下，通过师生互动，学生积极参与学习和理解知识、掌握和运用方法，促进学生认知发展、开拓学生思维、提升学生实践能力的过程。这种认知和实践的过程实际上是一种"双边活动过程"③：在课堂教学中，需要充分发挥教师和学生双方的主动性，教师实施有效的引导、组织，学生积极配合思考、主动实践，师生双方协调一致才可能实现有效教学，而以"立德树人"为根本的课程思政元素就体现在有效教学之中。因此，践行有效教学理念和落实课程思政元素之间是相互融合、相互促进、相互发展的关系。

---

① 《教育部关于印发〈高等学校课程思政建设指导纲要〉的通知》，http://www.moe.gov.cn/srcsite/A08/s7056/202006/t20200603_462437.html，访问时间：2020 年 6 月 20 日。

② 《中国古代史（下）》课程的时间下限是辛亥革命之前，并不是鸦片战争。从 1840 年到 1912 年的七十余年为晚清或者清末，总体而言，这一时期的政治、经济、文化等依然是中国古代的延续，但由于近代西方的侵扰，使这一时期又呈现出明显不同于中国古代的复杂性。

③ 时伟：《教育学》，安徽大学出版社 2020 年版，第 215 页。

一方面，践行有效教学理念为落实课程思政元素奠定了基础。从课堂教学的过程来看，一般由新课导入、新课讲授、总结回顾、作业布置等几个环节构成。根据教学内容的不同，新课导入可以采取直接导入、设疑导入、故事情境导入等方法，目的在于短时间之内把学生引入新课学习中；新课讲授主要是教师通过问题设置引导学生分析、思考课堂内容、理解新知识，学生通过思考和实践掌握学习方法，提升解决问题的能力的过程；总结回顾主要通过梳理新课内容，帮助学生建立知识体系；作业布置的目的在于使学生巩固所学，同时为下一节课的学习奠定基础。上述四个环节，在课堂教学过程中价值不同，但缺一不可，任何一个环节由于其本身的价值性，都是有效教学理念的体现。课堂教学中要实现的激发学生学习兴趣、促进学生认知理解、强化学生史学思维、培养学生学习方法、提升学生实践能力以及教师通过课堂教学反思，完善课程教学体系，都体现了有效教学理念，课堂教学的有效性和课程教学培养人才的有效性是课程思政"立德树人"原则落实的载体。

另一方面，落实课程思政元素是践行有效教学理念的根本目标。课程思政根本任务是"立德树人"，这体现在每一门课的育人过程中。针对历史学类课程的课程思政要求与历史学的学科特质直接相关。历史学类课程，除了中国古代史、中国近现代史、世界古代中世纪史、世界近现代史这些通史类核心课程外，就是中国经济史、中国政治制度史、中国文化史、西方文化史、国际关系史、美国史专题等，这些课程的教学目标有差异，教学内容有侧重，教学方法有特色，但同属历史学体系，在历史学的人才培养目标方面有共同之处，即遵循不同学科的教学规律、通过不同学科的教学内容，都需要培养历史专业本科生全面搜集文献的能力、综合分析史料的方法、辩证解读史实的思维、多角度评价人物的标准等素质。如中国古代史教学需要让学生依据基本史料理解中华民族多元一体形成和发展的趋势；认识哲学思想、文化艺术、教育科技在中国古代史上不同阶段的传承及影响；领会人民群众在推动中国古代社会演变的过程中的决定作用等等，这实质上就是课程思政元素与人才培养目标和课程教学的融合，就是课程思政润物细无声的育人效果的实现。

二　践行有效教学理念的路径

通常而言，在一个完整的教学过程中，学情分析是首先要进行的环节。以此出发才能确定有效的教学目标、选择有效的教学方法展开教学。《中国古代史（下）》课程的授课对象是大一新生。这个阶段的学生刚刚完成了中学阶段的历史学习，并且经过了高考之前的全面复习，对中国古代基本史实有一定的了解，但大多停留在机械性记忆水平，在围绕具体的历史事件进行细节剖析、对文化现象、历史人物进行多角度评价方面，辩证思维能力不足，因此，需要结合具体的授课内容，从不同的角度提升学生解读史料的能力和辩证思维能力。下面我们以《中国古代史（下）》① 第二十一章"明朝与清朝前中期的学术与教育"第一节"文化"为例，探讨有效教学理念的践行路径。本次课的主题是明朝前期中国文化史上的重要成果《永乐大典》的历史价值。

（一）教学目标设置的有效

基于学情分析的教学目标，其设置是否合理关乎课堂教学能否顺利开展，教学任务能否完成。教学目标通常包括教学重难点、学生的能力提升，情感价值观等的培育。以"《永乐大典》的历史价值"为例，大一新生对于《永乐大典》的认识，大多停留在表面，即作者、卷数等。对更深层次的角度，如《永乐大典》的文物价值、学术价值和文献价值并不了解。基于此，本次课就从这三方面入手，拓展学生关于《永乐大典》认知的广度与深度。在这三方面中，前两方面是重点，通过《永乐大典》的编纂、誊写、装帧等细节解读，结合《马可·波罗游记》真伪的判断，展现《永乐大典》的文物价值和学术价值；通过代表性文献的征引、解读以及《永乐大典》的散佚过程与影响，展现《永乐大典》的文献价值。本次课通过《永乐大典》历史价值的讲授，使学生直观地感受到《永乐大典》在我国古代文明传承史上的独特价值，强化学生的文化认同，并引导学生思考古籍保护与传承中肩负的历史责任。从课堂教学的实际效果来看，结合多媒体的呈现，教学目标的设置是合理和有效的。

（二）教学方法运用的有效

工欲善其事，必先利其器。对于课堂教学而言，利器就是方法，就是有效的教学方法。"教学方法是教师向学生传授知识、技能、技巧的途径。"② 当然，根据教学内容的不同、教师个人教学风格的不同、教学目标的不同，教学方法呈现出多样性特征，但目的只有一个，就是服务于教学，有助于教

---

① 参见张岂之主编《中国历史新编·古代史（下册）》，高等教育出版社 2014 年版。以下所选案例均来自该书，不再一一注明。该书是《中国古代史（下）》课程的参考教材，是普通高等教育"十一五"国家级规划教材。

② 郝静如、王兴芬：《大学教师教学能力培养与素质修养》，西安电子科技大学出版社 2016 年版，第 29 页。

学目标的完成, 这是课堂教学能否达到有效的必要环节。多媒体的应用, 极大地促进了课堂教学的发展, 使得原本抽象的内容, 可以通过多媒体而变得形象、直观, 便于理解。

《永乐大典》的历史价值, 首先通过故事情境和设置疑问的方式导入, 通过讲授两册《永乐大典》在海外拍卖出天价的故事, 引发学生思考原因何在。进而导入新课内容讲述。然后以直观教学法为主, 借助多媒体, 展示PPT, 通过细节的比较分析, 阐述《永乐大典》的文物价值; 通过启发式提问, 在与学生讨论《马可·波罗游记》的真伪问题时, 揭示《永乐大典》在厘清史实方面独特的学术价值; 通过直观教学法, 展示《永乐大典》在辑佚方面的文献价值, 同时借助动漫, 讲授《永乐大典》的散佚及其影响。在"《永乐大典》的历史价值"这一主题中, 多种教学方法交叉使用, 目的在于突出重点突破难点, 使学生对历史现象有直观认识, 通过问题设置, 引导学生思考古籍文献保护及数字化的意义, 强化学生以史鉴今的史学思维。[1]

（三）教学反思的有效

教学反思是教师对课堂教学过程中教学目标、教学方法、教学效果等方面的总结, 是对教学实践的再思考与再认识。有效的教学反思有助于进一步提升教师的课堂教学水平以及整体上课程体系的完善。正是通过教学反思, 教师在教学实践活动中才能够实现教学相长, 从根本上推动教师本身的专业发展。[2]

有效的教学反思主要针对哪些内容进行呢? 首先就是反思学情分析。学情分析是教学实践活动的出发点, 学情分析的精准与否直接影响到教学目标的设定、教学方法的选择和教学效果的优劣。比如, 针对"《永乐大典》的历史价值"的学情分析就需要反思: 大多数学生课前对于《永乐大典》的认知程度是否停留在机械性记忆阶段? 对于《马可·波罗游记》的真伪问题, 之前的学习中是否有接触? 等等。对学情分析的反思, 是完善教学目标和调整教学方法的依据, 有助于提升《中国古代史（下）》的课程教学质量。其次就是教学目标的反思, 主要是重难点的设置是否合理? 重难点时间的分配是否合理? 重难点的突出与突破是否有助于学生对《永乐大典》的历史价值有全面理解? 等等。第三就是对教学方法的选择。当前教学过程大多依托多媒体, 这就涉及PPT制作的字体字号、动漫效果、图片选择等是否有助于内容的阐述? 直观教学法是否有助于学生理解抽象的文献价值? 讨论法和启发

---

[1] 参见本书"《中国古代史（下）》课程教学设计"部分的《〈永乐大典〉的历史价值》。
[2] 李波:《高校教师教学素养提升的理论与实践》, 山东大学出版社 2020 年版, 第 136 页。

式教学是否启发了学生的思维？等等。最后就是课堂教学效果的反思。大多数学生是否掌握了史料文献解读的方法和角度？学生是否开始思考古籍文献的保护和数字化，在中华优秀传统文化传承过程中的现实价值？是否认同《永乐大典》在中华优秀传统文化中的独特价值？等等。

我国最早专门论述教育教学问题的名著《学记》中就已经提出了教学反思的重要性："学然后知不足，教然后知困。知不足，然后能自反也；知困，然后能自强也。故曰：教学相长也。"① 有效的课堂教学一定有助于师生相互促进、共同发展。教师基于学情的分析，通过设定合理的教学目标、选取恰当的教学方法，顺利完成课堂教学。而针对课堂教学的有效反思，能够促进教师修改完善课程体系，提升教师自身的专业素养和教学能力；学生通过学习，掌握史学基础知识、基本理论以及史学研学的基本方法，强化史学思维的同时，增强中华优秀传统文化的认同感。正是在教学相长的有效教学过程中，"立德树人"的根本任务得以完成。

三　落实课程思政元素的路径

课程思政元素的落实，离不开课堂教学，而且是有效教学。《中国古代史（下）》教学内容涵盖千余年的史事，总体而言，历史事件庞杂，历史人物众多；教学主题多样，教学内容充实。而课程思政元素内涵丰富，教学主题不同，课程思政元素的体现就有所差异。通常而言，课程思政元素在一堂课的教学设计中，根据教学主题就能够确定。比如针对特定文化现象，在分析它产生原因时，特定历史时期的社会存在就是最根本的。宋代文化的繁荣是基于宋代经济的富庶，西学东渐的原因与近代资本主义经济的崛起、资产阶级殖民扩张打开全球市场有关；针对历史事件，永乐迁都过程中紫禁城的营建，充分体现了人民群众是历史的创造者和推动者，郑和远航离不开明王朝的经济发展；针对历史人物的评价，往往历史上和学术界都莫衷一是，要培养学生多角度辩证地看待与评价，王安石、耶律楚材、王阳明等等不一而足。《中国古代史（下）》课程思政元素的落实主要就围绕上述三个方面。

（一）围绕重大的历史事件，探究主要原因，强化学生以史鉴今的史学思维

"徽宗君臣的腐朽统治"是《中国古代史（下）》课程教材第十章"北宋

---

① 高时良：《中国教育名著丛书·学记》，人民教育出版社 2018 年版，第 57 页。

后期统治"第二节"党争激化与北宋走向覆亡"的一个主题。该主题依托《宋史》《艮岳记》《宋论》等史料文献，主要讲授宋徽宗赵佶主政时期，北宋君臣一系列腐朽荒唐的行为为"靖康之耻"的发生、北宋的最终亡国埋下了祸根。通过该主题的讲授，使学生学会分析《宋史》《鹤林玉露》等文献史料，同时结合后人的史论专著《宋论》，讲授徽宗皇帝玩物丧志、赏罚无度、德不配位，大敌当前畏战主和，而以蔡京、王黼等为首的宰辅大臣却极尽奢华、挥霍无度，曲意逢迎，刻意营造北宋天下太平昌盛的幻觉。

　　该主题所展现的课程思政元素主要有两方面。一方面，徽宗君臣的腐朽荒唐最终导致了罕见的"靖康之耻"、北宋灭亡。从中展现了"勤勉兴邦，奢侈亡国"的历史教训；另一方面，"水能载舟，亦能覆舟"，人民群众是历史的创造者，也是国家长治久安的根基。徽宗君臣大兴"花石纲"，百姓苦不堪言、天下骚然，乃至金军南下之时，为数众多的百姓反倒倒戈投降金军，北宋政权失去了群众基础，轰然崩塌也是历史的必然。同时，使学生学会结合《芙蓉锦鸡图》《清明上河图》等艺术作品，从不同角度分析徽宗皇帝，探究他仅仅二十五年的时间就把一个富庶繁华的北宋带入了万劫不复的深渊的原因。"轻佻"性格、视政治为儿戏的言行，这足以引起后世和当代的思考，从而展现史学的重要功能——以史鉴今。

　　（二）围绕重要的文明成果，增进文化认同，培养学生家国情怀与历史责任感

　　"营建紫禁城"是《中国古代史（下）》课程教材第十八章"明朝至清朝中期大事简述"中第一节"明代初期"的一个主题。该主题依托《明史》《明实录》《天工开物》《清工部〈工程做法则例〉注释与解读》等文献史料，主要讲授明朝初年永乐迁都的过程中，在短短十余年间营建了保留至今的建筑史上的奇迹——紫禁城。紫禁城的营建工程浩大，本次课主要选取其中的卢沟运筏（木料的选择与运输）、金砖墁地（石材的烧制与应用）和千龙吐水（排水系统的设计与施工）三个部分进行讲解。通过这三部分的讲解，使学生了解紫禁城营建的细节，在细微之处触摸历史的温度，进而思考作为当今世界五大宫①之首的紫禁城，它的历史影响和当代价值。

　　该主题所展现的课程思政元素主要有三方面。第一，人民群众是历史的创造者。人民群众不但是物质文明的创造者，也是精神文明的创造者。回顾历史，放眼世界，但凡在历史上留下印记的文明成就，比如古埃及金字塔、

---

① 通常认为是中国故宫（明人称为紫禁城）、俄罗斯克里姆林宫、美国白宫、英国白金汉宫、法国凡尔赛宫。

古希腊帕提农神庙、古罗马万神殿等等，从根本意义上而言，都是来自百姓的创造，都是百姓集体智慧的体现，紫禁城也不例外。无论是建材的选取和运输、还是金砖的烧制与铺设，尤其紫禁城以千龙吐水为代表的排水系统的设计，更是匠心独运，使紫禁城历经了六百年沧桑基本完好无损。第二，中国优秀传统文化中益求其精的工匠精神。以"其形方正，其色纯青，其声如磬"的金砖为例，其烧制过程极为严谨，成品的淘汰率极高（用于铺设紫禁城地面的仅占全部的 20%—30%），而且金砖铺设需要 11 道工序，如此苛责的标准背后就是精益求精——时至今日，故宫太和殿中的金砖也没有断裂之处。第三，增进文化认同，强化家国情怀。紫禁城是劳动人民智慧和汗水的结晶，是中华优秀传统文化传承的结晶，我们又该怎样保护和传承这一份属于中华民族乃至全世界的文化遗产呢？引导学生思考当前文物保护中我们应当承担的责任。

（三）围绕重要的历史人物，辩证分析，多元评价，拓宽学生思维的广度与深度

"治隆唐宋"是《中国古代史（下）》课程教材第十八章"明朝至清朝中期大事简述"中第一节"明代初期"的一个主题。该主题依托《明史》《明实录》《元史》《中国历史地图集》的史料文献，讲授明太祖开基立业之后为了巩固政权所推行的一系列利国惠民的政策。历史上对朱元璋一生的评价历来众说纷纭。总体而言，朱元璋顺应了历史发展的大势，他废除元朝"四等人制"，推行民族平等融合政策；重视农业，兴修水利工程；轻徭薄赋，提倡戒奢从简；注重民众养老，增进民生福祉。朱元璋用了三十年的时间，就完成了社会由动荡到稳定的转变，为大明王朝的经济、政治、文化、科技、外交全面发展，和"永乐之治"的出现，奠定了基础。

该主题所展现的课程思政元素主要体现在两方面。一方面，以史料为依托，从不同角度评价历史人物的功过，提升学生的辩证思维能力。针对朱元璋，有人指出他"其残忍实千古所未有，盖雄猜好杀，本其天性"[①]，也有人认为他雄才大略，驱除胡虏、恢复中华，再一次实现了中华民族的统一，为后来的明王朝成为富庶强大的东方帝国奠定了坚实的基础。教师需要引导学生站在历史大势的角度，抓住朱元璋一生言行的主要方面评价朱元璋，同时不能忽略次要方面，即朱元璋屠戮功臣、大兴文字狱、设立特务机构等，功与过、是与非共同构成了朱元璋的历史形象，对他的评价自然也不能是单一的。另一方面，人民群众是历史的推动者，也是社会稳定，政权存在的基础。

---

① （清）赵翼：《二十二史札记》，中华书局 1984 年版，第 742 页。

朱元璋生逢元末乱世，出身社会底层，元末农民起义风起云涌，在起义军摧枯拉朽的气势面前，曾经不可一世的大元帝国的统治岌岌可危。朱元璋深切体会到民众的惊人力量，另外他也深知"百姓疾苦、稼穑之难"。实践经验使朱元璋理解"得道多助，失道寡助"，而这个"道"，就是民心向背。因此他在位三十余年严厉打击贪腐现象、注重保护小农利益，重视社会养老问题，并推行了一系列政策加以落实，而且取得了实效。因此，在清圣祖康熙看来"洪武乃英武伟烈之主，非寻常帝王可比"①。

　　网络信息化时代，为课堂教学提供了便捷，但价值观的多元，又增加了高校课堂教学的复杂性。以"立德树人"为根本任务的课程思政理念的提出，为高校专业课建设和教学指明了方向。而"立德树人"目标的实现，离不开有效的课堂教学，"立德树人"可以融入有效的教学目标、教学方法、教学内容以及教学反思中。也只有融入课堂的教学过程、课程的建设体系中，教学相长的同时，"立德树人"也才能够落实。

---

① 徐尚定：《康熙起居注（第6册）》，东方出版社2014年版，第179页。

《中国古代史（下）》课程教学大纲
（2022 版）

一 课程简介与基本信息

（一）课程简介

《中国古代史（下）》是高等学校历史专业学生的专业核心基础课程，基于《中国古代史（上）》的讲授，面向本科一年级学生开设。设置本课程的目的和任务是使历史教育本科专业的学生了解和系统掌握中国古代从唐末五代直到清末的基本史实、基本概念、基本规律等，在《中国古代史（上）》课程基础上继续培养学生基于唯物史观的视角，依托具体史料，在特定的历史时空中分析史实、评价现象的能力，通过史实的分析，增强学生的文化自信和民族认同，进而塑造新时代的民族精神、培育学生们的家国情怀。

（二）基本信息

学分	4 分	学时	64 学时，4 学时/周
课程性质	专业核心必修	考核方式	过程考核加闭卷考试
选用教材	张岂之主编：《中国历史新编·古代史（下）》，高等教育出版社 2014 年版。		

二 课程目标与课程安排

（一）课程总目标

掌握中国古代从唐末五代直到清朝晚期的基本知识、基本观点和基本理论，进一步深入理解中国古代史学科知识体系的基本思想、方法和价值；掌握中国古代史（下）各时期各地区优秀的文明成果，通过学习使学生具备一定的人文情怀和人文素养；使学生学会运用辩证唯物主义和历史唯物主义的观点，加深对人类社会发展规律的认识，进而提高分析问题和解决问题的能力；掌握中国古代史学科中蕴含的德育思想与方法，形成"以德育人"的意识；初步掌握反思方法与技巧，了解中国古代从五代至清末领域的国内外研究动态，具备提出和分析问题的基本科研能力。具体目标如下：

1. 课程子目标 1：

掌握中国古代史的基本知识、基本观点和基本理论，认识中国古代史（下）政治、经济、宗教、社会生活、思想文化、区域互动等方面的基本状况，理解中国古代史学科知识体系的基本思想、方法和价值。

2. 课程子目标 2：

掌握中国古代史（下）各阶段优秀的文明成果，继续保持学生阅读史学经典作品的能力，具备一定的人文情怀和人文素养。

3. 课程子目标 3：

运用辩证唯物主义和历史唯物主义的观点，加深对古代社会发展规律的认识，进而提高分析问题和解决问题的能力。

4. 课程子目标 4：

掌握中国古代史学科中蕴含的德育思想与方法，形成"以德育人"的意识。

5. 课程子目标 5：

掌握反思方法与技巧，了解中国古代史领域的国内外研究动态，学会搜集、整理和辨析史料的基本方法，具备提出和分析问题的基本科研能力。

（二）课程安排

教学内容	学时	教学手段与方法
前言 导论	4	多媒体教学，讲授法、讨论法
第9、10章 北宋立国与大事简述	8	多媒体教学，讲授法、讨论法
第11、12章 辽夏金立国与大事简述	6	多媒体教学，讲授法、讨论法
第13章 南宋立国与大事简述	6	多媒体教学，讲授法、讨论法
第14、15章 蒙元立国与大事简述	6	多媒体教学，讲授法、讨论法
第16、17章 宋元之际的社会与文化	6	多媒体教学，讲授法、讨论法
第18章 明朝立国与大事简述	8	多媒体教学，讲授法、讨论法
第19章 清朝立国与大事简述	8	多媒体教学，讲授法、讨论法
第20—21章 明清之际的社会与文化	6	多媒体教学，讲授法、讨论法
第22章 明清之际的中外关系	6	多媒体教学，讲授法、讨论法

三 课程目标与课程内容

课程内容 课程目标（分值）	前言 导论（4学时）	第9、10章 北宋立国与大事简述（8学时）	第11、12章 辽夏金立国与大事简述（6学时）	第13章 南宋立国与大事简述（6学时）	第14、15章 蒙元立国与大事简述（6学时）	第16、17章 宋元之际的社会与文化（6学时）	第18章 明朝立国与大事简述（8学时）	第19章 清朝立国与大事简述（8学时）	第20—21章 明清之际的社会与文化（6学时）	第22章 明清之际的中外关系（6学时）
课程目标1（权重40%）	宋（辽西夏金）元明清的脉络与主要历史阶段；明确中国古代史（下）讲授的主要内容以及需要解决的主要问题；明确《中国古代史（下）》学习和研究的方法	北宋的建立与政权的巩固；后周世宗与赵匡胤陈桥兵变、祖宗家法与北宋政权的巩固，经济特征、文化成就；北宋中期的改革运动：庆历新政、熙宁变法；北宋的衰亡：党争纷扰与同权相误；宋徽宗腐朽统治与靖康之耻的历史背景	辽朝兴衰与立国主要政治制度关系；辽宋西夏兴衰与立国主要政治制度；金朝兴衰与立国主要政治制度；辽西夏金经济、社会、文化发展与农耕文明游牧文明对中国古代史的影响	南宋高宗继统与权相政治、乾淳之治与思想文化繁荣；宋、南宋与金关系：南宋抗金活动与主要历史人物影响；绍兴和议、隆嘉和议签订的历史背景、主要历史内容及历史影响；南宋相权与政权中后期政治的渐趋腐败	蒙古的崛起与金夏灭亡：蒙古的崛起、蒙古帝国的制度与夏金灭亡、崖山海战与南宋的灭亡；古帝国的次西征、西征的历史背景及影响；元朝衰亡的原因与历史背景，主要历史内容及影响；南宋相权与政权秩序更新	宋元之际经济制度的变迁、农业发展的成就，手工业概况；宋元之际的社会结构；集团阶层的新变化；宋、宋元之际的思想文化：哲学和宗教、文学、科技与史学、教育、书法与绘画的发展	明朝初年的政治：元末形势与明朝政权的开基创业、明朝巩固政权的措施与影响；明朝隆庆唐宋时期面临的社会问题；永乐之治、土木之役的历史背景、主要历史内容及影响；明朝中叶的政治变化及其影响；明朝后期居正改革，正德嘉靖道光时期（鸦片战争前）清朝政治的演变	清朝初年加强中央集权的措施：海内一统、集权中央的措施与影响；康熙、雍正、乾隆、嘉庆、道光（鸦片战争前）治与历史背景、主要历史内容及影响	明清之际的社会阶层结构，社会阶层变化、户籍制度，使经济发展状况：农业、手工业、商业的发展；明清之际的家族发展；乾嘉考据之学，其对近现代的成就中国文献历史影响；《永乐大典》《四库全书》编纂的历史价值与影响	明清之际的外部世界变化；郑和七下西洋的历史背景与影响；东亚贸易圈的形成与发展；西学东渐的历史背景与影响；东学西渐对近代欧洲社会文化发展产生的深远影响

课程内容　　课程目标（分值）	前言 导论（4学时）	第9、10章 北宋立国与大事简述（8学时）	第11、12章 辽夏金立国与大事简述（6学时）	第13章 南宋立国与大事简述（6学时）	第14、15章 蒙元立国与大事简述（6学时）	第16,17章 宋元之际的社会与文化（6学时）	第18章 明朝立国与大事简述（8学时）	第19章 清朝立国与大事简述（8学时）	第20—21章 明清之际的社会与文化（6学时）	第22章 明清之际的中外关系（6学时）
课程目标2（权重20%）	对宋元明清各阶段主要政治、经济、文化做简要评述；明确《中国古代史（下）》的主要内容。阅读《吕著中国通史》	北宋主要政治事件、改革运动的逻辑关系，阅读《邓广铭史学丛论》《中国封建王朝兴亡史·两宋卷》	宋夏外交、金朝外交、宋辽夏金的社会民俗与文化特征；阅读《宋朝阶级结构》《辽宋西夏金社会生活史》	了解韩侂胄当政与庆元党禁，分析南宋金的外交关系，阅读《宋史丛考》《宋朝阶级结构》	了解蒙元统治中后期的危机四伏以及蒙元时期对外关系，阅读《元朝史》《行省制度研究》	了解宋元之际商业贸易、外贸易、家庭、宗族，阅读《宋代经济史》《辽宋西夏金社会生活史》	认识明朝兴衰的内外矛盾，如明末党争、天灾人祸、农民起义等，阅读《明清史讲义》《明史》	了解清代民族治理、清朝中后期治乱兴败以及税力日差、军力日差等，阅读《康雍乾三帝统治思想研究》	了解明清之际乡村共同体的价值；明清之际商业贸易、理学与实学等。阅读《走出理学：清代思想发展的内在理路》	认识明清之际西方文化的传入与中国文化的西传中重要的历史人物、历史事件，阅读《利玛窦与中国》
课程目标3（权重20%）	运用辩证唯物主义方法，结合学术界的研究成果分析不同阶段的历史任务和历史问题	从唯物史观的角度，结合历史文献史料分析北宋建立的历史背景与衰亡的主要原因	从唯物史观的角度，结合历史文献分析宋金西夏关系和民族矛盾的历史影响	从唯物史观的角度，结合历史文献，分析南宋权相政治对宋外交关系有何影响	运用辩证唯物主义，结合历史文献，阐释蒙元时期的四次西征对于西方历史的影响	从唯物史观的角度，结合历史文献分析宋元之际高度发达的思想文化的社会经济背景	从唯物史观的角度，结合历史文献，评价永乐之治出现的历史背景与历史影响	从唯物史观的角度，结合历史文献，分析乾隆之治出现的历史成因与社会原因的并存	从唯物史观的角度，结合历史文献以及学术界的研究成果，分析资本主义萌芽问题	运用马克思主义探究明清之际中西方文化交流出现的社会历史条件，学会站在历史的角度分析中国传统文化对欧洲的影响

续表

课程内容 课程目标（分值）	前言导论 （4学时）	第9、10章 北宋立国与 大事简述 （8学时）	第11、12章 辽夏金立国 与大事简述 （6学时）	第13章 南宋立国与 大事简述 （6学时）	第14、15章 蒙元立国与 大事简述 （6学时）	第16、17章 宋元之际的 社会与文化 （6学时）	第18章 明朝立国与 大事简述 （8学时）	第19章 清朝立国与 大事简述 （8学时）	第20—21章 明清之际的 社会与文化 （6学时）	第22章 明清之际的 中外关系 （6学时）
课程目标4 （权重10%）	学术界针对宋元明清各阶段研究热点的简述，培养学生的问题意识	思考分析北宋政治改革对北宋政治兴衰的影响，培养学生论证思维能力	分析北宋在对外战争中处于劣势的原因，培养学生的思辨能力	分析北宋缺将、南宋相对两宋历史的影响，培养学生出史从史论出的思维习惯	思考如何评价蒙元在中国的地位及其世界影响，培养证思维的能力	评价"华夏之文化，民族之数千载之演进，造极于赵宋之世"。	认识郑和下西洋对中国历史的影响以及世界影响，培养学生论证思维的能力	认识闭关锁国对于清代社会历史的影响，	认识明清之际的社会与的思想呈现出哪些新的特征	思考东西方文化交流中、中国传统文化对西方的影响何在，培养证思维能力与文化自信
课程目标5 （权重10%）		结合课上所学，复习并思考北宋家"祖宗之法"对北宋政治的兴衰有何影响	结合课上所学，思考辽夏金的政治制度有无异同之处		思考屈居南方一隅的南宋为何面对蒙古铁骑的进攻能够支持近半个世纪之久的原因		分析开放对于文化交流对当代经济方式对发展的意义	思考为何清朝在经历了康乾之治迅速后衰落？	思考明清之际资本主义生产方式对经济发展的影响	

四　课程目标与课程考核

课程目标	考核要点	考核方式
课程目标 1（40％）	北宋的建立与政权的巩固：陈桥兵变；北宋的政治改革运动：庆历新政、熙宁变法；北宋的衰亡：权相误国、靖康之耻；辽朝兴衰：辽朝立国、政治制度、辽宋关系；西夏兴衰：西夏立国、政治制度；金朝兴衰：金朝立国、政治制度；辽西夏金经济、社会与文化；南宋立国：高宗继统、权相政治、乾淳之治；宋金关系：绍兴和议、隆兴和议、嘉定和议蒙古的崛起与夏金宋的灭亡：蒙古崛起、夏金灭亡、崖山海战；蒙元制度与三次西征：行省制度、三次西征；元朝衰亡宋元之际经济制度、农业发展、手工业概况；宋元之际的社会结构：统治集团的新变化、人身依附关系；宋元之际的思想文化：哲学和宗教、文学和史学、科技与艺术；明朝初年的政治：开基立业、靖难之役、永乐之治；明朝中叶的政治：土木之变、平定倭寇；明朝后期的政治：一条鞭法；清朝立国初年加强中央集权的措施：海内一统、集权中央、康乾之治；明清之际的社会阶层与组织结构：社会阶层变化、户籍制度与人口迁徙；经济发展状况：农业、手工业；明清之际的乾嘉考据之学的成就及其对近现代中国文化的影响明清之际的外部世界剧变、东亚贸易圈的形成和发展；"儒家文化圈"	1. 读书报告（1 次） 2. 期末考试
课程目标 2（20％）	北宋主要政治事件、改革运动的逻辑关系、宋夏外交、金朝外交、宋辽夏金的社会民俗与文化特征；韩侂胄当政与庆元党禁，分析南宋与金的外交关系；蒙元统治中后期的危机四伏的表现以及蒙元时期的对外关系；宋元之际商业与对外贸易、宗族与家庭；明朝兴衰的内外矛盾，如明末党争、天灾人祸、农民起义等；清代民族治理、清朝中后期吏治腐败、赋税危机以及军力日衰；明清之际乡村共同体对于地方治理的意义；明清之际的商业与贸易、理学与实学、教育与科举；明清之际西方文化的传入与中国文化的西传中重要的历史人物、历史事件与有历史影响的成就	1. 课堂讨论（1 次） 2. 期末考试
课程目标 3（20％）	从唯物史观的角度分析北宋建立的历史背景与衰亡的主要原因；运用马克思主义分析宋辽西夏金的外交关系和民族矛盾；运用唯物史观分析南宋权相政治对宋金外交关系有何影响；运用辩证唯物主义和马克思主义理论阐释蒙元时期的西征对于西方历史的影响；运用唯物史观分析宋元之际高度发达的思想文化背后的经济基础和社会背景；运用辩证唯物主义和历史唯物主义的主要观点，探究评价永乐之治出现的历史背景；运用马克思主义思想分析康乾之治的同时，清代社会的危机因素；运用马克思主义历史唯物史观分析明清之际资本主义萌芽的问题；运用历史唯物主义思想观点探究明清之际中西方文化交流出现的社会历史条件	1. 课堂讨论（1 次） 2. 期末考试

课程目标	考核要点	考核方式
课程目标 4（10%）	思考分析北宋政治改革对北宋政治兴衰的影响；思考东西方文化交流过程中，中国传统文化对西方的影响何在?；结合之前所学，分析北宋缺将、南宋缺相对两宋历史的影响；思考如何评价蒙元在中国的地位及其世界影响；评价陈寅恪先生的观点："华夏民族之文化，历数千载之演进，造极于赵宋之世。"；认识郑和下西洋的世界影响；认识闭关锁国对于清代社会历史的影响；认识明清之际的社会与思想呈现出哪些新的特征？思考分析北宋在对外战争中处于劣势和经济文化相对发达之间的关系	1. 课堂讨论（1 次） 2. 期末考试
课程目标 5（10%）	结合课上所学，复习并思考北宋"祖宗家法"对北宋政治的兴衰有何影响；结合课上所学，思考辽夏金的政治制度有无异同之处；思考屈居南方一隅的南宋为面对蒙古铁骑的进攻能够支持近半个世纪之久的原因；分析开放与交流对于明代经济文化发展的意义；思考为何清朝在经历了康乾之治之后迅速衰落；思考明清之际资本主义生产方式对经济发展的影响	1. 读书报告（1 次） 2. 期末考试

五　考核方式与成绩评定

（一）考核方式与课程目标的对应关系

1. 过程评价与课程目标的对应关系

针对不同的课程目标、教学内容与考核要点，本课程制定了包括读书报告、课堂讨论等考核方式，并考核 5 次，将全面考核学生对教学内容的掌握程度，并有效测定各课程目标的达成度和课程的达成度。

2. 期末考试命题与课程目标的对应关系

贵州师范大学本科课程试卷命题计划表

项					
学院	历史与政治学院	专业		年级	2021级	学期	2016—2017学年度第二学期

1						
2	学院	历史与政治学院	专业		年级	2021级	学期	2016—2017学年度第二学期
3	课程名称	中国古代史（下）	专业	历史学	课程性质1	专业核心课程	课程性质2 必修课程	考试时间（分钟） 120
4	考核形式	考试	命题形式	教师集中命题	考核方式	闭卷	任课教师 王雁克

题型层 / 章节学时

章节\学时	一 大题分24 小题5 4分 识记 理解 综合 简单	二 大题分24 小题6 4分 识记 理解 综合 简单	三 大题分20 小题5 4分 识记 理解 综合 简单	四 大题分14 小题4 4分 识记 理解 综合 简单	五	六 应用类	七 应用类	分数合计
第九章—第十二章	28							
第十三章—第十五章		30						
第十六章—第十九章			24					
第二十章—第二十二章				18				
第五章								
第六章								
第七章								
……								
分数合计								

15	分数合计							
16	分类统计	识记类	理解类	简单	综合	应用类	题数设定	题数总设 20
17		题数设定 14				6	分类合计	分数总计 100
18	分类合计	48				52		
	A、B试卷重复分值	零	零	零				

备注：
1.本表由任课教师填写，并作为命题审批的依据。
2.基本信息表中的课程性质、考核形式、命题形式、考核方式可根据实际情况在下拉项中进行选择。
3.试卷命题形式、考核性质、命题形式、格式按照设定的格式增加相应章节。
4.本卷一式两份，一份任课教师留存，一份学院留存。
5.电子版由学院教学秘书汇总，报教务处教学研究室备查。

（二）成绩评定

1. 考核方式

本课程的考核方式分为过程考核（平时考核）和期终考核（期末考试）。过程考核方式包括撰写读书报告、课堂表现等；期终考核采用闭卷考试的方式进行。

2. 总成绩评定

总成绩＝平时成绩＊30%＋期末考试成绩＊70%

3. 平时成绩的评定

（1）读书报告（20分）：阅读中国古代史领域内的经典史籍或论著，撰写读书报告。

（2）课堂表现（10分）：包括出勤、课堂讨论交流、回答问题等考核形式。

六　课程目标与评分标准

课程教学目标	评分标准				
	90—100（优）	80—89（良）	70—79（中）	60—69（及格）	0—59（不及格）
课程目标1	全面系统掌握中国古代史的基本知识、基本观点和基本理论，认识宋辽夏金、元明清各阶段政治、经济、宗教、社会生活、思想文化、区域互动等方面的基本状况，理解中国古代史学科知识体系的基本思想、方法和价值	熟练掌握中国古代史的基本知识、基本观点和基本理论，认识宋辽夏金、元明清各阶段政治、经济、宗教、社会生活、思想文化、区域互动等方面的基本状况，理解中国古代史学科知识体系的基本思想、方法和价值	较好掌握中国古代史的基本知识、基本观点和基本理论，认识宋辽夏金、元明清各阶段政治、经济、宗教、社会生活、思想文化、区域互动等方面的基本状况，理解中国古代史学科知识体系的基本思想、方法和价值	基本掌握中国古代史的基本知识、基本观点和基本理论，认识宋辽夏金、元明清各阶段政治、经济、宗教、社会生活、思想文化、区域互动等方面的基本状况，理解中国古代史学科知识体系的基本思想、方法和价值	未能掌握中国古代史的基本知识、基本观点和基本理论，认识宋辽夏金、元明清各阶段政治、经济、宗教、社会生活、思想文化、区域互动等方面的基本状况，理解中国古代史学科知识体系的基本思想、方法和价值

续表

课程教学目标	评分标准				
	90—100（优）	80—89（良）	70—79（中）	60—69（及格）	0—59（不及格）
课程目标2	全面系统掌握中国古代史（下）各阶段优秀的文明成果，继续保持学生阅读史学经典作品的能力，具备一定的人文情怀和人文素养	熟练掌握中国古代史（下）各阶段优秀的文明成果，继续保持学生阅读史学经典作品的能力，具备一定的人文情怀和人文素养	较好掌握中国古代史（下）各阶段优秀的文明成果，继续保持学生阅读史学经典作品的能力，具备一定的人文情怀和人文素养	基本掌握中国古代史（下）各阶段优秀的文明成果，继续保持学生阅读史学经典作品的能力，具备一定的人文情怀和人文素养	未能掌握中国古代史（下）各阶段优秀的文明成果，继续保持学生阅读史学经典作品的能力，具备一定的人文情怀和人文素养
课程目标3	全面运用辩证唯物主义和历史唯物主义的观点，加深对古代社会发展规律的认识，进而提高分析问题和解决问题的能力	熟练运用辩证唯物主义和历史唯物主义的观点，加深对古代社会发展规律的认识，进而提高分析问题和解决问题的能力	较好运用辩证唯物主义和历史唯物主义的观点，加深对古代社会发展规律的认识，进而提高分析问题和解决问题的能力	基本能运用辩证唯物主义和历史唯物主义的观点，加深对古代社会发展规律的认识，进而提高分析问题和解决问题的能力	未能运用辩证唯物主义和历史唯物主义的观点，对古代社会发展规律的认识，进而提高分析问题和解决问题的能力
课程目标4	全面系统掌握中国古代史学科中蕴含的德育思想与方法，形成"以德育人"的意识	熟练掌握中国古代史学科中蕴含的德育思想与方法，形成"以德育人"的意识	较好掌握中国古代史学科中蕴含的德育思想与方法，形成"以德育人"的意识	基本掌握中国古代史学科中蕴含的德育思想与方法，形成"以德育人"的意识	未能掌握中国古代史学科中蕴含的德育思想与方法，形成"以德育人"的意识
课程目标5	全面系统掌握反思方法与技巧，了解中国古代史领域的国内外研究动态，学会搜集、整理和辨析史料的基本方法，具备提出和分析问题的基本科研能力	熟练掌握反思方法与技巧，了解中国古代史领域的国内外研究动态，学会搜集、整理和辨析史料的基本方法，具备提出和分析问题的基本科研能力	较好掌握反思方法与技巧，了解中国古代史领域的国内外研究动态，学会搜集、整理和辨析史料的基本方法，具备提出和分析问题的基本科研能力	基本掌握反思方法与技巧，了解中国古代史领域的国内外研究动态，学会搜集、整理和辨析史料的基本方法，具备提出和分析问题的基本科研能力	未能掌握反思方法与技巧，了解中国古代史领域的国内外研究动态，学会搜集、整理和辨析史料的基本方法，具备提出和分析问题的基本科研能力

说明：评价标准适用于过程评价和期末评价。

七　目标达成度计算方式

依据教学班级的过程评价和终期评价实际成绩，对应具体课程子目标的实现程度和相应认定的权重，汇总形成该门课程目标达成度。具体计算方式为：

（一）课程总目标的达成度计算

班级学生课程总成绩平均分与课程总成绩（100）的比值，分值在 0.7 及以上即为该目标达成。

（二）课程子目标的达成度计算

班级学生各项课程子目标的成绩平均分与该项课程子目标总成绩的比值，分值在 0.7 及以上即为该目标达成。

八　目标达成度结果运用

依据课程目标达成度的分析报告，任课教师对课程目标的制定、课程教学的实施、课程评价的方式和内容等做出修订与调整，以便更好地实现课程目标，进而支撑毕业要求的达成。

九　教学大纲

导论

1. 教学目标：

通过《中国古代史（下）》课程的讲授，使学生了解从公元 960 年至 1912 年，宋元明清不同历史阶段更替的主要线索，同时了解宋元明清各阶段重要的政治事件、经济发展、文化成就等内容，在此基础上，使学生学会依托史料，对宋（辽金西夏）元明清各阶段主要政治事件、经济特征、文化成就进行有针对性的评价。

参考当前宋（辽金西夏）元明清断代史研究的最新成果，使学生在学习过程中，了解学术界动态，培养学生论从史出的历史思维与历史解释能力，使学生学会站在历史学的角度，结合学界已有研究成果，探寻史学研究中存在的问题，培养学生的问题意识，提升学生解决史学问题的能力。

通过深入分析和横向比较宋（辽金西夏）元明清各阶段的重要史实，梳理中国古代文化传承的脉络，增强学生的文化认同与民族认同感，培养学生的文化自信，在以史鉴今中实现历史学的育人功能。

2. 教学重点和难点

（1）教学重点：宋元明清诸政权更替的线索、重要政治事件、经济现象、文化成就产生的历史背景、历史过程、历史影响。

（2）教学难点：针对宋元明清各阶段的主要政治事件、经济现象、文化成就的分析方法、评价角度。

3. 教学内容

一、宋元明清起止时间、更替线索

二、两宋的主要政治事件、经济特征和文化成就

三、辽西夏金的政治制度、经济特征和文化成就

四、蒙元的主要政治事件、经济特征和文化成就

五、明代的主要政治事件、经济特征和文化成就

六、清代的主要政治事件、经济特征和文化成就

七、宋元明清需要解决的主要问题

4. 教学过程与方法：

讲授法、讨论法；多媒体教学

5. 拓展阅读

（1）吕思勉：《吕著中国通史》，中国社会科学出版社 2013 年版。

（2）钱穆：《国史大纲》，商务印书馆 1996 年版。

（3）黄仁宇：《赫逊河畔谈中国历史》，生活·读书·新知三联书店 1997年版。

6. 复习并思考：

推动历史上政权兴替的因素有哪些？

北宋立国与大事简述（第 9、10 章）

1. 教学目标：

通过这一主题讲授，使学生了解北宋政权建立过程与政权巩固的措施；着重让学生掌握北宋的政治改革运动，加深对北宋政治兴衰的理解，要求学生思考北宋政权兴衰的多重原因。

2. 教学重点和难点：

（1）教学重点：北宋政权巩固的措施以及政治改革运动

（2）教学难点：庆历新政与熙宁变法对北宋政治的影响

3. 教学内容：

第一节　北宋的建立与政权的巩固

一、陈桥兵变

二、曲为之制

三、危机潜伏

第二节　北宋的政治改革运动

一、庆历新政

二、熙宁变法

三、朝政日非

第三节　北宋的衰亡

一、权相误国

二、山雨欲来

三、靖康之耻

4. 教学过程与方法：

讲授法、讨论法；多媒体教学

5. 拓展阅读：

（1）邓广铭：《邓广铭治史丛稿》，北京大学出版社 2010 年版。

（2）陈振：《宋史》，上海人民出版社 2020 年版。

（3）张邦炜：《中国封建王朝兴亡史·两宋卷》，广西人民出版社 1996 年版。

6. 作业：复习并思考

"祖宗家法"对北宋政治的兴衰有何影响？

辽夏金立国与大事简述（第 11、12 章）

1. 教学目标：

通过本章的讲授，使学生了解辽西夏金兴衰过程，政治制度的特点，经济文化的发展程度，理解辽西夏金与北宋的外交关系。

2. 教学重点和难点：

（1）教学重点：辽西夏金的政治制度与经济文化的特征

（2）教学难点：辽西夏金与北宋的外交关系

3. 教学内容：

第一节　辽朝兴衰

一、辽朝立国

二、政治制度

三、辽宋关系

第二节　西夏兴衰

一、西夏立国

二、政治制度

三、宋夏外交

第三节　金朝兴衰

一、金朝立国

二、政治制度

三、金朝外交

第四节 辽西夏金经济、社会与文化

一、经济发展

二、社会民俗

三、文化特征

4. 教学过程与方法：

讲授法、讨论法；多媒体教学

5. 拓展阅读：

（1）邓广铭：《邓广铭治史丛稿》，北京大学出版社 2010 年版。

（2）陈振：《宋史》，上海人民出版社 2020 年版。

（3）张邦炜：《中国封建王朝兴亡史·两宋卷》，广西人民出版社 1996 年版。

6. 作业：复习并思考

辽夏金的政治制度有无异同之处？

南宋立国与大事简述（第 13 章）

1. 教学目标：

通过本章的讲授，了解和掌握南宋立国的过程，权相政治特征、宋金关系和庆元党禁等史实。

2. 教学重点和难点

（1）教学重点：南宋立国、权相政治、宋金关系

（2）教学难点：权相政治与宋金关系

3 教学内容：

第一节 南宋立国

一、高宗继统

二、权相政治

三、乾淳之治

第二节 宋金关系

一、绍兴和议

二、隆兴和议

三、嘉定和议

第三节 韩侂胄当政与庆元党禁

一、韩侂胄当政

二、庆元党禁

4. 教学过程与方法：

讲授法、讨论法；多媒体教学

5. 拓展阅读：

（1）聂崇岐：《宋史丛考（上、下）》，中华书局 1980 年版。

（2）王曾瑜：《宋朝阶级结构（增订版）》，中国人民大学出版社 2010 年版。

（3）刘浦江：《辽金史论》，中华书局 2019 年版。

6. 作业：复习并思考

南宋权相政治对宋金外交关系有何影响？

蒙元立国与大事简述（第 14、15 章）

1. 教学目标：

通过本章的讲授，使学生了解和掌握蒙古的崛起与夏金宋的灭亡、蒙元的内政与对外战争、元朝的危机与衰亡。

2. 教学重点和难点

（1）教学重点：蒙古崛起与夏金宋的灭亡、蒙元对外战争、元朝的政治制度

（2）教学难点：蒙元对外战争、元朝政治制度

3. 教学内容：

第一节　蒙古的崛起与夏金宋的灭亡

一、蒙古崛起

二、夏金灭亡

三、崖山海战

第二节　蒙元制度与三次西征

一、行省制度

二、三次西征

第三节 蒙元衰亡

一、危机四伏

二、元朝衰亡

三、对外关系

4. 教学过程与方法：

讲授法、讨论法；多媒体教学

5. 拓展阅读：

（1）韩儒林：《元朝史》，人民出版社 2008 年版。

（2）周良霄、顾菊英：《元代史》，上海人民出版社 1993 年版。

（3）杨志玖：《元史三论》，人民出版社 1985 年版。

（4）余大钧：《一代天骄成吉思汗——传记与研究》，内蒙古人民出版社

2002 年版。

（5）蒙思明：《元代社会阶级制度》，上海人民出版社 2006 年版。

（6）李治安：《行省制度研究》，南开大学出版社 2000 年版。

6. 作业：复习并思考

如何评价蒙元在中国的地位及其世界影响？

宋元之际的社会与文化（第 16、17 章）

1. 教学目标：

通过本章的讲授，使学生了解和掌握宋元时期的经济发展、社会结构、思想文化。

2. 教学重点和难点：

（1）教学重点：宋元之际的经济发展、社会结构和思想文化

（2）教学难点：宋元之际的思想文化

3. 教学内容：

第一节　宋元之际的经济发展

一、经济制度

二、农业发展

三、手工业概况

四、商业与对外贸易

第二节　宋元之际的社会结构

一、统治集团的新变化

二、人身依附关系

三、宗族与家庭

第三节　宋元之际的思想文化

一、哲学和宗教

二、文学和史学

三、科技与艺术

4. 教学过程与方法：

讲授法、讨论法；多媒体教学

5. 拓展阅读：

（1）漆侠：《宋代经济史（上）》，南开大学出版社 2019 年版。

（2）漆侠：《宋学的发展和演变》，人民出版社 2011 年版。

（3）王曾瑜：《宋朝阶级结构（增订版）》，中国人民大学出版社 2010 年版。

（4）朱瑞熙、张邦炜等：《宋辽西夏金社会生活史》，中国社会科学出版社 1998 年版。

（5）［美］刘子健：《中国转向内在：两宋之际的文化转向》，赵冬梅译，江苏人民出版社 2012 年版。

（6）余英时：《朱熹的历史世界：宋代士大夫政治文化的研究》，生活·读书·新知三联书店 2011 年版。

（7）［法］谢和耐，刘东译：《蒙元入侵前夜的中国日常生活》，江苏人民出版社 1995 年版。

6. 复习与思考：

"华夏民族之文化，历数千载之演进，造极于赵宋之世。"（陈寅恪 语）如何评价这句话？

明朝立国与大事简述（第 18 章）

1. 教学目标：

通过本章的讲授，使学生了解和掌握明朝立国初年加强中央集权的措施，靖难之役与永乐之治，明朝中叶内政与外交，张居正改革与明末党争，明末危机和农民起义等史实。

2. 教学重点和难点：

（1）教学重点：朱元璋加强中央集权的措施，靖难之役与永乐之治，戚继光抗倭，张居正改革，明末危机与农民起义

（2）教学难点：朱元璋加强中央集权的措施，永乐之治，张居正改革

3. 教学内容：

第一节 明朝初年的政治

一、开基立业

二、靖难之役

三、永乐之治

第二节 明朝中叶的政治

一、土木之变

二、议礼之争

三、平定倭寇

第三节 明朝后期的政治

一、一条鞭法

二、援朝之战

三、明末党争

四、天灾人祸

五、农民起义

4. 教学过程与方法：

讲授法、讨论法；多媒体教学

5. 拓展阅读：

（1）孟森：《明清史讲义》，商务印书馆 2017 年版。

（2）南炳文、汤钢：《明史》，上海人民出版社 2021 年版。

（3）吴晗：《朱元璋传》，陕西师范大学出版社 2008 年版。

（4）王天有：《明代国家机构研究》，紫禁城出版社 2014 年版。

（5）黄仁宇：《万历十五年》，生活·读书·新知三联书店 1997 年版。

（6）顾诚：《南明史（上）》，光明日报出版社 2011 年版。

6. 复习与思考：

如何评价永乐之治？

清朝立国与大事简述（第 19 章）

1. 教学目标：

了解和掌握清朝立国初年加强中央集权的措施，康乾之治，边疆治理，清代中期社会危机，清代中外关系。

2. 教学重点和难点：

（1）教学重点：清朝立国初年加强中央集权的措施，康乾之治，边疆治理

（2）教学难点：康乾之治

3. 教学内容：

第一节 清朝立国初年加强中央集权的措施

一、海内一统

二、集权中央

三、民族治理

第二节 康乾之治

一、治世之初

二、承上启下

三、十大武功

第三节 嘉道萧条

一、吏治腐败

二、赋税危机

三、军力日衰

4. 教学过程与方法：

讲授法、讨论法；多媒体教学

5. 拓展阅读：

（1）高翔：《康雍乾三帝统治思想研究》，中国人民大学出版社 1995 年版。

（2）吕宽庆：《清代立嗣继承制度研究》，河南人民出版社 2008 年版。

（3）袁森坡：《康雍乾经营与开发北疆》，中国社会科学出版社 1991 年版。

（4）冯尔康：《雍正帝及其时代》，天津人民出版社 2019 年版。

（5）戴逸：《乾隆帝及其时代》，中国人民大学出版社 2018 年版。

6. 复习与思考：

为何清朝在经历了康乾之治之后迅速衰落？

明清之际的社会与文化（第 20、21 章）

1. 教学目标：

了解和掌握明清之际的社会变化趋势，经济发展情况，学术思想特征，教育科举制度的衍变。

2. 教学重点和难点：

（1）教学重点：社会变化趋势，经济发展情况，学术思想特征，教育科举的衍变。

（2）教学难点：经济发展与学术思想

3. 教学内容：

第一节 社会阶层与组织结构

一、社会阶层变化

二、户籍制度与人口迁徙

三、乡村共同体

第二节 经济发展状况

一、农业

二、手工业

三、商业与贸易

第三节 学术思想

一、理学与实学

二、乾嘉学派

三、经世学派

第四节 教育科举

一、精英教育

二、大众教育

三、科举制度

4. 教学过程与方法：

讲授法、讨论法；多媒体教学

5. 拓展阅读：

（1）姜广辉：《走出理学：清代思想发展的内在理路》，辽宁教育出版社1997年版。

（2）王尔敏：《明清社会文化生态》，广西师范大学出版社2009年版。

（3）傅衣凌：《明清社会经济史论文集》，商务印书馆2017年版。

（4）商传：《明朝文化概论》，南京出版社2016年版。

（5）张国刚、吴莉苇：《中西文化关系史》，高等教育出版社2006年版。

6. 复习与思考：

明清之际的社会与思想呈现出哪些新的特征？

明清之际的中外关系（第22章）

1. 教学目标：

通过本章的讲授，使学生了解明清之际外部世界的剧变，郑和下西洋，东亚贸易圈的形成和发展，东西方文化的交流。

2. 教学重点和难点：

（1）教学重点：明清之际外部世界的剧变，郑和下西洋，东亚贸易圈的形成和发展，东西方文化的交流

（2）教学难点：郑和下西洋，东西方文化的交流

3. 教学内容

第一节 明清之际的外部世界

一、外部世界剧变

二、郑和下西洋

三、东亚贸易圈的形成和发展

第二节 东西方文化的交流

一、"儒家文化圈"

二、西方文化的传入

三、中国文化的西传

4. 教学过程方法：

讲授法、讨论法；多媒体课件

5. 拓展阅读：

（1）傅衣凌：《明清社会经济史论文集》，商务印书馆 2017 年版。

（2）［意］利玛窦：《利玛窦中国札记》，何高济等译，广西师范大学出版社 2001 年版。

（3）沈福伟：《中西文化交流史》，上海人民出版社 2006 年版。

（4）刘登阁、周云芳：《西学东渐与东学西渐》，中国社会科学出版社 2000 年版。

（5）王天有、徐凯、万明主编：《郑和远航与世界文明：纪念郑和下西洋六百周年论文集》，北京大学出版社 2005 年版。

（6）孙青：《晚清之"西政"东渐及本土回应》，上海书店出版社 2009 年版。

6. 复习与思考：

东西方文化交流过程中，中国传统文化对西方的影响何在？

本课程主要参考资料与推荐阅读书目

（一）通史著作：

1. 白寿彝：《中国通史》，上海人民出版社 1995 年版。

2. 钱穆：《国史大纲》，商务印书馆 1996 年版。

3. 黄仁宇：《赫逊河畔谈中国历史》，生活·读书·新知三联书店 1997 年版。

4. 范文澜：《中国通史简编》，商务印书馆 2010 年版。

5. 邓之诚：《中华二千年史》，东方出版社 2013 年版。

6. 吕思勉：《吕著中国通史》，中国社会科学出版社 2013 年版。

7. 陈恭禄：《中国通史》，世界知识出版社 2019 年版。

8. 钱穆：《中国文化史导论（修订本）》，商务印书馆 1996 年版。

9. 郑师渠：《中国文化通史》，北京师范大学出版社 2009 年版。

10. 柳诒徵：《中国文化史》，岳麓书社 2010 年版。

11. 吕思勉：《中国文化史》，天津人民出版社 2016 年版。

12. 高敏：《中国经济通史》，经济日报出版社 2007 年版。

13. 白钢：《中国政治制度史》，社会科学文献出版社 2007 年版。

14. 路甬祥：《走进殿堂的中国古代科技史》，上海交通大学出版社 2009 年版。

15. 林惠祥：《中国民族史》，上海书店出版社 2012 年版。

16. 梁庚尧：《中国社会史》，东方出版中心 2016 年版。

17. 陈高华、陈智超等：《中国古代史史料学》，中华书局 2016 年版。

18. 金毓黻：《中国史学史》，上海古籍出版社 2020 年版。

（二）专史著作：

1. 刘喜民、刘浩然：《澶渊之盟》，内蒙古人民出版社 2017 年版。

2. 张其凡：《宋代政治军事论稿》，安徽人民出版社 2009 年版。

3. 张希清等：《澶渊之盟新论》，上海人民出版社 2007 年版。

4. 曾枣庄：《苏轼评传》，巴蜀书社 2018 年版。

5. 游彪：《靖康之变》，湖南人民出版社 2018 年版。

6. 邓之诚：《宋辽金夏元史》，北京理工大学出版社 2018 年版。

7. 顾宏义：《天裂：12 世纪宋金和战实录》，上海书店出版社 2012 年版。

8. 刘学斌：《北宋新旧党争与士人政治心态研究》，河北大学出版社 2009 年版。

9. 任崇岳：《宋徽宗：北宋家国兴亡实录》，河南人民出版社 2007 年版。

10. 沈松勤：《北宋文人与党争：中国士大夫群体研究之一》，人民出版社 1998 年版。

11. 漆侠：《宋代经济史（上）》，南开大学出版社 2019 年版。

12. 田志光：《宋代政治制度史研究》，人民出版社 2017 年版。

13. 葛金芳：《宋代经济史讲演录》，广西师范大学出版社 2008 年版。

14. 李华瑞：《王安石变法与南宋以后中国社会变迁》，人民出版社 2004 年版。

15. 漆侠：《王安石变法》，河北人民出版社 2001 年版。

16. 邓广铭：《北宋政治改革家王安石》，河北教育出版社 2000 年版。

17. 曾枣庄：《宋代文学与宋代文化》，上海人民出版社 2006 年版。

18. 吕变庭：《北宋科技思想研究纲要》，中国社会科学出版社 2007 年版。

19. 陈植锷：《北宋文化史述论》，中华书局 2019 年版。

20. 杨渭生：《宋代文化新观察》，河北大学出版社 2008 年版。

21. 韩毅：《宋代瘟疫的流行与防治》，商务印书馆 2015 年版。

22. 张升：《永乐大典流传与辑佚研究》，北京师范大学出版社 2021 年版。

23. 张忱石：《〈永乐大典〉史话》，国家图书馆出版社 2014 年版。

24. 毛建军：《古籍数字化理论与实践》，航空工业出版社 2009 年版。

25. 张华：《东学西传：国学与汉学》，北京语言大学出版社 2017 年版。

26. 刘海峰：《中国科举文化》，辽宁教育出版社 2010 年版。

27. 肖红英：《印刷术的发明：源流·外传·影响》，贵州科技出版社 2008 年版。

28. 刘登阁、周云芳：《西学东渐与东学西渐》，中国社会科学出版社

2000 年版。

29. 韩琦、张晨光：《中国科学技术的西传及其影响：1582—1793》，河北人民出版社 1999 年版。

30. 徐善伟：《东学西渐与西方文化的复兴》，上海人民出版社 2002 年版。

31. 辛德勇：《中国印刷史研究》，生活·读书·新知三联书店 2016 年版。

32. ［美］卡德：《中国印刷术源流史》，刘麟生译，山西人民出版社 2015 年版。

33. ［意］米盖拉、韩琦：《中国和欧洲：印刷术与书籍史》，商务印书馆 2008 年版。

34. 潘吉星：《中国、韩国与欧洲早期印刷术的比较》，科学出版社 1997 年版。

35. 李志军：《西学东渐与明清实学》，巴蜀书社 2004 年版。

36. 樊洪业、王扬宗：《西学东渐：科学在中国的传播》，湖南科学技术出版社 2000 年版。

37. ［意］利玛窦：《利玛窦书信集》，文铮译，商务印书馆 2018 年版。

38. 刘大椿等：《西学东渐》，中国人民大学出版社 2018 年版。

39. 徐海松：《清初士人与西学》，东方出版社 2001 年版。

40. 陈宝良：《明代社会生活史》，中国社会科学出版社 2004 年版。

41. 赵玉田：《明代北方的灾荒与农业开发》，吉林人民出版社 2003 年版。

42. 朱恩林：《中国蝗灾发生防治史》，中国农业出版社 2021 年版。

43. 张民服、何欣峰：《明代人口经济及区域灾荒应对》，人民出版社 2021 年版。

44. 邓云特：《中国救荒史》，商务印书馆 2017 年版。

45. 孟森：《明史讲义》，岳麓书社 2010 年版。

46. 田培栋：《明代社会经济史研究》，北京燕山出版社 2008 年版。

47. 孟红梅：《明代蝗灾与治蝗研究》，华南农业大学出版社 2005 年版。

48. 李威、巢清尘：《小冰期气候与清代历史》，气象出版社 2021 年版。

49. 刘炳涛：《明清小冰期》，中西书局 2020 年版。

50. 刘志刚：《天人之际：灾害、生态与明清易代》，中南大学出版社 2013 年版。

51. 宋正海：《中国古代重大自然灾害和异常年表总集》，广东教育出版社 1992 年版。

52. 李庆：《王阳明传：十五、十六世纪中国政治史、思想史的聚焦点》，上海古籍出版社 2021 年版。

53. 周建华：《王阳明在江西》，江西高校出版社 2017 年版。

54. 束景南：《王阳明年谱长编 1》，上海古籍出版社 2017 年版。

55. 张祥浩：《王守仁评传》，南京大学出版社 2011 年版。

56. 高晓勇：《图解中国古代建筑史》，广西师范大学出版社 2020 年版。

57. 故宫博物院：《故宫古建筑的结构艺术》，故宫出版社 2017 年版。

58. 中国科学院自然科学史研究所：《中国古代建筑技术史》，科学出版社 2016 年版。

59. 商传：《明代文化史》，安徽文艺出版社 2019 年版。

60. 李佳：《君臣关系与明代士大夫政治研究》，吉林大学出版社 2018 年版。

61. 阮景东：《血腥的皇权：明代君臣的政治斗争》，江西高校出版社 2013 年版。

62. 商传：《永乐大帝》，广西师范大学出版社 2010 年版。

63. ［加拿大］陈忠平：《走向多元文化的全球史：郑和下西洋（1405—1433）及中国与印度洋世界的关系》，生活·读书·新知三联书店 2017 年版。

64. 郑一均：《论郑和下西洋（第 2 版修订本）》，海洋出版社 2005 年版。

65. 吴晗：《朱元璋传》，人民出版社 2004 年版。

66. 陈宝良：《明代社会生活史》，中国社会科学出版社 2004 年版。

67. 杨绍猷、莫俊卿：《明代民族史》，社会科学文献出版社 2007 年版。

68. 毛佩琦、张自成：《中国明代政治史》，人民出版社 1995 年版。

69. 成一农：《中国古代舆地图研究》，中国社会科学出版社 2018 年版。

70. 李孝聪、白鸿叶：《康熙朝〈皇舆全览图〉》，国家图书馆出版社 2014 年版。

71. 冯尔康：《雍正帝及其时代》，天津人民出版社 2019 年版。

72. 徐伟新，刘德福：《落日的辉煌：17—18 世纪全球变局中的"康乾盛世"》，人民出版社 2016 年版。

73. 李治亭：《清康乾盛世的余晖》，中国大百科全书出版社 2012 年版。

74. 孟森：《清史讲义》，中华书局 2010 年版。

上　篇

《中国古代史（下）》课程教学设计举隅

澶渊之盟的性质

（教学设计）

基本情况	课程名称	中国古代史（下）		
	授课班级	历史学专业本科一年级	教学方法	讲授法、讨论法
	授课地点	多媒体教室	授课时数	1课时

课程分析

　　《中国古代史（下）》是历史学专业课程体系中的专业核心课程。本课程具有较大的理论研究空间，在马克思主义史学理论的指导之下，探寻历史发展进程中的共性以及不同历史阶段的特性，引发学生针对特定历史事件的反思，提升学生的历史思辨能力，增强学生的家国认同、文化自信，进而铸牢中华民族共同体意识。同时，本课程在结合前人研究成果的基础上，紧紧围绕基本史料和关键史料，使学生学会搜集整理、分析研究史料的相关方法，从而具备一定的通过细节探寻史实、揭示历史发展大势的能力。

教材分析

　　张岂之主编，张国刚、张帆、李伯重撰：《中国历史新编·古代史（下册）》，高等教育出版社2014年版，614页。高等教育出版社"十一五"普通高等教育本科国家级规划教材，以下简称"国规版"。

　　针对本科一年级学生开设的《中国古代史（下）》课程，目前国内教材多样。选定国规版的主要原因有以下三个方面：首先，国规版教材的编纂起自隋唐之时，终于明清之际，主要讲述中国古代隋唐、宋（辽夏金）、元、明、清诸阶段历史现象的变迁，这基本符合中国古代历史演变的总体趋势，体例安排合理；其次，国规版教材涵盖内容广泛，详略得当。包含中国古代史下半段的政治、经济、文化、社会、外交等诸多内容，同时，围绕重点史实进行了深入剖析，通过对细节的阐释，彰显历史学的深刻；再次，国规版教材以大量一手史料为依托，同时援引学界经典学术观点与最新成果，为师生的课堂教学与课下自学提供了进一步阅读和思考的路径，作为教材的同时，也具有学术研究的参考价值，有助于历史专业本科生对基本理论、基本知识、基本方法的掌握，同时，也有助于培养和提升历史专业本科生的时空观念、史料实证、历史解释等史学素养。

学情分析

　　1. 知识储备：学生们在之前的历史学习中，对宋辽关系中的高粱河之战的结果、雍熙北伐的影响、澶渊之盟的条约等内容有所了解，但多为结论性史实的记忆。基于此，本节课依托多媒体，通过讲授高粱河之战的背景、雍熙北伐的原因、澶渊之盟的性质和影响，让学生学会基于历史文献的解读，从经济基础、军事实力、文化影响等角度思考战争的性质与影响，从而拓展关于宋辽关系认知的广度与深度。

　　2. 能力水平：由于大多数学生停留在宋辽关系的机械性记忆阶段，因此，在围绕宋辽关系中的战争性质和历史人物的评价方面，辩证思维能力不足，从而很难对宋辽关系进行多角度分析，对以寇准为代表的历史人物进行多元化评价，不利于培养学生的

学情分析	唯物史观、史料实证、历史解释等核心素养。基于此，通过本节课讲授，引导学生在阅读、分析《宋史》《辽史》《续资治通鉴长编》等史料的过程中，学会从多角度看待历史事件与历史人物，从而培养学生史料解读能力和辩证思维能力。 　　3. 心理特征：学生们熟悉历史学传统的教学模式、课程内容的传统观点与思考维度。自主意识较强，能够接受新观点和新方法。希望充分发挥多媒体教学优势，掌握史学研究的方法，提升自主学习能力。
内容分析	本课取自《中国古代史（下）》教材第十一章第三节的内容。主要围绕辽宋关系中的一系列重要战争以及签署的盟约展开讲授。通过讲解让学生对宋辽关系中的高梁河之战的结果、雍熙北伐的影响、澶渊之盟的性质等内容有所了解，让学生学会基于历史文献的解读，从经济基础、军事实力、文化影响等角度思考战争的性质，从而拓展关于宋辽关系认知的广度与深度，提升学生的史学思辨能力，最后进行总结和课外任务布置。
教学目标	【知识目标】 　　1. 描述高梁河之战、雍熙北伐的原因、影响。 　　2. 阐释澶渊之盟的背景、探讨澶渊之盟的影响。 　　3. 结合《宋史》《辽史》等史料，评价澶渊之盟的性质。 【能力目标】 　　1. 通过引导学生分析《宋史》《辽史》等史料，使学生具备史料实证的能力。 　　2. 通过多角度解读同一历史事件、评价同一历史人物，让学生掌握辩证思维方法。 【思政目标】 　　通过对以寇准为代表的主战派言行的分析，培养学生的文化认同感与家国情怀。
教学重难点	【教学重点】 　　澶渊之盟非城下之盟的分析过程 【突出重点的方法】 　　从城下之盟的概念入手，结合《宋史》《辽史》《契丹国志》等史料，引导学生从经济实力、军事科技两个方面，从战前、战时两个阶段，从澶渊之盟的条款内容分析澶渊之盟的性质，使学生掌握分析历史事件的角度和方法，通过启发式教学，让学生明确澶渊之盟并非城下之盟。 【教学难点】 　　澶渊之盟是互利协议的原因 【突破难点的方法】 　　从澶渊之盟签订之后对宋辽双方的影响入手，结合《石林燕语》《续资治通鉴长编》等史料，通过启发式讲授，从双方互通国书、友好交往，经济发展，文化繁盛三个角度，让学生理解澶渊之盟对宋辽双方而言是互利协议。

续表

教学策略	以学生为中心，通过讲授法、启发法，结合多媒体教学，在搜集整理史料的基础上，进一步解读史料，让学生学会分析问题的角度、解决问题的方法，从而培养学生史料实证与历史解释的能力，使学生具备历史学科的核心素养。通过宋辽关系中澶渊之盟性质的讲解，使学生感受到以寇准为代表的北宋士大夫在国家民族面临危机时所表现出的大智大勇，从而挖掘中华优秀传统文化中的民族认同与家国情怀。
板书设计	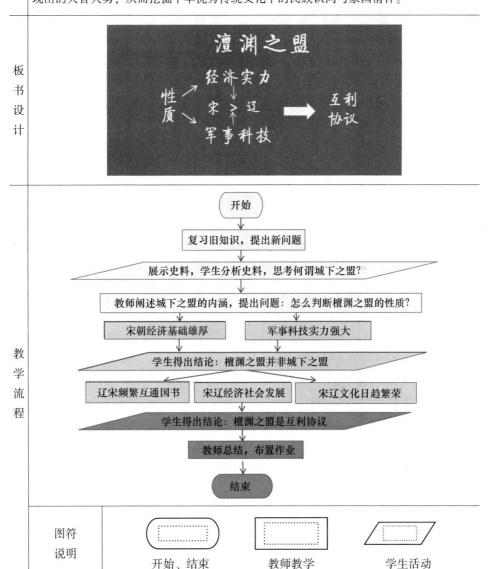
教学流程	
图符说明	

阶段	教学内容	教学过程、方法与设计意图
导入新课 （3分钟）		【导入】 　　通过北宋立国以来与辽朝88次战争胜少败多为例，引导学生思考宋辽关系特点。 【设悬留疑】 　　宋辽关系的拐点在哪?
确定目标 （3分钟）	【知识目标】 　　1. 描述高梁河之战、雍熙北伐的原因、影响。 　　2. 阐释澶渊之盟的背景、探讨澶渊之盟的影响。 　　3. 结合《宋史》《辽史》等史料，评价澶渊之盟的性质。 【能力目标】 　　1. 通过引导学生分析《宋史》《辽史》等史料，使学生具备史料实证的能力。 　　2. 通过多角度解读同一历史事件、评价同一历史人物，让学生掌握辩证思维方法。 【思政目标】 　　通过以寇准为代表的主战派言行的分析，培养学生文化认同感与家国情怀。	结合多媒体，依托《宋史》《契丹国志》等史料，分析高梁河之战、澶渊之盟的历史细节。通过启发式提问，引导学生从经济、军事等不同角度思考澶渊之盟性质，抓住历史事件中矛盾的主要方面，学会评价寇准等重要历史人物的历史影响。
内容讲授 （36分钟）	一、澶渊之盟前的宋辽关系 　　太宗自燕京城下军溃，北虏追之，仅得脱。凡行在服御宝器尽为所夺，从人宫嫔尽陷没。股上中两箭，岁岁必发，其弃天下竟以箭疮发云。盖北虏乃不共戴天之仇。 　　　　　　——《默记·卷中》 　　朕昨者兴师选将，止令曹彬、米信等顿于雄、霸，裹粮坐甲以张军声。俟一两月间山后平定，潘美、田重进等乘兵以进，直抵幽州，然后控扼险固，恢复旧疆，此朕之志也。奈何将帅等不遵成算，	【提出问题】 　　北宋立国以来，围绕燕云十六州的归属问题，与辽展开了旷日持久的战争，但在这个过程中，北宋胜少败多，原因是什么? 【史料展示】 　　从细节分析高梁河之战与雍熙北伐失败的原因以及影响。 【分析问题】 　　高梁河之战与雍熙北伐的惨败有三个方面的原因：1. 北宋崇

（教学环节）

阶段	教学内容	教学过程、方法与设计意图
教学环节	内容讲授（36分钟）	

各骋所见，领十万甲士出塞远门斗，速取其郡县，更还师以援辎重，往复劳弊，为辽人所袭，此责在主将也。

——《续资治通鉴长编·卷二十七》

二、澶渊之盟

文抑武，导致武人地位不高，积极性受挫；2. 更戍法导致军队战斗力弱；3. 战争策略不当，战场指挥不力

【提出问题】

公元1004年辽国举全国精兵20万南下侵宋，在以寇准为代表的主战派坚持下，宋真宗亲征，面对这场决定宋辽命运的战争，他们之间的实力怎样呢？围绕澶渊之盟的性质，学界多有探讨，有学者主张是屈辱性的城下之盟，有学者则认为是平等互利的协议，那么澶渊之盟的性质到底是怎样的呢？

【启发引导】

从城下之盟的历史典故入手，分析城下之盟的内涵，引导学生明确城下之盟的判断标准。

【设计意图】

历史史实性质的判定要遵从一定的标准，否则就无法厘清。历史事件的判定标准一定不能离开特定的历史阶段与文献语境。通过这一问题的提出和分析，使学生学会判断历史史实标准的角度和方法。

【图文结合】

结合史料，从经济和军事两个方面，以对比图的形式阐述澶渊之战，宋的国力优于辽朝。引导学生得出澶渊之盟并非屈辱性的城下之盟。

【设计意图】

历史事件性质的判断，除了

阶段	教学内容	教学过程、方法与设计意图
教学环节	内容讲授（36分钟）	 	要明确标准之外，还要通过一系列的文献和数据，分析历史进程中的细节。通过细节的把握，使学生掌握从不同角度看待同一历史事件的思维方式，结合理科的研究方法，提升通过数据解读历史事件的能力。 【启发引导】 　通过上述分析，得出澶渊之盟并非城下之盟，然而，澶渊之盟的性质到底是怎样的呢？进一步提出问题。 【设计意图】 　对重要历史事件的分析需要由浅入深，引导学生进一步思考澶渊之盟的性质。 【图文结合】 　结合《三朝北盟会编》中对澶渊之盟的内容，逐条分析，盟约给宋辽双方带来了哪些影响。从宋辽双方互通国书，以示友好的角度，阐述澶渊之盟后宋辽双方外交关系的变化；阐述澶渊之盟签订过程中以寇准为代表的主战派积极主动争取政治权益，从而展现了寇准善断大事、忠义无双的一面，中国儒生士大夫的家国情怀不但构成了中华优秀传统文化的核心，也真正推动了历史的前进。 【设计意图】 　揭示历史上的重要事件中，发挥重要作用，推动历史进步的往往并不是君主，而是以寇准为代表的忠臣良将，他们就是中华

续表

阶段	教学内容	教学过程、方法与设计意图
教学环节	内容讲授（36分钟） 	民族的脊梁，增强学生的文化认同感。 【启发引导】 　　从辽国经营幽云十六州、宋朝儒家文化影响辽国社会、宋辽之间互开榷场、互市贸易的角度，引导学生讨论和平时期对于宋辽社会经济发展的重要意义，从而得到澶渊之盟的本质是"化干戈为玉帛的互利协议"。 【设计意图】 　　层层深入，步步递进，使学生学会结合史料，阐述历史史实，分析历史人物，思考历史影响。
	总结（3分钟） 	【归纳总结】 　　回顾本节课重点，即澶渊之盟性质的判断角度、结论。要求学生观看央视纪录片《历史的拐点——澶渊之盟》，阅读《寇准传》，进一步思考澶渊之盟有没有消极影响？从而培养学生结合相关资料，独立思考的能力。
课程资源	【参考文献】 　　1. 张岂之主编，张国刚、张帆、李伯重撰：《中国历史新编·古代史（下）》，高等教育出版社 2014 年版。 　　2. 朱绍侯、张海鹏、齐涛主编：《中国古代史［新版（下）］》，福建人民出版社 2004 年版。 　　3. 陈振：《宋史》，上海人民出版社 2020 年版。 　　4. 郭玮：《寇准与澶渊之役》，《洛阳大学学报》2007 年第 1 期。	

续表

课程资源	5. 熊鸣琴：《论北宋名相毕士安》，《晋阳学刊》2003 年第 2 期。 【拓展阅读】 　1. 刘广丰：《大忠之臣寇准》，辽宁人民出版社 2021 年版。 　2. 刘喜民、刘浩然：《揭秘契丹辽王朝 2 澶渊之盟》，内蒙古人民出版社 2017 年版。 　3. 张其凡：《宋代政治军事论稿》，安徽人民出版社 2009 年版。 　4. 张希清等：《澶渊之盟新论》，上海人民出版社 2007 年版。 　5. 汪圣铎：《宋真宗》，吉林文史出版社 2004 年版。 　6. 王轶英：《北宋澶渊之盟前的河北军事防御区域》，《河北大学学报》（哲学社会科学版）2012 年第 1 期。 　7. 陈峰：《北宋御辽战略的演变与"澶渊之盟"的产生及影响》，《史学集刊》2007 年第 3 期。 　8. 韦祖松、张其凡：《简论高琼澶渊之功》，《历史教学》2005 年第 10 期。 　9. 韦祖松：《高琼与"澶渊之盟"》，《青海师范大学学报》（哲学社会科学版）2005 年第 3 期。 　10. 王晓波：《对澶渊之盟的重新认识和评价》，《四川大学学报》（哲社版）2003 年第 4 期。 　11. 芮忠汉：《谈"澶渊之盟"》，《中国社会科学院研究生院学报》2002 年第 5 期。 　12. 漆侠：《辽国的战略进攻与澶渊之盟的订立——宋辽战争研究之三》，《河北大学学报》（哲学社会科学版）1992 年第 3 期。

东坡治水

（教学设计）

基本情况	课程名称	中国古代史（下）		
	授课班级	历史学专业本科一年级	教学方法	讲授法、讨论法
	授课地点	多媒体教室	授课时数	1 课时

课程分析	《中国古代史（下）》是历史学专业课程体系中的专业核心课程。本课程具有较大的理论研究空间，在马克思主义史学理论的指导之下，探寻历史发展进程中的共性以及不同历史阶段的特性，引发学生针对特定历史事件的反思，提升学生的历史思辨能力、增强学生的家国认同、文化自信，进而铸牢中华民族共同体意识。同时，本课程在结合前人研究成果的基础上，紧紧围绕基本史料和关键史料，使学生学会搜集整理、分析研究史料的相关方法，从而具备一定的通过细节探寻史实、揭示历史发展大势的能力。

教材分析

张岂之主编，张国刚、张帆、李伯重撰：《中国历史新编·古代史（下册）》，高等教育出版社 2014 年版，614 页。高等教育出版社"十一五"普通高等教育本科国家级规划教材，以下简称"国规版"。

针对本科一年级学生开设的《中国古代史（下）》课程，目前国内教材多样。选定国规版的主要原因有以下三个方面：首先，国规版教材的编纂起自隋唐之时，终于明清之际，主要讲述中国古代隋唐、宋（辽夏金）、元、明、清诸阶段历史现象的变迁，这基本符合中国古代历史演变的总体趋势，体例安排合理；其次，国规版教材涵盖内容广泛，详略得当。包含中国古代史下半段的政治、经济、文化、社会、外交等诸多内容，同时，围绕重点史实进行了深入剖析，通过对细节的阐释，彰显历史学的深刻；再次，国规版教材以大量一手史料为依托，同时援引学界经典学术观点与最新成果，为师生的课堂教学与课下自学提供了进一步阅读和思考的路径，作为教材的同时，也具有学术研究的参考价值，有助于历史专业本科生对基本理论、基本知识、基本方法的掌握，同时，也有助于培养和提升历史专业本科生的时空观念、史料实证、历史解释等史学素养。

学情分析

1. 知识储备：学生们在之前的历史学习中，对王安石变法的背景、新法推行的措施、新法的影响和评价等有所了解，对新法废除过程中的党争不太了解。而北宋后期的党争对于北宋的灭亡产生了深远影响。在党争过程中，一系列人物被贬谪出任地方官吏，其中不乏一些优秀士大夫，他们在地方任所同样做出了造福一方的功绩，苏轼就是有代表性的一位。基于此，本节课依托多媒体，通过讲授北宋后期党争的基本情况以及被贬谪的官员苏轼在地方上的治水功绩，让学生学会基于历史文献的解读，从不同角度思考北宋后期党争的影响，以及评价作为士大夫代表的苏轼在地方任治水取得的一系列功绩，从而拓展对于历史事件和杰出历史人物认识的深度和广度。

2. 能力水平：由于大多数学生停留在机械性记忆阶段，因此，在围绕北宋后期党

学情分析	争和历史人物的评价方面，辩证思维能力不足，从而很难对重要历史事件和历史人物进行多角度分析，不利于培养学生的唯物史观、史料实证、历史解释等核心素养。基于此，通过本节课讲授，引导学生在阅读、分析《宋史》《苏轼全集》等文献史料的过程中，学会从多角度看待历史事件与历史人物，从而培养学生史料解读能力和辩证思维能力。 　　3. 心理特征：学生们熟悉历史学传统的教学模式、课程内容的传统观点与思考维度。自主意识较强，能够接受新观点和新方法。希望充分发挥多媒体教学优势，掌握史学研究的方法，提升自主学习能力。
内容分析	本课取自《中国古代史（下）》教材第九章第四节的内容。主要围绕北宋后期王安石变法过程中形成的党争以及苏轼在地方任所的治水功绩展开讲授。通过讲解让学生对北宋后期党争的过程、影响以及苏轼在地方任所的治水功绩等内容有所了解，在搜集整理史料的基础上，进一步解读史料，让学生学会分析问题的角度、解决问题的方法，从多角度分析北宋后期党争的影响以及评价历史人物的功绩，从而拓展关于北宋后期政治发展演变的过程和历史人物本身认知的广度与深度，从而培养学生史料实证与历史解释的能力，使学生具备历史学科的核心素养。最后进行总结和课外任务布置。
教学目标	【知识目标】 　　1. 描述北宋后期党争的过程和影响。 　　2. 阐释苏轼在地方任所的治水功绩。 【能力目标】 　　1. 通过引导学生分析《宋史》《续资治通鉴长编》《苏轼全集》等史料，提升学生史料实证与历史解释的能力。 　　2. 通过多角度解读同一历史事件、评价同一历史人物，让学生掌握辩证思维方法。 【思政目标】 　　通过苏轼治水过程中展现出来的高超智慧以及在困境中依然心系百姓的情怀，使学生感触以苏轼为代表的北宋士大夫"为生民立命，为万世开太平"的人格魅力，从而强化学生的家国情怀、对中国优秀传统文化以及历史人物的认同感。
教学重难点	【教学重点】 　　苏轼出任地方官吏，在治水领域如何取得了一系列成就，从而惠泽万民。 【突出重点的方法】 　　从对苏轼治水的评价入手，结合《宋史》《苏轼全集》等史料，引导学生从理论和实践两方面分析苏轼治水功绩。尤其在实践方面，结合徐州抗洪、广州引水和惠州筑堤三个事件，阐释苏轼治水过程中的理念、技术和取得的效果。使学生掌握分析历史事件的角度和方法，通过启发式教学，引导学生基于不同史料，从不同角度学会思考和评价历史人物。

教学重难点	**【教学难点】** 　　苏轼在广州白云山如何完成引水工程 **【突破难点的方法】** 　　图文结合，依托史料的同时，结合广州博物馆的引水模型以及《农书》中保留的引水图示，阐释苏轼的广州引水工程。通过启发式讲授，结合学界的既有研究成果，分析苏轼引水工程的历史地位。让学生学会从技术史的角度重新认识和评价历史人物。
教学策略	以学生为中心，通过讲授法、启发法，结合多媒体教学，在搜集整理史料的基础上，进一步解读史料，让学生学会分析问题的角度、解决问题的方法，从而培养学生史料实证与历史解释的能力，使学生具备历史学科的核心素养。通过苏轼治水过程中展现出来的高超的智慧以及在困境中依然心系百姓的情怀，使学生感触以苏轼为代表的北宋士大夫"为生民立命，为万世开太平"的人格魅力，从而强化学生的家国情怀以及对中国优秀传统文化以及历史人物的认同感。
板书设计	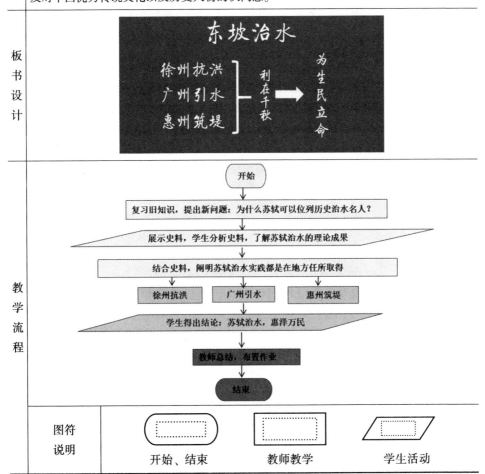
教学流程	
图符说明	

阶段	教学内容	教学过程、方法与设计意图
导入新课（3分钟）		【导入】 　　通过熙宁变法后期王安石两度罢相以及熙宁变法最终被废止入手，引出熙宁变法措施悉数被废止的原因之一是党争。 【设悬留疑】 　　北宋后期的党争在多大程度上影响了熙宁变法的措施推行、实施效果以及历史评价？
确定目标（3分钟）	【知识目标】 　　1. 描述北宋后期党争的过程和影响。 　　2. 阐释苏轼在地方任所的治水功绩。 【能力目标】 　　1. 通过引导学生分析《宋史》《续资治通鉴长编》《苏轼全集》等史料，提升学生史料实证与历史解释的能力。 　　2. 通过多角度解读同一历史事件、评价同一历史人物，让学生掌握辩证思维方法。 【思政目标】 　　通过对以苏轼为代表的士大夫在地方任所的功绩的讲解，使学生在感悟苏轼坚韧不拔的性格的同时，培养学生的时代使命感。	结合多媒体，依托《宋史》《续资治通鉴长编》《苏轼全集》等史料，分析北宋后期党争的表现以及历史影响。通过启发式提问，引导学生在分析史料的过程中，探究苏轼在地方任所的治水功绩，如徐州抗洪、广州引水和惠州筑堤，抓住历史事件中历史人物的重要行为和言论思想，学会从不同角度评价历史人物，感悟历史人物的人格魅力。
内容讲授（36分钟）	一、北宋后期党争 　　阅读史料，分析高梁河之战 　　司马光执政岁余即卒，少所建树。而旧派复分裂为洛党（程颐为首）、蜀党（苏轼为首）、朔党刘挚、梁焘、王岩叟、刘安世为首），内讧不休。哲宗亲政后，章惇等复起，再行新法，立异者悉贬窜。及徽宗立，向太后听政，复用旧派韩英彦等，而斥新党。及徽宗亲政，又舍旧而相新党蔡京，如此纷纭反覆，互争政权，而北宋遂随之而倾覆矣。 　　　　　　——《学林脞录·卷七》 　　司马光掌权后，决定将所有新法一律	【提出问题】 　　北宋后期的熙宁变法的结果，学界多有争论，有的认为党争是熙宁变法失败的重要原因，真实情况是怎样的呢？北宋后期党争问题不仅影响到了熙宁变法的推行，甚至直接影响到了北宋末期的政治走向与北宋历史的终结，为什么这么说呢？ 【史料展示】 　　引导学生结合史料，从细节分析党争影响熙宁变法的推行，甚至直接影响到了北宋末期的政治

续表

阶段	教学内容	教学过程、方法与设计意图
教学环节 内容讲授 （36分钟）	废除。当时在守旧派当中，只有刘挚、王岩叟等人是完全赞同的。其他有很多人则认为，新法的某些部分应当继续施行。例如范纯仁反对废除青苗法，苏轼、苏辙兄弟反对废除免役法。在这个问题上，苏轼等人还与司马光发生过激烈的论争。后来，司马光力排众议，将新法全部废除。这样，新法的存废问题不复存在。于是，守旧派开始为了争夺政治地位而相互倾轧，形成了蜀、洛、朔三党。三个颇具地方色彩的派别争权夺势，导致政治局面更加混乱。 ——《线装经典》编委会编：《中国通史 线装经典》，云南人民出版社2017年版，第214页。 三、东坡治水   	走向与北宋历史的终结，为什么这么说呢？ 【史料展示】 　引导学生结合史料，从细节分析党争影响熙宁变法的推行以及对党争的历史评价。 【分析问题】 　北宋党争直接影响到了熙宁变法的推行以及对熙宁变法的评价，这主要体现在三个方面：1. 党争导致用人不当；2. 党争导致对熙宁变法的评价与实际情况偏差巨大；3. 党争导致北宋一批优秀的文人士大夫遭贬谪，出任地方官吏，从而对北宋中央政治格局产生影响，并成为导致北宋灭亡的原因之一。 【提出问题】 　由于北宋后期愈演愈烈的党争，一系列优秀的文人士大夫被贬谪出中央政府，出任地方官吏。而苏轼是其中的代表人物。他遭贬谪，从二品一直被贬至九品，到琼州任职。但是即便如此，他在出任地方官吏的任所之上也做了一系列惠民之举，在治水领域取得了辉煌成就，那么，他到底是怎么做的呢？ 【启发引导】 　苏轼在治水方面的杰出成就，使他与大禹、李冰等同列历史治水名人，那么，他的治水功绩体现在哪些方面？ 【设计意图】 　通过苏轼与大禹、李冰同列为首批历史治水名人的案例，引发学生思考，激发学生学习的兴趣。

阶段	教学内容	教学过程、方法与设计意图
教学环节 内容讲授（36分钟）	一、徐州之行·抗洪 一、徐州之行·抗洪 二、广州之行·引水系统 二、广州之行·引水系统 二、广州之行·引水系统 	【图文结合】 　　结合史料，展示苏轼流传下来的有关于治水理论方面的著述，把苏轼在治水理论上的研究，分为三类，使学生直观地认识到苏轼在治水领域所做的研究。 【启发引导】 　　苏轼治水理论的研究成果丰硕，实践效果怎样呢？与其他治水名家不同的是，苏轼治水的功绩，一方面是在出任地方官时取得，一方面是遭贬谪在一路南迁的途中取得的。具体情况怎样呢？ 【设计意图】 　　引导学生进一步思考苏轼的治水功绩产生于不同的人生阶段。 【图文结合】 　　结合《苏轼文集》中徐州抗洪的内容，引导学生分析史料，了解徐州抗洪形势严峻以及苏轼为此所推行的措施。 【启发引导】 　　苏轼徐州抗洪推行的措施，实际效果怎样呢？ 【图文结合】 　　结合《苏轼文集》《栾城集》等文献史料，引导学生分析徐州抗洪的成效，同时，引用明朝人为苏轼在徐州抗洪所做的对联，引导学生分析苏轼徐州抗洪是利在千秋的功业。 【启发引导】 　　苏轼在遭贬谪的途中，途经广州城，做了一件彪炳千古的事业。在史学界被公认为中国最早的"自来水"工程，这又是怎么回事呢？ 【图文结合】 　　结合《苏轼文集》、广州博物

阶段	教学内容	教学过程、方法与设计意图
	三、惠州之行·两桥一堤 其他惠民工程·菖井	  馆引水工程复原图，为学生阐述苏轼在广州时设计建造了中国历史上最早的引水工程，解决了广州民众由于长期饮水不洁而导致的疫病问题，惠泽万民的这一工程被史学界誉为中国历史上最早的"自来水"系统。同时，结合《农书》中保留下来的引水工程的设计图，让学生更为直观地感受到苏轼治水过程中的智慧与忧国忧民的情怀。 【设计意图】 　图文结合，使学生直观感受到一千年前中国古人的智慧和技术发展水平，强化学生的家国情怀以及文化认同。 【启发引导】 　苏轼在广州完成了引水工程的设计建造后，继续东下到惠州，他又发现了什么问题呢？他又为当地的百姓解决了什么难题呢？ 【图文结合】 　通过展示惠州城的地理图示，阐释苏轼到惠州发现的民众出行不便的问题，借鉴杭州筑堤疏浚西湖的经验，在惠州筑堤，搭建桥梁，从而解决了惠州民众的出行难问题，后来在苏轼建桥的基础上改进完善，成为今天的惠州苏公桥。同时以图片的形式展示苏轼的其他惠民工程，比如东坡井、浮粟泉等。 【设计意图】 　依然通过图文结合的方式，使学生直观地感受到苏轼治水的功绩以及利在千秋的效果，继续强化学生的家国情怀。

教学环节｜内容讲授（36分钟）

续表

阶段	教学内容	教学过程、方法与设计意图
教学环节	总结 （3分钟） 课宴小结 为 万世开太平 大儒张载 天地立心 往圣继绝学 生民立命 古之立大事者，不惟有超世之才，亦必有坚忍不拔之志。 课后作业 苏轼评传 宋代士大夫群体意识研究 宋代还有哪些惠泽万民的士大夫？	【归纳总结】 　　回顾本节课重点，即苏轼治水的重要功绩。通过苏轼治水的功绩，引导学生思考北宋士大夫"为生民立命，为万世开太平"的政治理想，使学生感悟在处于人生低谷时依然要保持乐观心态，不负韶华，不忘初心。 【布置作业】 　　通过阅读两部学术著作，巩固所学的同时，思考宋代还有哪些惠泽万民的士大夫呢？为下节课奠定基础。
课程资源	【参考文献】 　　1. 张岂之主编，张国刚、张帆、李伯重撰：《中国历史新编·古代史（下）》，高等教育出版社2014年版。 　　2. 朱绍侯、张海鹏、齐涛主编：《中国古代史［新版（下）］》，福建人民出版社2004年版。 　　3. 陈振：《宋史》，上海人民出版社2020年版。 　　4. 闫茂华：《从"东坡模式"到"西湖镜像"：苏轼的生态农业构想与实践》，《农业考古》2021年第1期。 　　5. 李剑亮：《北宋的治水制度与苏轼的水利书写》，《浙江工业大学学报》（社会科学版）2018年第1期。 【拓展阅读】 　　1. 王水照：《苏轼研究》，上海人民出版社2019年版。 　　2. 曾枣庄：《苏轼评传》，巴蜀书社2018年版。 　　3. 郑桂臻：《苏轼与密州研究》，中州古籍出版社2014年版。 　　4. 林语堂：《苏东坡传》，陕西师范大学出版社2005年版。 　　5. 孔凡礼：《苏轼年谱》，中华书局1998年版。 　　6. 孙卓、任杰：《苏轼的防洪抗旱救灾思想与实践述论》，《中国防汛抗旱》2021年第3期。 　　7. 刘晗：《北宋士大夫水灾害应对刍议》，《华北水利水电大学学报》（社会科学版）2021年第6期。 　　8. 陈伟庆：《苏轼治水思想述论》，《华北水利水电大学学报》（社会科学版）2014

课程资源	年第 6 期。 9. 任红：《苏轼的治水地图》，《中国三峡》（人文版）2011 年第 1 期。 10. 崔铭：《苏轼与宋代市政建设》，《西南民族大学学报》（人文社会科学版）2005 年第 10 期。 11. 董治祥、郝思瑾：《黄楼登临好风景 千年还忆苏使君——苏东坡在徐州政绩述评》，《中国矿业大学学报》（社会科学版）2000 年第 1 期。 12. 林正秋：《古代杭州西湖的治理》，《杭州师范大学学报》（社会科学版）1990 年第 5 期。

青苗法的推行
（教学设计）

基本情况	课程名称	中国古代史（下）		
	授课班级	历史学专业本科一年级	教学方法	讲授法、讨论法
	授课地点	多媒体教室	授课时数	1 课时

课程分析	《中国古代史（下）》是历史学专业课程体系中的专业核心课程。本课程具有较大的理论研究空间，在马克思主义史学理论的指导之下，探寻历史发展进程中的共性以及不同历史阶段的特性，引发学生针对特定历史事件的反思，提升学生的历史思辨能力、增强学生的家国认同、文化自信，进而铸牢中华民族共同体意识。同时，本课程在结合前人研究成果的基础上，紧紧围绕基本史料和关键史料，使学生学会搜集整理、分析研究史料的相关方法，从而具备一定的通过细节探寻史实、揭示历史发展大势的能力。

教材分析	　　张岂之主编，张国刚、张帆、李伯重撰：《中国历史新编·古代史（下册）》，高等教育出版社 2014 年版，614 页。高等教育出版社"十一五"普通高等教育本科国家级规划教材，以下简称"国规版"。 　　针对本科一年级学生开设的《中国古代史（下）》课程，目前国内教材多样。选定国规版的主要原因有以下三个方面：首先，国规版教材的编纂起自隋唐之时，终于明清之际，主要讲述中国古代隋唐、宋（辽夏金）、元、明、清诸阶段历史现象的变迁，这基本符合中国古代历史演变的总体趋势，体例安排合理；其次，国规版教材涵盖内容广泛，详略得当。包含中国古代史下半段的政治、经济、文化、社会、外交等诸多内容，同时，围绕重点史实进行了深入剖析，通过对细节的阐释，彰显历史学的深刻；再次，国规版教材以大量一手史料为依托，同时援引学界经典学术观点与最新成果，为师生的课堂教学与课下自学提供了进一步阅读和思考的路径，作为教材的同时，也具有学术研究的参考价值，有助于历史专业本科生对基本理论、基本知识、基本方法的掌握，同时，也有助于培养和提升历史专业本科生的时空观念、史料实证、历史解释等史学素养。

学情分析	1. 知识储备：学生们在之前的历史学习中，对王安石发起的熙宁变法的背景、措施推行的步骤、措施的具体内容等有所了解，但多为结论性史实的记忆。基于此，本节课依托多媒体，通过讲授熙宁变法的逐步推行、以青苗法为例阐释熙宁变法的效果，图文结合，让学生学会基于历史文献的解读，从青苗法制定的初衷、取得的实际效果等方面，分析青苗法失败的原因，从而拓展学生们关于熙宁变法过程和影响的认知广度与深度。 　　2. 能力水平：由于大多数学生停留在熙宁变法措施内容的机械性记忆阶段，因此，在围绕熙宁变法的实际效果评价方面以及最终被取消的原因方面，辩证思维能力不足，

学情分析	从而很难对熙宁变法中的核心措施进行多角度分析，不利于培养学生的唯物史观、史料实证、历史解释等核心素养。基于此，通过本节课讲授，引导学生在阅读、分析《宋史》《宋会要辑稿》《三朝名臣言行录》等史料的过程中，学会从多角度看待历史事件与历史人物，从而培养学生史料解读能力和辩证思维能力。 　　3. 心理特征：学生们熟悉历史学传统的教学模式、课程内容的传统观点与思考维度。自主意识较强，能够接受新观点和新方法。希望充分发挥多媒体教学优势，掌握史学研究的方法，提升自主学习能力。
内容分析	本课取自《中国古代史（下）》教材第十章第一节的内容。主要围绕熙宁变法推行的过程、变法的核心措施青苗法的效果等内容展开讲授。通过讲解让学生对熙宁变法的推行过程、以青苗法为代表的重要措施取得的实际效果有多元化认识和思考，让学生学会基于历史文献的解读，从不同角度思考熙宁变法的实际效果，从而拓展关于熙宁变法认知的广度与深度，提升学生的史学思辨能力，最后进行总结和课外任务布置。
教学目标	【知识目标】 　　1. 描述熙宁变法的内容，关键措施推行的环节步骤。 　　2. 阐释青苗法推行的初衷、取得的实际效果以及废除的原因。 【能力目标】 　　1. 通过引导学生分析《宋史》《宋会要辑稿》等史料，使学生具备史料实证的能力。 　　2. 通过多角度解读同一历史事件、评价同一历史人物，让学生掌握辩证思维方法。 【思政目标】 　　通过对熙宁变法中青苗法的实际效果以及被废除的原因的角度，揭示用人不当、孤立无援是青苗法失败乃至整个熙宁变法失败的主要原因，引发学生反思历史，以史鉴今。
教学重难点	【教学重点】 　　青苗法制定的初衷、推行的效果 【突出重点的方法】 　　结合《宋史》《宋会要辑稿》等史料，引导学生在阅读史料过程中分析青苗法制定的初衷，图文结合，阐述青苗法的社会影响。使学生掌握分析历史事件的角度和方法，通过启发式教学，让学生明确青苗法制定的初衷是利国利民，但实际效果大相径庭。 【教学难点】 　　论从史出，评价青苗法失败的原因 【突破难点的方法】 　　承接青苗法推行过程中的实际效果，结合不同人对于青苗法推行的不同做法，阐释青苗法失败的原因，揭示用人不当、孤立无援是青苗法被废止的重要原因，从而引导学生思考，中国历史上的新政变法无论成功与否，用人都是最为关键的问题。使学生在反思历史的过程中，以古鉴今。

续表

教学策略	以学生为中心，通过讲授法、启发法，结合多媒体教学，在搜集整理史料的基础上，进一步解读史料，让学生学会分析问题的角度、解决问题的方法，从而培养学生史料实证与历史解释的能力，使学生具备历史学科的核心素养。通过熙宁变法中青苗法推行以及最终废止的讲解，使学生感悟宋代的新政变法乃至整个中国古代的新政变法，不但需要变法主持者有大智慧，而且能够身体力行、坚韧不拔，更为重要的在于变法推行过程中要用人得当，历史是人民创造的，要充分激发人民群众的热情，才能够使新政变法最终成功，从而强化学生的唯物史观。
板书设计	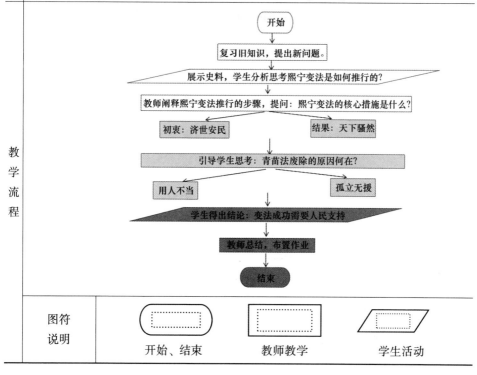
教学流程	
图符说明	

阶段	教学内容	教学过程、方法与设计意图
导入新课 （3分钟）		【导入】 　　公元1069年，宋神宗任命王安石为参知政事，掀起了北宋乃至整个中国古代史上轰轰烈烈的改革，史称熙宁变法。 【设悬留疑】 　　熙宁变法的核心措施是什么？这条措施的推行，对北宋社会产生了怎样的影响？我们又该如何去评价呢？
教学环节	确定目标 （3分钟）	【知识目标】 　　1. 描述熙宁变法的内容，关键措施推行的环节步骤。 　　2. 阐释青苗法推行的初衷、取得的实际效果以及废除的原因。 【能力目标】 　　1. 通过引导学生分析《宋史》《宋会要辑稿》等史料，使学生具备史料实证的能力。 　　2. 通过多角度解读同一历史事件、评价同一历史人物，让学生掌握辩证思维方法。 【思政目标】 　　通过对熙宁变法中青苗法的实际效果以及被废除的原因的讲解，揭示用人不当、孤立无援是青苗法失败乃至整个熙宁变法失败的主要原因，引发学生反思历史，以史鉴今。
		依托多媒体，结合《宋史》《宋会要辑稿》等史料，引导学生在阅读史料过程中了解熙宁变法推行的步骤，分析青苗法制定的初衷，图文结合，阐述青苗法的社会影响。使学生掌握分析历史事件的角度和方法，通过启发式教学，让学生明确青苗法制定的初衷是利国利民，但实际效果大相径庭。进一步阐释青苗法失败的原因，揭示用人不当、孤立无援是青苗法被废止的重要原因，从而引导学生思考，中国历史上的新政变法无论成功与否，用人都是最为关键的问题。使学生在反思历史的过程中，以古鉴今。
	内容讲授 （36分钟）	一、熙宁变法的推行 	【提出问题】 　　北宋立国以来经过了一个世纪的发展，社会弊病日益凸显，整个北宋政府逐渐陷入了内忧外患的困境中，如何摆脱困境？改弦更张就被提上日程，那么，宋神宗是怎样推动变法革新的呢？

阶段	教学内容	教学过程、方法与设计意图
教学环节 内容讲授（36分钟）	**熙宁三年（1070年）** 十二月，行保甲法 **熙宁四年（1071年）** 二月，改革科举 十月，行免役法、太学三舍法 **熙宁五年（1072年）** 三月，行市易法 五月，行保马法 八月，行方田均税法 **熙宁六年（1073年）** 六月，置军器监 **熙宁七年（1074年）** 四月，王安石罢相 九月，行将兵法 **熙宁八年（1075年）** 二月，王安石复相 **熙宁九年（1076年）** 十月，王安石二次罢相 二、青苗法的推行 	【图文结合】 　　结合《宋史》《续资治通鉴长编》中有关熙宁变法推行的记载，梳理熙宁变法措施的推行步骤，使学生能够清晰地认识到，熙宁变法从 1069 年开始，到 1076 年王安石第二次罢相，前后经过了将近十年，所推行的措施是有步骤有计划的，但存在的问题也十分明显，即不同的措施推行之时，时间间隔极短，容易导致混乱局面的出现。 【启发引导】 　　熙宁变法推行的若干条措施中，哪一条是最为重要的呢？它的推行，对北宋社会产生的影响又是怎样的呢？ 【设计意图】 　　学生在整体上把握了熙宁变法推行的过程之后，需要思考在诸多措施中哪一条措施是重点？从而使学生在分析纷繁复杂的历史事件的过程中，学会抓住主要矛盾和矛盾的主要方面，从定性和定量的角度分析历史事件，从而提升学生的史学思辨能力。 【启发引导】 　　熙宁变法的措施可以分为三类，分别是富国、强兵和育人，而富国是变法的重心，在富国中，青苗法又是诸多措施中的重中之重。因此，青苗法的成功与否在很大程度上就影响着熙宁变法的成功与否。那么，青苗法推行的初衷是什么呢？

续表

阶段	教学内容	教学过程、方法与设计意图
教学环节	内容讲授（36分钟）	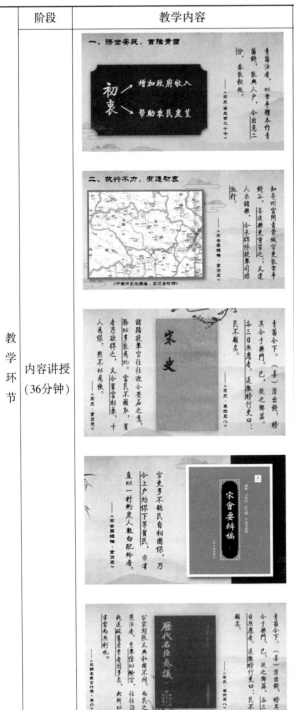	【图文结合】 依托《宋史》中的记载，以框架图的形式，展示青苗法推行的目的是增加政府收入，帮助农民度荒。使学生得出"济世安民"是青苗法制定的初衷。 同时，结合《宋会要辑稿》《宋史》中的记载，向学生展示淮南地区（约今安徽）在执行青苗法过程中，有违初衷，地方官员存在执行不力、懒政怠政的行为，引导学生进一步思考，如此推行，青苗法取得的效果会是怎样的呢？ 【设计意图】 历史史实的厘清，需要具体的不同的史料，从不同的角度去印证。通过青苗法推行过程中，不同史料的记载，在对比中，使学生发现新法令的推行并不是一帆风顺的，引导学生一方面思考该措施推行的实际效果，一方面反思推行不力的原因。 【图文结合】 通过《全宋文》《苏轼文集》中的记载，阐释青苗法推行对于社会民众而言不但没有实现度过荒灾之年的目的，反倒在实际情况中导致了民不聊生的现象。 展示《流民图》，结合《宋史》中的记载，阐释《流民图》直观地反映了青苗法推行、地方官员执行不力导致的社会动荡，民不聊生的局面。

阶段	教学内容	教学过程、方法与设计意图
教学环节	内容讲授（36分钟）	【设计意图】　史料文献是研究历史的重要依托，但同时，史料文献之外的形式，比如当时当地的绘画、雕塑等艺术形式，也是历史研究的重要参考，而艺术品又大多具备直观、形象，冲击力极强的特点。因此，在授课中适当引用，有助于加深学生的理解。【启发引导】　引导学生思考，面对青苗法推行过程中的社会影响，时人是如何评价的呢？【图文结合】　结合《宋史》中王安石的学生陆佃的评价，阐释青苗法之所以导致举国骚然的原因——推行不能如初意。也就是用人不当、孤立无援导致结果与初衷大相径庭。
教学环节	总结（3分钟）	【归纳总结】　回顾本节课重难点，即青苗法制定的初衷、推行的效果以及青苗法失败的原因。引导学生进一步思考中国古代新政变法的成功与否，有没有共同之处？青苗法失败的原因，是否为中国古代历史上失败的新政变法的典型代表？从而培养学生结合相关资料，独立思考的能力。【设计意图】　巩固所学，为下节课内容奠定基础。

续表

课程资源	【参考文献】 　　1. 张岂之主编，张国刚、张帆、李伯重撰：《中国历史新编·古代史（下）》，高等教育出版社 2014 年版。 　　2. 朱绍侯、张海鹏、齐涛主编：《中国古代史［新版（下）］》，福建人民出版社 2004 年版。 　　3. 陈振：《宋史》，上海人民出版社 2020 年版。 　　4. 张呈忠：《"抑配民户"与"形势冒请"——北宋青苗法五十年的官贷困境》，《人文杂志》2016 年第 7 期。 　　5. 王兆宁：《王安石"青苗法"的经济学分析》，《河北经贸大学学报》2013 年第 3 期。 【拓展阅读】 　　1. 肖永奎：《法度与道德 王安石学术及其变法运动述论》，上海古籍出版社 2021 年版。 　　2. 漆侠：《宋代经济史（上）》，南开大学出版社 2019 年版。 　　3. 田志光：《宋代政治制度史研究》，人民出版社 2017 年版。 　　4. 葛金芳：《宋代经济史讲演录》，广西师范大学出版社 2008 年版。 　　5. 李华瑞：《王安石变法与南宋以后中国社会变迁》，人民出版社 2004 年版。 　　6. 漆侠：《王安石变法》，河北人民出版社 2001 年版。 　　7. 邓广铭：《北宋政治改革家王安石》，河北教育出版社 2000 年版。 　　8. 黄海宾、田龚：《浅析北宋王安石变法中"青苗法"的社会政治价值》，《学理论》2013 年第 18 期。 　　9. 杨乙丹、王雅楠：《偏离道义的失败创新：北宋青苗法再检讨》，《古今农业》2013 年第 2 期。 　　10. 方宝璋：《略论宋代青苗法的弊端》，《江西财经大学学报》2008 年第 5 期。 　　11. 陈安丽：《评苏辙对熙丰变法的态度》，《江西社会科学》2003 年第 5 期。 　　12. 李华瑞：《关于〈青苗法研究〉中的几个问题》，《西南师范大学学报》（人文社会科学版）1992 年第 3 期。

宋人抗疫
（教学设计）

基本情况	课程名称	中国古代史（下）		
	授课班级	历史学专业本科一年级	教学方法	讲授法、讨论法
	授课地点	多媒体教室	授课时数	1课时

课程分析	《中国古代史（下）》是历史学专业课程体系中的专业核心课程。本课程具有较大的理论研究空间，在马克思主义史学理论的指导之下，探寻历史发展进程中的共性以及不同历史阶段的特性，引发学生针对特定历史事件的反思，提升学生的历史思辨能力、增强学生的家国认同、文化自信，进而铸牢中华民族共同体意识。同时，本课程在结合前人研究成果的基础上，紧紧围绕基本史料和关键史料，使学生学会搜集整理、分析研究史料的相关方法，从而具备一定的通过细节探寻史实、揭示历史发展大势的能力。

教材分析	　　张岂之主编，张国刚、张帆、李伯重撰：《中国历史新编·古代史（下册）》，高等教育出版社2014年版，614页。高等教育出版社"十一五"普通高等教育本科国家级规划教材，以下简称"国规版"。 　　针对本科一年级学生开设的《中国古代史（下）》课程，目前国内教材多样。选定国规版的主要原因以下三个方面：首先，国规版教材的编纂起自隋唐之时，终于明清之际，主要讲述中国古代隋唐、宋（辽夏金）、元、明、清诸阶段历史现象的变迁，这基本符合中国古代历史演变的总体趋势，体例安排合理；其次，国规版教材涵盖内容广泛，详略得当。包含中国古代史下半段的政治、经济、文化、社会、外交等诸多内容，同时，围绕重点史实进行了深入剖析，通过对细节的阐释，彰显历史学的深刻；再次，国规版教材以大量一手史料为依托，同时援引学界经典学术观点与最新成果，为师生的课堂教学与课下自学提供了进一步阅读和思考的路径，作为教材的同时，也具有学术研究的参考价值，有助于历史专业本科生对基本理论、基本知识、基本方法的掌握，同时，也有助于培养和提升历史专业本科生的时空观念、史料实证、历史解释等史学素养。

学情分析	1. 知识储备：学生们在之前的历史学习中，对宋代科技文化的成果和宋代科技中的数学、天文、地理、医学、农学等领域的成就有所了解，但多为结论性史实的记忆。基于此，本节课依托多媒体，通过讲授宋代科技文化的背景以及宋代中医药在疫情防控中的重要作用使学生学会基于历史文献的解读，理解宋代科技文化背景、中医药在防治疫情中的作用，从而拓展学生关于宋代科技文化背景和中医药防治疫情的作用的认知广度与深度。 　　2. 能力水平：由于大多数学生停留在宋代科技文化成果的机械性记忆阶段，因此，在围绕宋代科技文化的背景和中医药在防治疫情中作用的认知与评价方面，辩证思维能

学 情 分 析	力不足，不利于培养学生的唯物史观、史料实证、历史解释等核心素养。基于此，通过本节课讲授，引导学生在阅读、分析《宋史》《续资治通鉴长编》等史料的过程中，学会从多角度看待历史事件与历史人物，从而培养学生史料解读能力和辩证思维能力。 　　3. 心理特征：学生们熟悉历史学传统的教学模式、课程内容的传统观点与思考维度。自主意识较强，能够接受新观点和新方法。希望充分发挥多媒体教学优势，掌握史学研究的方法，提升自主学习能力。
内 容 分 析	本课取自《中国古代史（下）》教材第十章第二节的内容。主要围绕宋代科技文化的背景和中医药在防治疫情中的作用展开讲授。通过讲解，使学生对宋代发达的科技文化产生的背景，以及宋代中医药在防控疫情中的作用有更为深入的理解。使学生学会基于历史文献的解读，拓展关于宋代科技文化产生的背景和中医药在防控疫情中的作用认知的广度与深度，提升学生的史学思辨能力，最后进行总结和课外任务布置。
教 学 目 标	【知识目标】 　　1. 描述宋代科技文化产生的历史背景。 　　2. 认识宋代中医药在防控疫情方面的重要作用。 【能力目标】 　　1. 通过引导学生分析《宋史》《续资治通鉴长编》等史料，使学生具备史料实证的能力。 　　2. 通过多角度解读同一历史事件、评价同一历史人物，让学生掌握辩证思维方法。 【思政目标】 　　通过对宋代疫情防控中政策管理以及中医药的重要作用的讲解，培养学生的文化认同感与家国情怀。
教 学 重 难 点	【教学重点】 　　宋代疫情防控中的管理政策 【突出重点的方法】 　　结合《宋史》《续资治通鉴长编》等史料，引导学生分析宋代疫情防控中的管理政策的推行及其取得的效果，使学生掌握分析历史事件的角度和方法，通过启发式教学，让学生理解历史上科学管理对于疫情防控的作用。 【教学难点】 　　宋代疫情防控中中医药的作用 【突破难点的方法】 　　图文结合，分析《宋史》《苏轼全集》等史料，通过启发式讲授，从中医药的制作、实际取得的效果，理解中医药在疫情防控过程中的作用。

续表

教学策略	以学生为中心，通过讲授法、启发法，结合多媒体教学，在搜集整理史料的基础上，进一步解读史料，让学生学会分析问题的角度、解决问题的方法，从而培养学生史料实证与历史解释的能力，使学生具备历史学科的核心素养。通过宋代科技文化产生的背景和中医药疫情防控中作用的讲解，使学生感悟历史上中医药在防控疫情中的重要作用，以及科学管理有助于疫情防控的效果。培养学生对于中华优秀传统文化精髓的认同感。
板书设计	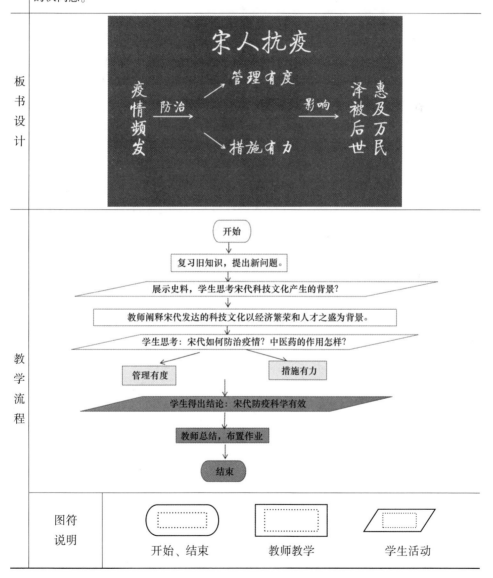
教学流程	
图符说明	

阶段	教学内容	教学过程、方法与设计意图
导入新课 （3分钟）		**【导入】** 　　宋代科技文化在中国古代乃至世界史上都占有极为重要的地位，宋代科技文化成果丰硕，在数学、天文、地理、物理、化学、医学等领域都有代表性的成果。那么，高度发达的科技文化产生的背景是什么？
教学环节 **确定目标** （3分钟）	**【知识目标】** 　　1. 描述宋代科技文化产生的历史背景。 　　2. 认识宋代中医药在防控疫情方面的重要作用。 **【能力目标】** 　　1. 通过引导学生分析《宋史》《续资治通鉴长编》等史料，使学生具备史料实证的能力。 　　2. 通过多角度解读同一历史事件、评价同一历史人物，让学生掌握辩证思维方法。 **【思政目标】** 　　通过对宋代疫情防控中政策管理以及中医药的重要作用的讲解，培养学生的文化认同感与家国情怀。	本课主要围绕宋代科技文化的背景和中医药在防治疫情中的作用展开讲授。通过讲解，使学生对宋代发达的科技文化产生的背景，以及宋代中医药在防控疫情中的作用有更为深入的理解。使学生学会基于历史文献的解读，拓展关于宋代科技文化产生的背景和中医药在防控疫情中的作用认知的广度与深度，提升学生的史学思辨能力。
内容讲授 （36分钟）	**一、宋代科技文化产生的历史背景** 　　科学技术的发展和人类社会的其他事物一样，有它的历史继承性，又是在继承上的创新。从纵向的比较来看，唐宋之际中国封建社会经历了一场经济和政治的大变动，中唐以降社会结构的深刻变迁，至宋兴形成划时代的新局面。经济重心的南移，南方人口的繁衍，士族门阀制度由衰落走向消逝，庶族地主势力上升，并由此形成新的官僚政治。土地制度、赋税制度、政治体制、阶级关系等等，都出现深刻的变化。所有这些变化和发展，犹如百川汇	**【图文结合】** 　　中国古代经济到宋代时发展到了一个高峰。垦田面积增加、水利工程修筑、农业生产技术进步、商业手工业的发展等等，这为宋代科技文化的繁荣提供了非常重要的基础。同时宋代科举取士在历代而言也是最多的，加之相对宽松的政治环境、言论环境，使得科技思想极为活跃，因此这一时期出现了被誉为科技史上里程碑式的著作《梦溪笔谈》。

阶段	教学内容	教学过程、方法与设计意图
教学环节	内容讲授（36分钟）	海，成为一股时代的潮流。这为宋代的恢复和发展提供了广阔的社会环境，即新社会的广泛需要刺激科技的向前发展。农业生产的恢复和发展带动了社会经济的繁荣，手工业的高度发展和商业（包括海外贸易）的繁荣大大促进了科技的进步。 ——本书编委会编：《漆侠先生纪念文集》，河北大学出版社2002年版，第469页。 二、宋人抗疫 	在宋代科技领域中，数学、天文、地理、物理、化学、医学均有所建树，而且对后来中国科技史乃至中国历史的发展产生了深远影响。在这其中，中医药是最为特殊的领域之一，直接关乎社会的稳定与存续。 【启发引导】 宋代瘟疫呈现出频率高、范围广的特点，这对宋代社会产生了深远影响。而面对瘟疫的肆虐，宋代是如何防治的呢？ 【设计意图】 引发学生思考，在古代，人类如何应对瘟疫？ 【图文结合】 依托前人的研究，向学生展示宋代瘟疫的发生，并且总结瘟疫的爆发会直接导致人口锐减、流民增加、经济衰退，并且根本上导致宋代政府的统治危机。 【启发引导】 疫情肆虐，宋人如何防治？ 【图文结合】 以庆历八年（1048）的瘟疫为例，宋人在管理政策上主要体现了五个特征，即保证粮食供应、力行分散隔离、表彰有功之臣、开放自谋途径和重视善后安抚。结合文献记载，这五个方面的管理政策，在实际疫情防控中是行之有效的。 【设计意图】 通过该部分内容的讲授，使学生了解宋代防治疫情的重要管

续表

阶段	教学内容	教学过程、方法与设计意图
教学环节 内容讲授 （36分钟）	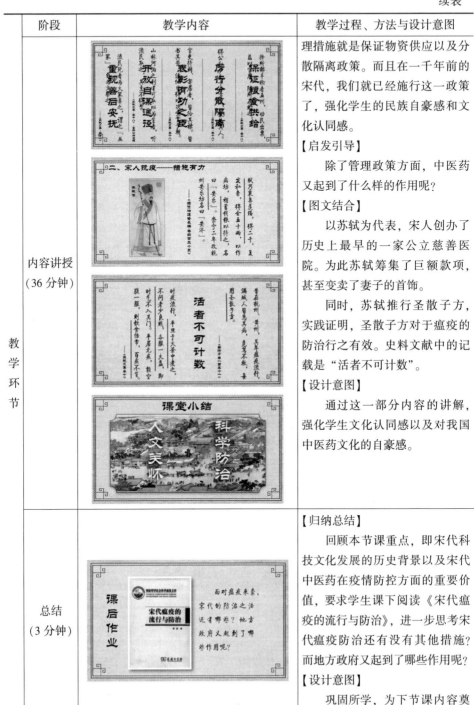	理措施就是保证物资供应以及分散隔离政策。而且在一千年前的宋代，我们就已经施行这一政策了，强化学生的民族自豪感和文化认同感。 【启发引导】 　　除了管理政策方面，中医药又起到了什么样的作用呢？ 【图文结合】 　　以苏轼为代表，宋人创办了历史上最早的一家公立慈善医院。为此苏轼筹集了巨额款项，甚至变卖了妻子的首饰。 　　同时，苏轼推行圣散子方，实践证明，圣散子方对于瘟疫的防治行之有效。史料文献中的记载是"活者不可计数"。 【设计意图】 　　通过这一部分内容的讲解，强化学生文化认同感以及对我国中医药文化的自豪感。
总结 （3分钟）		【归纳总结】 　　回顾本节课重点，即宋代科技文化发展的历史背景以及宋代中医药在疫情防控方面的重要价值，要求学生课下阅读《宋代瘟疫的流行与防治》，进一步思考宋代瘟疫防治还有没有其他措施？而地方政府又起到了哪些作用呢？ 【设计意图】 　　巩固所学，为下节课内容奠定基础。

续表

课程资源	【参考文献】 1. 张岂之主编，张国刚、张帆、李伯重撰：《中国历史新编·古代史（下）》，高等教育出版社 2014 年版。 2. 朱绍侯、张海鹏、齐涛主编：《中国古代史 ［新版（下）]》，福建人民出版社 2004 年版。 3. 陈振：《宋史》，上海人民出版社 2020 年版。 4. 韩毅：《宋代瘟疫防治及其特点》，《社会科学战线》2020 年第 6 期。 5. 王雅克：《宋代如何防治瘟疫的流行》，《科技导报》2015 年第 22 期。 【拓展阅读】 1. 韩毅：《宋代瘟疫的流行与防治》，商务印书馆 2015 年版。 2. 孟庆云：《中医百话》，人民卫生出版社 2008 年版。 3. 杨威、张宇鹏主编：《古代中医时病医案》，中国中医药出版社 2010 年版。 4. 吴博文：《近二十年中国古代瘟疫史研究的回顾与展望》，《昆明学院学报》2020 年第 5 期。 5. 潘春华：《苏轼抗疫救民》，《中国减灾》2020 年第 22 期。 6. 于赓哲：《弥漫之气：中国古代关于瘟疫"致"与"治"的思维模式》，《文史哲》2016 年第 5 期。 7. 韩毅：《宋代政府应对疫病的历史借鉴》，《人民论坛》2013 年第 13 期。 8. 李铁松、潘兴树、尹念辅：《两宋时期瘟疫灾害时空分布规律初探》，《防灾科技学院学报》2010 年第 3 期。 9. 陈丽：《唐宋时期瘟疫发生的规律及特点》，《首都师范大学学报》（社会科学版）2009 年第 6 期。 10. 牛亚华：《〈圣散子方〉考》，《文献》2008 年第 2 期。 11. 汪圣铎、胡玉：《宋代应对瘟疫的措施》，《文史知识》2005 年第 8 期。 12. 张瑞贤：《宋代疫情与圣散子方》，《江西中医学院学报》2003 年第 3 期。

徽宗君臣的腐朽统治
（教学设计）

基本情况	课程名称	中国古代史（下）		
	授课班级	历史学专业本科一年级	教学方法	讲授法、讨论法
	授课地点	多媒体教室	授课时数	1 课时

课程分析	《中国古代史（下）》是历史学专业课程体系中的专业核心课程。本课程具有较大的理论研究空间，在马克思主义史学理论的指导之下，探寻历史发展进程中的共性以及不同历史阶段的特性，引发学生针对特定历史事件的反思，提升学生的历史思辨能力、增强学生的家国认同、文化自信，进而铸牢中华民族共同体意识。同时，本课程在结合前人研究成果的基础上，紧紧围绕基本史料和关键史料，使学生学会搜集整理、分析研究史料的相关方法，从而具备一定的通过细节探寻史实、揭示历史发展大势的能力。

教材分析	　张岂之主编，张国刚、张帆、李伯重撰：《中国历史新编·古代史（下册）》，高等教育出版社 2014 年版，614 页。高等教育出版社"十一五"普通高等教育本科国家级规划教材，以下简称"国规版"。 　针对本科一年级学生开设的《中国古代史（下）》课程，目前国内教材多样。选定国规版的主要原因有以下三个方面：首先，国规版教材的编纂起自隋唐之时，终于明清之际，主要讲述中国古代隋唐、宋（辽夏金）、元、明、清诸阶段历史现象的变迁，这基本符合中国古代历史演变的总体趋势，体例安排合理；其次，国规版教材涵盖内容广泛，详略得当。包含中国古代史下半段的政治、经济、文化、社会、外交等诸多内容，同时，围绕重点史实进行了深入剖析，通过对细节的阐释，彰显历史学的深刻；再次，国规版教材以大量一手史料为依托，同时援引学界经典学术观点与最新成果，为师生的课堂教学与课下自学提供了进一步阅读和思考的路径，作为教材的同时，也具有学术研究的参考价值，有助于历史专业本科生对基本理论、基本知识、基本方法的掌握，同时，也有助于培养和提升历史专业本科生的时空观念、史料实证、历史解释等史学素养。

学情分析	1. 知识储备：学生们在之前的历史学习中，对北宋末期的党争、徽宗朝的腐朽统治等内容有所了解，但多为结论性史实的记忆。基于此，本节课依托多媒体，讲授北宋后期的党争对于北宋灭亡产生的深远影响。同时，对徽宗朝君臣的腐朽统治进行细节方面的讲授，让学生学会基于历史文献的解读，从党争的影响，徽宗个人和官僚群体的角度，阐释北宋灭亡的根本原因，使学生学会从历史的细微之处发现历史真实的一面，从而拓展学生关于北宋末年党争以及导致北宋最终亡国的腐朽统治认识的广度与深度。 　2. 能力水平：由于大多数学生停留在北宋末年党争的结果、徽宗君臣腐朽统治作为等内容的机械性记忆阶段，因此，在围绕北宋末年党争以及徽宗君臣腐朽统治的细节把握程度不够，从而难于从更深刻的角度反思历史，评价事件，根本上还是由于辩证

学情分析	思维能力不足，不利于学生史料实证、历史解释等核心素养的培养。基于此，通过本节课讲授，引导学生在阅读、分析《宋史》《艮岳记》《宋论》等史料的过程中，学会从多角度看待历史事件与历史人物，从而培养学生史料解读能力和辩证思维能力。 　　3. 心理特征：学生们熟悉历史学传统的教学模式、课程内容的传统观点与思考维度。自主意识较强，能够接受新观点和新方法。希望充分发挥多媒体教学优势，掌握史学研究的方法，提升自主学习能力。
内容分析	本课取自《中国古代史（下）》教材第十章第二节的内容。主要围绕北宋末年的党争以及徽宗朝君臣的腐朽统治展开讲授。通过讲解让学生对北宋末年党争的发生、影响，徽宗朝君臣腐朽统治的表现以及影响等内容有所了解，在此基础上引导学生深入思考北宋灭亡的深层次原因，让学生学会基于历史文献的解读，学会多角度思考重要历史事件、评价历史人物，从而拓展学生关于北宋末年党争和腐朽统治认识的广度与深度，提升学生的史学思辨能力，最后进行总结和课外任务布置。
教学目标	【知识目标】 　　1. 描述北宋末年党争的主要影响。 　　2. 阐释徽宗朝君臣腐朽统治的表现。 【能力目标】 　　1. 通过引导学生分析《宋史》《艮岳记》《宋论》等史料，使学生具备史料实证与历史解释的能力。 　　2. 通过多角度解读同一历史事件、评价同一历史人物，让学生掌握辩证思维方法。 【思政目标】 　　通过对北宋末年徽宗朝君臣腐朽统治的阐释，引导学生反思历史，从历史中得出"勤勉兴邦，奢侈亡国"的历史经验与教训，培养学生的辩证思维能力。
教学重难点	【教学重点】 　　北宋末年徽宗皇帝的耽于享乐与臣僚的曲意逢迎 【突出重点的方法】 　　从徽宗皇帝的个人喜好入手，结合《宋史》《艮岳记》《宋论》等文献资料，阐释徽宗皇帝本人一系列荒唐的做法，引导学生分析其背后的原因；同时，讲授徽宗朝以蔡京为代表的官僚群体曲意逢迎，最终埋下了北宋亡国的种子。使学生反思北宋亡国的原因时，能够比较深刻地理解"勤勉兴邦，奢侈亡国"的历史教训。 【教学难点】 　　徽宗亡国，实为可恨 【突破难点的方法】 　　结合史料，从徽宗执政之初北宋的富庶繁华入手，通过前后对比，阐释徽宗临朝执政以来，北宋在亡国的道路上渐行渐远。基于史实，引导学生对于这样一个历史人物以及北宋末年的官僚群体的做法进行点评。通过启发式讲授，在前后对比中，使学生理解"徽宗亡国，实为可恨"，北宋亡国，完全是人祸的结果，引发学生对特定历史事件的反思。

续表

教学策略	以学生为中心，通过讲授法、启发法，结合多媒体教学，在搜集整理史料的基础上，进一步解读史料，让学生学会分析问题的角度、解决问题的方法，从而培养学生史料实证与历史解释的能力，使学生具备历史学科的核心素养。通过北宋末年党争以及徽宗朝君臣腐朽统治导致了北宋亡国的讲解，使学生感悟并理解"勤勉兴邦，奢侈亡国"的历史经验与教训，提升学生的历史解释能力，培养学生的历史思辨能力。
板书设计	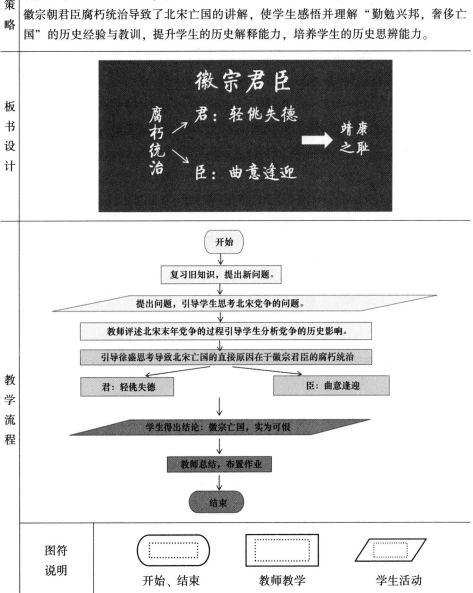
教学流程	
图符说明	

阶段	教学内容	教学过程、方法与设计意图
导入新课（3分钟）		【导入】 　　王安石变法，史称熙宁变法，是北宋末期影响深远的政治改革运动。历史上对它的评价不一，直到现在也依然是学术史上的一大公案。熙宁变法的影响多元，其中之一是加剧了党争。 【设悬留疑】 　　北宋末年的党争是怎样的呢？
确定目标（3分钟）	【教学目标】 　　1. 描述北宋末年党争的主要影响。 　　2. 阐释徽宗朝君臣腐朽统治的表现。 【能力目标】 　　1. 通过引导学生分析《宋史》《艮岳记》《宋论》等史料，使学生具备史料实证与历史解释的能力。 　　2. 通过多角度解读同一历史事件、评价同一历史人物，让学生掌握辩证思维方法。 【思政目标】 　　通过对北宋末年徽宗朝君臣腐朽统治的阐释，引导学生反思历史，从历史中得出"勤勉兴邦，奢侈亡国"的历史经验与教训，培养学生的辩证思维能力。	结合多媒体，依托《宋史》《续资治通鉴长编》等史料，分析北宋末年党争中的主要人物、历史进程以及历史影响。通过启发式提问，引导学生从熙宁变法的评价、变法推行中不同人物的政治立场等角度，抓住历史事件中矛盾的主要方面，学会评价北宋末年党争的历史影响。
内容讲授（36分钟）	一、北宋末年的党争 　　在以司马光为首的守旧派废除新法的过程中，其内部的矛盾也已开始萌芽。司马光死后，这种矛盾逐渐激化。守旧派分化为几个小集团，互相攻讦，引发了"蜀洛朔党争"。哲宗亲政后，支持变法派再度恢复新法。变法派一方面反击守旧派，另一方面也在不断出现分裂，削弱了自身力量。 　　——《中国通史·北宋的党争》 　　朋党之为患于国，自古已然。顾如汉	【提出问题】 　　熙宁变法，是北宋末期影响深远的政治改革运动。在变法推行过程中，不同官僚集团从各自的利益出发，产生了激烈的党争，北宋末年的党争表现是什么呢？ 【史料展示】 　　从细节分析高梁河之战与雍熙北伐失败的原因以及影响。

教学环节

阶段	教学内容	教学过程、方法与设计意图
教学环节 内容讲授（36分钟）	之党人，徒以反对宦官、自树名节为目的；与其对立之宦官，更不成为敌党。唐之牛僧孺、李德裕，虽似两党之魁，然所争者官位，所报者私怨。故虽号为党，而皆非政党也。政党之争，实开自宋。仁宗时始有朋党之议，而尚无两党对峙之形式。其确立壁垒、彼此水火不能相容者，则自神宗时之新旧两党始也。其后两党反复互争政权，迄北宋被灭于金而后已。 ——《学林脞录·卷七》 二、徽宗君臣的腐朽统治 徽宗君臣的腐朽统治 端王轻佻，不可君天下 别无他好，惟好画耳。——《宣和·卷一》	【分析问题】 　　结合史料分析，北宋末年的党争围绕熙宁变法展开，由于变法中不同派别之间的利益差别，而产生了声势浩大的党争。在这个过程中，一系列北宋政坛上的重要人物悉数被贬谪，由此对北宋的历史产生了深远影响。而且由此埋下了北宋灭亡的种子。 【提出问题】 　　而北宋的灭亡除了北宋末年党争的影响之外，更为直接的原因是什么呢？ 【启发引导】 　　从南宋著名抗金将领岳飞的《满江红》入手，提问学生"靖康耻，犹未雪，臣子恨，何时灭"指的是哪个历史事件？由此引导学生思考北宋灭亡的原因，引出本次课的主题，即徽宗朝君臣的腐朽统治。 【设计意图】 　　通过导致"靖康之耻"北宋亡国这一历史事件出现的原因入手，引导学生思考徽宗朝君臣的统治是怎样导致北宋走上不归路，使学生学会从问题出发，进而分析问题、发现历史史实、解决问题的方法。 【图文结合】 　　结合史料，从徽宗皇帝本人的个性爱好入手，围绕"赏罚失度""德不配位""畏战主和"三个方面，阐释徽宗皇帝的轻佻失德。引导学生思考，徽宗本人

续表

阶段	教学内容	教学过程、方法与设计意图
教学环节	内容讲授（36分钟）	一系列不当的言行，是导致北宋亡国的重要原因。 【设计意图】 　　让学生习惯于论从史出的史学思维。同时，历史事件原因的探求往往是极为复杂的，而史料中的细节又能够为我们提供历史事实的另外一面。通过图文结合的方式，把握史料文献中的细节，使学生学会从文献细节，从不同角度看待同一历史事件的思维方式，提升历史思维能力与历史解释能力。 【启发引导】 　　在中国古代帝制时代，徽宗作为最高统治者，他的言行通常会对当时的社会以及历史的发展产生深远影响。就北宋亡国而言，应该明确，徽宗本人的责任更大。但是，仅有徽宗就可以导致靖康之耻、北宋亡国吗？显然不是如此简单。作为徽宗朝的文武臣僚，他们的言行对徽宗皇帝产生了直接影响，并且也直接导致了朝政日非的局面，因此，北宋末年徽宗朝的文武官员，尤其朝廷重臣，也应该为北宋亡国负有相当大的责任。那么，有哪些人物在这个过程中，起到了巨大的消极影响呢？ 【设计意图】 　　对重要历史事件的分析需要由浅入深，引导学生进一步思考靖康之耻、北宋亡国背后更为深层次的原因，即徽宗对于亡国负

阶段	教学内容	教学过程、方法与设计意图
教学环节	内容讲授（36分钟）	有主要责任，但不是全部责任，另外则应该由徽宗朝的主要的、手握重权的官员群体负责。在这个过程中，拓展学生的思维视野，提升思维深度。 【图文结合】 　　结合《宋史》《鹤林玉露》中对蔡京的奢侈无度、王黼的巧言谄媚、后来官居宰执的李邦彦曲意逢迎的记载，分析北宋末年重要官僚的奢侈腐朽。而这群官员又深得徽宗皇帝的宠信，这是导致靖康之耻、北宋亡国的重要因素。因此，后来明清之际的王夫之在《宋论》中评价徽宗一朝"不知人而任之"，实际上就注定北宋必然亡国。通过这一场景的描述，揭示中国古代历史的教训之一，即"奢侈亡国，勤勉兴邦"。 【设计意图】 　　从不同的角度思考同一个历史事件，才能够更接近于历史真相。对于历史演变背后的原因的讨论，有助于提升学生的辩证思维和历史解释能力。引导学生得出"徽宗亡国，实为可恨"的结论，同时激发学生思考在北宋亡国这一事件中的"勤勉兴邦，奢侈亡国"的历史经验和教训，这实际上是本节课的课程思政元素。以史鉴今是历史学的重要学科特征。历史中不但充满了经验，也给我们留下了大量的教训，对教训的反思，在反思中收获，避免重蹈覆辙，是我们研究

续表

阶段		教学内容	教学过程、方法与设计意图
教学环节	内容讲授（36分钟）		和学习历史的重要原因，也是历史学立德树人功能的体现。 【归纳总结】 　回顾本节课重点和难点，即徽宗君臣的腐朽统治和为什么历史上对徽宗亡国的评价是"实为可恨"。要求学生在课下继续阅读《宋史》《靖康之变》，并进一步思考，靖康之耻、北宋亡国，除了徽宗君臣的腐朽统治之外，还有没有其他的客观原因？ 【设计意图】 　巩固本节课所学，为下节课内容奠定基础。同时，通过自主阅读，培养学生自主探求、自主分析历史事件、评价历史人物的能力。
课程资源		【参考文献】 　1. 张岂之主编，张国刚、张帆、李伯重撰：《中国历史新编·古代史（下）》，高等教育出版社 2014 年版。 　2. 朱绍侯、张海鹏、齐涛主编：《中国古代史［新版（下）］》，福建人民出版社 2004 年版。 　3. 陈振：《宋史》，上海人民出版社 2020 年版。 　4. 李玉洁：《艮岳与北宋的灭亡》，《开封大学学报》2005 年第 2 期。 　5. 李华瑞：《靖康之变》，《文史知识》2005 年第 11 期。 【拓展阅读】 　1. 游彪：《靖康之变》，湖南人民出版社 2018 年版。 　2. 邓之诚：《宋辽金夏元史》，北京理工大学出版社 2018 年版。 　3. 顾宏义：《天裂：12 世纪宋金和战实录》，上海书店出版社 2012 年版。 　4. 刘学斌：《北宋新旧党争与士人政治心态研究》，河北大学出版社 2009 年版。 　5. 任崇岳：《宋徽宗：北宋家国兴亡实录》，河南人民出版社 2007 年版。 　6. 沈松勤：《北宋文人与党争：中国士大夫群体研究之一》，人民出版社 1998 年版。 　7. 汪圣铎：《北宋灭亡与宦官——驳北宋无"阉祸"论》，《铜仁学院学报》2016 年第 1 期。 　8. 冯志弘：《靖康之难的成因是什么？——从南渡时人的认识说起》，《上海大学学	

续表

课程资源	报》（社会科学版）2015 年第 4 期。 9. 曾谦：《幽州的取得与北宋的灭亡》，《江汉论坛》2013 年第 1 期。 10. 宋建文：《北宋灭亡原因述论》，《聊城大学学报》（社会科学版）2009 年第 2 期。 11. 巩本栋：《北宋党争的再评价及其思想史意义》，《古籍研究》2000 年第 1 期。 12. 乐文华、杨霞飞：《试论北宋末年吏治腐败的原因》，《江西社会科学》1995 年第 8 期。

宋代文化的繁荣

（教学设计）

基本情况	课程名称	中国古代史（下）		
	授课班级	历史学专业本科一年级	教学方法	讲授法、讨论法
	授课地点	多媒体教室	授课时数	1 课时

课程分析	《中国古代史（下）》是历史学专业课程体系中的专业核心课程。本课程具有较大的理论研究空间，在马克思主义史学理论的指导之下，探寻历史发展进程中的共性以及不同历史阶段的特性，引发学生针对特定历史事件的反思，提升学生的历史思辨能力、增强学生的家国认同、文化自信，进而铸牢中华民族共同体意识。同时，本课程在结合前人研究成果的基础上，紧紧围绕基本史料和关键史料，使学生学会搜集整理、分析研究史料的相关方法，从而具备一定的通过细节探寻史实、揭示历史发展大势的能力。

教材分析	　　张岂之主编，张国刚、张帆、李伯重撰：《中国历史新编·古代史（下册）》，高等教育出版社 2014 年版，614 页。高等教育出版社"十一五"普通高等教育本科国家级规划教材，以下简称"国规版"。 　　针对本科一年级学生开设的《中国古代史（下）》课程，日前国内教材多样。选定国规版的主要原因有以下三个方面：首先，国规版教材的编纂起自隋唐之时，终于明清之际，主要讲述中国古代隋唐、宋（辽夏金）、元、明、清诸阶段历史现象的变迁，这基本符合中国古代历史演变的总体趋势，体例安排合理；其次，国规版教材涵盖内容广泛，详略得当。包含中国古代史下半段的政治、经济、文化、社会、外交等诸多内容，同时，围绕重点史实进行了深入剖析，通过对细节的阐释，彰显历史学的深刻；再次，国规版教材以大量一手史料为依托，同时援引学界经典学术观点与最新成果，为师生的课堂教学与课下自学提供了进一步阅读和思考的路径，作为教材的同时，也具有学术研究的参考价值，有助于历史专业本科生对基本理论、基本知识、基本方法的掌握，同时，也有助于培养和提升历史专业本科生的时空观念、史料实证、历史解释等史学素养。

学情分析	1. 知识储备：学生们在之前的历史学习中，对宋代文化繁荣的成就有所了解，但多为结论性史实的记忆。基于此，本节课依托多媒体，通过讲授宋代文化繁荣的表现以及宋代文化繁荣的原因，让学生学会基于历史文献的解读，从不同角度阐释宋代文化的繁荣以及原因，从而拓展关于宋代文化认知的广度与深度。 　　2. 能力水平：由于大多数学生停留在宋代文化的机械性记忆阶段，因此，在围绕宋代文化繁荣的评价方面，辩证思维能力不足，不利于培养学生的唯物史观、史料实证、历史解释等核心素养。基于此，通过本节课讲授，引导学生在阅读、分析《宋史》《资治通鉴》《续资治通鉴长编》等史料的过程中，学会从多角度看待宋代文化的繁荣

学情分析	以及繁荣的原因，从而培养学生史料解读能力和辩证思维能力。 　3. 心理特征：学生们熟悉历史学传统的教学模式、课程内容的传统观点与思考维度。自主意识较强，能够接受新观点和新方法。希望充分发挥多媒体教学优势，掌握史学研究的方法，提升自主学习能力。
内容分析	本课取自《中国古代史（下）》教材第十七章第六节的内容。主要围绕宋代文化繁荣的历史背景、表现以及繁荣背后的原因展开讲授。通过讲解让学生对宋代文化繁荣的背景和繁荣的表现、原因有比较直观和深入的了解。使学生学会基于历史文献的解读，从不同角度思考文化繁荣背后的原因，从而拓展学生关于宋代文化的深层次认识，提升学生的史学思辨能力，最后进行总结和课外任务布置。
教学目标	【知识目标】 　1. 描述宋代文化繁荣的历史背景。 　2. 阐释宋代文化繁荣的表现、学会从不同角度分析宋代文化繁荣的原因。 【能力目标】 　1. 引导学生分析《宋史》《续资治通鉴长编》等史料，使学生具备史料实证的能力。 　2. 通过多角度解读同一历史现象、评价同一历史人物，让学生掌握辩证思维方法。 【思政目标】 　通过对宋代文化繁荣的讲解，使学生了解宋代文化发展水平的同时，强化学生的文化认同感，同时，通过分析宋代文化繁荣表现的原因，引导学生评价导致宋代人才众多的政策，提升学生以史鉴今的思维能力。
教学重难点	【教学重点】 　宋代文化繁荣的表现 【突出重点的方法】 　从文学、史学、哲学、艺术、教育等领域入手，结合《宋史》《续资治通鉴长编》等史料，引导学生从不同角度发现宋代文化的繁荣发展，使学生掌握分析历史事件的角度和方法，通过启发式教学，让学生认识宋代文化有代表性的成果。 【教学难点】 　宋代文化繁荣的原因 【突破难点的方法】 　从科举之盛、待遇之优、言论之宽松等角度阐释宋代文化繁荣背后的原因在于宋代政府推行的是重文政策，并且收到了实效。结合《续资治通鉴》等史料，通过启发式讲授，让学生学会从不同角度探究宋代文化繁荣的原因。

续表

教学策略	以学生为中心，通过讲授法、启发法，结合多媒体教学，在搜集整理史料的基础上，进一步解读史料，让学生学会分析问题的角度、解决问题的方法，从而培养学生史料实证与历史解释的能力，使学生具备历史学科的核心素养。通过宋代文化繁荣及其原因的讲解，使学生感触宋代文化的繁荣以及思考如何促进文化发展，强化学生的文化认同感，提升学生的史学思辨能力。
板书设计	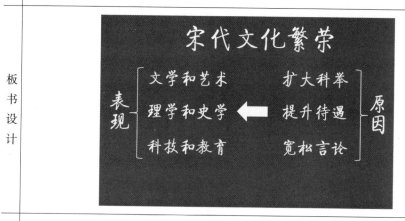
教学流程	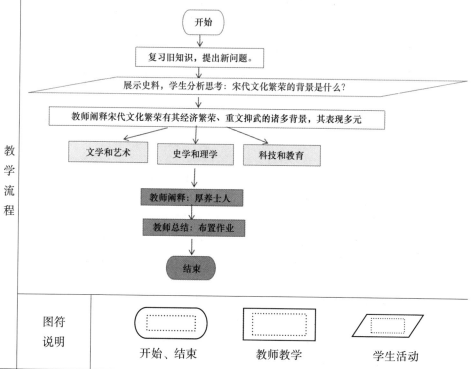
图符说明	开始、结束　　　教师教学　　　学生活动

续表

	阶段	教学内容	教学过程、方法与设计意图
教学环节	导入新课 （3 分钟）		【导入】 宋代文化的繁荣有其特定的历史背景。经济发达、政治清明，人才繁盛等，这都是推动宋代文化发展的重要因素。
	确定目标 （3 分钟）	【知识目标】 1. 描述宋代文化繁荣的历史背景。 2. 阐释宋代文化繁荣的表现、学会分析背后的原因。 【能力目标】 1. 引导学生分析《宋史》《续资治通鉴长编》等史料，使学生具备史料实证的能力。 2. 通过多角度解读同一历史现象、评价同一历史人物，让学生掌握辩证思维方法。 【思政目标】 通过对宋代文化繁荣的讲解，使学生了解宋代文化发展水平的同时，强化学生的文化认同感。	本课时主要围绕宋代文化繁荣的历史背景、表现以及繁荣背后的原因展开讲授。通过讲解让学生对宋代文化繁荣的背景和繁荣的表现、原因有比较直观和深入的了解。使学生学会基于历史文献的解读，从不同角度思考文化繁荣背后的原因，从而拓展学生关于宋代文化的深层次认识，提升学生的史学思辨能力，最后进行总结和课外任务布置。
	内容讲授 （36 分钟）	一、宋代文化繁荣的历史背景 唐宋之际中国封建社会经历了一场经济和政治的大变动，中唐以降社会结构的深刻变迁，至宋兴形成划时代的新局面。经济重心的南移，南方人口的繁衍，士族门阀制度由衰落走向消逝，庶族地主势力上升，并由此形成新的官僚政治。土地制度、赋税制度、政治体制、阶级关系等等，都出现深刻的变化。所有这些变化和发展，犹如百川汇海，成为一股时代的潮流。这为宋代的恢复和发展提供了广阔的社会环境，农业生产的恢复和发展带动了社会经济的繁荣，手工业的高度发展和商	【提出问题】 文化是一个国家软实力的重要部分。宋代在中国历史上一向以文化繁荣著称。著名史学家陈寅恪先生提到：“华夏民族之文化，历数千载之演进造极于赵宋之世，其后势衰，终必复振。”指的就是宋代文化的繁荣程度。宋代文化之所以繁荣发达，基于特定的 历史背景。具体而言，历史背景主要有哪些呢? 【图文结合】 结合《宋史》《续资治通鉴

阶段	教学内容	教学过程、方法与设计意图
教学环节	业（包括海外贸易）的繁荣大大促进了文化的繁荣。 ——本书编委会编：《漆侠先生纪念文集》，河北大学出版社 2002 年版，第 469 页。 二、宋代文化的繁荣 	长编》《宋会要辑稿》等文献史料，阐述宋代文化繁荣的历史背景在于经济发达、政治相对清明、阶级关系相对缓和等等。 【提出问题】 　宋代文化繁荣的表现有哪些? 【图文结合】 　从文学与艺术、史学与理学、科技与教育等领域，通过阐释上述领域的代表性成果和历史影响，使宋代文化繁荣的表现形象化、具体化，让学生能够较为直观地认识宋代文化在各领域的硕果。 【设计意图】 　增强学生的文化认同感。 【启发引导】 　宋代文化繁荣背后的原因有哪些? 【图文结合】 　从四个角度阐述宋代文化繁荣的表现。 　首先是宋太祖赵匡胤通过陈桥兵变夺取天下，对于武将一直以来就有防备之心，因此宋代推行被视为祖宗家法的重文抑武的政策。同时，宋太祖深知马上得天下，但不能马上治天下，他才有著名的"宰相当用读书人"的观点。这是宋代文化繁荣的原因之一。 　其次，宋代加大科举取士的规模，不仅在科举考试的公平性方面有极大提升，发明了糊名法、誊录法，最大限度保证科举考试的公平，同时加大科举取士的人数，宋代的进士人数在中国

其中"内容讲授（36 分钟）"位于"阶段"列。

续表

阶段	教学内容	教学过程、方法与设计意图
教学环节 内容讲授（36分钟）	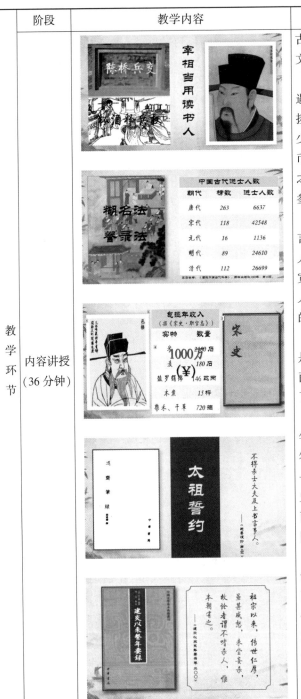	古代王朝中是最多的，这为宋代文化繁荣提供了人才基础。 　　再次，宋代提升文人的待遇，推行厚养士人的政策，以包拯为例，年收入超过两万贯，至少相当于今天的一千万元人民币，可见宋代有功名的士人待遇之优厚，这就激发了更多的士人参加科举，学而优则仕的愿望。 　　最后，宋太祖主张不杀上书言事官，极大限度避免了宋代士人因言获罪的可能。营造了相对宽松的言论空间，这对于激发文人的创新思维，提供了非常重要的前提条件。 　　宋人自己评价"不嗜杀人"是宋朝足以优于其他朝代的方面。可以说，这为文化繁荣提供了非常重要的保障。 　　通过讲解嘉祐六年（1062年）北宋苏辙参加制科考试，在答卷中直言犯谏，明确指出仁宗一朝的弊政，但最终又被录取的史实，阐释宋代对于文人士大夫而言，言论的确宽松。 【设计意图】 　　通过从不同角度，尤其科举制度、经济待遇、祖宗家法等方面，讲解宋代文化繁荣的原因，使学生一方面理解人才对于文化繁荣的重要意义，另一方面，结合史料、史实思考导致人才众多的原因，提升学生论从史出、以史鉴今的能力。

续表

	阶段	教学内容	教学过程、方法与设计意图
教学环节	内容讲授 (36 分钟)		
	总结 (3 分钟)		【归纳总结】 　　回顾本节课重点，即宋代文化繁荣的表现以及原因，强化学生对宋代文化繁荣的深层次认识和理解，要求学生课下阅读《北宋文化史述论》《宋史》等学术专著，培养学生结合相关资料，独立思考的能力。 【设计意图】 　　巩固所学，为下节课内容奠定基础。
课程资源	【参考文献】 　　1. 张岂之主编，张国刚、张帆、李伯重撰：《中国历史新编·古代史（下）》，高等教育出版社 2014 年版。 　　2. 朱绍侯、张海鹏、齐涛主编：《中国古代史［新版（下）]》，福建人民出版社 2004 年版。 　　3. 陈振：《宋史》，上海人民出版社 2020 年版。 　　4. 张皓然：《宋代文化繁荣原因探析》，《长江丛刊》2018 年第 24 期。 　　5. 杨昆：《宋代文化繁荣探源》，《辽宁大学学报》（哲学社会科学版）2002 年第		

课程资源	1 期。 【拓展阅读】 　　1. 曾枣庄：《宋代文学与宋代文化》，上海人民出版社 2006 年版。 　　2. 吕变庭：《北宋科技思想研究纲要》，中国社会科学出版社 2007 年版。 　　3. 陈植锷：《北宋文化史述论》，中华书局 2019 年版。 　　4. 杨渭生：《宋代文化新观察》，河北大学出版社 2008 年版。 　　5. 徐吉军：《论宋代文明的成就及历史地位》，《浙江学刊》2022 年第 1 期。 　　6. 何勇强：《宋代科技成就的历史地位刍议》，《浙江学刊》2022 年第 1 期。 　　7. 姜锡东：《宋代生产力在世界历史中的地位》，《河北大学学报》（哲学社会科学版）2021 年第 5 期。 　　8. 王曾瑜：《宋代文明的历史地位》，《河北学刊》2006 年第 5 期。 　　9. 朱瑞熙：《重新认识宋代的历史地位》，《河北学刊》2006 年第 5 期。 　　10. 虞云国：《略论宋代文化的时代特点与历史地位》，《浙江社会科学》2006 年第 3 期。 　　11. 何忠礼：《科举制度与宋代文化》，《历史研究》1990 年第 5 期。 　　12. 徐吉军：《论宋代文化高峰形成的原因》，《浙江学刊》1988 年第 4 期。

治隆唐宋
(教学设计)

基本情况	课程名称	中国古代史（下）		
	授课班级	历史学专业本科一年级	教学方法	讲授法、讨论法
	授课地点	多媒体教室	授课时数	1 课时
课程分析		《中国古代史（下）》是历史学专业课程体系中的专业核心课程。本课程具有较大的理论研究空间，在马克思主义史学理论的指导之下，探寻历史发展进程中的共性以及不同历史阶段的特性，引发学生针对特定历史事件的反思，提升学生的历史思辨能力、增强学生的家国认同、文化自信，进而铸牢中华民族共同体意识。同时，本课程在结合前人研究成果的基础上，紧紧围绕基本史料和关键史料，使学生学会搜集整理、分析研究史料的相关方法，从而具备一定的通过细节探寻史实、揭示历史发展大势的能力。		

<table>
<tr>
<td rowspan="1">教材分析</td>
<td colspan="4">

张岂之主编，张国刚、张帆、李伯重撰：《中国历史新编·古代史（下册）》，高等教育出版社 2014 年版，614 页。高等教育出版社"十一五"普通高等教育本科国家级规划教材，以下简称"国规版"。

针对本科一年级学生开设的《中国古代史（下）》课程，目前国内教材多样。选定国规版的主要原因有以下三个方面：首先，国规版教材的编纂起自隋唐之时，终于明清之际，主要讲述中国古代隋唐、宋（辽夏金）、元、明、清诸阶段历史现象的变迁，这基本符合中国古代历史演变的总体趋势，体例安排合理；其次，国规版教材涵盖内容广泛，详略得当。包含中国古代史下半段的政治、经济、文化、社会、外交等诸多内容，同时，围绕重点史实进行了深入剖析，通过对细节的阐释，彰显历史学的深刻；再次，国规版教材以大量一手史料为依托，同时援引学界经典学术观点与最新成果，为师生的课堂教学与课下自学提供了进一步阅读和思考的路径，作为教材的同时，也具有学术研究的参考价值，有助于历史专业本科生对基本理论、基本知识、基本方法的掌握，同时，也有助于培养和提升历史专业本科生的时空观念、史料实证、历史解释等史学素养。

</td>
</tr>
</table>

| 学情分析 | | 1. 知识储备：学生们在之前的历史学习中，对元末农民起义的形势、朱元璋建立多民族统一的国家，推行巩固政权的措施等内容有所了解，但多为结论性史实的记忆。基于此，本节课依托多媒体，通过讲授元末农民起义、朱元璋建立多民族统一的国家以及为了巩固政权推行的一系列措施，让学生学会基于历史文献的解读，从不同角度思考和评价朱元璋建立多民族统一国家，推行巩固政权的措施，拓展学生关于洪武之治认知的广度与深度。

2. 能力水平：由于大多数学生停留在元末农民起义的形势、朱元璋建立多民族统一的国家，推行巩固政权措施的机械性记忆阶段，因此，辩证思维能力不足，从而很难 | |

学情分析	对朱元璋巩固政权的措施进行多角度分析和评价，不利于培养学生的唯物史观、史料实证、历史解释等核心素养。基于此，通过本节课讲授，引导学生在阅读、分析《明史》《明太祖实录》等史料的过程中，学会从多角度看待历史事件与历史人物，从而培养学生史料解读能力和辩证思维能力。 3. 心理特征：学生们熟悉历史学传统的教学模式、课程内容的传统观点与思考维度。自主意识较强，能够接受新观点和新方法。希望充分发挥多媒体教学优势，掌握史学研究的方法，提升自主学习能力。
内容分析	本课取自《中国古代史（下）》教材第十八章第一节的内容。主要围绕元末农民起义的形势、朱元璋建立并巩固明朝统治的措施展开讲授。通过讲解让学生对朱元璋推行的民族平等政策，重视农业生产，从而实现了洪武之治有较为深入的了解。使学生学会基于历史文献的解读，从不同角度思考评价历史人物和历史上的政策措施，提升学生的史学思辨能力，最后进行总结和课外任务布置。
教学目标	【知识目标】 1. 解读朱元璋建立统一的多民族国家的历史背景。 2. 阐释朱元璋重视农业生产，推行重农措施的具体表现。 【能力目标】 1. 通过引导学生分析《明史》《明太祖实录》等史料，使学生具备史料实证的能力。 2. 通过多角度解读同一历史事件、评价同一历史人物，让学生掌握辩证思维方法。 【思政目标】 通过阐释洪武之治，使学生对"水能载舟亦能覆舟"的理念有较为深入的理解，同时从历史的角度理解人民群众是历史的创造者。
教学重点难点	【教学重点】 朱元璋建立多民族统一国家 【突出重点的方法】 结合《明史》《明太祖实录》等史料，使学生掌握分析历史事件的角度和方法，通过启发式教学，让学生理解明朝初年推行民族平等，主张民族融合对于多民族统一国家的巩固有极为重要的历史意义。 【教学难点】 理解历史上对朱元璋的评价 【突破难点的方法】 图文结合，通过启发式讲授，从兴修水利、重视农业生产的角度，让学生理解康熙皇帝评价朱元璋"治隆唐宋"的原因。

续表

教学策略	以学生为中心，通过讲授法、启发法，结合多媒体教学，在搜集整理史料的基础上，进一步解读史料，让学生学会分析问题的角度、解决问题的方法，学会基于历史文献的解读，从不同角度思考评价历史人物和历史上的政策措施，提升学生的史学思辨能力，使学生具备历史学科的核心素养。
板书设计	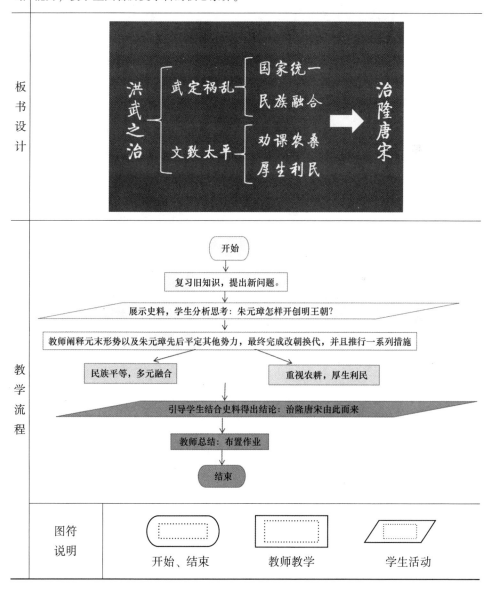
教学流程	
图符说明	

阶段	教学内容	教学过程、方法与设计意图
教学环节 导入新课（3分钟）		【导入】 　　朱元璋出身卑贱，崛起布衣，十五年而有天下，是中国历史上得位最正的皇帝，他君临天下之后，采取哪些措施巩固政权呢？对后世产生了怎样的影响呢？
确定目标（3分钟）	【知识目标】 　　1. 解读朱元璋建立统一的多民族国家的历史背景。 　　2. 阐释朱元璋重视农业生产，推行重农措施的具体表现。 【能力目标】 　　1. 通过引导学生分析《明史》《明太祖实录》等史料，使学生具备史料实证的能力。 　　2. 通过多角度解读同一历史事件、评价同一历史人物，让学生掌握辩证思维方法。 【思政目标】 　　通过阐释洪武之治，使学生对"水能载舟亦能覆舟"的理念有较为深入的理解，同时从历史的角度理解人民群众是历史的创造者。	本课主要围绕元末农民起义的形势、朱元璋建立并巩固明朝统治的措施展开讲授。通过讲解让学生对朱元璋推行的民族平等政策，重视农业生产，从而实现了洪武之治有较为深入的了解。使学生学会基于历史文献的解读，从不同角度思考评价历史人物和历史上的政策措施，提升学生的史学思辨能力。
内容讲授（36分钟）	一、元末形势 	【提出问题】 　　元朝末年，自然灾害频发，加之元朝官吏横征暴敛，引发元末农民大起义。朱元璋生逢乱世，加入了农民起义的大军中，经过了若干年的发展，成长为重要的反元力量。朱元璋是怎样壮大自己的力量呢？ 【图文结合】 　　结合《明史》《明太祖实录》的史料文献，阐释朱元璋"高筑墙，广积粮，缓称王"，历经十五年最终在群雄逐鹿的时代抓住

续表

阶段	教学内容	教学过程、方法与设计意图
教学环节	内容讲授 (36分钟)	　　元之臣子，不遵祖训，废坏纲常，有如大德废长立幼，泰定以臣弑君，天历以弟鸩兄，至于弟收兄妻，子烝父妾，上下相习，恬不为怪。其于父子君臣夫妇长幼之伦，渎乱甚矣。……古云："胡虏无百年之运"，验之今日，信乎不谬。当此之时，天运循环，中原气盛，亿兆之中，当降生圣人，驱逐胡虏，恢复中华，立纲陈纪，救济斯民。 ——《明太祖实录·卷二十六》 二、治隆唐宋	了历史的机遇，获得了重整乾坤的权力。十五载的血雨腥风，使朱元璋积累了丰富的军事斗争经验与政治谋略，这为他开创洪武之治奠定了基础。 【设计意图】 　　图文结合，使学生学会论从史出。 【提出问题】 　　公元1699年，康熙皇帝第三次南巡，也是第二次到南京拜谒明朝开国皇帝朱元璋的陵墓，即明孝陵。并且亲自题写了"治隆唐宋"四个字，命专人镌刻在明孝陵。为什么作为康乾盛世开创者的康熙皇帝要拜谒明孝陵？而且还不止一次拜谒？ 【设计意图】 　　通常而言，新朝皇帝不会拜谒前朝皇帝，为什么康熙皇帝反其道而行之？引发学生思考，并且带入主题。 【图文结合】 　　引用《明史》中对朱元璋的评价，指出朱元璋实现了"武定祸乱，文致太平"，开创了"洪武之治"的局面。而这个局面的开创通常体现在两个方面。一方面是华夏一统，民族融合；另一方面是泽被后世，厚生利民。 　　朱元璋出身布衣，崛起于元末乱世。而元末乱世，天灾加上元朝皇家贵胄和各级官吏的挥霍无度与腐朽统治，造成了民不聊

续表

阶段	教学内容	教学过程、方法与设计意图
教学环节	内容讲授（36分钟）	生的局面。经过了十五年的战争，朱元璋先后平定了四方势力，并且终结了元朝的历史，实现了华夏一统，终结了纷扰的乱世。 展示《中国历史地图集》中明朝的疆域，让学生直观地感受到明朝初期的规模。另外，朱元璋完成统一之后，废除了元朝实行的四等人制度，并且在这个基础上进一步推行民族平等。尊重汉人和少数民族各自的生活习俗和方式。不仅没有人为设置民族壁垒，反倒主张不同民族之间的通婚，这就极大地推动了民族融合，这符合中国历史上形成的多民族统一的历史大势，可以说是顺应了历史发展。 【设计意图】 　朱元璋在位之际，国家统一，为后来明朝的逐渐强盛奠定了基础。图文结合，能够使学生直观地感受到元末和明初的差异。 【启发引导】 　如果仅仅是统一华夏的话，朱元璋不是唯一一个，中国历史上完成这一壮举的皇帝不在少数，那么他还做了什么事，使得康熙皇帝不止一次拜谒明孝陵呢？ 【图文结合】 　朱元璋统治时期，非常注重厚生利民。这与他出身卑贱不无关系。他深刻地体会到农民对于

中间栏图片文字：武定祸乱　文致太平；华夏一统，民族融合；驱逐胡虏，恢复中华；华夏一统；民族平等

阶段	教学内容	教学过程、方法与设计意图
教学环节	内容讲授 （36分钟）		国家的重要性。因此在位之际颁布一系列的措施推动农业的发展。 展示朱元璋在位之际兴修的水利工程和开垦的土地数量，结合《明太祖实录》中朱元璋的言行，向学生阐述明太祖重视农业的举措。 而且朱元璋在位之际，要求全国十分之一的土地用来种植棉花，北方的百姓直到此时才开始穿棉衣御冬，这是最大的厚生利民之举。同时，朱元璋重视对贫民的救济。 【设计意图】 结合不同史料，对明太祖朱元璋在位之际的重视农业，厚生利民进行展示，有助于学生理解洪武之治对于明朝历史的影响。"水能载舟，亦能覆舟"作为开国皇帝朱元璋深谙此理。重视农业，重视百姓，这是江山永固的重要保障，也是同作为皇帝的康熙对明太祖高度认可之处。

续表

阶段	教学内容	教学过程、方法与设计意图
内容讲授（36分钟）	 立纲陈纪，救济斯民	
总结（3分钟）		【归纳总结】 　　回顾本节课重点，即明太祖在位之际统一华夏，推行民族平等的措施；重视农业生产，兴修水利，为明朝的强盛奠定基础。要求学生课下阅读《朱元璋传》《明史讲义》，进一步思考朱元璋在位之际开创的洪武之治，对明朝发展产生的影响。 【设计意图】 　　巩固所学，为下节课内容奠定基础。

左栏跨行标题：教学环节

课程资源

【参考文献】
　　1. 张岂之主编，张国刚、张帆、李伯重撰：《中国历史新编·古代史（下）》，高等教育出版社2014年版。
　　2. 朱绍侯、张海鹏、齐涛主编：《中国古代史［新版（下）］》，福建人民出版社2004年版。
　　3. 南炳文、汤钢：《明史（上）》，上海人民出版社2021年版。
　　4. 吕成震：《从"父子"到"君臣"：明太祖义子现象与明初政治秩序的构建》，《烟台大学学报》（哲学社会科学版）2020年第1期。
　　5. 邓云：《明太祖民族关系思想初探》，《烟台大学学报》（哲学社会科学版）2014年第1期。
【拓展阅读】
　　1. 吴晗：《朱元璋传》，人民出版社2004年版。
　　2. 孟森：《明史讲义》，岳麓书社2010年版。

| 课程资源 | 3. 郑天挺:《郑天挺明史讲义》,中华书局 2021 年版。
4. 高寿仙:《明代北京社会经济史研究》,人民出版社 2015 年版。
5. 陈宝良:《明代社会生活史》,中国社会科学出版社 2004 年版。
6. 杨绍猷、莫俊卿:《中国历代民族史 明代民族史》,社会科学文献出版社 2007 年版。
7. 毛佩琦、张自成:《新编中国政治史 中国明代政治史 》,人民出版社 1995 年版。
8. 李珍:《明太祖与明修〈元史〉的民族史观》,《文史知识》2013 年第 8 期。
9. 赵红:《朱元璋"以德怀之"的民族关系思想》,《烟台大学学报》(哲学社会科学版) 2009 年第 3 期。
10. 董倩:《明代"恩威兼施"的民族政策探析》,《青海社会科学》2003 年第 5 期。
11. 陈梧桐:《再论朱元璋的功绩与历史地位》,《河南大学学报》(社会科学版) 2002 年第 4 期。
12. 齐书深、龚江红:《论明太祖、成祖时期对蒙古的政策》,《史学集刊》1995 年第 3 期。 |

郑和航海的意图
（教学设计）

基本情况	课程名称	中国古代史（下）		
	授课班级	历史学专业本科一年级	教学方法	讲授法、讨论法
	授课地点	多媒体教室	授课时数	1 课时

课程分析	《中国古代史（下）》是历史学专业课程体系中的专业核心课程。本课程具有较大的理论研究空间，在马克思主义史学理论的指导之下，探寻历史发展进程中的共性以及不同历史阶段的特性，引发学生针对特定历史事件的反思，提升学生的历史思辨能力、增强学生的家国认同、文化自信，进而铸牢中华民族共同体意识。同时，本课程在结合前人研究成果的基础上，紧紧围绕基本史料和关键史料，使学生学会搜集整理、分析研究史料的相关方法，从而具备一定的通过细节探寻史实、揭示历史发展大势的能力。

教材分析	　　张岂之主编，张国刚、张帆、李伯重撰：《中国历史新编·古代史（下册）》，高等教育出版社 2014 年版，614 页。高等教育出版社"十一五"普通高等教育本科国家级规划教材，以下简称"国规版"。 　　针对本科一年级学生开设的《中国古代史（下）》课程，目前国内教材多样。选定国规版的主要原因有以下三个方面：首先，国规版教材的编纂起自隋唐之时，终于明清之际，主要讲述中国古代隋唐、宋（辽夏金）、元、明、清诸阶段历史现象的变迁，这基本符合中国古代历史演变的总体趋势，体例安排合理；其次，国规版教材涵盖内容广泛，详略得当。包含中国古代史下半段的政治、经济、文化、社会、外交等诸 多内容，同时，围绕重点史实进行了深入剖析，通过对细节的阐释，彰显历史学的深刻；再次，国规版教材以大量一手史料为依托，同时援引学界经典学术观点与最新成果，为师生的课堂教学与课下自学提供了进一步阅读和思考的路径，作为教材的同时，也具有学术研究的参考价值，有助于历史专业本科生对基本理论、基本知识、基本方法的掌握，同时，也有助于培养和提升历史专业本科生的时空观念、史料实证、历史解释等史学素养。

学情分析	1. 知识储备：学生们在之前的历史学习中，对于郑和下西洋有了基本认识，如郑和下西洋的规模、在历史上的地位、对世界航海史的影响等等，但多为结论性史实的记忆。基于此，本节课依托多媒体，通过讲授郑和航海多层意图，让学生学会基于历史文献的解读，从寻人、享乐、怀柔三个角度揭示明成祖支持郑和下西洋的意图，拓展学生

学情分析	关于郑和下西洋的细节方面认知的广度与深度，从细微之处感触历史的复杂。 　　2. 能力水平：由于大多数学生停留在郑和远航的机械性记忆阶段，因此，围绕郑和远航的真实意图，面对复杂的史料辩证思维能力不足，从而很难对郑和远航的意图进行多角度分析，对以郑和远航这一重要历史事件进行多元化评价，不利于培养学生的唯物史观、史料实证、历史解释等核心素养。基于此，通过本节课讲授，引导学生在阅读、分析《明史》《瀛涯胜览》《星槎胜览》等史料的过程中，学会从多角度看待历史事件与历史人物，从而培养学生史料解读能力和辩证思维能力。 　　3. 心理特征：学生们熟悉历史学传统的教学模式、课程内容的传统观点与思考维度。自主意识较强，能够接受新观点和新方法。希望充分发挥多媒体教学优势，掌握史学研究的方法，提升自主学习能力。
内容分析	本课取自《中国古代史（下）》教材第二十二章第二节的内容。主要围绕明朝中外关系中郑和远航展开讲授。其中包含的重要内容就是郑和远航的意图。通过讲解让学生对郑和远航的真实意图（寻人、享乐、怀柔）有所了解，让学生学会基于历史文献的解读，从不同的角度思考和分析被誉为"明初盛世"的郑和远航事件，从而拓展学生们关于郑和远航的认知广度与深度，提升学生的史学思辨能力，最后进行总结和课外任务布置。
教学目标	【知识目标】 　　1. 了解郑和远航的意图。 　　2. 评价郑和远航的意义。 【能力目标】 　　1. 通过引导学生分析《明史》《星槎胜览》等史料，使学生具备史料实证的能力。 　　2. 通过多角度解读同一历史事件、评价同一历史人物，让学生掌握辩证思维方法。 【思政目标】 　　从三个角度分析郑和远航的意图，同时解读郑和远航的客观影响。通过这一内容的讲解，引导学生思考，15 世纪上半叶规模空前的郑和远航没有开启中国近代化历程的原因。同时，通过讲授郑和远航对东南亚各国的社会发展产生了积极影响，引导学生发现历史主体的意愿和客观现实之间辩证统一关系，提升学生的史学思辨能力。
教学重难点	【教学重点】 　　郑和远航的意图 【突出重点的方法】 　　从明成祖斥巨资支持郑和远航入手，结合《明史》《星槎胜览》等史料，引导学生从寻人、享乐、怀柔三个方面，分析郑和远航的多方面意图，使学生掌握分析历史事件的角度和方法，通过启发式教学，让学生明确郑和远航的意图就决定了"郑和之后再无郑和"，引发学生对历史的深刻反思。

教学重难点	【教学难点】 　　郑和远航的客观影响 【突破难点的方法】 　　图文结合，通过讲授郑和平定海寇、为东南亚地区百姓凿井取水、捐建寺庙等内容，使学生了解郑和远航的客观影响有助于东南亚地区的发展，这也是我们纪念郑和的重要原因。这一内容的讲授有助于强化学生的文化认同和民族自豪感。
教学策略	以学生为中心，通过讲授法、启发法，结合多媒体教学，在搜集整理史料的基础上，进一步解读史料，让学生学会分析问题的角度、解决问题的方法，从而培养学生史料实证与历史解释的能力，使学生具备历史学科的核心素养。通过郑和航海意图以及客观影响的讲解，使学生感触到郑和精神的实质在于和平友好。
板书设计	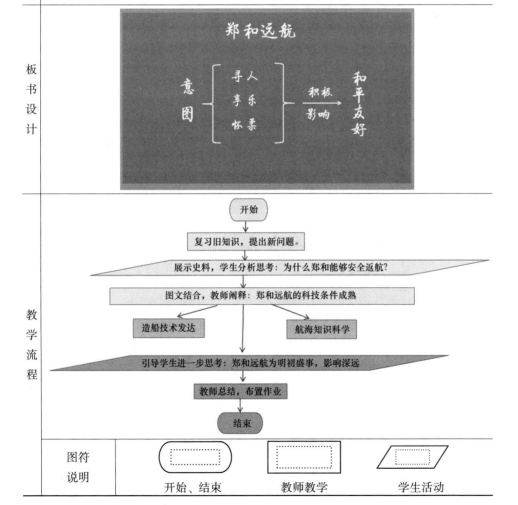
教学流程	
图符说明	

续表

阶段	教学内容	教学过程、方法与设计意图
导入新课 （3分钟）	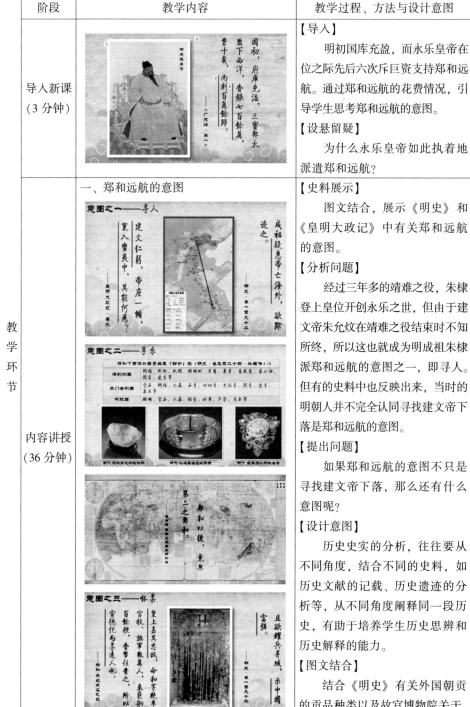	【导入】 　　明初国库充盈，而永乐皇帝在位之际先后六次斥巨资支持郑和远航。通过郑和远航的花费情况，引导学生思考郑和远航的意图。 【设悬留疑】 　　为什么永乐皇帝如此执着地派遣郑和远航？
教学环节 内容讲授 （36分钟）	一、郑和远航的意图	【史料展示】 　　图文结合，展示《明史》和《皇明大政记》中有关郑和远航的意图。 【分析问题】 　　经过三年多的靖难之役，朱棣登上皇位开创永乐之世，但由于建文帝朱允炆在靖难之役结束时不知所终，所以这也就成为明成祖朱棣派郑和远航的意图之一，即寻人。但有的史料中也反映出来，当时的明朝人并不完全认同寻找建文帝下落是郑和远航的意图。 【提出问题】 　　如果郑和远航的意图不只是寻找建文帝下落，那么还有什么意图呢？ 【设计意图】 　　历史史实的分析，往往要从不同角度，结合不同的史料，如历史文献的记载、历史遗迹的分析等，从不同角度阐释同一段历史，有助于培养学生历史思辨和历史解释的能力。 【图文结合】 　　结合《明史》有关外国朝贡的贡品种类以及故宫博物院关于

续表

阶段	教学内容	教学过程、方法与设计意图
教学环节 内容讲授 （36分钟）	（图片：郑和远航路线图及配文、《朝贡贸易（遣贡船）》图、《瑞应麒麟图》、"客观影响——郑和精神"、"和平友好"、郑和像 VS 哥伦布像）	明朝宫廷文物的图片，揭示郑和远航的第二个意图，即皇室享乐。从而引发对历史的深刻思考：为什么梁启超在《郑和传》中提到"郑和之后再无郑和"呢？在人类航海史上留下深远影响的郑和远航为什么没有拉开大航海时代的帷幕，进而推动人类历史进入一个新阶段？这与郑和远航的三个意图密切相关：三个意图没有一个是经济意图，这是明朝虽然有发达的航海技术但最终没有创造历史的深层次原因，是值得我们反思的。 【设计意图】 　　揭示历史事件的原因的同时，进一步激发学生围绕历史的深层次思考。 【图文结合】 　　依托郑和远航的路线图，结合史料，阐述郑和第三次远航过程中平定匪患，维护东南亚海域和平的历史事件。同时，分析《明史》中的朝贡贸易以及流传后世的《瑞应麒麟图》，阐释郑和远航的意图之三，即怀柔。而这个意图更能够从深层次反映明成祖朱棣本人的意愿，即通过一系列事件证明政权的合法性。 【设计意图】 　　历史本身是有温度的。具体的人物、事件，往往使历史能够更为形象、具体，能够使学生走进历史，更为直接地感触历史。因此，图文结合、史实和故事相

续表

阶段	教学内容	教学过程、方法与设计意图
教学环节 内容讲授（36分钟）		结合，能够让学生在掌握历史大势的同时，从细微之处触摸到历史的温度。提升学生从宏观和微观两个层面学习、感悟、研究历史的能力。 【启发引导】 　　明确了郑和远航的意图，那么，郑和远航在历史上产生了哪些影响呢？ 【图文结合】 　　通过展示郑和远航经过斯里兰卡国捐助当地修建寺庙时留下来的石碑以及三宝井，与哥伦布远航带来的殖民掠夺与扩张的对比，阐释郑和远航营造的和平友好的国际氛围，这是郑和远航所展现的郑和精神的实质，也是我们设立中国航海日纪念郑和远航的初衷。 【设计意图】 　　层层深入，步步递进，使学生学会结合史料，阐述历史史实，分析历史细节，强化以史鉴今的意识。
总结（3分钟）		【归纳总结】 　　回顾本节课重点，再次强化学生的民族自豪感与文化认同感。课下，大家可以观看央视纪录片《历史的拐点——下西洋》以及阅读《郑和远航与世界文明》。思考郑和船队掌握了哪些先进的航海技术以保证远航的成功呢？ 【设计意图】 　　巩固所学，给学生提供可供阅读的文献，同时提出需要进一步思考的问题，为下节课内容奠定基础。

【参考文献】

1. 张岂之主编，张国刚、张帆、李伯重撰：《中国历史新编·古代史（下）》，高等教育出版社 2014 年版。

2. 朱绍侯、张海鹏、齐涛主编：《中国古代史［新版（下）］》，福建人民出版社 2004 年版。

3. 南炳文、汤钢：《明史（上）》，上海人民出版社 2021 年版。

4. 邹振环：《郑和下西洋与明朝的"麒麟外交"》，《华东师范大学学报》（哲学社会科学版）2018 年第 2 期。

5. 刘宝峰：《浅谈郑和下西洋之目的与影响》，《山西师大学报》（社会科学版）2012 年第 4 期。

【拓展阅读】

1. ［加拿大］陈忠平：《走向多元文化的全球史：郑和下西洋（1405—1433）及中国与印度洋世界的关系》，生活·读书·新知三联书店 2017 年版。

2. 孟森：《明史讲义》，岳麓书社 2010 年版。

3. 王天有、徐凯、万明编：《郑和远航与世界文明：纪念郑和下西洋六百周年论文集》，北京大学出版社 2005 年版。

4. 郑一均：《论郑和下西洋 第 2 版修订本》，海洋出版社 2005 年版。

5. 郑鹤声、郑一钧：《郑和下西洋资料汇编：增编本（上）》，海洋出版社 2005 年版。

6. 郑一钧：《郑和全传》，中国青年出版社 2005 年版。

7. 毛睿：《2006 年以来郑和下西洋研究述评》，《中国史研究动态》2020 年第 2 期。

8. 钱志乾：《试论郑和下西洋的主要目的》，《江西社会科学》2005 年第 2 期。

9. 叶泗灶：《航海家郑和与哥伦布》，《浙江师大学报》（社会科学版）1995 年第 4 期。

10. 万明：《郑和下西洋与明初海上丝绸之路——兼论郑和远航目的及终止原因》，《海交史研究》1991 年第 2 期。

11. 王硕：《郑和航海与明代社会》，《清华大学学报》（哲学社会科学版）1990 年第 1 期。

12. 杨熺：《郑和下西洋目的略考》，《大连海事大学学报》1980 年第 2 期。

课程资源

郑和远航的科技条件
（教学设计）

基本情况	课程名称	中国古代史（下）		
	授课班级	历史学专业本科一年级	教学方法	讲授法、讨论法
	授课地点	多媒体教室	授课时数	1 课时

课程分析	《中国古代史（下）》是历史学专业课程体系中的专业核心课程。本课程具有较大的理论研究空间，在马克思主义史学理论的指导之下，探寻历史发展进程中的共性以及不同历史阶段的特性，引发学生针对特定历史事件进行反思，提升学生的历史思辨能力、增强学生的家国认同、文化自信，进而铸牢中华民族共同体意识。同时，本课程在结合前人研究成果的基础上，紧紧围绕基本史料和关键史料，使学生学会搜集整理、分析研究史料的相关方法，从而具备一定的通过细节探寻史实、揭示历史发展大势的能力。

教材分析	 张岂之主编，张国刚、张帆、李伯重撰：《中国历史新编·古代史（下册）》，高等教育出版社 2014 年版，614 页。高等教育出版社"十一五"普通高等教育本科国家级规划教材，以下简称"国规版"。 针对本科一年级学生开设的《中国古代史（下）》课程，目前国内教材多样。选定国规版的主要原因有以下三个方面：首先，国规版教材的编纂起自隋唐之时，终于明清之际，主要讲述中国古代隋唐、宋（辽夏金）、元、明、清诸阶段历史现象的变迁，这基本符合中国古代历史演变的总体趋势，体例安排合理；其次，国规版教材涵盖内容广泛，详略得当。包含中国古代史下半段的政治、经济、文化、社会、外交等诸多内容，同时，围绕重点史实进行了深入剖析，通过对细节的阐释，彰显历史学的深刻；再次，国规版教材以大量一手史料为依托，同时援引学界经典学术观点与最新成果，为师生的课堂教学与课下自学提供了进一步阅读和思考的路径，作为教材的同时，也具有学术研究的参考价值，有助于历史专业本科生对基本理论、基本知识、基本方法的掌握，同时，也有助于培养和提升历史专业本科生的时空观念、史料实证、历史解释等史学素养。

学情分析	1. 知识储备：学生们在之前的历史学习中，对于郑和下西洋有了基本认识，如郑和下西洋的规模、在历史上的地位、对世界航海史的影响等等，但多为结论性史实的记忆。基于此，本节课依托多媒体，通过讲授郑和航海的技术水平，让学生学会基于历史文献的解读，从造船技术和远洋航行的科学知识展现以郑和为代表的明朝科技水平的发达程度。拓展学生关于郑和下西洋的细节方面认知的广度与深度，从细微之处感触历史的复杂。

学情分析	2. 能力水平：由于大多数学生停留在郑和远航的机械性记忆阶段，因此，围绕郑和远航的真实意图，面对复杂的史料辩证思维能力不足，从而很难对郑和远航的技术进行多角度分析，对以郑和远航这一重要历史事件进行多元化评价，不利于培养学生的唯物史观、史料实证、历史解释等核心素养。基于此，通过本节课讲授，引导学生在阅读、分析《明史》《瀛涯胜览》《星槎胜览》等史料的过程中，学会从多角度看待历史事件与历史人物，从而培养学生史料解读能力和辩证思维能力。 　　3. 心理特征：学生们熟悉历史学传统的教学模式、课程内容的传统观点与思考维度。自主意识较强，能够接受新观点和新方法。希望充分发挥多媒体教学优势，掌握史学研究的方法，提升自主学习能力。
内容分析	本课取自《中国古代史（下）》教材第二十二章第二节的内容。主要围绕明朝中外关系中郑和远航展开讲授。其中就包括本节课郑和远航的科学技术条件。通过讲解让学生对郑和远航发达的科学技术（发达的造船技术和科学的航海知识）水平等内容有所了解，让学生学会基于历史文献的解读，从不同的角度思考和分析被誉为"明初盛世"的郑和远航事件，从而拓展学生们关于郑和远航的认知广度与深度，提升学生的史学思辨能力，最后进行总结和课外任务布置。
教学目标	【知识目标】 　　1. 了解郑和远航的技术条件。 　　2. 了解郑和远航的科学知识水平。 【能力目标】 　　1. 通过引导学生分析《明史》《星槎胜览》等史料，使学生具备史料实证的能力。 　　2. 通过多角度解读同一历史事件、评价同一历史人物，让学生掌握辩证思维方法。 【思政目标】 　　图文结合，通过讲授郑和远航的技术水平和科学知识水平，培养学生的文化认同感和文化自信心，同时，引导学生思考明朝前期科学技术水平的发达，为什么没有使明朝引领世界发展的潮流，反倒经过明清两代，传统中国逐渐走向闭关锁关，进而落后于欧洲的原因，提升学生的史学思辨能力。
教学重难点	【教学重点】 　　郑和远航的技术水平 【突出重点的方法】 　　从郑和远航发达的造船技术入手，图文结合，让学生直观地感受到郑和时代中国造船业的发达。以动画视频的方式展示郑和船队梯形斜帆在遭遇逆风时如何前行。 【教学难点】 　　郑和远航的科学知识水平 【突破难点的方法】 　　从郑和远航数次选择现在的福建长乐出港入手，图文结合，讲授郑和远航时已经掌

续表

教学重难点	握了东亚季风气候的特点，充分利用风向的季节变化出航和返港。同时展现郑和为了保证远洋航行的安全，利用陆标定向、海上定向的方法，最后结合动图，讲解明朝世界级水平的导航技术——过洋牵星术，这是郑和数次远航并且能够安全返航的重要保障。从而突出郑和远航所展现的明朝高超的技术水平，培养学生们的民族自豪感与文化认同感。
教学策略	以学生为中心，通过讲授法、启发法，结合多媒体教学，在搜集整理史料的基础上，进一步解读史料，让学生学会分析问题的角度、解决问题的方法，从而培养学生史料实证与历史解释的能力，使学生具备历史学科的核心素养。通过郑和航海意图以及客观影响的讲解，使学生感触到郑和精神的实质在于和平友好，通过图文结合、动漫视频的展示，让学生直观地认识到郑和航海在技术方面的高超，增强学生的文化认同与家国情怀。
板书设计	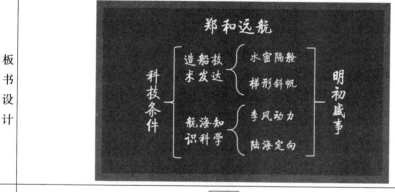
教学流程	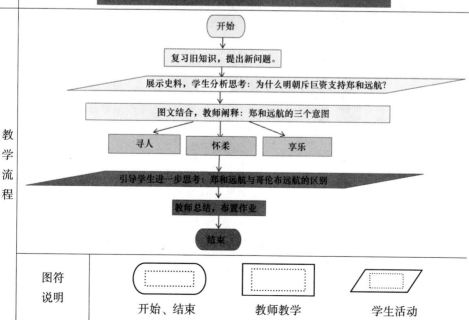

续表

阶段	教学内容	教学过程、方法与设计意图
导入新课 （3分钟）	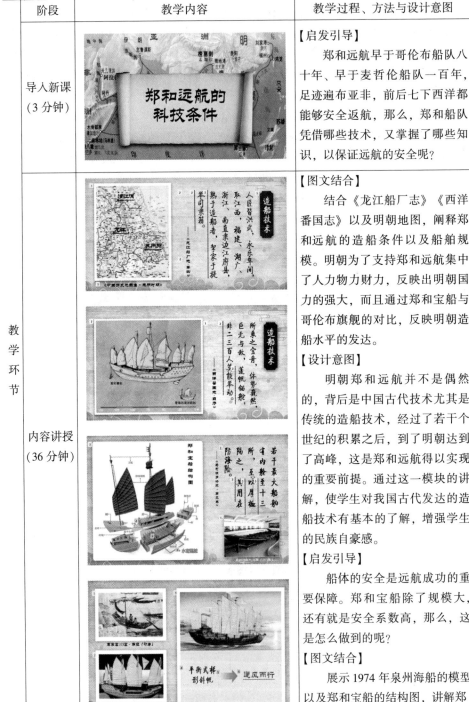	【启发引导】 　　郑和远航早于哥伦布船队八十年、早于麦哲伦船队一百年，足迹遍布亚非，前后七下西洋都能够安全返航，那么，郑和船队凭借哪些技术，又掌握了哪些知识，以保证远航的安全呢？
教学环节 内容讲授 （36分钟）		【图文结合】 　　结合《龙江船厂志》《西洋番国志》以及明朝地图，阐释郑和远航的造船条件以及船舶规模。明朝为了支持郑和远航集中了人力物力财力，反映出明朝国力的强大，而且通过郑和宝船与哥伦布旗舰的对比，反映明朝造船水平的发达。 【设计意图】 　　明朝郑和远航并不是偶然的，背后是中国古代技术尤其是传统的造船技术，经过了若干个世纪的积累之后，到了明朝达到了高峰，这是郑和远航得以实现的重要前提。通过这一模块的讲解，使学生对我国古代发达的造船技术有基本的了解，增强学生的民族自豪感。 【启发引导】 　　船体的安全是远航成功的重要保障。郑和宝船除了规模大，还有就是安全系数高，那么，这是怎么做到的呢？ 【图文结合】 　　展示1974年泉州海船的模型以及郑和宝船的结构图，讲解郑

阶段	教学内容	教学过程、方法与设计意图
教学环节 内容讲授 （36分钟）		和宝船在船体结构上的关键技术，即水密隔舱。水密隔舱技术的应用，最大程度上保证了远航过程中遭到意外时，能够使船体安全靠岸。水密隔舱技术一直到20世纪还是被广泛应用的。该技术的应用是大型船舶远航的前提条件，而20世纪初泰坦尼克号之所以沉没，很重要的一个原因就是水密隔舱技术没有起到实质的保护作用。 【启发引导】 　　船舶远航的前提是船体的安全，而仅仅有船体安全，显然还不能完成远航，对于远洋航行，还需要哪些条件呢？ 【设计意图】 　　引导学生进一步思考郑和远航的技术条件。 【图文结合】 　　中国人利用帆远航，至少可以上溯到公元8世纪，甚至更早。而中国古代的造船技术发展到明朝，平衡式梯形斜帆的应用（展示视频），保证了远洋航行时遇到逆风船舶也依然可以按照"之"字形路径前进。这是中国古代船舶在利用帆时的高超之处。 【启发引导】 　　船体的安全性高，利用帆进行远航，就能够保证远航活动的成功了吗？还不够，这就涉及中国古代船舶远航时掌握的科学知识以及船舶的定向与定位技术。那么具体是什么呢？

续表

阶段	教学内容	教学过程、方法与设计意图
教学环节 内容讲授 (36分钟)		【图文结合】 结合季风图和郑和远航的路径图，分析郑和船队利用季风风向随季节转换而确定出海和返航的时机，最大限度地利用自然规律。结合陆地山川地形的位置确定船舶在海洋上的相对位置。而在夜晚的时候，借助过洋牵星板，通过观测星体确定船舶的位置。 【设计意图】 通过海上定向与定位的讲解，让学生了解明朝发达的航海技术，强化学生的民族自豪感与民族文化的认同感。 【归纳总结】 回顾本节课重点，即郑和远航的意图与郑和远航的科技条件。同时，结合李约瑟的评价，再次强化学生的民族自豪感与文化认同感。要求学生课下阅读《郑和全传》《郑和远航与世界文明》等资料，进一步思考郑和远航之后，明朝为什么反倒走向了闭关锁国（下一节课讨论）。
总结 (3分钟)		【设计意图】 巩固所学，给学生提供可供阅读的文献，同时提出需要进一步思考的问题，为下节课内容奠定基础。
课程资源	【参考文献】 1. 张岂之主编，张国刚、张帆、李伯重撰：《中国历史新编·古代史（下）》，高等教育出版社2014年版。 2. 朱绍侯、张海鹏、齐涛主编：《中国古代史［新版（下）］》，福建人民出版社	

	2004 年版。
课 程 资 源	3. 南炳文、汤钢：《明史（上）》，上海人民出版社 2021 年版。 4. 曲金良：《郑和下西洋之前的中国造船与航海技术》，《国家航海》2014 年第1 期。 5. 张江齐、陈现军：《郑和牵星图导航技术研究》，《地理信息世界》2017 年第5 期。 【拓展阅读】 　　1. ［加拿大］陈忠平：《走向多元文化的全球史：郑和下西洋（1405—1433）及中国与印度洋世界的关系》，生活·读书·新知三联书店 2017 年版。 2. 孟森：《明史讲义》，岳麓书社 2010 年版。 3. 王天有、徐凯、万明：《郑和远航与世界文明：纪念郑和下西洋六百周年论文集》，北京大学出版社 2005 年版。 4. 郑一均：《论郑和下西洋 第 2 版修订本》，海洋出版社 2005 年版。 5. 郑鹤声、郑一钧：《郑和下西洋资料汇编：增编本（上）》，海洋出版社 2005年版。 6. 郑一钧：《郑和全传》，中国青年出版社 2005 年版。 7. 毛睿：《2006 年以来郑和下西洋研究述评》，《中国史研究动态》2020 年第 2 期。 8. 陈晓珊：《郑和下西洋前后中国航海指南的变迁》，《中原文化研究》2019 年第1 期。 9. 万明：《全球史视野下的郑和下西洋》，《中国史研究动态》2019 年第 2 期。 10. 赖进义：《论〈郑和航海图〉与海上丝绸之路间的关系》，《回族研究》2014 年第 3 期。 11. 曹凛：《郑和三下西洋船舶的建造与检验》，《中国船检》2013 年第 2 期。 12. 郑鹤声、郑一钧：《略论郑和下西洋的船》，《文史哲》1984 年第 3 期。

营建紫禁城
（教学设计）

基本情况	课程名称	中国古代史（下）		
	授课班级	历史学专业本科一年级	教学方法	讲授法、讨论法
	授课地点	多媒体教室	授课时数	1课时

课程分析	《中国古代史（下）》是历史学专业课程体系中的专业核心课程。本课程具有较大的理论研究空间，在马克思主义史学理论的指导之下，探寻历史发展进程中的共性以及不同历史阶段的特性，引发学生针对特定历史事件的反思，提升学生的历史思辨能力、增强学生的家国认同、文化自信，进而铸牢中华民族共同体意识。同时，本课程在结合前人研究成果的基础上，紧紧围绕基本史料和关键史料，使学生学会搜集整理、分析研究史料的相关方法，从而具备一定的通过细节探寻史实、揭示历史发展大势的能力。

教材分析	张岂之主编，张国刚、张帆、李伯重撰：《中国历史新编·古代史（下册）》，高等教育出版社2014年版，614页。高等教育出版社"十一五"普通高等教育本科国家级规划教材，以下简称"国规版"。 　　针对本科一年级学生开设的《中国古代史（下）》课程，目前国内教材多样。选定国规版的主要原因有以下三个方面：首先，国规版教材的编纂起自隋唐之时，终于明清之际，主要讲述中国古代隋唐、宋（辽夏金）、元、明、清诸阶段历史现象的变迁，这基本符合中国古代历史演变的总体趋势，体例安排合理；其次，国规版教材涵盖内容广泛，详略得当。包含中国古代史下半段的政治、经济、文化、社会、外交等诸多内容，同时，围绕重点史实进行了深入剖析，通过对细节的阐释，彰显历史学的深刻；再次，国规版教材以大量一手史料为依托，同时援引学界经典学术观点与最新成果，为师生的课堂教学与课下自学提供了进一步阅读和思考的路径，作为教材的同时，也具有学术研究的参考价值，有助于历史专业本科生对基本理论、基本知识、基本方法的掌握，同时，也有助于培养和提升历史专业本科生的时空观念、史料实证、历史解释等史学素养。

学情分析	1. 知识储备：学生们在之前的历史学习中，对明朝文化中的科技成果有一定的了解，这是明朝文化繁荣的重要表现之一。但多为结论性史实的记忆。基于此，本节课依托多媒体，选择明朝科技文化中最富有代表性的成果——紫禁城的营建作为讲授内容。通过这一内容的讲授，让学生学会从技术史的角度评价明朝文化史，从而拓展学生关于明朝文化尤其科技文化认知的广度与深度。 　　2. 能力水平：由于大多数学生停留在文化史成果尤其科技成果的机械性记忆阶段，因此，在通过历史细节评价历史现象和文化现象方面，辩证思维能力不足，从而很难对明朝科技成果乃至明朝文化史多角度认识，这不利于培养学生的唯物史观、史料实证、历史解释等核心素养。基于此，通过本节课讲授，引导学生结合动画展现，在阅读、分

学情分析	析《明史》《明实录》这些基本史料的过程中，学会从多角度看待历史事件与历史现象，从较深层次认识明朝的科技成果以及文化史，从而培养学生史料解读能力和辩证思维能力。 　　3. 心理特征：学生们熟悉历史学传统的教学模式、课程内容的传统观点与思考维度。自主意识较强，能够接受新观点和新方法。希望充分发挥多媒体教学优势，掌握史学研究的方法，提升自主学习能力。
内容分析	本课取自《中国古代史（下）》教材第十八章第一节的内容。主要围绕部分大众文化的成就和明朝初年营建紫禁城展开讲授。通过讲解让学生对部分大众文化成果，如被誉为明代奇书《西游记》的出版等和以营建紫禁城为代表的明朝科技成就，有更为深入的了解和认识。在这个过程中，让学生学会基于历史文献的解读，结合相应的简单动漫，历史地评价明朝科技成果和明朝文化，从而拓展关于明朝科技史和文化史认知的广度与深度，提升学生的史学思辨能力，最后进行总结和课外任务布置。
教学目标	【知识目标】 　　1. 了解和评价明朝的大众文化的发展。 　　2. 描述和评价营建紫禁城的关键技术及其影响。 【能力目标】 　　1. 通过引导学生分析《明史》《明实录》等史料，使学生具备史料实证的能力。 　　2. 通过多角度解读同一历史事件、注重历史现象的细节，让学生掌握辩证思维方法。 【思政目标】 　　通过讲授营建紫禁城，使学生对明朝科技水平有一个较为直观的认识，能够对文化遗产保护进行更为深刻的思考。同时，从紫禁城的营建中分析其中的工匠精神，深入理解并认同唯物史观中人民群众是历史的创造者的经典论断。
教学重难点	【教学重点】 　　紫禁城营建的过程 【突出重点的方法】 　　从紫禁城（即今天的故宫）在人类文明史上的地位入手，结合《明史》《明实录》，借助部分画作和动漫展示紫禁城营建的过程。使学生学会在整理史料的过程中，结合一定的现代信息技术，掌握分析历史事件的角度和方法，从而加深对历史现象的认识。 【教学难点】 　　理解紫禁城营建背后展现的工匠精神以及人民是历史创造者的观点 【突破难点的方法】 　　通过启发引导的方法，结合历史文献，借助一定的信息技术手段，使学生对紫禁城营建过程中的精益求精的工匠精神能有较为直观的认识。从卢沟运筏、金砖墁地、千龙吐水三个方面展现人民群众在建造紫禁城过程中的智慧，从而使学生理解唯物史观中人民群众是历史的创造者的观点。

续表

教学策略	以学生为中心，通过讲授法、启发法，结合多媒体教学，在搜集整理史料的基础上，进一步解读史料，让学生学会分析问题的角度、解决问题的方法，从而培养学生史料实证与历史解释的能力，使学生具备历史学科的核心素养。通过紫禁城营建以及大众文化成就的讲解，使学生能够感悟人民群众在建造紫禁城过程中的智慧，理解唯物史观中人民群众是历史的创造者的观点。

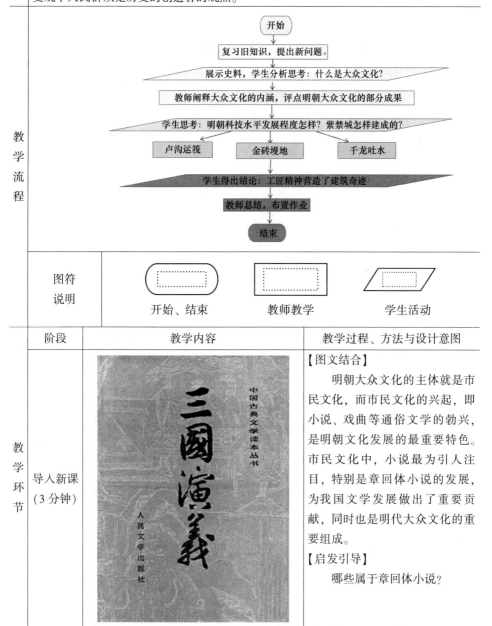

教学流程	图符说明	开始、结束　　　　教师教学　　　　学生活动

教学环节	阶段	教学内容	教学过程、方法与设计意图
	导入新课 （3分钟）	三国演义	【图文结合】 　　明朝大众文化的主体就是市民文化，而市民文化的兴起，即小说、戏曲等通俗文学的勃兴，是明朝文化发展的最重要特色。市民文化中，小说最为引人注目，特别是章回体小说的发展，为我国文学发展做出了重要贡献，同时也是明代大众文化的重要组成。 【启发引导】 　　哪些属于章回体小说？

续表

	阶段	教学内容	教学过程、方法与设计意图
教学环节	导入新课（3 分钟）		
教学环节	确定目标（3 分钟）	【知识目标】 1. 了解和评价明朝的大众文化的发展。 2. 描述和评价营建紫禁城的关键技术及其影响。 【能力目标】 1. 通过引导学生分析《明史》《明实录》等史料，使学生具备史料实证的能力。 2. 通过多角度解读同一历史事件、注重历史现象的细节，让学生掌握辩证思维方法。 【思政目标】 通过讲授营建紫禁城，使学生对明朝科技水平有一个较为直观的认识，能够对文化遗产保护进行更为深刻的思考。同时，从紫禁城的营建中分析其中的工匠精神，深入理解并认同唯物史观中人民群众是历史的创造者的经典论断。	本课主要围绕部分大众文化的成就和明朝初年营建紫禁城展开讲授。通过讲解让学生对部分大众文化成果，如被誉为明代奇书的《三国演义》《西游记》的出版等和以营建紫禁城为代表的明朝科技成就，有更为深入的了解和认识。在这个过程中，让学生学会基于历史文献的解读，结合相应的简单动漫，历史地评价明朝科技成果和明朝文化，从而拓展关于明朝科技史和文化史认知的广度与深度，提升学生的史学思辨能力。

阶段	教学内容	教学过程、方法与设计意图
教学环节 内容讲授 (36 分钟)	一、明朝的大众文化   除了被誉为明代奇书的《三国演义》《西游记》等的出版外，在宋元话本小说的基础上发展起来的白话短篇小说在明朝也呈现出鼎盛的局面，比如著名的"三言二拍"（即《喻世明言》《警世通言》《醒	【图文结合】 　　明代市民文化中，商人成为非常活跃的形象。这与明朝的商业和手工业发展，都市的繁荣密切相关，从而使商人成为市民的主要代表。 　　此外，也出现了崇尚思想解放、张扬个性的文化形式，比如明朝诸多的杂剧、传奇等。其中，有代表性的是汤显祖的《牡丹亭》，作者把浪漫主义手法引入创作中，展现出了很高的艺术水准。而这些都是明朝经济社会发展的结果。 【设计意图】 　　以市民文化中的代表性成果为例，阐释其中反映的明朝大众文化的特点，并且在分析这些文化现象的同时，指出文化的繁荣实际上是明朝经济社会发展的产物，使学生理解经济基础决定上层建筑，社会存在决定社会意识的唯物史观的核心思想。 【启发引导】 　　明朝大众文化繁荣，有一系列重要成果问世，而且影响深远。那么在科技领域呢？明朝的科技文化又结出了怎样的硕果？ 【设计意图】 　　引导学生进入明朝科技史的主题。 【提出问题】 　　永乐皇帝为了迁都进行的准备事宜中，非常重要的就是紫禁城的营建。紫禁城营建需要的建

阶段	教学内容	教学过程、方法与设计意图
教学环节 内容讲授 （36分钟）	世恒言》以及《初刻拍案惊奇》《二刻拍案惊奇》）等，这些成果集中反映了明朝市民阶层的价值观念与社会心态，也是明朝商品经济发达的产物。 ——张岂之主编：《中国历史新编·古代史（下）》，高等教育出版社2014年版，第523页。 二、营建紫禁城 	材是怎样运到北京的呢？ 【启发引导】 展示紫禁城（今天的故宫）建筑中硕大的柱子，引发学生思考。 【图文结合】 通过木筏开采、运输难度的讲解，引导学生思考木材的运输方式是水运。通过展示木材北运的路径，结合卢沟运筏图，使学生能够直观感受到明朝劳动人民的智慧。 【设计意图】 使学生感悟劳动人民的智慧以及人民才是历史的创造者。 【启发引导】 营建紫禁城是一个系统工程，质量上乘的木材只是其中一部分，还需要什么呢？ 【设计意图】 引发学生思考的过程中，把课程内容引到"金砖墁地"主题。 【图文结合】 图文结合，从金砖的制作程序，到借助运河运输到北京，再由工匠进一步加工。通过这个程序的完整展示，使学生理解中国古代传统文化中的工匠精神，并且进一步理解人民是历史的创造者的观点。 【启发引导】 六百年的时间过去了，为什么紫禁城没有经历大水漫灌的内涝？

阶段	教学内容	教学过程、方法与设计意图
教学环节 内容讲授(36分钟)		【图文结合】 展示图片,紫禁城有各种排水装置,最终汇入金水河。充分利用北京城高低起伏的地势,使雨水能够及时被疏导。在排水系统的设计过程中,还有著名的"千龙吐水",这也充分展示了劳动人民的智慧。 【设计意图】 强化学生对工匠精神和人民创造历史的理解。
总结(3分钟)		【归纳总结】 回顾本节课重点,即紫禁城营建过程中的关键环节及其影响,要求学生课下观看央视版纪录片《故宫》和《图解中国古代建筑史》,巩固所学,同时进一步思考明朝建筑史上还有哪些影响深远的成就?从而培养学生结合相关资料,独立思考的能力。 【设计意图】 巩固所学,为下节课内容奠定基础。

续表

课程资源	**【参考文献】** 1. 张岂之主编，张国刚、张帆、李伯重撰：《中国历史新编·古代史（下）》，高等教育出版社 2014 年版。 2. 朱绍侯、张海鹏、齐涛主编：《中国古代史［新版（下）］》，福建人民出版社 2004 年版。 3. 南炳文、汤钢：《明史（上）》，上海人民出版社 2021 年版。 4. 周乾：《故宫古建筑结构分析与保护》，知识产权出版社 2019 年版。 5. 周震麟、金瑾：《御窑金砖》，江苏凤凰教育出版社 2016 年版。 **【拓展阅读】** 1. 于倬云编：《故宫三书：紫禁城宫殿》，广西师范大学出版社 2021 年版。 2. 高晓勇：《图解中国古代建筑史》，广西师范大学出版社 2020 年版。 3. 故宫博物院：《故宫古建筑的结构艺术》，故宫出版社 2017 年版。 4. 中国科学院自然科学史研究所主编：《中国古代建筑技术史》，科学出版社 2016 年版。 5. 商传：《明朝文化概论》，南京出版社 2016 年版。 6. 潘谷西：《中国古代建筑史 第 4 卷 元明建筑》，中国建筑工业出版社 2001 年版。 7. 刘晓玉、杜晓燕、吴辉：《浅谈设计美学在中国古代宫殿建筑中的体现——以紫禁城太和殿为例》，《美术教育研究》2021 年第 23 期。 8. 周乾：《紫禁城古建筑中的"天人合一"思想研究》，《创意与设计》2020 年第 4 期。 9. 周乾：《紫禁城古建筑中金砖墁地施工技艺》，《工业建筑》2020 年第 1 期。 10. 王南：《象天法地，规矩方圆——中国古代都城、宫殿规划布局之构图比例探析》，《建筑史》2017 年第 2 期。 11. 王铭珍：《紫禁城是如何防汛的》，《百科知识》2011 年第 16 期。 12. 罗哲文：《"康乾盛世"是紫禁城宫殿建筑最辉煌的一段历史时期——兼谈有中国特色的文物建筑保护维修的理论与实践问题》，《故宫博物院院刊》2005 年第 5 期。

永乐迁都的原因

（教学设计）

基本情况	课程名称	中国古代史（下）		
	授课班级	历史学专业本科一年级	教学方法	讲授法、讨论法
	授课地点	多媒体教室	授课时数	1课时

课程分析	《中国古代史（下）》是历史学专业课程体系中的专业核心课程。本课程具有较大的理论研究空间，在马克思主义史学理论的指导之下，探寻历史发展进程中的共性以及不同历史阶段的特性，引发学生针对特定历史事件的反思，提升学生的历史思辨能力、增强学生的家国认同、文化自信，进而铸牢中华民族共同体意识。同时，本课程在结合前人研究成果的基础上，紧紧围绕基本史料和关键史料，使学生学会搜集整理、分析研究史料的相关方法，从而具备一定的通过细节探寻史实、揭示历史发展大势的能力。

教材分析	张岂之主编，张国刚、张帆、李伯重撰：《中国历史新编·古代史（下册）》，高等教育出版社 2014 年版，614 页。高等教育出版社"十一五"普通高等教育本科国家级规划教材，以下简称"国规版"。 针对本科一年级学生开设的《中国古代史（下）》课程，目前国内教材多样。选定国规版的主要原因有以下三个方面：首先，国规版教材的编纂起自隋唐之时，终于明清之际，主要讲述中国古代隋唐、宋（辽夏金）、元、明、清诸阶段历史现象的变迁，这基本符合中国古代历史演变的总体趋势，体例安排合理；其次，国规版教材涵盖内容广泛，详略得当。包含中国古代史

下半段的政治、经济、文化、社会、外交等诸多内容，同时，围绕重点史实进行了深入剖析，通过对细节的阐释，彰显历史学的深刻；再次，国规版教材以大量一手史料为依托，同时援引学界经典学术观点与最新成果，为师生的课堂教学与课下自学提供了进一步阅读和思考的路径，作为教材的同时，也具有学术研究的参考价值，有助于历史专业本科生对基本理论、基本知识、基本方法的掌握，同时，也有助于培养和提升历史专业本科生的时空观念、史料实证、历史解释等史学素养。

学情分析	1. 知识储备：学生们在之前的历史学习中，对明初的政治演变中一系列的事件，如朱元璋加强中央集权的措施、朱棣通过靖难之役开创永乐盛世等内容有所了解，但多为结论性史实的记忆。基于此，本节课依托多媒体，通过讲授明初政治中重要事件的细节，展现明朝初年政治对明王朝乃至后来六百年的深刻影响。让学生学会基于历史文献的解读，拓展关于明初政治，尤其永乐迁都的原因认知的广度与深度。 2. 能力水平：由于大多数学生停留在明初政治事件的机械性记忆阶段，因此，在围绕围绕明初政治史上的重要事件和历史人物的评价方面，辩证思维能力不足，从而很难对明初政治的发展及其影响进行多角度分析，不利于培养学生的唯物史观、史料实证、历史解释等核心素养。基于此，通过本节课讲授，引导学生在阅读、分析《明

学情分析	史》《明实录》《天下郡国利病书》等史料的过程中，学会从多角度看待历史事件与历史人物，从而培养学生史料解读能力和辩证思维能力。 3. 心理特征：学生们熟悉历史学传统的教学模式、课程内容的传统观点与思考维度。自主意识较强，能够接受新观点和新方法。希望充分发挥多媒体教学优势，掌握史学研究的方法，提升自主学习能力。
内容分析	本课取自《中国古代史（下）》教材第十八章第一节的内容。主要围绕明朝初年政治史中的一系列重要事件尤其永乐迁都的原因展开讲授。通过讲解让学生对明初政治史中的重要事件，如靖难之役的过程，尤其永乐迁都的原因等内容有较为深入的掌握，让学生学会基于历史文献的解读，从不同角度思考和评价明初政治中靖难之役、永乐迁都等重要事件的影响，从而拓展关于明初政治史认知的广度与深度，提升学生的史学思辨能力，最后进行总结和课外任务布置。
教学目标	【知识目标】 1. 靖难之役的过程与影响。 2. 永乐迁都的三方面原因。 【能力目标】 1. 通过引导学生分析《明史》《明实录》等史料，使学生具备史料实证的能力。 2. 通过多角度解读同一历史事件、评价同一历史人物，让学生掌握辩证思维方法。 【思政目标】 永乐迁都的原因之一是加强统治，维护统一。而后来的历史发展也充分证明了迁都北京有助于巩固多民族统一的国家政权。通过永乐迁都原因的分析，强化学生的民族认同感，加深对统一多民族国家形成的理解。
教学重难点	【教学重点】 永乐迁都的原因 【突出重点的方法】 从永乐迁都之后接受百官朝觐入手，结合《明史》《明实录》等史料，引导学生分析永乐迁都的原因，使学生掌握分析历史事件的角度和方法，通过启发式教学，让学生明确永乐迁都的原因是多元的。 【教学难点】 永乐迁都的原因 【突破难点的方法】 图文结合，依托《明史》《明实录》等史料，引导学生分析永乐迁都的原因，并由此进行一定延伸，引导学生思考，永乐迁都对中国历史的影响。结合永乐迁都的影响，使学生理解永乐迁都的原因是多元的，并且是历史的必然趋势。

续表

教学策略	以学生为中心，通过讲授法、启发法，结合多媒体教学，在搜集整理史料的基础上，进一步解读史料，让学生学会分析问题的角度、解决问题的方法，从而培养学生史料实证与历史解释的能力，使学生具备历史学科的核心素养。通过永乐迁都原因的讲解，进一步引发学生思考永乐迁都对中国历史的深远影响，有助于巩固多民族统一国家，增强学生的文化认同与家国情怀。
板书设计	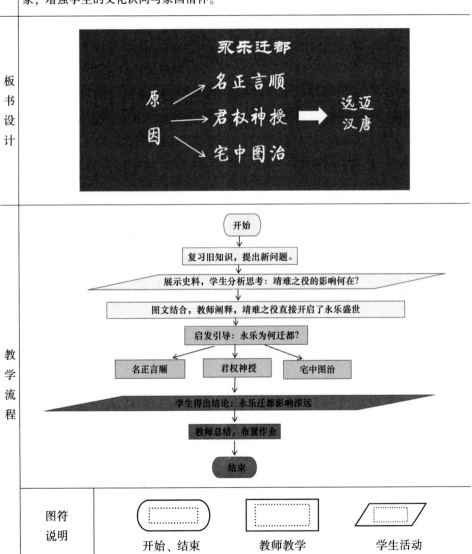
教学流程	
图符说明	

阶段	教学内容	教学过程、方法与设计意图
教学环节 导入新课（3分钟）		【启发引导】 　　公元1402年，在结束了近四年的靖难之役后，朱棣君临天下，年号永乐。由此明王朝迎来了22年的辉煌时期。远征漠北、疏浚运河、迁都北京、纂修大典、郑和远航等都发生在这一时期。而所有这一切，都与靖难之役有千丝万缕的联系。 【设悬留疑】 　　靖难之役的影响何在？
确定目标（3分钟）	【知识目标】 　　1. 靖难之役的过程与影响。 　　2. 永乐迁都的三方面原因。 【能力目标】 　　1. 通过引导学生分析《明史》《明实录》等史料，使学生具备史料实证的能力。 　　2. 通过多角度解读同一历史事件、评价同一历史人物，让学生掌握辩证思维方法。 【思政目标】 　　永乐迁都的原因之一是加强统治，维护统一。而后来的历史发展也充分证明了迁都北京有助于巩固多民族统一的国家政权。通过永乐迁都原因的分析，强化学生的民族认同感，加深对统一多民族国家形成的理解。	本课时主要围绕明朝初年政治史中的一系列重要事件如靖难之役、永乐迁都的原因展开讲授。通过讲解让学生对靖难之役的过程，尤其永乐迁都的原因等内容有较为深入的掌握，让学生学会基于历史文献的解读，从不同角度思考和评价明初政治中靖难之役、永乐迁都等重要事件的影响，从而拓展关于明初政治史认知的广度与深度，提升学生的史学思辨能力，最后进行总结和课外任务布置。
内容讲授（36分钟）	一、靖难之役 　　秋七月癸酉，匿壮士端礼门，给贵、昺入，杀之，遂夺九门。上书天子指泰、子澄为奸臣，并援《祖训》"朝无正臣，内有奸恶，则亲王训兵待命，天子密诏诸王统领镇兵讨平之"。书既发，遂举兵。	【图文结合】 　　明朝初年政治史上的重要事件就是靖难之役，这是中国古代历史上唯一一次地方藩王起兵推倒中央政权的事件。而由此出发，朱棣推行的一系列方针政策

阶段	教学内容	教学过程、方法与设计意图
教学环节	内容讲授（36 分钟）	自署官属，称其师曰"靖难"。 　　　　——《明史·卷五》 　　《太祖实录》凡三修，一修于建文之时，则其书已焚，不存于世矣；再修于永乐之初，则昔时大梁宗正西亭曾有其书，而汴水滔天之后，遂不可问；今史成所存，及士大夫家讳《实录》之名，而改为《圣政记》者，皆三修之本也。然而再修三修所不同者，大抵为靖难一事。 　　　　——《亭林文集·答汤荆岘书》 二、永乐迁都的原因 	都与该事件有千丝万缕的联系。结合《明史》《亭林文集》中的记载，引导学生分析该事件的过程与历史影响。 【设计意图】 　　使学生通过分析史料，思考历史事件之间的联系，提升学生的史学思辨能力。 【启发引导】 　　朱棣通过靖难之役君临天下，从儒家传统的角度来看，这就是篡逆行为，那么，这对朱棣本人的影响是什么？有怎样影响了朱棣之后一系列的行为呢？ 【设计意图】 　　为永乐迁都的展开奠定基础。 【启发引导】 　　公元 1421 年正月，在历经了十余年的营建之后，朱棣最终迁都北京，在紫禁城的奉天殿接受百官朝贺。而在此之前关于迁都，进行了长期的争论，那么，永乐皇帝为什么执意迁都北京呢？ 【图文结合】 　　从靖难之役的影响入手，通过文献解读，阐释靖难之役后，建文帝不知所终，对朱棣产生了极大威胁。为了安定人心，朱棣采取了强硬措施，大量杀戮建文朝旧臣，妄图以此稳定局面。这种方式在一定阶段确实起到了钳制舆论的目的，上千人也为此付出了生命，使得南京城处于白色

续表

阶段	教学内容	教学过程、方法与设计意图
教学环节	内容讲授（36分钟）	恐怖之中。这对于朱棣本人的心理也产生了极大冲击，甚至精神压力过大而寝食难安。从个人角度而言，这也就为朱棣迁都北京提供了心理动机。 【启发引导】 　　除了朱棣本人的心理动机之外，还有其他原因吗？ 【设计意图】 　　激发学生思维，引导学生思考历史事件，尤其重大历史事件的成因是复杂、多元的。 【图文结合】 　　南京紫禁城由于地势低洼，与儒家文化中的建筑理念不相符，而且明太祖朱元璋时期就有迁都的意愿，只是出于天下初定，为了避免劳民伤财而暂时作罢。结合北京地区的地形图以及中国儒家建筑理念，阐释永乐迁都的文化动机。 【设计意图】 　　引导学生思考，作为中国古代重要事件的迁都，一定受到多方面因素的共同影响，而地理和文化是其中的重要方面。 【图文结合】 　　结合《明实录》《日下旧闻考》等文献，阐述永乐迁都北京的根本原因，即居中央，治四方，实现真正意义上的天下一统的局面。而且，北京作为都城的历史，已经超过八百年。效仿元世祖忽必烈定都北京，实现永乐的英雄之略，同时也为了证明永

阶段	教学内容	教学过程、方法与设计意图
内容讲授 (36 分钟)	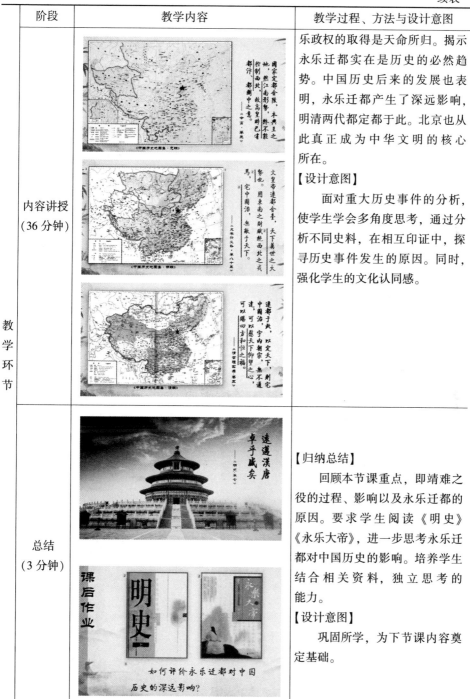	乐政权的取得是天命所归。揭示永乐迁都实在是历史的必然趋势。中国历史后来的发展也表明，永乐迁都产生了深远影响，明清两代都定都于此。北京也从此真正成为中华文明的核心所在。 【设计意图】 　　面对重大历史事件的分析，使学生学会多角度思考，通过分析不同史料，在相互印证中，探寻历史事件发生的原因。同时，强化学生的文化认同感。
总结 (3 分钟)		【归纳总结】 　　回顾本节课重点，即靖难之役的过程、影响以及永乐迁都的原因。要求学生阅读《明史》《永乐大帝》，进一步思考永乐迁都对中国历史的影响。培养学生结合相关资料，独立思考的能力。 【设计意图】 　　巩固所学，为下节课内容奠定基础。

（表格最左列纵向合并单元格：教学环节）

续表

课程资源

【参考文献】

1. 张岂之主编，张国刚、张帆、李伯重撰：《中国历史新编·古代史（下）》，高等教育出版社 2014 年版。

2. 朱绍侯、张海鹏、齐涛主编：《中国古代史［新版（下）］》，福建人民出版社 2004 年版。

3. 南炳文、汤纲：《明史（上）》，上海人民出版社 2014 年版。

4. 赵中男：《永乐末年的反迁都风波及其意义》，《故宫博物院院刊》2016 年第 6 期。

5. 万依：《论朱棣营建北京宫殿、迁都的主要动机及后果》，《故宫博物院院刊》1990 年第 3 期。

【拓展阅读】

1. 商传：《明代文化史》，安徽文艺出版社 2019 年版。

2. 李佳：《君臣关系与明代士大夫政治研究》，吉林大学出版社 2018 年版。

3. 吴晗：《胡惟庸党案考》，商务印书馆 2015 年版。

4. 阮景东：《血腥的皇权：明代君臣的政治斗争》，江西高校出版社 2013 年版。

5. 孟森：《明史讲义》，岳麓书社 2010 年版。

6. 商传：《永乐大帝》，广西师范大学出版社 2010 年版。

7. 宋松华：《明成祖史迹考证》，《山西大同大学学报》（社会科学版）2020 年第 5 期。

8. 邓云、崔明德：《明成祖民族关系思想述论》，《北方民族大学学报》（哲学社会科学版）2014 年第 5 期。

9. 王岗：《明成祖与北京城》，《北京社会科学》2008 年第 3 期。

10. 潘忠泉：《一段历史真实记载的缺失——明成祖革除建文朝解析》，《北京科技大学学报》（社会科学版）2006 年第 1 期。

11. 肖立军：《明成祖的亲王守边政策》，《南开学报》（哲学社会科学版）2002 年第 1 期。

12. 贺树德：《明代北京城的营建及其特点》，《北京社会科学》1990 年第 2 期。

《永乐大典》的历史价值
（教学设计）

基本情况	课程名称	中国古代史（下）		
	授课班级	历史学专业本科一年级	教学方法	讲授法、讨论法
	授课地点	多媒体教室	授课时数	1 课时

课程分析	《中国古代史（下）》是历史学专业课程体系中的专业核心课程。本课程具有较大的理论研究空间，在马克思主义史学理论的指导之下，探寻历史发展进程中的共性以及不同历史阶段的特性，引发学生针对特定历史事件的反思，提升学生的历史思辨能力、增强学生的家国认同、文化自信，进而铸牢中华民族共同体意识。同时，本课程在结合前人研究成果的基础上，紧紧围绕基本史料和关键史料，使学生学会搜集整理、分析研究史料的相关方法，从而具备一定的通过细节探寻史实、揭示历史发展大势的能力。

教材分析	　　张岂之主编，张国刚、张帆、李伯重撰：《中国历史新编·古代史（下册）》，高等教育出版社 2014 年版，614 页。高等教育出版社"十一五"普通高等教育本科国家级规划教材，以下简称"国规版"。 　　针对本科一年级学生开设的《中国古代史（下）》课程，目前国内教材多样。选定国规版的主要原因有以下三个方面：首先，国规版教材的编纂起自隋唐之时，终于明清之际，主要讲述中国古代隋唐、宋（辽夏金）、元、明、清诸阶段历史现象的变迁，这基本符合中国古代历史演变的总体趋势，体例安排合理；其次，国规版教材涵盖内容广泛，详略得当。包含中国古代史下半段的政治、经济、文化、社会、外交等诸多内容，同时，围绕重点史实进行了深入剖析，通过对细节的阐释，彰显历史学的深刻；再次，国规版教材以大量一手史料为依托，同时援引学界经典学术观点与最新成果，为师生的课堂教学与课下自学提供了进一步阅读和思考的路径，作为教材的同时，也具有学术研究的参考价值，有助于历史专业本科生对基本理论、基本知识、基本方法的掌握，同时，也有助于培养和提升历史专业本科生的时空观念、史料实证、历史解释等史学素养。

学情分析	1. 知识储备：学生们在之前的历史学习中，对明朝文化繁荣的表现、繁荣背后的原因等内容有所了解，但多为结论性史实的记忆，尤其对于《永乐大典》的认识，往往又停留在表面，即作者、卷数、历史地位等。基于此，本节课依托多媒体，通过讲授，使学生能够更为深入地了解明朝文化的繁荣与《永乐大典》的历史价值。让学生学会基于历史文献的解读，从文化繁荣的背景、文化繁荣的表现、文化繁荣的影响三个角度认识明朝文化，尤其着重讲授《永乐大典》的历史价值，从而拓展学生关于明朝文化认知的广度与深度。 　　2. 能力水平：由于大多数学生停留在明朝文化成果的机械性记忆阶段，因此，在围绕具体的文化现象和历史价值的评价方面，辩证思维能力不足，从而很难对明朝文化

学情分析	的繁荣，尤其《永乐大典》的历史价值进行多角度分析，不利于培养学生的唯物史观、史料实证、历史解释等核心素养。基于此，通过本节课讲授，引导学生在阅读、分析《明史》《马可波罗行纪》等史料的过程中，学会从多角度看待文化现象，从而培养学生史料解读能力和辩证思维能力。 3. 心理特征：学生们熟悉历史学传统的教学模式、课程内容的传统观点与思考维度。自主意识较强，能够接受新观点和新方法。希望充分发挥多媒体教学优势，掌握史学研究的方法，提升自主学习能力。
内容分析	本课取自《中国古代史（下）》教材第二十一章第一节的内容。主要围绕明朝文化繁荣中的一系列重要成就尤其《永乐大典》的历史价值展开讲授。通过讲解让学生对明朝文化繁荣的原因、表现与影响等内容有所了解，尤其对《永乐大典》的历史价值能够有比较深入的认识。让学生学会基于历史文献的解读，多角度分析评价明朝文化的成就，从而拓展学生关于明朝文化繁荣认知的广度与深度，提升学生的史学思辨能力，最后进行总结和课外任务布置。
教学目标	【知识目标】 　　1. 明朝文化繁荣的表现。 　　2.《永乐大典》的历史价值。 【能力目标】 　　1. 通过引导学生分析《明史》《永乐大典》等史料，使学生具备史料实证的能力。 　　2. 通过多角度解读同一历史事件、评价文化现象，让学生掌握辩证思维方法。 【思政目标】 　　通过讲授《永乐大典》的历史价值，强化学生的文化认同。通过《永乐大典》的散佚情况的讲解，引发学生思考关于古籍文物保护和在文明传承过程中要肩负的历史责任。
教学重难点	【教学重点】 　　《永乐大典》的文物价值和学术价值 【突出重点的方法】 　　从《永乐大典》的编纂情况入手，结合《永乐大典》的誊抄、装帧等内容，图文并茂，展示《永乐大典》的文物价值以及所体现出的中国传统的工匠精神；通过讲解学术界关于马可·波罗是否来过中国这项公案的尘埃落定，使学生理解《永乐大典》对于历史学研究的重要价值。在讲解过程中，引导学生掌握把文献记载与逻辑推演相结合，从而厘清历史史实的方法。通过启发式教学，让学生理解《永乐大典》在我国文明传承中的重要价值。 【教学难点】 　　《永乐大典》的文献价值

续表

教学重难点	【突破难点的方法】 　　文献价值是《永乐大典》的历史价值中比较抽象的内容，也是《永乐大典》最重要的历史价值。通过图文结合的方式，通过选取从《永乐大典》中辑佚出来的代表性文献，使学生能够比较直观地认识《永乐大典》在辑佚文献方面不可替代的价值。
教学策略	以学生为中心，通过讲授法、启发法，结合多媒体教学，在搜集整理史料的基础上，进一步解读史料，让学生学会分析问题的角度、解决问题的方法，从而培养学生史料实证与历史解释的能力，使学生具备历史学科的核心素养。通过《永乐大典》的历史价值的讲解，强化学生的民族自豪感与文化认同感的同时，引导学生深入思考古籍文献保护的意义，反思在中华文明传承中所肩负的历史责任。
板书设计	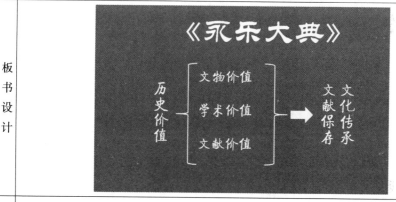
教学流程	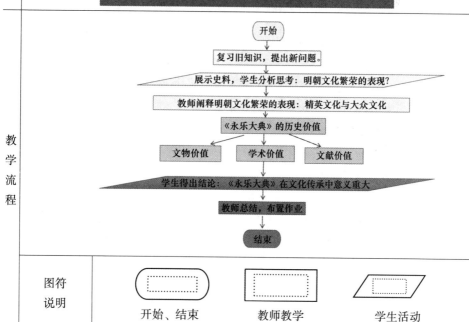

图符说明	开始、结束	教师教学	学生活动

阶段	教学内容	教学过程、方法与设计意图
导入新课 （3分钟）		【导入】 　　明朝文化可分为精英文化与大众文化。精英文化的重要载体则是文人士大夫。如《杏园雅集图》中描绘的文人聚会相谈甚欢的情景。这一群体的活动有助于推动明朝思想文化的发展。其中《永乐大典》的编撰具有特殊意义。大众文化给我们留下了可以被称之为文化瑰宝的如《三国演义》《水浒传》《西游记》等。 【启发引导】 　　明朝文化发展的表现何在？
确定目标 （3分钟）	【知识目标】 　　1. 明朝文化繁荣的表现。 　　2.《永乐大典》的历史价值。 【能力目标】 　　1. 通过引导学生分析《明史》《永乐大典》等史料，使学生具备史料实证的能力。 　　2. 通过多角度解读同一历史事件、评价文化现象，让学生掌握辩证思维方法。 【思政目标】 　　通过讲授《永乐大典》的历史价值，强化学生的文化认同。通过《永乐大典》的散佚情况的讲解，引发学生思考关于古籍文物保护和在文明传承过程中要肩负的历史责任。	结合多媒体，本课主要围绕明朝文化繁荣中的一系列重要成就尤其《永乐大典》的历史价值展开讲授。通过讲解让学生对明朝文化繁荣的原因、表现与影响等内容有所了解，尤其对《永乐大典》的历史价值能够有比较深入的认识。让学生学会基于历史文献的解读，多角度分析评价明朝文化的成就，从而拓展学生关于明朝文化繁荣认知的广度与深度，提升学生的史学思辨能力。
内容讲授 （36分钟）	一、明朝的精英文化 　　明朝时期的精英文化主流依然是以传统的儒家意识形态为指导，思想领域以"理""道"为哲学的基本范畴，探讨"性命义理"；而诗歌（文）、书法、绘画艺术等也都继续发展。 　　——张岂之主编：《中国历史新编·	【图文结合】 　　中国古代文化发展到明朝，作为其核心的儒家思想更为成熟，在这个过程中产生了影响颇大的王阳明，而末期则出现了王夫之、顾炎武和黄宗羲等人，同时也出现了以李贽为代表的启蒙

교学环节

阶段	教学内容	教学过程、方法与设计意图
教学环节	内容讲授 (36分钟)	古代史（下）》，高等教育出版社2014年版，第519—520页。 二、《永乐大典》的历史价值 	思想家，这是明朝精英文化的代表。同时，艺术领域也出现了以唐寅、文徵明为代表的江南四大才子，这对于丰富明朝文化的内涵起到了重要作用；《三国演义》《水浒传》《西游记》《封神演义》等文学作品的出现也是明朝文化繁荣的表现。 【设计意图】 　　图文结合，通过解读王阳明、李贽等人思想的主要特点，阐释儒家文化在明朝的发展以及对后世的影响；通过解读《封神演义》《西游记》等文学作品和唐寅、文徵明等人的代表画作，阐释明朝文化的繁荣，使学生能够比较直观的认识明朝精英文化发展的高度。 【启发引导】 　　在明朝精英文化中，《永乐大典》的编撰是极为重要的事件，那么它的历史价值何在？ 【图文结合】 　　《永乐大典》的编纂完成于15世纪初，是世界上最早的百科全书，早于著名的《不列颠百科全书》三个世纪。它的编纂，集中了两千余位学者，前后六年的时间，总计11095册，汇集了中国古代直到明朝初年八千余种文献，文字总数达到3.7亿。它的历史价值主要体现在三个方面。 【设计意图】 　　通过讲授，使学生在整体上认识《永乐大典》，并且与《不

阶段	教学内容	教学过程、方法与设计意图
教学环节	内容讲授（36分钟）	列颠百科全书》作对比，凸显《永乐大典》的历史地位和影响。在比较中引发学生关于《永乐大典》编纂内容的思考。 【图文结合】 　　展示永乐大典的书影，分析永乐大典在文字书写、体例编纂、图画绘制等方面的特点，中国传统文化中的工匠精神在《永乐大典》编纂与传抄过程中体现得淋漓尽致。 【设计意图】 　　使学生能够直观地认识和理解中国传统工匠精神。 【启发引导】 　　《永乐大典》本身即是文物，那么除了文物价值之外，又具有哪些学术研究的价值？ 【图文结合】 　　以马可·波罗是否来过中国为例，阐释《永乐大典》在厘清这一史实过程中的独有的价值。通过分析，使学生认识如何利用《永乐大典》进行史学研究。 【设计意图】 　　使学生能够理解《永乐大典》的学术研究价值。 【启发引导】 　　《永乐大典》除了有文物价值和史学研究价值外，前人从《永乐大典》中辑佚出了多少文献呢？ 【图文结合】 　　通过展示有代表性的文史哲文献，使学生对《永乐大典》中辑佚出的六百多种文献能有直观

续表

阶段	教学内容	教学过程、方法与设计意图
教学环节	内容讲授 (36分钟)	 605册	认识。并且在讲解代表性文献的重要地位时，强化学生理解《永乐大典》独有的重要价值。 【启发引导】 　《永乐大典》编纂完成时有11095册，但经过近六百年，今天仅仅保留下来了四百余册，这是为什么呢? 【图文结合】 　展示《永乐大典》历代散佚的柱状图和清末火烧翰林院事件中损毁的605册的史实，阐释《永乐大典》散佚情况。
	总结 (3分钟)		【归纳总结】 　回顾《永乐大典》的历史价值，即文物价值、学术价值和文献价值，同时使学生了解《永乐大典》的散佚情况。使学生进一步思考古籍文献数字化在古籍保护方面的重要意义，同时，进一步思考如何推进文化的传承。培养学生结合相关资料，独立思考的能力。 【设计意图】 　巩固所学，为下节课内容奠定基础。
课程资源	【参考文献】 　1. 张岂之主编，张国刚、张帆、李伯重撰：《中国历史新编·古代史（下）》，高等教育出版社2014年版。 　2. 南炳文、汤纲：《明史（上）》，上海人民出版社2021年版。 　3. 杜泽逊：《文献学概要（修订本）》，中华书局2008年版。 　4. 朱绍侯、张海鹏、齐涛主编：《中国古代史〔新版（下）〕》，福建人民出版社2004年版。 　5. 孙钦善：《中国古文献学史简编》，高等教育出版社2001年版。	

续表

课程资源	【拓展阅读】 　　1. 张升：《永乐大典流传与辑佚研究》，北京师范大学出版社 2021 年版。 　　2. 商传：《明朝文化概论》，南京出版社 2016 年版。 　　3. 张忱石：《〈永乐大典〉史话》，国家图书馆出版社 2014 年版。 　　4. 毛建军：《古籍数字化理论与实践》，航空工业出版社 2009 年版。 　　5. 张升编：《〈永乐大典〉研究资料辑刊》，北京图书馆出版社 2005 年版。 　　6. 刘军：《民国时期永乐大典残部在世界各国存藏情况梳理》，《古籍整理研究学刊》2022 年第 1 期。 　　7. 刘波：《清人自〈永乐大典〉勾辑古佚方志考》，《中国典籍与文化》2020 年第 4 期。 　　8. 郑云艳：《民国以来〈永乐大典〉海内外流通价格变迁考》，《文献》2020 年第 4 期。 　　9. 何大伟、许海燕、邵玉书、刘楠楠：《欧洲图书馆所藏〈永乐大典〉综述》，《文献》2016 年第 3 期。 　　10. 张金梁：《〈永乐大典〉纂修人研究》，《文献》2009 年第 1 期。

明人治蝗
（教学设计）

基本情况	课程名称	中国古代史（下）		
	授课班级	历史学专业本科一年级	教学方法	讲授法、讨论法
	授课地点	多媒体教室	授课时数	1 课时

课程分析	《中国古代史（下）》是历史学专业课程体系中的专业核心课程。本课程具有较大的理论研究空间，在马克思主义史学理论的指导之下，探寻历史发展进程中的共性以及不同历史阶段的特性，引发学生针对特定历史事件的反思，提升学生的历史思辨能力、增强学生的家国认同、文化自信，进而铸牢中华民族共同体意识。同时，本课程在结合前人研究成果的基础上，紧紧围绕基本史料和关键史料，使学生学会搜集整理、分析研究史料的相关方法，从而具备一定的通过细节探寻史实、揭示历史发展大势的能力。

教材分析	　　张岂之主编，张国刚、张帆、李伯重撰：《中国历史新编·古代史（下册）》，高等教育出版社 2014 年版，614 页。高等教育出版社"十一五"普通高等教育本科国家级规划教材，以下简称"国规版"。 　　针对本科一年级学生开设的《中国古代史（下）》课程，目前国内教材多样。选定国规版的主要原因有以下三个方面：首先，国规版教材的编纂起自隋唐之时，终于明清之际，主要讲述中国古代隋唐、宋（辽夏金）、元、明、清诸阶段历史现象的变迁，这基本符合中国古代历史演变的总体趋势，体例安排合理；其次，国规版教材涵盖内容广泛，详略得当。包含中国古代史下半段的政治、经济、文化、社会、外交等诸多内容，同时，围绕重点史实进行了深入剖析，通过对细节的阐释，彰显历史学的深刻；再次，国规版教材以大量一手史料为依托，同时援引学界经典学术观点与最新成果，为师生的课堂教学与课下自学提供了进一步阅读和思考的路径，作为教材的同时，也具有学术研究的参考价值，有助于历史专业本科生对基本理论、基本知识、基本方法的掌握，同时，也有助于培养和提升历史专业本科生的时空观念、史料实证、历史解释等史学素养。

学情分析	1. 知识储备：学生们在之前的历史学习中，对明朝的农业发展的状况有一定的了解，如明朝农作物的种类、生产技术的进步、耕作制度的改革等内容，但多为结论性记忆。中国作为传统农业大国，到了明朝，农业发展水平总体而言超过前代。这也集中体现在防灾减灾方面，尤其重要的是防治蝗灾。基于此，本节课依托多媒体，通过讲授明朝农业总体发展的状况，明人防治蝗灾的体系完备和措施多元，使学生学会解读历史文献的方法和角度，从而拓展关于学生对于明朝农业发展状况认知的广度与深度。 　　2. 能力水平：由于大多数学生停留在明朝农业成就机械性记忆阶段，因此，关于明王朝农业领域中的防灾减灾的细节认识程度不够，辩证思维能力不足，从而难于对明朝农业发展水平进行多角度多元化分析评价，不利于培养学生的唯物史观、史料实证、

学情分析	历史解释等核心素养。基于此，通过本节课讲授，引导学生在阅读、分析《明史》《农政全书》等史料的过程中，学会从多角度深入了解明朝农业发展，从而培养学生史料解读能力和辩证思维能力。 　　3. 心理特征：学生们熟悉历史学传统的教学模式、课程内容的传统观点与思考维度。自主意识较强，能够接受新观点和新方法。希望充分发挥多媒体教学优势，掌握史学研究的方法，提升自主学习能力。
内容分析	本课取自《中国古代史（下）》教材第二十章第四节的内容。主要围绕明朝农业发展的一系列重要成就，以及明朝在防灾减灾方面的管理和措施展开讲授。通过讲解让学生对明朝农业发展的总体水平有直观认识，在明人针对蝗灾采取的多元化管理和治理举措的经验中，发现明人的认知自然、利用自然规律防治蝗灾的智慧，以史鉴今，为我们今天的防治蝗灾提供有益启示。让学生学会基于历史文献的解读，从而拓展关于明朝农业发展水平认知的广度与深度，提升学生的史学思辨能力，最后进行总结和课外任务布置。
教学目标	【知识目标】 　　1. 描述明朝农业成就、生产技术的进步等。 　　2. 阐释明人防治蝗灾的完备体系和措施多元。 【能力目标】 　　1. 通过引导学生分析《明史》《农政全书》等史料，使学生具备史料实证的能力。 　　2. 通过多角度解读同一历史事件、评价同一历史人物，让学生掌握辩证思维方法。 【思政目标】 　　通过分析明人在防治蝗灾中的政策与措施，使学生了解古人的防治智慧，增强民族文化的认同感，从历史中汲取经验，以古鉴今。
教学重难点	【教学重点】 　　明人防治蝗灾的管理政策 【突出重点的方法】 　　明代蝗灾的影响程度入手，结合《明史》《大明会典》《明实录》等史料，引导学生从逐级上报、分级管理、赏罚严明三个角度阐释明人防治蝗灾的政策措施，使学生掌握分析历史事件的角度和方法，通过启发式教学，让学生认识明人防治蝗灾的体系完备的程度。 【教学难点】 　　明人防治蝗灾的措施 【突破难点的方法】 　　基于明人防治体系的完备，从推陈出新、以禽治蝗、群防群治三个方面，展现明人防治蝗灾的多元化措施。结合《明实录》《农政全书》的文献资料，通过启发式讲授，让学生理解明人防治蝗灾的效果。

续表

教学策略	以学生为中心，通过讲授法、启发法，结合多媒体教学，在搜集整理史料的基础上，进一步解读史料，让学生学会分析问题的角度、解决问题的方法，从而培养学生史料实证与历史解释的能力，使学生具备历史学科的核心素养。通过明人防治蝗灾的政策和措施的讲解，使学生感悟明人在防治蝗灾方面所体现出来的智慧，增强民族文化的认同感，从历史中汲取经验，以古鉴今。
板书设计	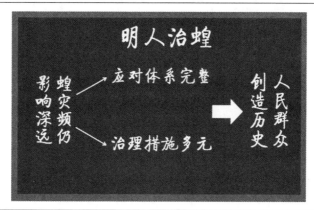
教学流程	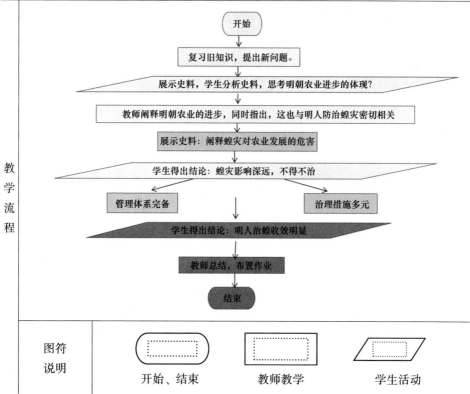

阶段	教学内容	教学过程、方法与设计意图
导入新课（3分钟）		【问题导入】 　　明朝立国以来，就非常重视农业发展，仅朱元璋在位之际就在全国兴修水利、奖励垦荒，推行经济作物种植等，因此到了明朝中叶，农业成就斐然，明朝农业成就斐然的表现有哪些？而且，农业发展的另一个原因在于明人注重防治灾害，这又体现在哪些方面呢？
确定目标（3分钟）	【知识目标】 　　1. 描述明朝农业成就、生产技术的进步等。 　　2. 阐释明人防治蝗灾的完备体系和措施多元。 【能力目标】 　　1. 通过引导学生分析《明史》《农政全书》等史料，使学生具备史料实证的能力。 　　2. 通过多角度解读同一历史事件、评价同一历史人物，让学生掌握辩证思维方法。 【思政目标】 　　通过分析明人在防治蝗灾中的政策与措施，使学生了解古人的防治智慧，增强民族文化的认同感，从历史中汲取经验，以古鉴今。	从明代蝗灾的影响程度入手，结合《明史》《大明会典》《明实录》等史料，引导学生从逐级上报、分级管理、赏罚严明三个角度阐释明人防治蝗灾的政策措施，使学生掌握分析历史事件的角度和方法，通过启发式教学，让学生认识明人防治蝗灾的体系完备的程度。 　　基于明人防治体系的完备，从推陈出新、以禽治蝗、群防群治三个方面，展现明人防治蝗灾的多元化措施。结合《明实录》《农政全书》的文献资料，通过启发式讲授，让学生理解明人防治蝗灾的效果明显。
内容讲授（36分钟）	一、明朝农业发展水平 　　遣国子生人才分诣天下郡县，集吏民乘农隙修治水利，至是工成。 　　——《明太祖实录·卷二百四十三》 　　如法栽种桑麻枣柿棉花，每岁养蚕，所得丝织绵，可供衣服，枣柿丰年可以卖钞，俭年可当粮食，里老尝督，违者治罪。 　　——《太祖实录·卷二百五十五》	【图文结合】 　　明朝立国以来就非常重视农业的发展，并且认为农业的发展直接关系到百姓民众的富庶，而百姓民众的富庶与国家存亡休戚相关。因此明太祖时期就制定了一系列政策鼓励开垦荒地，兴修水利。同时，要求全国种植经济

左侧纵向文字：教学环节

阶段	教学内容	教学过程、方法与设计意图

教学环节	内容讲授(36分钟)	（棉花）至我国朝，其种乃遍布天下，地无南北皆宜之，人无贫富皆赖之，其利视丝枲，盖百倍焉。 ——《大学衍义补·卷二十二》 七、明人治蝗 	作物，违者治罪。 　　规定全国土地的十分之一用来种植棉花，正是从明朝开始，我国北方百姓过冬才开始用棉衣御寒。以此为出发，明朝在农业发展方面取得了一系列成就，包括广泛种植外来作物，丰富百姓民众的饮食种类等等。 　　当然，农业成就高，还与明朝总是防灾减灾有关。明朝在我国历史上自然灾害发生的次数最多，对于农业的发展也产生了影响。那么，对于其中影响最大的蝗灾，明人是怎样防治的呢? 【设计意图】 　　阐述明朝农业的突出成就的同时，指出明人防治蝗灾的重要价值。 【图文结合】 　　结合《明史》《明实录》《大明会典》等文献资料，总结明朝蝗灾发生的次数、季节和范围。使学生通过数据能够直观地认识明朝蝗灾"历时长，范围广"的特点。 【启发引导】 　　明朝蝗灾"历时长，范围广"，这对于明朝农业生产，乃至于明朝社会产生了怎样的影响呢? 【图文结合】 　　结合地方志，向学生阐释蝗灾导致的"人口锐减""流民增加"，乃至引起统治危机。使学生能够思考，既然蝗灾影响如此巨大，那么明人如何应对呢?

阶段	教学内容	教学过程、方法与设计意图
教学 环节	内容讲授 （36分钟）		【设计意图】 　　由明代蝗灾的危害自然过渡到如何应对防治蝗灾。 【图文结合】 　　由于明朝地域面积广大，为了有效防治蝗灾，明朝政府确立了逐级上报、分级处理和赏罚严明的管理措施。 【设计意图】 　　通过具体史料的分析，使学生得出结论，明朝防治蝗灾体系完备。提升学生史料实证与历史解释的能力。 【启发引导】 　　有效地防治蝗灾，仅仅依靠防治体系完备是不够的，还需要具体措施的实施。明人防治蝗灾的具体措施有哪些呢？ 【图文结合】 　　基于前人的治蝗经验，明人的治蝗措施主要有推陈出新、以禽治蝗、群防群治。其中的以禽治蝗的方法一直沿用至今，事实证明，这种生态防治的方式不但有历史价值，依然有当代价值。而其中最关键的则在于群防群治。无论管理体系多么完备，无论治理措施怎样多元，最终还要依靠民众百姓去落实，落实的效果如何，直接影响着治蝗的效果，直接影响着明朝农业的发展，甚至危及明朝政权的存续。正是在这个角度而言，使学生感悟到人民群众是历史的创造者的唯物史观观点。

续表

阶段	教学内容	教学过程、方法与设计意图
内容讲授 (36 分钟)	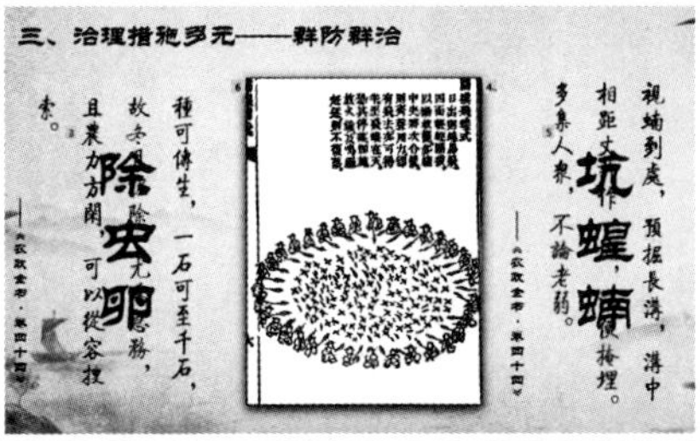 三、治理措施多元——群防群治	【设计意图】 通过史料实证和历史解释，阐释明人如何通过具体措施防治蝗灾，并且让学生在感悟，人民群众是历史的创造者的同时，培养他们的唯物史观。
总结 (3 分钟)	 课堂小结 A 化学防治 B 生物防治 C 生态防治 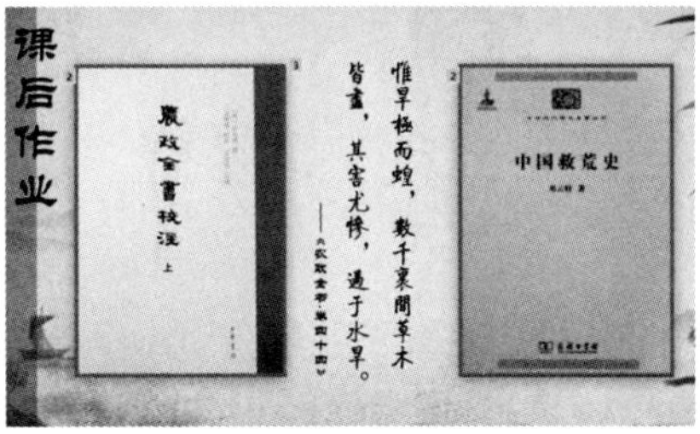 课后作业	【归纳总结】 引导学生回顾明人在防治蝗灾的过程中建立完备体系，即从逐级上报、分级管理、赏罚严明；也推行了诸多行之有效的治理措施，推陈出新、以禽治蝗、群防群治等。使学生感悟到农耕文明中古人的智慧，增强学生们的民族文化自豪感。 【设计意图】 巩固所学，为下节课内容奠定基础。

（教学环节 / 课程资源 为左侧竖排标签）

教学环节

课程资源

【参考文献】

1. 张岂之主编，张国刚、张帆、李伯重撰：《中国历史新编·古代史（下）》，高等教育出版社 2014 年版。

2. 朱绍侯、张海鹏、齐涛主编：《中国古代史［新版（下）］》，福建人民出版社 2004 年版。

3. 南炳文、汤钢：《明史（上）》，上海人民出版社 2021 年版。

4. 陈宝良：《明代社会生活史》，中国社会科学出版社 2004 年版。

5. 赵玉田：《明代北方的灾荒与农业开发》，吉林人民出版社 2003 年版。

【拓展阅读】

1. 朱恩林：《中国蝗灾发生防治史》，中国农业出版社 2021 年版。

2. 张民服、何欣峰：《明代人口经济及区域灾荒应对》，人民出版社 2021 年版。

3. 邓云特：《中国救荒史》，商务印书馆 2017 年版。

4. 孟森：《明史讲义》，岳麓书社 2010 年版。

5. 田培栋：《明代社会经济史研究》，北京燕山出版社 2008 年版。

6. 孟红梅：《明代蝗灾与治蝗研究》，华南农业大学出版社 2005 年版。

课程资源	7. 赵艳萍：《清代蝗灾与治蝗研究》，华南农业大学出版社 2004 年版。 8. 夏炎：《环境史视野下"飞蝗避境"的史实建构》，《社会科学战线》2015 年第 3 期。 9. 赵艳萍、卢勇：《传统生态治虫技术的再思考：以养鸭治蝗技术为例》，《农业考古》2012 年第 1 期。 10. 赵艳萍：《中国历代蝗灾与治蝗研究述评》，《中国史研究动态》2005 年第 2 期。 11. 游修龄：《中国蝗灾历史和治蝗观》，《新华文摘》2003 年第 1 期。 12. 倪根金：《中国历史上的蝗灾及治蝗》，《历史教学》1998 年第 6 期。

阳明治赣

（教学设计）

基本情况	课程名称	中国古代史（下）		
	授课班级	历史学专业本科一年级	教学方法	讲授法、讨论法
	授课地点	多媒体教室	授课时数	1 课时

课程分析	《中国古代史（下）》是历史学专业课程体系中的专业核心课程。本课程具有较大的理论研究空间，在马克思主义史学理论的指导之下，探寻历史发展进程中的共性以及不同历史阶段的特性，引发学生针对特定历史事件的反思，提升学生的历史思辨能力、增强学生的家国认同、文化自信，进而铸牢中华民族共同体意识。同时，本课程在结合前人研究成果的基础上，紧紧围绕基本史料和关键史料，使学生学会搜集整理、分析研究史料的相关方法，从而具备一定的通过细节探寻史实、揭示历史发展大势的能力。

<table>
<tr>
<td rowspan="2">教材分析</td>
<td>

</td>
<td>
张岂之主编，张国刚、张帆、李伯重撰：《中国历史新编·古代史（下册）》，高等教育出版社 2014 年版，614 页。高等教育出版社"十一五"普通高等教育本科国家级规划教材，以下简称"国规版"。

针对本科一年级学生开设的《中国古代史（下）》课程，目前国内教材多样。选定国规版的主要原因有以下三个方面：首先，国规版教材的编纂起自隋唐之时，终于明清之际，主要讲述中国古代隋唐、宋（辽夏金）、元、明、清诸阶段历史现象的变迁，这基本符合中国古代历史演变的总体趋势，体例安排合理；其次，国规版教材涵盖内容广泛，详略得当。包含中国古代史
</td>
</tr>
<tr>
<td colspan="2">
下半段的政治、经济、文化、社会、外交等诸多内容，同时，围绕重点史实进行了深入剖析，通过对细节的阐释，彰显历史学的深刻；再次，国规版教材以大量一手史料为依托，同时援引学界经典学术观点与最新成果，为师生的课堂教学与课下自学提供了进一步阅读和思考的路径，作为教材的同时，也具有学术研究的参考价值，有助于历史专业本科生对基本理论、基本知识、基本方法的掌握，同时，也有助于培养和提升历史专业本科生的时空观念、史料实证、历史解释等史学素养。
</td>
</tr>
</table>

学情分析	1. 知识储备：学生们在之前的历史学习中，对明朝中期的政治演变以及王阳明的宦海沉浮有所了解，但多为结论性史实的记忆。基于此，本节课依托多媒体，通过讲授明朝中期政治演变中的重要事件以及王阳明治理南赣的一系列措施，使学生学会基于历史文献的解读，思考评价王阳明治理南赣的效果，从而拓展学生关于明朝政治史和王阳明思想认知的广度与深度。 2. 能力水平：由于大多数学生停留在对明朝中期政治史重要事件的机械性记忆阶段，因此，辩证思维能力不足，很难对明朝中期政治史中的重要事件以及王阳明治理南赣进行多角度分析，不利于培养学生的唯物史观、史料实证、历史解释等核心素养。基于此，通过本节课讲授，引导学生在阅读、分析《明史》《王阳明全集》等史料的过程

学情分析	中，学会从多角度看待历史事件与历史人物，从而培养学生史料解读能力和辩证思维能力。 　　3. 心理特征：学生们熟悉历史学传统的教学模式、课程内容的传统观点与思考维度。自主意识较强，能够接受新观点和新方法。希望充分发挥多媒体教学优势，掌握史学研究的方法，提升自主学习能力。
内容分析	本课取自《中国古代史（下）》教材第十八章第二节的内容。主要围绕明朝中期政治史中的重要事件以及王阳明治理南赣地区等内容展开讲授。通过讲解使学生对明代中期政治史和王阳明治理南赣有更为深入的理解，让学生学会基于历史文献的解读，从不同角度思考和评价明代中期政治演变的特点，拓展对于王阳明言行的认识广度与深度，提升学生的史学思辨能力，最后进行总结和课外任务布置。
教学目标	【知识目标】 　　1. 了解明代中期社会危及的加强。 　　2. 认知王阳明治理南赣地区的措施。 　　3. 理解王阳明治理南赣地区的思想及其社会影响。 【能力目标】 　　1. 通过引导学生分析《明史》《王阳明全集》等史料，使学生具备史料实证的能力。 　　2. 通过多角度解读同一历史事件、评价同一历史人物，让学生掌握辩证思维方法。 【思政目标】 　　通过对王阳明治理南赣推行的措施和取得的效果的讲解，使学生对于阳明文化的有较为深入的理解和认识，从一个新的角度感悟阳明文化的历史价值和现代意义，强化学生的文化认同感。
教学重难点	【教学重点】 　　王阳明治理南赣的措施 【突出重点的方法】 　　从明朝中期的政治环境入手，结合《明史》《明实录》等，使学生了解王阳明治理南赣的背景，同时引导学生从王阳明平定匪患之后所推行的德法共治、移风易俗的措施，评价王阳明治理南赣的措施，使学生掌握分析历史事件的角度和方法。 【教学难点】 　　王阳明治理南赣所体现的阳明思想 【突破难点的方法】 　　知行合一是王阳明思想中的核心理念，这体现在他的政治活动中，尤其在治理南赣的过程中。图文结合，通过分析南赣地区的形势，结合王阳明治理南赣取得的成就，引导学生挖掘王阳明治理南赣所体现的阳明思想。

续表

教学策略	以学生为中心，通过讲授法、启发法，结合多媒体教学，在搜集整理史料的基础上，进一步解读史料，让学生学会分析问题的角度、解决问题的方法，从而培养学生史料实证与历史解释的能力，使学生具备历史学科的核心素养。通过王阳明治理南赣的讲解，引导学生思考阳明思想的历史价值和现实意义，增强学生对中国优秀传统文化的认同感。
板书设计	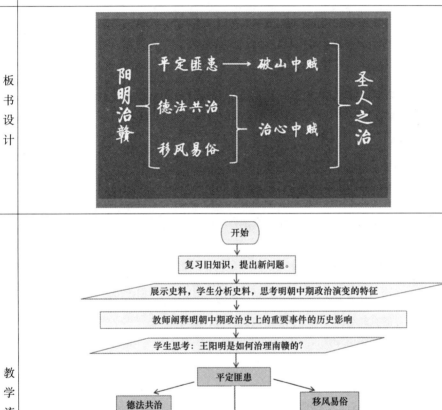
教学流程	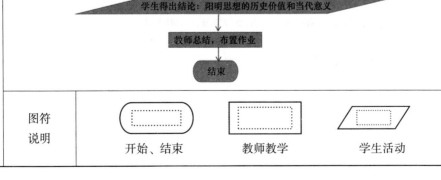
图符说明	开始、结束　　　　教师教学　　　　学生活动

阶段	教学内容	教学过程、方法与设计意图
教学环节	导入新课（3分钟）		【问题导入】 　　明代中期随着社会危机的不断加深，农民起义此起彼伏，深深影响了明王朝的统治。正德年间，王阳明步入仕途，但随即迎来了人生低谷，被贬谪贵州龙场，"龙场悟道"之后的第十年，王阳明被派往南赣，他在巡抚南赣时取得了哪些成就呢？
	确定目标（3分钟）	【能力目标】 　　1. 通过引导学生分析《明史》《王阳明全集》等史料，使学生具备史料实证的能力。 　　2. 通过多角度解读同一历史事件、评价同一历史人物，让学生掌握辩证思维方法。 【思政目标】 　　通过对王阳明治理南赣推行的措施和取得的效果的讲解，使学生对于阳明文化的有较为深入的理解和认识，从一个新的角度感悟阳明文化的历史价值和现代意义，强化学生的文化认同感。	本课主要围绕明朝中期政治史中的重要事件以及王阳明治理南赣地区等内容展开讲授。通过讲解使学生对明代中期政治史和王阳明治理南赣有更为深入的理解，让学生学会基于历史文献的解读，从不同角度思考和评价明代中期政治演变的特点，拓展对于王阳明言行的认识广度与深度，提升学生的史学思辨能力。
	内容讲授（36分钟）	一、明朝中期政治史的特点 　　明自正统以来，国势浸弱。毅皇手除逆瑾，躬御边寇，奋然欲以武功自雄。然耽乐嬉游，昵近群小，至自署官号，冠履之分荡然矣。犹幸用人之柄躬自操持，而秉钧诸臣补苴匡救，是以朝纲紊乱，而不底于危亡。假使承孝宗之遗泽，制节谨度，有中主之操，则国泰而名完，岂至重后人之訾议哉。 　　　　——《明史》卷十六 　　（守仁）登弘治己未进士第，授刑部主事，改兵部。逆瑾矫旨逮南京科道官，	【提出问题】 　　正德皇帝继位以来恰逢明朝中期。经过了一百多年的发展，明朝已经跨过了巅峰时期，社会弊病日益显现。这一时期社会矛盾逐渐激化，加之刘瑾等宦官祸乱朝纲，以王阳明为代表的一些正直士大夫接连被贬。总体而言，明朝这一时期呈现出怎样的特征呢？ 【图文结合】 　　在明中期南方经济区迅速发

续表

阶段	教学内容	教学过程、方法与设计意图
教学环节 内容讲授（36分钟）	先生抗疏救之，下诏狱，廷杖四十，谪贵州龙场驿丞。瑾遣人迹而加害，先生托投水脱去，得至龙场。瑾诛，知庐陵县，历吏部主事、员外郎、郎中，升南京太仆寺少卿、鸿胪寺卿。时虔、闽不靖，兵部尚书王琼特举先生以左佥都御史巡抚南赣。 ——《明儒学案·卷十》 二、阳明治赣  	展的同时，却导致了农民生存遭遇困难。这和封建时代长期以来无法根除的剥削以及长期存在的土地兼并问题，有着极大的关系。 　　在明中期时间，奸臣当道、宦官乱政导致阶级矛盾日益尖锐，这也就使得了农民起义在短时间内大规模的爆发。拥有着较为雄厚经济基础的南方地区，百姓遭遇的生存问题更是困难。 【设计意图】 　　通过分析《明史》，提升学生史料实证、历史解释的能力，同时使学生掌握明中期王阳明被派往南赣治理地方的历史背景。 【提出问题】 　　王阳明所治理的南赣，是现在的江西省吗？ 【启发引导】 　　展示《中国历史地图集》，阐述明朝的南赣地区实际上横跨四地，与我们今天的江西省不同。 【设计意图】 　　使学生学会结合工具书，把历史文献中的地理位置具体化，与今天的地理位置对比，强化学生的时空观念。须知，历史中的地理位置和今天往往不同。 【图文结合】 　　南赣地区自然环境险恶，匪患猖獗，因此，王阳明到达南赣之后第一件事就是用了一年左右

阶段	教学内容	教学过程、方法与设计意图
教学环节	内容讲授（36分钟）		的时间就平定了当地数十年的匪患，维护了社会稳定，可谓厥功至伟。 【启发引导】 　　匪患平定之后，就一劳永逸了吗？王阳明认为"治山中贼易，治心中贼难"，最重要的是治理平定匪患之后的社会。王阳明推行了哪些措施，以实现"治境"呢？ 【图文结合】 　　王阳明主要从德法共治和移风易俗两方面入手。他亲自订立了《南赣乡约》，既重视德育，又重视法治。他主张孝悌为本，提倡节俭，反对奢侈之风，兴办书院，力行教化，以自己的思想来改变当地的风俗，最终实现了"治境"。 【启发引导】 　　王阳明治理南赣所取得的成效，充分展现了他"知行合一"思想在实践中的价值。对于我们今天而言，阳明思想中的"致良知""知行合一"是否依然有时代意义呢？ 【设计意图】 　　强化学生以古鉴今的思维模式，提升学生依据史料独立思考的能力。 【归纳总结】 　　回顾本节课重点，即王阳明治理南赣的措施、取得的成效以及在这个过程中体现出来的"致

续表

阶段	教学内容	教学过程、方法与设计意图
教学环节 总结（3分钟）		良知"与"知行合一"的思想。要求学生课下阅读《旷世大儒王阳明》和《王守仁评传》，使学生进一步思考王阳明思想的现代意义。从而培养学生结合相关资料，独立思考的能力。 【设计意图】 　　巩固所学，为下节课内容奠定基础。

课程资源	【参考文献】

【参考文献】

1. 张岂之主编，张国刚、张帆、李伯重撰：《中国历史新编·古代史（下）》，高等教育出版社 2014 年版。

2. 朱绍侯、张海鹏、齐涛主编：《中国古代史〔新版（下）〕》，福建人民出版社 2004 年版。

3. 南炳文、汤纲：《明史（上）》，上海人民出版社 2014 年版。

4. 陈宝良：《明代社会生活史》，中国社会科学出版社 2004 年版。

5. 王雅克等：《王阳明〈南赣乡约〉的基层社会治理思想研究》，《贵州社会科学》2016 年第 6 期。

【拓展阅读】

1. 李庆：《王阳明传：十五、十六世纪中国政治史、思想史的聚焦点》，上海古籍出版社 2021 年版。

2. 周建华：《王阳明在江西》，江西高校出版社 2017 年版。

3. 束景南：《王阳明年谱长编 1》，上海古籍出版社 2017 年版。

4. 陆自荣：《文化整合与社区和谐：兼析王阳明南赣社区治理及意义》，中国社会科学出版社 2012 年版。

5. 张祥浩：《王守仁评传》，南京大学出版社 2011 年版。

6. 方志远：《旷世大儒——王阳明》，河北人民出版社 2000 年版。

7. 陈海斌：《王阳明与南赣地方社会秩序的重建》，《赣南师范大学学报》2021 年第 2 期。

8. 李晓方：《明清南赣方志王阳明历史书写的时空形态及其变迁》，《江西师范大学学报》（哲学社会科学版）2019 年第 2 期。

课程资源	9. 王进：《对作为一种"政治哲学"的阳明心学之省思——徐复观〈一个政治家的王阳明〉发微》，《浙江社会科学》2018 年第 1 期。 10. 温小兴：《国内王阳明与地域社会研究：进展、问题与展望》，《赣南师范大学学报》2017 年第 2 期。 11. 王中原：《王阳明"致良知"的社会改良思想探析》，《求索》2016 年第 1 期。 12. 李丕洋：《略论王阳明的教育思想及其特色》，《井冈山大学学报》（社会科学版）2016 年第 4 期。

印刷术西传
（教学设计）

基本情况	课程名称	中国古代史（下）		
	授课班级	历史学专业本科一年级	教学方法	讲授法、讨论法
	授课地点	多媒体教室	授课时数	1 课时

课程分析	《中国古代史（下）》是历史学专业课程体系中的专业核心课程。本课程具有较大的理论研究空间，在马克思主义史学理论的指导之下，探寻历史发展进程中的共性以及不同历史阶段的特性，引发学生针对特定历史事件的反思，提升学生的历史思辨能力、增强学生的家国认同、文化自信，进而铸牢中华民族共同体意识。同时，本课程在结合前人研究成果的基础上，紧紧围绕基本史料和关键史料，使学生学会搜集整理、分析研究史料的相关方法，从而具备一定的通过细节探寻史实、揭示历史发展大势的能力。

教材分析	　　张岂之主编，张国刚、张帆、李伯重撰：《中国历史新编·古代史（下册）》，高等教育出版社 2014 年版，614 页。高等教育出版社"十一五"普通高等教育本科国家级规划教材，以下简称"国规版"。 　　针对本科一年级学生开设的《中国古代史（下）》课程，目前国内教材多样。选定国规版的主要原因有以下三个方面：首先，国规版教材的编纂起自隋唐之时，终于明清之际，主要讲述中国古代隋唐、宋（辽夏金）、元、明、清诸阶段历史现象的变迁，这基本符合中国古代历史演变的总体趋势，体例安排合理；其次，国规版教材涵盖内容广泛，详略得当。包含中国古代史下半段的政治、经济、文化、社会、外交等诸多内容，同时，围绕重点史实进行了深入剖析，通过对细节的阐释，彰显历史学的深刻；再次，国规版教材以大量一手史料为依托，同时援引学界经典学术观点与最新成果，为师生的课堂教学与课下自学提供了进一步阅读和思考的路径，作为教材的同时，也具有学术研究的参考价值，有助于历史专业本科生对基本理论、基本知识、基本方法的掌握，同时，也有助于培养和提升历史专业本科生的时空观念、史料实证、历史解释等史学素养。

学情分析	1. 知识储备：学生们在之前的历史学习中，对明清之际的西学东渐的代表人物、主要过程、代表成果等内容有所了解，但多为结论性史实的记忆。同时，对东学西渐的历史过程以及对西方的影响不太了解。基于此，本节课依托多媒体，通过讲授东学西渐过程中的科举制度西传以及印刷术的西传，使学生学会基于历史文献的解读，从科举制度是什么、如何传到西方、对西方产生怎样的影响和印刷术是什么、怎样传到西方、对西方产生怎样的影响两个方面揭示明清之际不仅有西学东渐，也同时存在东学西渐，从而拓展学生对于文化交流认识的广度与深度，引导学生思考中国文化对于西方乃至整个世界文明发展进程的影响。 　　2. 能力水平：由于大多数学生停留在对西学东渐的机械性记忆阶段，因此，在围

学情分析	绕东学西渐的历史进程、历史影响的评价方面，辩证思维能力不足，史学思维的深度不够，从而难于在更深层次思考中国传统文化的精髓在中西文化交流过程中的历史角色以及产生的历史影响。这不利于培养学生的时空观念、史料实证、历史解释等核心素养。基于此，通过本节课讲授，引导学生在阅读、分析传教士的书信集，历史地图等史料的过程中，学会从多角度看待历史事件与历史人物，从而培养学生史料解读能力和辩证思维能力。 　　3. 心理特征：学生们熟悉历史学传统的教学模式、课程内容的传统观点与思考维度。自主意识较强，能够接受新观点和新方法，希望充分发挥多媒体教学优势，掌握史学研究的方法，提升自主学习能力。
内容分析	本课取自《中国古代史（下）》教材第二十二章第四节的内容。主要围绕东学西渐中过程中，印刷术西传与科举制西传的历史进程与历史影响展开讲授。通过讲解让学生对东学西渐过程中，中国传统文化的技术成果和制度成果西传的方式和产生的历史影响等内容有所了解，让学生学会基于历史文献的解读，从多角度思考和评价文化交流的历史现象，从而拓展关于历史上文化交流认知的广度与深度，提升学生的史学思辨能力，最后进行总结和课外任务布置。
教学目标	【知识目标】 　　1. 描述中国传统印刷术的类型、印刷术西传的路径。 　　2. 阐述中国传统印刷术西传对西方文明进程的影响。 【能力目标】 　　1. 通过引导学生分析传教士书信集以及历史地图，使学生具备史料实证的能力。 　　2. 通过多角度解读同一历史事件、评价同一历史人物，让学生掌握辩证思维方法。 【思政目标】 　　通过对东学西渐过程中印刷术对西方文明的积极影响，强化学生的家国情怀，培养学生的民族自豪感，强化学生的文化认同感与文化自信心，同时提升学生反思历史、以史鉴今的能力。
教学重难点	【教学重点】 　　中国传统印刷术的类型、西传的路径 【突出重点的方法】 　　从中国传统印刷本身的概念出发，图文结合，阐释中国传统文化语境下的印刷术的内涵和分类；结合历史地图、史料文献和考古发现阐释印刷术西传的方式和路径，使学生比较清晰地能够描述印刷术传到西方的过程，同时，使学生掌握分析历史现象源流的方法。通过启发式教学，使学生明确文化交流过程的复杂性与多元性。 【教学难点】 　　印刷术西传对西方文明进程的影响

教学重难点	【突破难点的方法】 　　把史料文献和考古发现相结合，从打破文化垄断、推动宗教改革和助力科学发展三方面讲授印刷术传到西方后，对西方文明进程的影响。通过启发式讲授，使学生思考中国传统技术在西方文明乃至整个人类文明史中的重要地位，强化学生的文化认同与文化自信。同时，引导学生思考，在当前全球文化交流的大趋势下，我们应该如何传承我们自身的文化，提升学生以史鉴今的史学思辨能力。
教学策略	以学生为中心，通过讲授法、启发法，结合多媒体教学，在搜集整理史料的基础上，进一步解读史料，让学生学会分析问题的角度、解决问题的方法，从而培养学生史料实证与历史解释的能力。通过东学西渐中印刷术对西方文明产生深刻影响的讲解，使学生感悟中华优秀传统文化在西方文明进程中的历史价值，增强学生的民族认同与文化自信。
板书设计	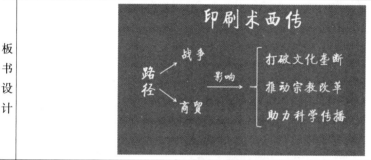
教学流程	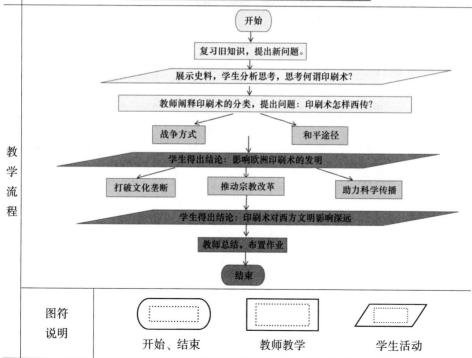

续表

阶段	教学内容	教学过程、方法与设计意图
导入新课 （3分钟）	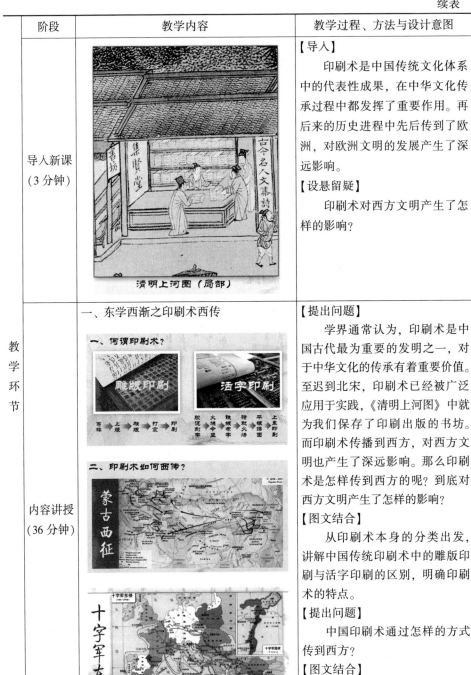 清明上河图（局部）	【导入】 　　印刷术是中国传统文化体系中的代表性成果，在中华文化传承过程中都发挥了重要作用。再后来的历史进程中先后传到了欧洲，对欧洲文明的发展产生了深远影响。 【设悬留疑】 　　印刷术对西方文明产生了怎样的影响？
内容讲授 （36分钟） （左侧跨列：教学环节）	一、东学西渐之印刷术西传 一、何谓印刷术？ 雕版印刷　活字印刷 写样 上版 雕版 打空 印刷 胶泥刻字 火烧令坚 拣取排版 垫平版面 上墨印刷 二、印刷术如何西传？ 蒙古西征 十字军东侵	【提出问题】 　　学界通常认为，印刷术是中国古代最为重要的发明之一，对于中华文化的传承有着重要价值。至迟到北宋，印刷术已经被广泛应用于实践，《清明上河图》中就为我们保存了印刷出版的书坊。而印刷术传播到西方，对西方文明也产生了深远影响。那么印刷术是怎样传到西方的呢？到底对西方文明产生了怎样的影响？ 【图文结合】 　　从印刷术本身的分类出发，讲解中国传统印刷术中的雕版印刷与活字印刷的区别，明确印刷术的特点。 【提出问题】 　　中国印刷术通过怎样的方式传到西方？ 【图文结合】 　　展示历史地图，阐释印刷术西传主要通过两种方式，一种是战争的方式，一种是和平的方式，

阶段	教学内容	教学过程、方法与设计意图
教学环节	内容讲授 （36分钟）		前者主要是蒙古西征和十字军东征；后者主要是通过陆上丝绸之路和海上丝绸之路。同时结合在新疆地区的考古发现，阐述印刷术西传的路径。 【设计意图】 　　通过印刷术传播的路径讲解，使学生理解文化传播过程的复杂性。进而引导学生思考，历史上任何一种文化现象的传播都是多元和复杂的，影响也必然是多元的。 【提出问题】 　　印刷术通过战争与和平的方式传播到欧洲，那么对欧洲文明产生了怎样的影响呢？ 【图文结合】 　　展示古腾堡的图片和古腾堡发明印刷术的图片，阐述印刷术传到西方，对于古腾堡发明印刷术产生了直接影响。从古腾堡发明印刷的时间来看，晚于中国大约五百年。印刷术发明之后，对西方文明的影响，体现在三个方面。第一，打破文化垄断。由于印刷术的推行，使书籍文献的制作成本大大降低，从而不再成为僧侣阶级的独享物，有助于文化传播；第二，推动宗教改革。马丁·路德主张的因信称义，通过阅读《圣经》建立起对上帝的信仰，重要前提就是《圣经》印制的成本大大降低，而印刷术就起到了这样的作用；第三，有助于近代科学的发展。尤其像哥白尼的理论、欧几里得的《几何原本》的广泛流传，得益于印刷术的推广。因此，正是从这样的角

阶段	教学内容	教学过程、方法与设计意图
教学环节	内容讲授（36分钟）	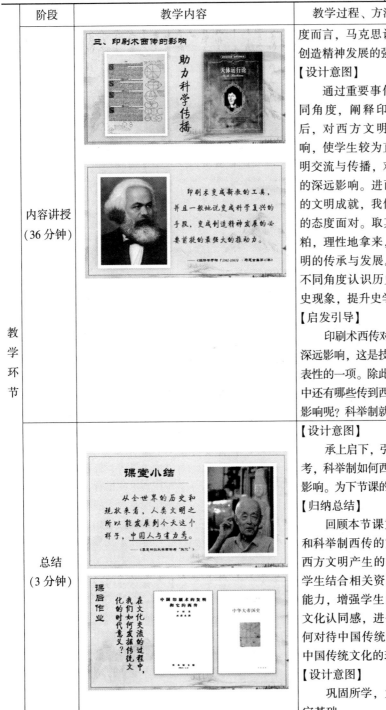 度而言，马克思认为，印刷术是创造精神发展的强大推动力。 【设计意图】 　通过重要事件的对比，从不同角度，阐释印刷术传到西方后，对西方文明发展产生的影响，使学生较为直观地感悟到文明交流与传播，对人类历史产生的深远影响。进而思考，面对新的文明成就，我们应该采取怎样的态度面对。取其精华、去其糟粕，理性地拿来，从而有助于文明的传承与发展。使学生学会从不同角度认识历史事件、评价历史现象，提升史学思辨能力。 【启发引导】 　印刷术西传对欧洲文明产生了深远影响，这是技术成果中具有代表性的一项。除此之外，中华文明中还有哪些传到西方后也产生深远影响呢？科举制就是其中一项。
	总结（3分钟）	【设计意图】 　承上启下，引发学生进一步思考，科举制如何西传并对西方产生影响。为下节课的讲授奠定基础。 【归纳总结】 　回顾本节课重点，即印刷术和科举制西传的方式以及各自对西方文明产生的深远影响，培养学生结合相关资料，独立思考的能力，增强学生的民族自豪感与文化认同感，进一步思考应该如何对待中国传统文化？如何挖掘中国传统文化的现代价值。 【设计意图】 　巩固所学，为下节课内容奠定基础。

课程资源	【参考文献】 　1. 张岂之主编，张国刚、张帆、李伯重撰：《中国历史新编·古代史（下）》，高等教育出版社 2014 年版。 　2. 朱绍侯、张海鹏、齐涛主编：《中国古代史［新版（下）］》，福建人民出版社 2004 年版。 　3. 肖红英编：《印刷术的发明：源流·外传·影响》，贵州科技出版社 2008 年版。 　4. 徐善伟：《东学西渐与西方文化的复兴》，上海人民出版社 2002 年版。 　5. 韩琦、张晨光：《中国科学技术的西传及其影响：1582—1793》，河北人民出版社 1999 年版。 【拓展阅读】 　1. 辛德勇：《中国印刷史研究》，生活·读书·新知三联书店 2016 年版。 　2.［美］卡德：《中国印刷术源流史》，刘麟生译，山西人民出版社 2015 年版。 　3. 曹之：《中国印刷术的起源》，武汉大学出版社 2015 年版。 　4.［意］米盖拉、韩琦：《中国和欧洲：印刷术与书籍史》，商务印书馆 2008 年版。 　5. 钱存训：《中国古代书籍纸墨及印刷术 第 2 版》，北京图书馆出版社 2002 年版。 　6. 潘吉星：《中国、韩国与欧洲早期印刷术的比较》，科学出版社 1997 年版。 　7. 张秀民：《中国印刷术的发明及其影响》，人民出版社 1978 年版。 　8. 谢辉：《16—18 世纪欧洲对中国印刷术的认识》，《印刷文化》（中英文）2021 年第 2 期。 　9. 万安伦、周杨、翟钦奇：《试论中国造纸术和印刷术与欧洲文艺复兴之关系》，《教育传媒研究》2020 年第 1 期。 　10. 陈力：《中国古代雕版印刷术起源新论》，《中国图书馆学报》2016 年第 2 期。 　11. 万安伦、赵梦阳、鲁晓双：《试论新疆对中国印刷术发展和外传的历史贡献》，《中国编辑》2016 年第 6 期。 　12. 李致忠：《论雕版印刷术的发明》，《文献》2000 年第 2 期。

科举制西传
（教学设计）

基本情况	课程名称	中国古代史（下）		
	授课班级	历史学专业本科一年级	教学方法	讲授法、讨论法
	授课地点	多媒体教室	授课时数	1 课时

课程分析

　　《中国古代史（下）》是历史学专业课程体系中的专业核心课程。本课程具有较大的理论研究空间，在马克思主义史学理论的指导之下，探寻历史发展进程中的共性以及不同历史阶段的特性，引发学生针对特定历史事件的反思，提升学生的历史思辨能力、增强学生的家国认同、文化自信，进而铸牢中华民族共同体意识。同时，本课程在结合前人研究成果的基础上，紧紧围绕基本史料和关键史料，使学生学会搜集整理、分析研究史料的相关方法，从而具备一定的通过细节探寻史实、揭示历史发展大势的能力。

教材分析

　　张岂之主编，张国刚、张帆、李伯重撰：《中国历史新编·古代史（下册）》，高等教育出版社 2014 年版，614 页。高等教育出版社"十一五"普通高等教育本科国家级规划教材，以下简称"国规版"。

　　针对本科一年级学生开设的《中国古代史（下）》课程，目前国内教材多样。选定国规版的主要原因有以下三个方面：首先，国规版教材的编纂起自隋唐之时，终于明清之际，主要讲述中国古代隋唐、宋（辽夏金）、元、明、清诸阶段历史现象的变迁，这基本符合中国古代历史演变的总体趋势，体例安排合理；其次，国规版教材涵盖内容广泛，详略得当。包含中国古代史下半段的政治、经济、文化、社会、外交等诸多内容，同时，围绕重点史实进行了深入剖析，通过对细节的阐释，彰显历史学的深刻；再次，国规版教材以大量一手史料为依托，同时援引学界经典学术观点与最新成果，为师生的课堂教学与课下自学提供了进一步阅读和思考的路径，作为教材的同时，也具有学术研究的参考价值，有助于历史专业本科生对基本理论、基本知识、基本方法的掌握，同时，也有助于培养和提升历史专业本科生的时空观念、史料实证、历史解释等史学素养。

学情分析

　　1. 知识储备：学生们在之前的历史学习中，对明清之际西学东渐的代表人物、主要过程、代表成果等内容有所了解，但多为结论性史实的记忆。同时，对东学西渐的历史过程以及对西方的影响不太了解。基于此，本节课依托多媒体，通过讲授东学西渐过程中的科举制度西传以及印刷术的西传，使学生学会基于历史文献的解读，从科举制度是什么、如何传到西方、对西方产生怎样的影响和印刷术是什么、怎样传到西方、对西方产生怎样的影响两个方面揭示明清之际不仅有西学东渐，也同时存在东学西渐，从而拓展学生对于文化交流认识的广度与深度，引导学生思考中国文化对于西方乃至整个世界文明发展进程的影响。

　　2. 能力水平：由于大多数学生停留在对西学东渐的机械性记忆阶段，因此，在围绕东学西渐的历史进程、历史影响的评价方面，辩证思维能力不足，史学思维的深度不

学情分析	够，从而难于在更深层次思考中国传统文化的精髓在中西文化交流过程中的历史角色以及产生的历史影响。这不利于培养学生的时空观念、史料实证、历史解释等核心素养。基于此，通过本节课讲授，引导学生在阅读、分析传教士的书信集，历史地图等史料的过程中，学会从多角度看待历史事件与历史人物，从而培养学生史料解读能力和辩证思维能力。 　　3. 心理特征：学生们熟悉历史学传统的教学模式、课程内容的传统观点与思考维度。自主意识较强，能够接受新观点和新方法。希望充分发挥多媒体教学优势，掌握史学研究的方法，提升自主学习能力。
内容分析	本课取自《中国古代史（下）》教材第二十二章第四节的内容。主要围绕东学西渐中过程中，印刷术西传与科举制西传的历史进程与历史影响展开讲授。通过讲解让学生对东学西渐过程中，中国传统文化的技术成果和制度成果西传的方式和产生的历史影响等内容有所了解，让学生学会基于历史文献的解读，从多角度思考和评价文化交流的历史现象，从而拓展关于历史上文化交流认知的广度与深度，提升学生的史学思辨能力，最后进行总结和课外任务布置。
教学目标	【知识目标】 　　1. 描述中国科举制度的内涵以及西传的方式。 　　2. 阐述中国科举制西传后对西方文明的影响。 【能力目标】 　　1. 通过引导学生分析传教士书信集以及历史地图，使学生具备史料实证的能力。 　　2. 通过多角度解读同一历史事件、评价同一历史人物，让学生掌握辩证思维方法。 【思政目标】 　　通过中国科举制对西方文明积极影响的讲解，强化学生的家国情怀，培养学生的民族自豪感，培养学生的文化认同感与文化自信心。同时，引导学生进一步思考，科举制度在中国传承了一千三百多年最终被废止，而西方文明吸收了科举制的合理内容，催生了文官选拔制度，那么当前我们又该如何对待我们自己的文化与传统呢？通过相关问题的设置，提升学生的史学思辨能力。
教学重难点	【教学重点】 　　科举制的内涵以及西传的方式 【突出重点的方法】 　　从科举制本身的概念出发，图文结合，阐释中国传统文化语境下科举制度的内涵；结合历史地图和史料文献，阐述科举制西传的方式，使学生能够比较清晰地描述科举制西传的路径，同时，使学生掌握分析历史现象源流的方法。通过启发式教学，使学生明确文化交流过程的复杂性与多元性。 【教学难点】 　　科举制西传的影响

续表

教学重难点	【突破难点的方法】 　　图文结合，从传教士的书信集以及西方著作中有关科举制的记载和评价入手，引导学生思考科举制传到西方后，对西方文明产生的影响。通过启发式讲授，让学生理解不同文明成果之间的交流对各自文明的发展会产生积极影响。
教学策略	以学生为中心，通过讲授法、启发法，结合多媒体教学，在搜集整理史料的基础上，进一步解读史料，让学生学会分析问题的角度、解决问题的方法，从而培养学生史料实证与历史解释的能力。通过东学西渐中印刷术和科举制分别对西方文明产生深刻影响的讲解，使学生感悟中华优秀传统文化在西方文明进程中的历史价值，增强学生的民族认同与文化自信。
板书设计	
教学流程	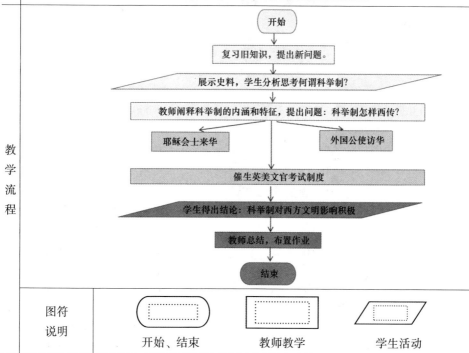

续表

阶段	教学内容	教学过程、方法与设计意图
导入新课 （3 分钟）		【导入】 　　科举制被誉为中国第五大发明，是中国传统文化体系中的代表性成果，在中华文化传承过程中都发挥了重要作用。在后来的历史进程中传到了欧洲，对欧洲文明的发展产生了深远影响。 【设悬留疑】 　　科举制对西方文明产生了怎样的影响？
内容讲授 （36 分钟）	一、印刷术西传 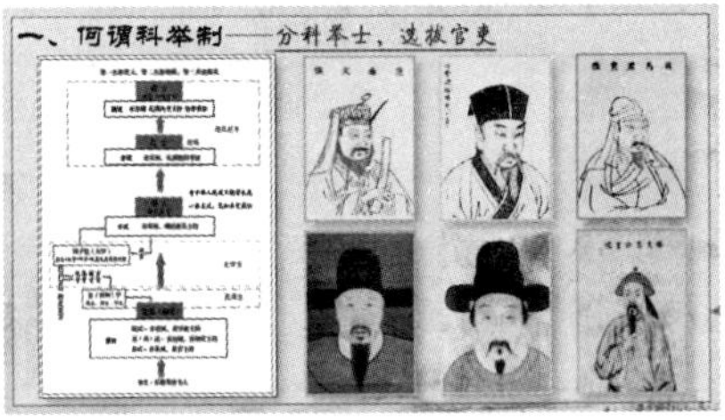  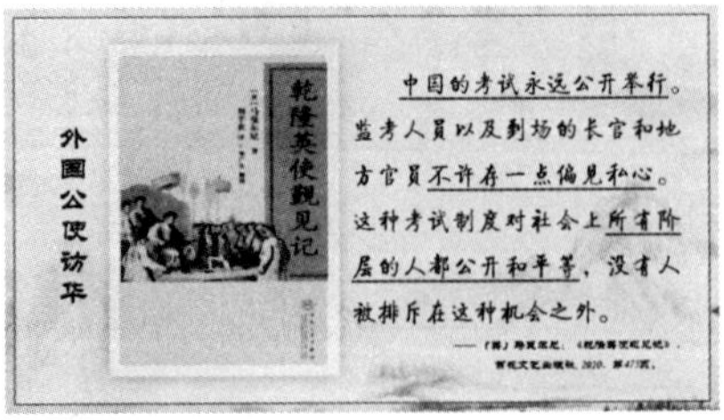 	【图文结合】 　　从科举制本身的内容和特点出发，阐述科举制在中华文明传承中的价值，科举制是人才培养、官吏选拔的重要方式，前后绵延 1300 年。随着明清之际西方耶稣会士的东来和外国公使的访华，科举制开始了西传之路。 【启发引导】 　　科举制怎样传到西方？ 【图文结合】 　　展示耶稣会士的代表人物的图片以及外国公使访华的文献，阐述科举制西传通过两种方式。一是耶稣会士来华，二是外国公使访华。在《乾隆英使觐见记》中，马嘎尔尼对当时盛行的考试制度进行了明确阐释。而且在之前 16—17 世纪的很多西方文献中，都有关于科举制度的记载。从而展现西方人对中国科举制度

（左栏标注）教学环节

续表

阶段	教学内容	教学过程、方法与设计意图
教学环节	内容讲授 （36分钟） 	的重视与了解程度。 【设计意图】 　图文结合，使学生掌握论从史出的史学思维。 【启发引导】 　科举制传到西方后，对西方产生了怎样的影响？ 【图文结合】 　引用美国著名传教士丁韪良的观点："当今在英国、法国和美国正在取得进展的文官考试制度是从中国的经验中借鉴而来的。"同时指出，英美国家建立文官选拔考试制度的时间经历了将近一个世纪，而且从英国参加竞争考试的人数逐年增加的角度，阐述在中国科举制影响之下建立的英国考试制度对于英国的影响在与日俱增，而且也为进一步传播到西方其他国家奠定了基础。 【启发引导】 　那么，科举制传到西方，有哪些新的变化呢？ 【图文结合】 　以1882年英国公开考试复试科目与分值为例，阐释英国文官考试制度的新变化，即考试科目的范围包括了近代科学出现之后的自然科学科目——这是基于中国传统科举制产生的新变化。而之后，英国的文官考试制度传到美国，从1853年开始，经历半个世纪左右，美国最终建立起文官考试制度。

续表

阶段	教学内容	教学过程、方法与设计意图
教学环节 内容讲授（36分钟）	三、科举制西传的影响 现在欧美各国的考试制度，差不多都是学美国的。宫流溯源，英国的考试制度原来还是从我们中国学过去的。所以，中国的考试制度，就是世界上用以拔取真才的最古最好的制度。 ——孙文《孙中山全集》中华书局 236页，第122页	革命先行者孙中山先生也高度评价中国科举制对西方文明的影响。 【设计意图】 使学生直观地认识到中国科举制的西传对西方文明的深刻影响。
总结（3分钟）	课堂小结 从全世界的历史和现状来看，人类文明之所以能发展到今天这个样子，中国人与有力焉。 《黑皮书饮水思源谢孙》"测亡" 课后作业 在文化交流的过程中，我们如何发掘传统文化的时代意义？ 英国文官考试制度研究 科举制与科学	【归纳总结】 回顾本节课重点，即科举制西传的方式以及对西方文明产生的深远影响，培养学生结合相关资料，独立思考的能力，增强学生的民族自豪感与文化认同感，进一步思考应该如何对待中国传统文化？如何挖掘中国传统文化的现代价值。 【设计意图】 巩固所学，为下节课内容奠定基础。

课程资源

【参考文献】

1. 张岂之主编，张国刚、张帆、李伯重撰：《中国历史新编·古代史（下）》，高等教育出版社2014年版。

2. 朱绍侯、张海鹏、齐涛主编：《中国古代史［新版（下）］》，福建人民出版社2004年版。

3. 徐善伟：《东学西渐与西方文化的复兴》，上海人民出版社2002年版。

4. 张井梅：《东学西渐存遗篇——欧洲学者关于中国古代典籍的研究》，《温州大学学报》（社会科学版）2015年第1期。

5. 季羡林：《东学西渐与"东化"》，《美术杂志》2005年第3期。

【拓展阅读】

1. 张华：《东学西传：国学与汉学》，北京语言大学出版社2017年版。

2. 刘海峰：《中国科举文化》，辽宁教育出版社2010年版。

3. 肖红英：《印刷术的发明：源流·外传·影响》，贵州科技出版社2008年版。

4. 刘登阁、周云芳：《西学东渐与东学西渐》，中国社会科学出版社2000年版。

5. 韩琦、张晨光：《中国科学技术的西传及其影响：1582—1793》，河北人民出版社1999年版。

续表

课程资源	6. 王宁、钱林森、马树德：《中国文化对欧洲的影响》，河北人民出版社 1999 年版。 7. 陈胜利：《东学西渐：17—18 世纪西语词汇里的中国》，《山西师大学报》（社会科学版）2015 年第 6 期。 8. 郑朝红：《16—18 世纪"东学西渐"重探：动因与启示》，《贵州社会科学》2014 年第 5 期。 9. 朱希祥、李小玲：《"东学西渐"现象及相关问题的简析》，《杭州师范大学学报》（社会科学版）2013 年第 3 期。 10. 陈超：《对明清之交"东学西渐"的思考——兼论中国文化对法国启蒙思想的影响》，《东南学术》2011 年第 4 期。 11. 王军、孟宪凤：《西学东渐与东学西渐：16—18 世纪中西文化交流特点论略》，《北方论丛》2009 年第 4 期。 12. 吕明灼：《评"东学西渐"》，《东方论坛》2005 年第 2 期。

明清之际的西学东渐
（教学设计）

基本情况	课程名称	中国古代史（下）		
	授课班级	历史学专业本科一年级	教学方法	讲授法、讨论法
	授课地点	多媒体教室	授课时数	1 课时

课程分析	《中国古代史（下）》是历史学专业课程体系中的专业核心课程。本课程具有较大的理论研究空间，在马克思主义史学理论的指导之下，探寻历史发展进程中的共性以及不同历史阶段的特性，引发学生针对特定历史事件的反思，提升学生的历史思辨能力、增强学生的家国认同、文化自信，进而铸牢中华民族共同体意识。同时，本课程在结合前人研究成果的基础上，紧紧围绕基本史料和关键史料，使学生学会搜集整理、分析研究史料的相关方法，从而具备一定的通过细节探寻史实、揭示历史发展大势的能力。

教材分析	 张岂之主编，张国刚、张帆、李伯重撰：《中国历史新编·古代史（下册）》，高等教育出版社 2014 年版，614 页。高等教育出版社"十一五"普通高等教育本科国家级规划教材，以下简称"国规版"。 针对本科一年级学生开设的《中国古代史（下）》课程，目前国内教材多样。选定国规版的主要原因有以下三个方面：首先，国规版教材的编纂起自隋唐之时，终于明清之际，主要讲述中国古代隋唐、宋（辽夏金）、元、明、清诸阶段历史现象的变迁，这基本符合中国古代历史演变的总体趋势，体例安排合理；其次，国规版教材涵盖内容广泛，详略得当。包含中国古代史

下半段的政治、经济、文化、社会、外交等诸多内容，同时，围绕重点史实进行了深入剖析，通过对细节的阐释，彰显历史学的深刻；再次，国规版教材以大量一手史料为依托，同时援引学界经典学术观点与最新成果，为师生的课堂教学与课下自学提供了进一步阅读和思考的路径，作为教材的同时，也具有学术研究的参考价值，有助于历史专业本科生对基本理论、基本知识、基本方法的掌握，同时，也有助于培养和提升历史专业本科生的时空观念、史料实证、历史解释等史学素养。

学情分析	1. 知识储备：学生们在之前的历史学习中，对明清之际西学东渐的成就、对中国历史的影响等内容有所了解，但多为结论性史实的记忆。基于此，本节课依托多媒体，通过讲授西学东渐的过程以及对中国文化的影响，让学生学会基于历史文献的解读，从不同角度思考中西文化交流及其影响，从而拓展学生们关于中西文化交流认识的广度与深度。 2. 能力水平：由于大多数学生停留在中西文化交流成果的机械性记忆阶段，因此，在围绕明末清初中西文化交流的过程以及具体的影响方面，辩证思维能力不足，从而很难更为深入理解中西文化交流的历史现象，这不利于培养学生的唯物史观、史料实

学情分析	证、历史解释等核心素养。基于此，通过本节课讲授，引导学生在阅读、分析《利玛窦中国札记》《明史》等史料的过程中，学会从多角度看待历史事件与历史人物，从而培养学生史料解读能力和辩证思维能力。 3. 心理特征：学生们熟悉历史学传统的教学模式、课程内容的传统观点与思考维度。自主意识较强，能够接受新观点和新方法。希望充分发挥多媒体教学优势，掌握史学研究的方法，提升自主学习能力。
内容分析	本课取自《中国古代史（下）》教材第二十二章第四节的内容。主要围绕明清之际西学东渐中的一系列关键人物和事件及其影响展开讲授。通过讲解，使学生对西学东渐的历史过程、重要事件及其历史影响有较为深入的了解。使学生学会基于历史文献的解读，思考明清之际为什么中国没有开启近代化的历程？反倒逐步落后于西方的脚步？拓展学生们关于明清之际中西文化交流的深入理解和反思，提升学生的史学思辨能力，最后进行总结和课外任务布置。
教学目标	【知识目标】 　1. 了解明清之际西学东渐的历史背景。 　2. 认识明清之际西学东渐的重要事件，思考其历史影响。 【能力目标】 　1. 通过引导学生分析《利玛窦中国札记》等史料，使学生具备史料实证的能力。 　2. 通过多角度解读同一历史事件、评价同一历史人物，让学生掌握辩证思维方法。 【思政目标】 　通过对明清之际西学东渐的讲解，引导学生反思为什么中国没有抓住历史的机遇开启近代化历程？提升学生的辩证思维能力。
教学重难点	【教学重点】 　西学东渐的历史过程与代表人物 【突出重点的方法】 　图文结合，结合西学东渐代表人物的经历阐释西学东渐的历史过程和关键事件。使学生掌握分析历史事件的角度和方法，通过启发式教学，让学生明确西学东渐是一个长期的历史过程。 【教学难点】 　西学东渐的历史影响 【突破难点的方法】 　基于西学东渐的历史过程，以对比的方式呈现西学东渐中不同群体的表现，结合《几何原本》的翻译与传播，通过启发式讲授，使学生思考西学东渐并没有开启中国近代化历程，反倒逐渐落后于西方的原因。

教学策略	以学生为中心，通过讲授法、启发法，结合多媒体教学，在搜集整理史料的基础上，进一步解读史料，让学生学会分析问题的角度、解决问题的方法，从而培养学生史料实证与历史解释的能力，使学生具备历史学科的核心素养。通过明清之际西学东渐的讲解，使学生思考明清之际的西方正在孕育这近代化的种子，但中国却错失历史机遇，这从西学东渐的过程中就能够展现出中西文化的差异，提升学生的辩证思维能力。
板书设计	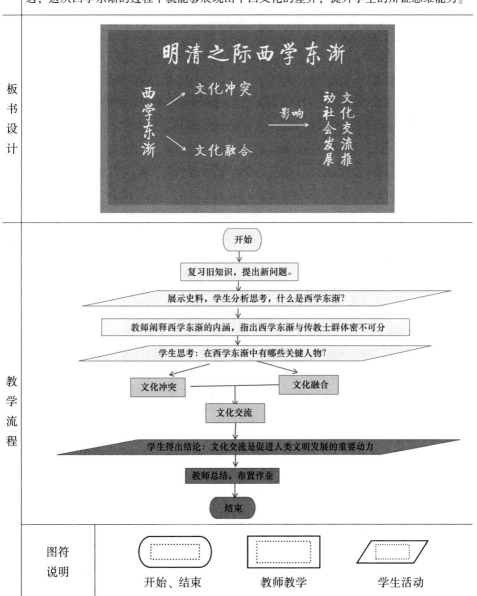
教学流程	
图符说明	

阶段	教学内容	教学过程、方法与设计意图
教学环节	导入新课 （3分钟） 	【问题导入】 　　西学东渐在中西文化交流史上占有重要地位，随着耶稣会士的东来，明清之际国人的视野被打开了，如地圆思想对中国传统天圆地方观念就产生了极大冲击，除此之外，还有哪些影响呢？
	确定目标 （3分钟） 【知识目标】 　　1. 了解明清之际西学东渐的历史背景。 　　2. 认识明清之际西学东渐的重要事件，思考其历史影响。 【能力目标】 　　1. 通过引导学生分析《利玛窦中国札记》等史料，使学生具备史料实证的能力。 　　2. 通过多角度解读同一历史事件、评价同一历史人物，让学生掌握辩证思维方法。 【思政目标】 　　通过对明清之际西学东渐的讲解，引导学生反思为什么中国没有抓住历史的机遇开启近代化历程？提升学生的辩证思维能力。	本课主要围绕明清之际西学东渐中的一系列关键人物和事件及其影响展开讲授。通过讲解，使学生对西学东渐的历史过程、重要事件及其历史影响有较为深入的了解。使学生学会基于历史文献的解读，思考明清之际为什么中国没有开启近代化的历程？反倒逐步落后于西方的脚步？拓展学生们关于明清之际中西文化交流的深入理解和反思，提升学生的史学思辨能力。
	内容讲授 （36分钟）	一、西学东渐的历史背景 　　在文化交流史上，看来没有一件事足以和17世纪时耶稣会传教士那样一批欧洲人入华相比，因为他们充满了宗教热情，同时又精通那些随欧洲文艺复兴和资本主义兴起而发展起来的科学。即使说他们把欧洲的科学和数学带到中国只是为了达到传教的目的，但由于当时东西方两大文明仍互相隔绝，这种交流作为两大文明之间文化联系的最高范例，仍然是永垂不朽的。 　　——［英］李约瑟：《中国科学技术史》第四卷第二分册，科学出版社1975年版，第640页。	【提出问题】 　　什么是西学东渐？ 【设计意图】 　　厘清概念，是史学学习和研究的重要内容，任何在历史上出现的概念随着时间的推移，都有内涵和外延上的变化。厘清概念，就是明确特定时空范围中概念的具体所指。通过这一问题的讲解，提升学生的时空观念，强化史学思维。 【图文结合】 　　"西学东渐"是明清时期中外文化关系史的重要事件。在中

续表

阶段	教学内容	教学过程、方法与设计意图
教学环节	内容讲授（36分钟）	二、明清之际的西学东渐	西文化交流中扮演重要角色的是欧洲天主教耶稣会的传教士，他们以传教为目的，客观上把西方当时的天文、地理、数学、物理、文学、艺术、宗教和医学等等带到中国，对明清之际中国传统文化产生极大冲击和深远影响。在这些门类中，尤其科学和技术影响最为深远，而有关人文思想的成果，反倒影响不大，甚至被排斥。明清时期的西学东渐，实际上反映的是欧洲资本主义在崛起过程中文化向外传播的一个必然趋势。西学东渐就是在这样的历史背景下展开的。 【提出问题】 明清之际的西学东渐，在中西方文化交流史上是重要事件，而且对中西方文化的发展都产生了深远印象。西学东渐最初是耶稣会士本着传教的目的东来，而在这个过程中把西方当时的自然科学和技术成果以传教的附属品输入中国，对明清之际中国的自然科学知识和思想都产生了影响。那么在这个过程中，重要的人物是谁呢？他是怎样促进了西学东渐呢？ 【设计意图】 引导学生站在16、17世纪之交思考西学东渐这一历史事件。在讨论文化交流时，需要使学生逐渐养成一种国际视野。 【图文结合】 展示利玛窦图像同时还有利

阶段	教学内容	教学过程、方法与设计意图
教学环节	内容讲授 （36 分钟）		玛窦的自鸣钟图，揭示西学东渐的重要人物就是利玛窦，虽然利玛窦不是西学东渐第一人，但是他的影响极为深远。 【启发引导】 　　利玛窦东来并不顺利，其传教事业也并非如他所愿。他遭遇到了什么？是什么事件导致他调整了传教思路和方式呢？ 【设计意图】 　　中外文化交流史前后绵延千余年，时间跨度久、空间范围广，也就决定了文化交流过程的复杂性。通过这一问题的讲解，引导学生思考文化交流的复杂性的原因和表现，最能够体现这种复杂性的就在于文化交流过程中必然存在的文化冲突。 【图文结合】 　　结合利玛窦在中国内地创办地第一所教堂和当地民众的反映，讲授利玛窦传教的思路由面对下层民众转移到面对上层儒生，这也就为西学东渐的影响铺平了道路。 【启发引导】 　　西学东渐的过程是单向的吗？西学东渐的过程中是否存在东学西渐？利玛窦等传教士受到中国文化的影响了吗？ 【设计意图】 　　引导学生从不同的角度思考西学东渐，提升学生的辩证思维能力。 【图文结合】 　　利玛窦带来中国的不同器物

续表

阶段	教学内容	教学过程、方法与设计意图

<table>
<tr><td rowspan="2">教
学
环
节</td><td>内容讲授
（36分钟）</td><td></td><td>引起了明朝当时上层社会不同阶层群体的关注。儒生士大夫关注的是三棱镜，而万历皇帝关注的是自鸣钟，唯独都忽视了利玛窦绘制的《坤舆万国全图》，这也是为什么明朝错失历史机遇的重要原因之一。
【启发引导】
　西学东渐对于当时明朝的影响体现在哪些方面？
【图文结合】
　最重要的是利玛窦和徐光启合译的《几何原本》。《几何原本》在中国传播时间极长，前后跨越了三个世纪，对当时明清之际的中国数学界产生了极大影响。甚至我们现在初等数学中用到的一些概念仍然沿用的是当年的汉译名称。因此20世纪初叶，梁启超评价该书为"千古不朽的著作"。</td></tr>
<tr><td>总结
（3分钟）</td><td></td><td>【归纳总结】
　回顾本节课重点，即西学东渐的代表人物、西学东渐的过程以及西学东渐对明清之际的中国产生的影响。要求学生课下阅读《传教士与西学东渐》《中国文化对欧洲的影响》，进一步思考东学西渐对欧洲产生的影响，培养学生结合相关资料，独立思考的能力。
【设计意图】
　巩固所学，为下节课内容奠定基础。</td></tr>
</table>

续表

| 课程资源 | 【参考文献】
　　1. 张岂之主编，张国刚、张帆、李伯重撰：《中国历史新编·古代史（下）》，高等教育出版社 2014 年版。
　　2. 朱绍侯、张海鹏、齐涛主编：《中国古代史［新版（下）］》，福建人民出版社 2004 年版。
　　3. 南炳文、汤钢：《明史（上）》，上海人民出版社 2021 年版。
　　4. 刘明强：《西学东渐在肇庆》，暨南大学出版社 2014 年版。
　　5. 尚智丛：《传教士与西学东渐》，山西教育出版社 2008 年版。
【拓展阅读】
　　1. 李志军：《西学东渐与明清实学》，巴蜀书社 2004 年版。
　　2. 樊洪业、王扬宗：《西学东渐：科学在中国的传播》，湖南科学技术出版社 2000 年版。
　　3. ［意］利玛窦：《利玛窦书信集》，文铮译，商务印书馆 2018 年版。
　　4. 刘大椿等：《西学东渐》，中国人民大学出版社 2018 年版。
　　5. 刘登阁、周云芳：《西学东渐与东学西渐》，中国社会科学出版社 2000 年版。
　　6. 徐海松：《清初士人与西学》，东方出版社 2001 年版。
　　7. 罗本琦、方国根：《明末"西学东渐"的缘起申说》，《学术交流》2021 年第 12 期。
　　8. 马来平：《西学东渐中科学与儒学关系研究的回顾与省察》，《自然辩证法研究》2021 年第 11 期。
　　9. 聂敏里：《明清之际的西学东渐——两种社会变革模式的重叠与交织》，《天津社会科学》2021 年第 3 期。
　　10. 张西平：《明清之际西学东渐的历史反思》，《中央社会主义学院学报》2021 年第 3 期。
　　11. 芦笛：《"西学东渐"一词始于清末而非民初》，《中国科技术语》2017 年第 1 期。
　　12. 张西平：《百年利玛窦研究》，《世界宗教研究》2010 年第 3 期。 |

明末小冰河期的影响
（教学设计）

基本情况	课程名称	中国古代史（下）		
	授课班级	历史学专业本科一年级	教学方法	讲授法、讨论法
	授课地点	多媒体教室	授课时数	1 课时

课程分析	《中国古代史（下）》是历史学专业课程体系中的专业核心课程。本课程具有较大的理论研究空间，在马克思主义史学理论的指导之下，探寻历史发展进程中的共性以及不同历史阶段的特性，引发学生针对特定历史事件的反思，提升学生的历史思辨能力、增强学生的家国认同、文化自信，进而铸牢中华民族共同体意识。同时，本课程在结合前人研究成果的基础上，紧紧围绕基本史料和关键史料，使学生学会搜集整理、分析研究史料的相关方法，从而具备一定的通过细节探寻史实、揭示历史发展大势的能力。

教材分析	 张岂之主编，张国刚、张帆、李伯重撰：《中国历史新编·古代史（下册）》，高等教育出版社 2014 年版，614 页。高等教育出版社"十一五"普通高等教育本科国家级规划教材，以下简称"国规版"。 针对本科一年级学生开设的《中国古代史（下）》课程，目前国内教材多样。选定国规版的主要原因有以下三个方面：首先，国规版教材的编纂起自隋唐之时，终于明清之际，主要讲述中国古代隋唐、宋（辽夏金）、元、明、清诸阶段历史现象的变迁，这基本符合中国古代历史演变的总体趋势，体例安排合理；其次，国规版教材涵盖内容广泛，详略得当。包含中国古代史下半段的政治、经济、文化、社会、外交等诸多内容，同时，围绕重点史实进行了深入剖析，通过对细节的阐释，彰显历史学的深刻；再次，国规版教材以大量一手史料为依托，同时援引学界经典学术观点与最新成果，为师生的课堂教学与课下自学提供了进一步阅读和思考的路径，作为教材的同时，也具有学术研究的参考价值，有助于历史专业本科生对基本理论、基本知识、基本方法的掌握，同时，也有助于培养和提升历史专业本科生的时空观念、史料实证、历史解释等史学素养。

学情分析	1. 知识储备：学生们在之前的历史学习中，对封建王朝兴替的原因多有了解，尤其王朝末期政治腐败、经济衰退、社会动荡等，但大多停留在机械性记忆阶段。而对王朝灭亡的自然原因少有了解。基于此，本节课依托多媒体，以明朝末年为例，讲授明朝末年由于自然因素导致的灾害频仍，这是明朝灭亡不可忽略的因素。让学生学会基于历史文献的解读，认识自然因素在历史演变过程中的重要作用，从而拓展学生们关于明朝灭亡原因认知的广度与深度。 2. 能力水平：由于大多数学生停留在明朝灭亡的政治因素、农民起义等方面的机械性记忆阶段，因此，在围绕明朝末年自然因素的历史作用方面，辩证思维能力不足，从而很难对明朝灭亡的原因进行多角度分析，不利于培养学生的唯物史观、史料实证、

学情分析	历史解释等核心素养。基于此，通过本节课讲授，引导学生在阅读、分析《明史》《明季北略》等史料的过程中，学会从多角度解读历史演变的原因，从而培养学生史料解读能力和辩证思维能力。 　　3. 心理特征：学生们熟悉历史学传统的教学模式、课程内容的传统观点与思考维度。自主意识较强，能够接受新观点和新方法。希望充分发挥多媒体教学优势，掌握史学研究的方法，提升自主学习能力。
内容分析	本课取自《中国古代史（下）》教材第十八章第四节的内容。主要围绕明朝灭亡过程中的一系列重要因素所起的历史作用展开讲授。通过讲解使学生明确明朝末年自然灾害频发导致的多种结果最终在明朝灭亡中扮演了重要角色。使学生学会基于历史文献的解读，从自然演变的角度思考朝代变迁的原因，从而拓展学生关于朝代兴替认知的广度与深度，提升学生的史学思辨能力，最后进行总结和课外任务布置。
教学目标	【知识目标】 　　1. 描述小冰河期导致的明朝末年的灾害频仍。 　　2. 阐释小冰河期导致女真崛起，不断南下对明王朝政权产生威胁。 【能力目标】 　　1. 通过引导学生分析《明史》《明季北略》等史料，使学生具备史料实证的能力。 　　2. 通过多角度解读同一历史事件、评价同一历史人物，让学生掌握辩证思维方法。 【思政目标】 　　通过对明末自然灾害频发的解读，使学生从自然的角度重新思考王朝兴替的原因。拓展学生的思维，提升学生的史学辩证思维能力。对马克思主义中"人与自然关系"有更为深刻的认识，有助于学生建立唯物史观。
教学重难点	【教学重点】 　　明末小冰河期的表现 【突出重点的方法】 　　把自然科学研究的成果与《明史》《明季北略》《明神宗实录》相结合，揭示明末自然灾害频发，主要有水灾、旱灾、蝗灾、瘟疫，自然灾害频发远超其他朝代，进而对明朝历史的演变产生影响。通过启发式教学，让学生认识到自然因素在历史演变中的不可忽略性。 【教学难点】 　　明末小冰河期对明朝灭亡的影响 【突破难点的方法】 　　结合《明史》《朝鲜〈李朝实录〉中的女真史料选编》《明经世文编》等文献史料，阐述明朝末年自然因素导致的内忧外患，从而使学生从另外一个角度认识朝代兴替，有助于拓展学生的视野，提升学生的辩证思维能力。

续表

教学策略	以学生为中心，通过讲授法、启发法，结合多媒体教学，在搜集整理史料的基础上，进一步解读史料，让学生学会分析问题的角度、解决问题的方法，从而培养学生史料实证与历史解释的能力，使学生具备历史学科的核心素养。通过明末小冰河期影响的讲解，使学生们从另外一个角度认识历史的复杂性，在辩证思维中发现历史，在历史语境中思考人与自然的关系，对唯物史观有更为深刻的认识。
板书设计	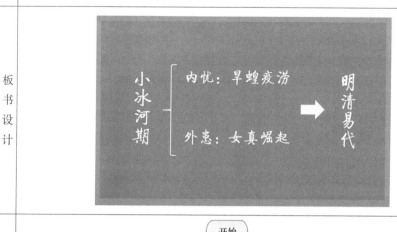
教学流程	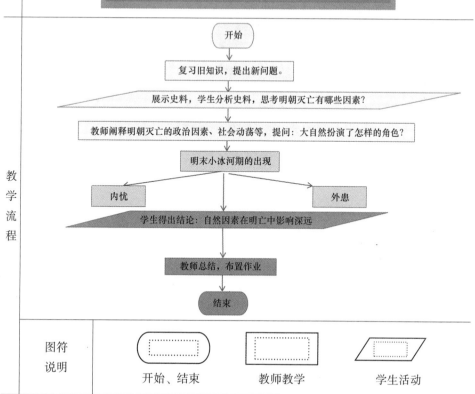
图符说明	开始、结束　　　教师教学　　　学生活动

阶段	教学内容	教学过程、方法与设计意图
导入新课 （3分钟）		【问题导入】 　　从秦始皇到溥仪，中国古代新旧王朝更迭大多都离不开前朝的政治腐败、农民战争等。那么除此之外，自然因素起作用了吗？
确定目标 （3分钟）	【知识目标】 　　1. 描述小冰河期导致的明朝末年的灾害频仍。 　　2. 阐释小冰河期导致女真崛起，不断南下对明王朝政权产生威胁。 【能力目标】 　　1. 通过引导学生分析《明史》《明季北略》等史料，使学生具备史料实证的能力。 　　2. 通过多角度解读同一历史事件、评价同一历史人物，让学生掌握辩证思维方法。 【思政目标】 　　通过对明末自然灾害频发的解读，使学生从自然的角度重新思考王朝兴替的原因。拓展学生的思维，提升学生的史学辩证思维能力。对马克思主义中"人与自然关系"有更为深刻的认识，有助于学生建立唯物史观。	把自然科学研究的成果与《明史》《明季北略》《朝鲜〈李朝实录〉中的女真史料选编》《明经世文编》等文献史料相结合，围绕明朝灭亡过程中的一系列重要因素所起的历史作用展开讲授。通过讲解使学生明确明朝末年自然灾害频发导致的多种结果最终在明朝灭亡中扮演了重要角色。使学生学会基于历史文献的解读，从自然演变的角度思考朝代变迁的原因，从而拓展学生关于朝代兴替认知的广度与深度，提升学生的史学思辨能力。
内容讲授 （36分钟）	一、明朝的灭亡 　　1. 苛捐杂税与农民起义 　　世宗嘉靖三十年，因边用故，又加江南、浙江赋一百二十万两。清兵既起以后，万历四十六、四十七、四十八三年，共增赋五百二十万两；崇祯三年，又加赋一百六十万两，共六百八十万两，谓之辽饷。后来又加练饷、剿饷，先后共加赋一千六百七十万两。人民负担之重如此，而	【图文结合】 　　中国古代王朝更迭的重要原因就是王朝末期的腐朽统治与农民起义。明朝也不例外，这是中国古代王朝演变的周期律。对于明朝末年，腐朽统治的表现之一就是苛捐杂税多如牛毛，民不堪其累。进而导致了以李自成、张

（教学环节）

阶段	教学内容	教学过程、方法与设计意图

教学环节 / 内容讲授（36分钟）

教学内容：

事情却没一件不是越弄越坏，明朝这个天下，自然是无从收拾了。

——《吕思勉白话中国史·近世卷》

盗贼之祸，历代恒有。至明末李自成、张献忠极矣。史册所载，未有若斯之酷者也。

——《明史·流寇传》

二、明末小冰河期的影响

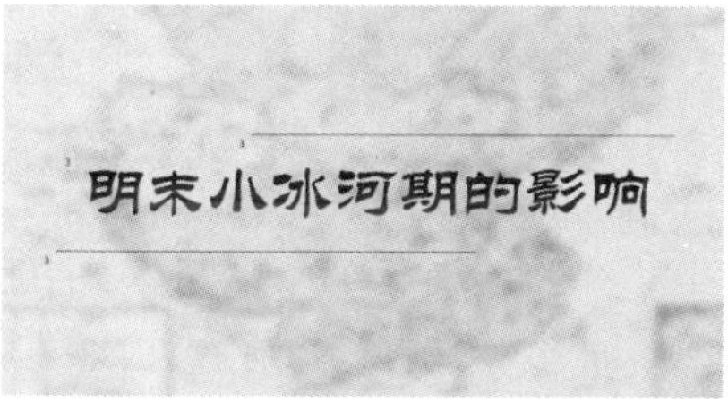

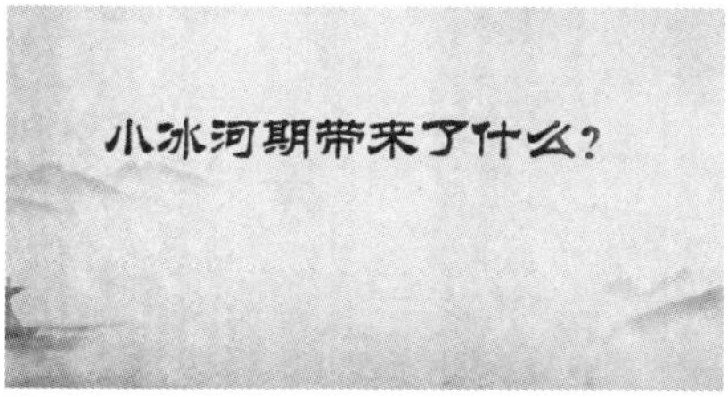

明末小冰河期的影响

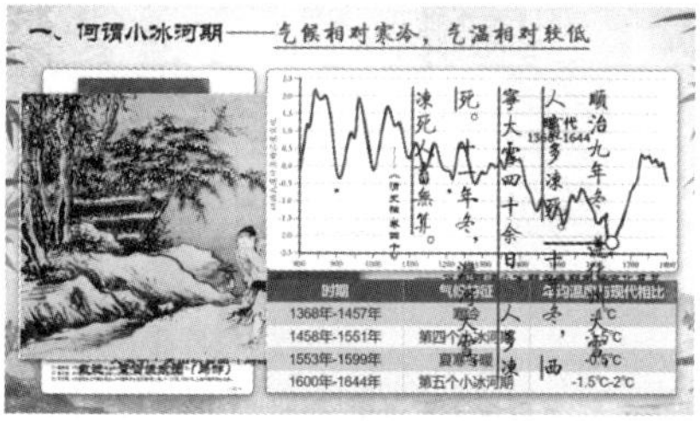

一、何谓小冰河期——气候相对寒冷，气温相对较低

小冰河期带来了什么？

教学过程、方法与设计意图：

献忠为代表的规模浩大的农民起义。

图文相结合，通过分析《明史》《明季北略》等，阐释明朝末年的腐朽统治以及农民走投无路被迫起义。引导学生思考，腐朽统治和农民起义在明朝灭亡的过程中起到了主要的作用。使学生在分析历史事件时，学会抓住主要矛盾。同时辩证思考，导致明朝灭亡是否还有其他因素？

【设计意图】

使学生学会从不同的角度阐释同一个历史事件或者现象。从而对历史有更为深入的思考。

【启发引导】

腐朽统治和农民起义在明朝灭亡的过程中，起到了决定性作用。但除此之外，还有其他的因素影响了明朝灭亡吗？

【图文结合】

结合自然科学研究的成果以及《关山积雪图》《冒雪返家图》等艺术作品，指出明清之际气温历史最低，引入明清小冰河期的概念，从统计学的角度阐释中国古代气温变化，到了明清易代之时处于历史最低点，由此引发一系列的自然和社会现象的出现和变化。

【启发引导】

明清小冰河期对于明末社会而言，带来了哪些影响？

【图文结合】

明清小冰河期直接引发了四种灾害，即旱灾、蝗灾、瘟疫和

续表

阶段		教学内容	教学过程、方法与设计意图
教学环节	内容讲授 （36分钟）	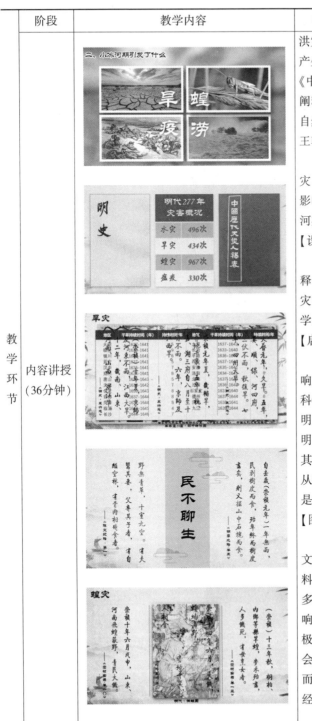	洪灾。这四类灾害对于明末社会产生了深刻影响。结合《明史》《中国历代天灾人祸表》的统计，阐释明朝是中国古代王朝中遭受自然灾害最多的王朝，进而对于王朝的演变产生了深远影响。 　　以此出发，抓住旱灾、蝗灾、瘟疫三种主要的灾害，也是影响最深的灾害，探讨明末小冰河期对于整个明王朝的影响。 【设计意图】 　　抓住矛盾的主要方面进行阐释，使学生直观地认识明末自然灾害频发对明王朝的影响，拓宽学生的视野。 【启发引导】 　　对于农耕文明而言，旱灾的影响颇大。综合而言，在古代社会，科学和技术的发展水平有限，加之明王朝是小农经济为主的农耕文明，农民们各自应对旱灾的能力极其有限。因此一旦发生旱灾，无论从波及的范围还是破坏的程度，都是极大的。到底影响怎样呢？ 【图文结合】 　　通过《明史》《明实录》等文献的分析，使学生通过阅读史料，能够感触到旱灾对于明朝大多数百姓生存产生了极大的影响。根据历代积累的经验，"旱极而生蝗"，所以，中国古代社会中，旱灾往往伴随着蝗灾，从而在特定历史时期，对古代小农经济的打击往往是致命的。 　　通过展示明代《捕蝗图》以

续表

阶段	教学内容	教学过程、方法与设计意图
教学环节 内容讲授 (36分钟)	**流民增加** 蝗灾发生的时间 | 季度	春季	夏季	秋季	冬季 | |次数|115次|401次|386次|65次| |百分比|11.9%|41.5%|39.9%|6.7%| 蝗灾发生的地域 直隶 344　江西 14 山东 167　福建 12 河南 125　广东 31 山西 69　广西 8 陕西 68　四川 7 湖广 60　贵州 6 浙江 51 **瘟疫** 明朝行政区域／疫情年度次数 北直隶(北京) 21 江西 14 湖广 16 南直隶(南京) 24 陕西 12 山东 11 福建 12 河南 9 浙江 9 广西 6 贵州 5 **经济衰退**　**社会动荡** **自然灾害中隐藏着的历史契机** 三、祸灾由生	及《崇祯实录》的记载，分析与旱灾相适应的蝗灾的发生，使百姓民众往往更加苦不堪言，蝗灾的发生直接会导致人口锐减、流民增加，进而威胁到政治统治。 【启发引导】 　与旱灾、蝗灾密切相关的就是瘟疫。尽管中国古代有相对完善、发达的中医药体系，对于救助民众起到了深远影响。但在面对瘟疫时，其所造成的破坏力度依然很大。那么，这种影响具体是怎样的呢？ 【图文结合】 　结合《明实录》中的记载，阐释瘟疫对于明朝末年社会的影响。 【启发引导】 　明末小冰河期的出现，引发了一系列的自然灾害，而这些自然灾害对于明朝社会产生了深刻影响。更为重要的是，这些自然灾害往往又是同时发生或者相距很近，这就进一步加剧了对社会的消极影响。其中，明清小冰河期直接刺激了崛起之后的女真南下的野心。具体表现是什么呢？ 【图文结合】 　结合《朝鲜〈李朝实录〉中的女真史料选编》《明季北略》的记载，阐述女真南下的目的，这是导致明朝灭亡的外患。 【设计意图】 　层层深入，步步递进，使学生学会结合史料，阐述历史史实，分析历史事件，思考历史影响。

续表

阶段	教学内容	教学过程、方法与设计意图
教学环节	总结（3分钟）	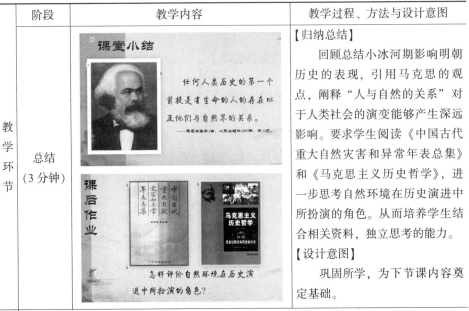	【归纳总结】　回顾总结小冰河期影响明朝历史的表现，引用马克思的观点，阐释"人与自然的关系"对于人类社会的演变能够产生深远影响。要求学生阅读《中国古代重大自然灾害和异常年表总集》和《马克思主义历史哲学》，进一步思考自然环境在历史演进中所扮演的角色。从而培养学生结合相关资料，独立思考的能力。【设计意图】　巩固所学，为下节课内容奠定基础。

课程资源

【参考文献】

1. 张岂之主编，张国刚、张帆、李伯重撰：《中国历史新编·古代史（下）》，高等教育出版社2014年版。

2. 朱绍侯、张海鹏、齐涛主编：《中国古代史［新版（下）］》，福建人民出版社2004年版。

3. 南炳文、汤钢：《明史（上）》，上海人民出版社2021年版。

4. 李弦和、李威、崔晨韬：《"明清小冰期"有多冷》，《气象知识》2020年第5期。

5. 易山明：《明朝灭亡与"小冰期"》，《华北水利水电大学学报》（社会科学版）2015年第5期。

【拓展阅读】

1. 李威、巢清尘：《气候：历史的推手2 小冰期气候与清代历史》，气象出版社2021年版。

2. 刘炳涛：《明清小冰期》，中西书局2020年版。

3. 刘志刚：《天人之际：灾害、生态与明清易代》，中南大学出版社2013年版。

4. 孟森：《明史讲义》，岳麓书社2010年版。

5. 赵家祥：《马克思主义历史哲学 第1卷》，吉林人民出版社2006年版。

6. 宋正海：《中国古代重大自然灾害和异常年表总集》，广东教育出版社1992年版。

7. 高兴、李钢、王星星、王烁、汪宇欣、张翠玲：《1635—1643年中国群聚性灾害的时空演进与气候背景》，《中山大学学报》（自然科学版）2021年第6期。

8. 肖杰、郑国璋、郭政昇、闫丽莎：《明清小冰期鼎盛期气候变化及其社会响应》，

续表

课程资源	《干旱区资源与环境》2018 年第 6 期。 9. 吴永红：《中国小冰期气候变化特征研究》，《长春师范学院学报》（自然科学版）2013 年第 1 期。 10. 张娴、邵晓华、王涛：《中国小冰期气候研究综述》，《南京信息工程大学学报》2013 年第 4 期。 11. 刘志刚：《时代感与包容度：明清易代的五种解释模式》，《清华大学学报》（哲学社会科学版）2010 年第 2 期。 12. 王家范：《明清易代的偶然性与必然性》，《史林》2005 年第 1 期。

《皇舆全览图》的绘制
（教学设计）

基本情况	课程名称	中国古代史（下）		
	授课班级	历史学专业本科一年级	教学方法	讲授法、讨论法
	授课地点	多媒体教室	授课时数	1 课时

课程分析	《中国古代史（下）》是历史学专业课程体系中的专业核心课程。本课程具有较大的理论研究空间，在马克思主义史学理论的指导之下，探寻历史发展进程中的共性以及不同历史阶段的特性，引发学生针对特定历史事件的反思，提升学生的历史思辨能力、增强学生的家国认同、文化自信，进而铸牢中华民族共同体意识。同时，本课程在结合前人研究成果的基础上，紧紧围绕基本史料和关键史料，使学生学会搜集整理、分析研究史料的相关方法，从而具备一定的通过细节探寻史实、揭示历史发展大势的能力。

教材分析	 　　张岂之主编，张国刚、张帆、李伯重撰：《中国历史新编·古代史（下册）》，高等教育出版社 2014 年版，614 页。高等教育出版社"十一五"普通高等教育本科国家级规划教材，以下简称"国规版"。 　　针对本科一年级学生开设的《中国古代史（下）》课程，目前国内教材多样。选定国规版的主要原因有以下三个方面：首先，国规版教材的编纂起自隋唐之时，终于明清之际，主要讲述中国古代隋唐、宋（辽夏金）、元、明、清诸阶段历史现象的变迁，这基本符合中国古代历史演变的总体趋势，体例安排合理；其次，国规版教材涵盖内容广泛，详略得当。包含中国古代史下半段的政治、经济、文化、社会、外交等诸多内容，同时，围绕重点史实进行了深入剖析，通过对细节的阐释，彰显历史学的深刻；再次，国规版教材以大量一手史料为依托，同时援引学界经典学术观点与最新成果，为师生的课堂教学与课下自学提供了进一步阅读和思考的路径，作为教材的同时，也具有学术研究的参考价值，有助于历史专业本科生对基本理论、基本知识、基本方法的掌握，同时，也有助于培养和提升历史专业本科生的时空观念、史料实证、历史解释等史学素养。

学情分析	1. 知识储备：学生们在之前的历史学习中，对清朝初年中俄关系、《尼布楚条约》的签订等内容有所了解，但多为结论性史实的记忆。对于《尼布楚条约》签订过程中引发的一系列问题产生的影响并不了解。而《皇舆全览图》的绘制，就是《尼布楚条约》签订之后产生的影响之一。基于此，本节课依托多媒体，讲授中俄《尼布楚条约》的签订的背景、条约内容和历史影响，重点讲授《皇舆全览图》的绘制，使学生在了解《尼布楚条约》这一重要历史事件的同时，认识《皇舆全览图》绘制中所展现出来的清朝高超的测绘技术和水平，从而拓展学生关于清初中俄关系认识的广度与深度。 　　2. 能力水平：由于大多数学生停留在中俄《尼布楚条约》内容的机械性记忆阶段，因此，在围绕这一条约签订之后产生的历史影响等方面，辩证思维能力不足，不利于培养学生的史料实证、历史解释等核心素养。基于此，通过本节课讲授，引导学生在阅

学情分析	读、分析《清圣祖实录》的过程中，同时结合故宫博物院藏品的解读，学会从多角度看待历史事件与历史人物，从而培养学生史料解读能力和辩证思维能力。 　　3. 心理特征：学生们熟悉历史学传统的教学模式、课程内容的传统观点与思考维度。自主意识较强，能够接受新观点和新方法。希望充分发挥多媒体教学优势，掌握史学研究的方法，提升自主学习能力。
内容分析	本课取自《中国古代史（下）》教材第二十二章第一节的内容。主要围绕中俄《尼布楚条约》的内容和影响展开讲授，尤其对《尼布楚条约》签订引发了《皇舆全览图》绘制进行重点讲解。通过讲解让学生对《尼布楚条约》有更为深入的了解，尤其对《皇舆全览图》绘制中展现出来清初高超的测绘技术有比较深入的了解。使学生学会基于历史文献的解读，结合博物馆的实际藏品，分析历史事件的细节，从而拓展学生关于《尼布楚条约》以及清初科技水平认识的广度与深度，提升学生的史学思辨能力，最后进行总结和课外任务布置。
教学目标	【知识目标】 　　1. 描述中俄《尼布楚条约》的内容与影响。 　　2. 了解《皇舆全览图》绘制的仪器以及该图的历史价值。 【能力目标】 　　1. 通过引导学生分析《清圣祖实录》，使学生具备史料实证与历史解释的能力。 　　2. 通过结合故宫博物院藏品的分析，使学生学会充分利用史料，多角度解读同一历史事件、让学生掌握辩证思维方法。 【思政目标】 　　通过对清初《皇舆全览图》绘制的讲解，使学生了解清初我国高超的测绘技术，增强学生的文化认同感与民族自豪感。
教学重难点	【教学重点】 　　《皇舆全览图》绘制的过程 【突出重点的方法】 　　把《清圣祖实录》与故宫博物院藏品相结合，使学生从史料和实物两个角度较为直观地认识《皇舆全览图》绘制的关键环节。使学生掌握分析历史事件的角度和方法，通过启发式教学，让学生认识清初我国测绘技术的高超。 【教学难点】 　　《皇舆全览图》的历史价值 【突破难点的方法】 　　把英国学者评价、《皇舆全览图》在理论和实践两方面的价值的角度，分析《皇舆全览图》绘制的历史价值，通过启发式讲授，使学生理解《皇舆全览图》第一次在理论上证明了地圆学说，而且在实地测绘中揭示了地球是一个不规则球体的事实，这是人类第一次在实践中发现地球的不规则性，从而使学生理解《皇舆全览图》的价值。

教学策略	以学生为中心，通过讲授法、启发法，结合多媒体教学，结合故宫博物院的藏品，使学生学会分析问题的角度、解决问题的方法，从而培养学生史料实证与历史解释的能力。通过《皇舆全览图》绘制问题的讲解，使学生能够比较直观地认识到三百年前我国的实地测绘技术已经达到了非常高超的水平，增强学生的民族自豪感与文化认同感。
板书设计	
教学流程	
图符说明	

续表

阶段	教学内容	教学过程、方法与设计意图
导入新课 （3分钟）	 《皇舆全览图》的绘制	【故事导入】 　　公元1689年中俄签订《尼布楚条约》。但签订该条约的过程中，清廷无法拿出有力证据厘清中俄国境线，这就导致了一场全国范围的地图测绘，珠穆朗玛峰就是在这个背景下第一次出现在人类地图上。 【设悬留疑】 　　《皇舆全览图》中的珠穆朗玛峰在哪呢？名称是什么？
确定目标 （3分钟）	【教学目标】 　　1. 描述中俄《尼布楚条约》的内容与影响。 　　2. 了解《皇舆全览图》绘制的仪器以及该图的历史价值。 【能力目标】 　　1. 通过引导学生分析《清圣祖实录》，使学生具备史料实证与历史解释的能力。 　　2. 通过结合故宫博物院藏品的分析，使学生学会充分利用史料，多角度解读同一历史事件、让学生掌握辩证思维方法。	通过讲解，让学生对《尼布楚条约》有更为深入的了解，尤其对《皇舆全览图》绘制中展现出来清初高超的测绘技术有比较深入的了解。使学生学会基于历史文献的解读，结合博物馆的实际藏品，分析历史事件的细节，从而拓展学生关于《尼布楚条约》以及清初科技水平认识的广度与深度，提升学生的史学思辨能力。
内容讲授 （36分钟）	一、中俄《尼布楚条约》的签订 　　第二年（1686），清军再次围攻雅克萨城。经过几个月的战斗，俄军伤亡惨重，侵略军头目托尔布津被击毙。这就迫使沙皇政府"乞撤雅克萨之围"。 　　——《永宁寺碑见证》，第35页。 二、《皇舆全览图》的绘制 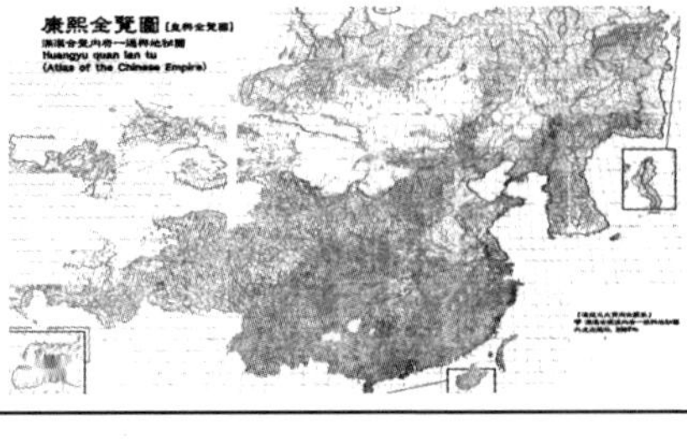 	【提出问题】 　　公元1686年，中俄发生雅克萨之战，战争中沙皇俄国损失惨重，有议和之意；而康熙皇帝撤兵之际也有和谈之心。这实际上为中俄《尼布楚条约》的签订提供了重要前提。 【分析问题】 　　展示《中国通史》中对雅克萨之战的记述，同时结合《中俄边界条约集》中对《尼布楚条约》中有关两国边界的议定，由

左侧栏第一列竖排：教学环节

阶段	教学内容	教学过程、方法与设计意图
教学环节	内容讲授（36分钟）	学生讨论，《尼布楚条约》从性质上而言是否平等？同时，进一步提出问题，在关于边界领土争端中，如何有根据地维护自身利益？确切而精准的地图就显得极为重要，那么，中俄《尼布楚条约》的签订，依据了什么呢？清朝当时并没有一幅准确的地图，已表明自己的边界，那么接下来要做什么呢？ 【设计意图】 　　结合史料，分析中俄《尼布楚条约》的内容，判断其性质，提升学生论从史出、史学思辨的能力。同时把问题指向本节课的重点，即国际争端中，如何确定边界领土归属？由此引入《皇舆全览图》绘制的必要性。 【提出问题】 　　珠穆朗玛峰作为世界最高峰，是什么时候出现在人类地图上的呢？它首次出现在人类地图上的名字和我们今天一样吗？它又是怎样出现在人类地图上的？今天我们就来共同探讨《皇舆全览图》的绘制。 【启发引导】 　　从珠穆朗玛峰首次出现在人类地图上的问题着手，结合《尼布楚条约》签订问题，引导学生思考《皇舆全览图》的绘制意图。 【设计意图】 　　通过这一问题的提出，引发学生思考的同时，激发学生的学习兴趣。

阶段	教学内容	教学过程、方法与设计意图
教学环节　内容讲授（36分钟）		【图文结合】 　　公元1689年，中俄《尼布楚条约》签订时，由于清廷无法展示自己的地图，导致在边界问题的谈判上处于不利地位，因此，康熙皇帝确定派人绘制高精度的地图，这就是后来耗费三十年而成的《皇舆全览图》。在这幅地图测绘过程中，康熙皇帝派人到全国各地进行地理测绘，其中就有到西藏地区进行测绘的人员，于是对珠穆朗玛峰的地理位置做了第一次测定。展示《皇舆全览图》，向学生指出珠穆朗玛峰首次出现在地图上是公元1718年，并且名字是"朱母朗马阿林"，通过古今经纬度的对比，引导学生发现三百年前《皇舆全览图》的绘制，精度还是比较高的。 【设计意图】 　　历史是在特定的时空中展开的，并且带有自身的时代符号和烙印。珠穆朗玛峰的名称也是如此，历史上并不是一成不变的。引导学生结合史料和地图，对"历史的、具体的"这种史学思维有直观认识，提升学生的历史解释能力。 【启发引导】 　　《皇舆全览图》是怎样绘制的呢？它的高精度离不开当时一系列绘制仪器。故宫博物院保留下来了绘制《皇舆全览图》时用到的绘制仪器。这些绘制仪器起到了怎样的作用？

阶段	教学内容	教学过程、方法与设计意图
教学环节	内容讲授 （36分钟）	【设计意图】 　　"工欲善其事，必先利其器"。引导学生思考《皇舆全览图》绘制中用到了哪些仪器。 【图文结合】 　　把故宫博物院的部分藏品和《清圣祖实录》相结合，阐述《皇舆全览图》绘制中，测绘仪器的作用和价值。 【设计意图】 　　图文结合，使学生能够直观地感受到三百年前清廷绘制《皇舆全览图》时展现出来的高超水平。 【启发引导】 　　对于这样一幅在当时精细度非常高的地图而言，它的价值何在？ 【图文结合】 　　引用中国科学院外籍院士、英国著名科学史家李约瑟对《皇舆全览图》的评价。进一步分析《皇舆全览图》在绘制过程中，不仅在理论上阐明了地圆思想，更是在实践上阐明了地圆思想，而且在实测的角度，发现了地球并不是一个规则球体。 【设计意图】 　　层层深入，步步递进，使学生学会结合史料，阐述历史史实，分析历史事件的价值，思考历史事件的影响。 【图文结合】 　　展示故宫博物院保存的清朝顺治和康熙年间的地球仪，阐释清初的地圆思想。进一步阐释中国古代并不是一以贯之的天圆地

续表

阶段	教学内容	教学过程、方法与设计意图
内容讲授（36分钟）		方思想。尽管地圆思想至少在清初已经出现，但并没有在民间流传开来。 【设计意图】 　　使学生重新思考评价"天圆地方"思想，思考"地圆思想"为什么没能够流传开？并且进一步思考文化交流过程中，传统观念和时代观念之间的矛盾，提升学生的历史思辨能力。
总结（3分钟）		【归纳总结】 　　回顾本节课重点，即《皇舆全览图》绘制的过程与价值。同时要求学生在课下阅读《康熙〈皇舆全览图〉》和《中国古代舆地图研究》两部书，思考为什么康熙时代作为中国古代历史上科学和技术非常发达的时代，没有能够催生近代科学？提升学生历史反思的能力。 【设计意图】 　　巩固所学，为下节课内容奠定基础。

（教学环节）

【参考文献】

1. 张岂之主编，张国刚、张帆、李伯重撰：《中国历史新编·古代史（下）》，高等教育出版社 2014 年版。

2. 朱绍侯、张海鹏、齐涛主编：《中国古代史［新版（下）]》，福建人民出版社 2004 年版。

3. 郑天挺、南炳文：《清史》，上海人民出版社 2020 年版。

4. 孙喆：《〈中俄尼布楚条约〉与〈康熙皇舆全览图〉的绘制》，《清史研究》2003 年第 1 期。

5. 杨丽婷：《清廷三大实测全图东北地区比较研究》，《历史地理研究》2022 年第 2 期。

（课程资源）

课程资源	【拓展阅读】 1. 成一农：《中国古代舆地图研究》，中国社会科学出版社 2018 年版。 2. 李孝聪、白鸿叶：《康熙朝〈皇舆全览图〉》，国家图书馆出版社 2014 年版。 3. 席会东：《中国古代地图文化史》，中国地图出版社 2013 年版。 4. 陈旭：《"大清万年一统"系地图研究——以地图特征、性质及功用的渐变为核心》，《形象史学》2021 年第 3 期。 5. 承志：《〈皇舆全览图〉东北大地测绘考——以满文档案为中心》，《西域历史语言研究集刊》2018 年第 0 辑。 6. 萨日娜、关增建：《江户时期〈享保日本图〉的绘制研究——兼及其与康熙〈皇舆全览图〉之比较》，《上海交通大学学报》（哲学社会科学版）2017 年第 3 期。 7. 韩昭庆：《康熙〈皇舆全览图〉的数字化及意义》，《清史研究》2016 年第 4 期。 8. 韩昭庆：《康熙〈皇舆全览图〉与西方对中国历史疆域认知的成见》，《清华大学学报》（哲学社会科学版）2015 年第 6 期。 9. 林开强：《清王朝国家疆域边界意识简析》，《社会科学研究》2010 年第 1 期。 10. 赵寰熹：《〈皇舆全览图〉各版本对比研究》，《满族研究》2009 年第 4 期。 11. 汪前进：《康熙铜版〈皇舆全览图〉投影各类新探》，《自然科学史研究》1991 年第 2 期。 12. 曹婉如：《中国古代地图绘制的理论和方法初探》，《自然科学史研究》1983 年第 3 期。

雍正治贪
（教学设计）

基本情况	课程名称	中国古代史（下）		
	授课班级	历史学专业本科一年级	教学方法	讲授法、讨论法
	授课地点	多媒体教室	授课时数	1 课时

课程分析	《中国古代史（下）》是历史学专业课程体系中的专业核心课程。本课程具有较大的理论研究空间，在马克思主义史学理论的指导之下，探寻历史发展进程中的共性以及不同历史阶段的特性，引发学生针对特定历史事件的反思，提升学生的历史思辨能力、增强学生的家国认同、文化自信，进而铸牢中华民族共同体意识。同时，本课程在结合前人研究成果的基础上，紧紧围绕基本史料和关键史料，使学生学会搜集整理、分析研究史料的相关方法，从而具备一定的通过细节探寻史实、揭示历史发展大势的能力。

教材分析	张岂之主编，张国刚、张帆、李伯重撰：《中国历史新编·古代史（下册）》，高等教育出版社 2014 年版，614 页。高等教育出版社"十一五"普通高等教育本科国家级规划教材，以下简称"国规版"。 针对本科一年级学生开设的《中国古代史（下）》课程，目前国内教材多样。选定国规版的主要原因有以下三个方面：首先，国规版教材的编纂起自隋唐之时，终于明清之际，主要讲述中国古代隋唐、宋（辽夏金）、元、明、清诸阶段历史现象的变迁，这基本符合中国古代历史演变的总体趋势，体例安排合理；其次，国规版教材涵盖内容广泛，详略得当。包含中国古代史下半段的政治、经济、文化、社会、外交等诸多内容，同时，围绕重点史实进行了深入剖析，通过对细节的阐释，彰显历史学的深刻；再次，国规版教材以大量一手史料为依托，同时援引学界经典学术观点与最新成果，为师生的课堂教学与课下自学提供了进一步阅读和思考的路径，作为教材的同时，也具有学术研究的参考价值，有助于历史专业本科生对基本理论、基本知识、基本方法的掌握，同时，也有助于培养和提升历史专业本科生的时空观念、史料实证、历史解释等史学素养。

学情分析	1. 知识储备：学生们在之前的历史学习中，对康乾盛世出现的原因，具体表现等内容有所了解，但多为结论性史实的记忆。基于此，本节课依托多媒体，通过讲授康乾盛世出现的背景，雍正朝的重要地位等，让学生学会基于历史文献的解读，从不同角度思考康乾盛世出现的背景，尤其雍正在位之际推行的措施，从而拓展关于康乾盛世认知的广度与深度。 2. 能力水平：由于大多数学生停留在康乾盛世史实的机械性记忆阶段，因此，辩证思维能力不足，从而很难对康乾盛世的背景，尤其雍正朝的历史地位进行分析和评价，不利于培养学生的唯物史观、史料实证、历史解释等核心素养。基于此，通过本节课讲授，引导学生在阅读、分析《清史稿》《雍正起居注》等史料的过程中，学会从多

学情分析	角度看待历史事件与历史人物，从而培养学生史料解读能力和辩证思维能力。 　　3. 心理特征：学生们熟悉历史学传统的教学模式、课程内容的传统观点与思考维度。自主意识较强，能够接受新观点和新方法。希望充分发挥多媒体教学优势，掌握史学研究的方法，提升自主学习能力。
内容分析	本课取自《中国古代史（下）》教材第十九章第三节的内容。主要围绕康乾盛世出现的历史背景、雍正朝的历史地位等内容展开讲授。通过讲解让学生认识康乾盛世出现的历史背景，能够较为恰当地评价雍正朝的历史地位，使学生学会基于历史文献的解读，从不同角度思考和评价历史事件，从而拓展关于康乾盛世认知的广度与深度，提升学生的史学思辨能力，最后进行总结和课外任务布置。
教学目标	【知识目标】 　　1. 了解康熙末年政治腐败、财政亏空的情况。 　　2. 了解雍正整饬财政的措施及其取得的效果。 【能力目标】 　　1. 通过引导学生分析《清史稿》《雍正起居注》等史料，使学生具备史料实证的能力。 　　2. 通过多角度解读同一历史事件、评价同一历史人物，让学生掌握辩证思维方法。 【思政目标】 　　通过对雍正整饬财政的措施及取得的效果的讲解，使学生较为深入地理解雍正的勤政以及雍正朝的历史地位，培养学生的辩证思维能力。
教学重难点	【教学重点】 　　雍正整饬财政的措施和效果 【突出重点的方法】 　　图文结合，从《雍正朝起居注》等史料出发，引导学生从雍正整饬财政的态度、推行的具体措施等角度分析雍正整饬财政取得的效果。使学生掌握分析历史事件的角度和方法，通过启发式教学，让学生对雍正朝整饬财政的历史过程有较为清晰和深入的认识。 【教学难点】 　　结合史实，评价雍正整饬财政，治理贪腐的历史影响 【突破难点的方法】 　　通过启发式讲授，结合雍正整饬财政、治理贪腐的实际效果入手，引导学生站在清朝前期的历史阶段评价雍正朝整饬财政的历史影响和历史地位，对雍正一朝能有一个新的认识和评价。

续表

教学策略	以学生为中心，通过讲授法、启发法，结合多媒体教学，在搜集整理史料的基础上，进一步解读史料，让学生学会分析问题的角度、解决问题的方法，从而培养学生史料实证与历史解释的能力，使学生具备历史学科的核心素养。通过雍正整饬财政、治理贪腐的措施和影响的讲解，使学生感悟到雍正的勤政以及雍正朝在康乾盛世中承上启下的历史地位，提升学生的史学思辨能力，培养学生以史鉴今的意识。
板书设计	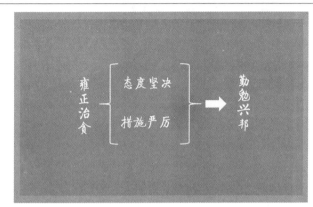
教学流程	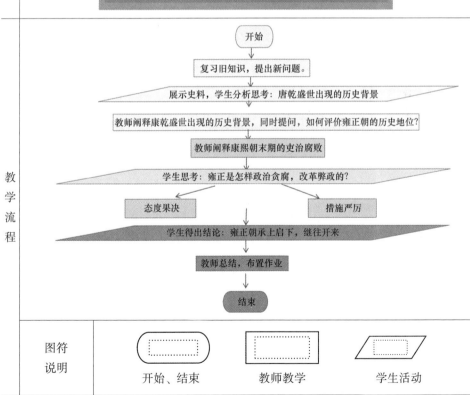
图符说明	开始、结束　　教师教学　　学生活动

阶段	教学内容	教学过程、方法与设计意图
导入新课 （3分钟）		【问题导入】 　　康雍乾三代，前后绵延近一个半世纪，经济发展、国家统一、文化繁荣、军事强大等等，通常被认为是清朝历史上的盛世。其中，雍正在位13年，虽然时间最短，但却不可忽略，甚至可以说雍正在位十三年是康雍乾盛世的关键。为什么这么说呢？
确定目标 （3分钟）	【知识目标】 　　1. 了解康熙末年政治腐败、财政亏空的情况。 　　2. 了解雍正整饬财政的措施及其取得的效果。 【能力目标】 　　1. 通过引导学生分析《清史稿》《雍正起居注》等史料，使学生具备史料实证的能力。 　　2. 通过多角度解读同一历史事件、评价同一历史人物，让学生掌握辩证思维方法。 【思政目标】 　　通过对雍正整饬财政的措施及取得的效果的讲解，使学生较为深入地理解雍正的勤政以及雍正朝的历史地位，培养学生的辩证思维能力。	本课主要围绕康乾盛世出现的历史背景、雍正朝的历史地位等内容展开讲授。通过讲解让学生认识康乾盛世出现的历史背景，能够较为恰当地评价雍正朝的历史地位，使学生学会基于历史文献的解读，从不同角度思考和评价历史事件，从而拓展关于康乾盛世认知的广度与深度，提升学生的史学思辨能力。
内容讲授 （36分钟）	一、康乾盛世出现的历史背景 　　盛世大致可有四条标准：一是吏治清明，贪官污吏稀少；二是百姓安居乐业；三是社会犯罪率低；四是容纳和欢迎直言。 　　——王曾瑜：《试论国史上的所谓"盛世"》 　　康乾盛世在税收政策上采用了"薄税	【提出问题】 　　中国历史上出现过若干个被誉为盛世的时代。判断一个历史时期是否为盛世，就要首先明确盛世的标准。那么盛世的标准是什么呢？ 【设计意图】 　　使学生从概念入手，明确历史概念的内涵和外延，以此为标

阶段	教学内容	教学过程、方法与设计意图
教学环节 内容讲授 （36分钟）	赋"的政策，这一项政策缓和了农民的敌对情绪，而且巩固了盛世的政权。同时，制定了一系列重农政策，提高了农民的积极性和创造力，为盛世的出现奠定了物质基础。 ——周跃辉：《新时代经济强国方略》，湖北教育出版社2018年版，第35页。 二、雍正治贪 	准判断历史现象的性质。使学生学会分析史料，结合相关学术研究成果，论从史出。 【图文结合】 　　中国历史上任何一个盛世的出现，都要以一定的经济基础为前提，社会存在和发展的基础就是物质生产水平。因此，康乾盛世的出现，也一定需要物质基础。而清朝推行的"薄税赋"以及后来的"盛世滋生人丁，永不加赋"为康乾盛世的出现提供了重要的物质条件。 【设计意图】 　　通过史实的讲授，使学生理解唯物史观中经济基础决定上层建筑的原理，物质基础为康乾盛世的国家统一、文化繁荣等提供了重要前提。 【启发引导】 　　康乾盛世绵延近一个半世纪，而雍正朝仅仅有十三年，那么可以被忽略吗？ 【图文结合】 　　通过展示康熙朝末年财政亏空、吏治腐败的史料数据，阐释六十年的发展，取得了成就，但也积累了大量的弊政。实际上，康熙皇帝为继任者留下的是一个烂摊子："大厦将倾，雍正何为？" 　　阐释为了革除弊政，引导清王朝走上正轨，雍正皇帝即位之初即实行了大刀阔斧的改革，成立了专门清查亏空，整饬财政的部门——会考府，以表明中央在

续表

阶段	教学内容	教学过程、方法与设计意图
教学环节	内容讲授 （36分钟）		整饬财政、治理贪腐方面的决心。 　　结合《清世宗实录》《雍正朝起居注》等史料，阐释雍正革除弊政、治理贪腐的果决。使学生理解，任何历史阶段，如果要推行革除弊政的措施，首先就要求态度果决，不能犹豫不决，这是保证改革措施能够推行的重要前提。 【设计意图】 　　与历史上革除弊政的过程相始终的，往往是血雨腥风。这就要求改革的推行者态度上要坚定不移。通过史实的阐释，使学生能够对改革面临的阻力有较为深入的理解。 【启发引导】 　　弊政的革除，只有果决的态度是不够的，还必须要有严厉的措施，才能够保证改革的效果。那么，雍正采取了哪些措施，以革除弊政的效果呢？ 【图文结合】 　　结合《上谕内阁》《雍正朝起居注》阐释雍正的治理贪腐的严厉措施，即革职查办、查抄充公、惩治党族等。而且雍正主张宁可措施过于严厉，也不能相对宽缓。 【设计意图】 　　通过雍正革除弊政的措施的讲解，使学生能够较为直观地理解革除弊政必须推行严厉的措施，以保证改革的成效。

阶段	教学内容	教学过程、方法与设计意图
教学环节	内容讲授（36分钟） **财政状况有好转吗？** 清史稿／雍正朝户部存银：雍正元年 2361万两／雍正四年 4741万两／雍正七年 6025万两／清实录 文史通义校注：明中叶以后，门户朋党之声相激，我宪皇帝裁革陋规，整饬官方，惩治贪墨，实为千载一时。——《文史通义·章变》 课堂小结：雍正的奏折批阅 十三年御批奏折数量 192,000余件 每年御批的奏折数量 14,700余件 御批奏折的文字数量 1,000万字	【启发引导】 　　雍正推行的严厉措施，财政状况有好转吗？ 【图文结合】 　　结合《清史稿》《清实录》的记载，统计雍正元年（即康熙末年）国库的财政状况和雍正四年、雍正七年的财政状况，在对比中阐释雍正革除弊政、政治贪腐所取得实际效果。 　　同时引用清朝著名学者章学诚的评价，从中可以看出雍正朝在康乾盛世中的历史地位。 【归纳总结】 　　回顾本节课重点，即雍正革除弊政、政治贪腐的措施以及取得的实际效果。结合雍正批阅奏章的数量以及所用过的眼镜，展现雍正的勤政。要求学生课下阅读《清史讲义》《雍正帝及其时代》，进一步思考雍正时期推行的相关政策，更为深入地理解雍正朝继往开来的历史地位。培养学生结合相关资料，独立思考的能力。
	总结（3分钟） 课后作业：历史讲义／冯尔康文集／雍正帝及其时代 为什么说雍正十三年统治是康乾盛世出现的关键环节？	【设计意图】 　　巩固所学，为下节课内容奠定基础。

<table>
<tr><td rowspan="30">课程资源</td><td>

【参考文献】

1. 张岂之主编，张国刚、张帆、李伯重撰：《中国历史新编·古代史（下）》，高等教育出版社 2014 年版。

2. 朱绍侯、张海鹏、齐涛主编：《中国古代史［新版（下）]》，福建人民出版社 2004 年版。

3. 李治亭：《清史》，上海人民出版社 2002 年版。

4. 冯尔康：《冯尔康文集 雍正帝及其时代》，天津人民出版社 2019 年版。

5. 刘凤云：《雍正朝清理地方钱粮亏空研究：兼论官僚政治中的利益关系》，《历史研究》2013 年第 2 期。

【拓展阅读】

1. ［日］宫崎市定：《雍正皇帝：中国的独裁君主》，上海古籍出版社 2018 年版。

2. 金恒源：《再说雍正》，上海社会科学院出版社 2018 年版。

3. 徐伟新、刘德福：《落日的辉煌：17—18 世纪全球变局中的"康乾盛世"》，人民出版社 2016 年版。

4. 杨启樵：《雍正帝及其密折制度研究》，岳麓书社 2014 年版。

5. 林乾、句华：《言官与康乾政治》，安徽人民出版社 2013 年版。

6. 李治亭：《清康乾盛世的余晖》，中国大百科全书出版社 2012 年版。

7. 孟森：《清史讲义》，中华书局 2010 年版。

8. 陈晨：《巡察御史与雍正朝政治》，《清史研究》2017 年第 3 期。

9. 范金民：《清代雍正时期江苏赋税钱粮积欠之清查》，《中国经济史研究》2015 年第 2 期。

10. 杨振姣：《雍正朝蠲逋欠政策与吏治整顿》，《辽宁大学学报》（哲学社会科学版）2003 年第 5 期。

11. 张莉：《雍正清理钱粮亏空案史料》，《历史档案》1990 年第 3 期。

12. 魏洛：《简论雍正朝吏治与康、乾盛世》，《北京航空航天大学学报》1987 年第 A1 期。

</td></tr>
</table>

下　篇

《中国古代史（下）》课程教学
详案与反思评价

澶渊之盟的性质

【教学详案】

导入：同学们，公元 1004 年，宋辽双方在今天的河南濮阳签订了一纸协议，史称澶渊之盟。它的签订不但终结了宋辽之间二十五年的战争状态，而且由此开启了一个长达百余年的和平时期。这对宋辽双方的历史乃至于整个中国古代历史，都产生了深远的影响。而围绕澶渊之盟的性质，学界多有探讨，有的认为对于宋而言是屈辱性的城下之盟，而有的认为这是平等互利的协议（翻页笔，PPT 1）。那么，澶渊之盟的性质究竟是怎样的呢？今天这节课，我们就来共同探讨澶渊之盟的性质。

板书：澶渊之盟的性质

教师：刚刚我们提到了，关于澶渊之盟的性质，学术界首先集中讨论它是否为城下之盟。所以我们有必要了解，到底什么是城下之盟？然后才能够对澶渊之盟是否为城下之盟进行探讨。"城下之盟"是源自《左传》的典故（翻页笔，PPT 2）。《左传·桓公十二年》记载，公元前 700 年，楚国攻伐绞国而屯兵于绞国南门。绞国严守不出，楚军一时倒也攻它不下。莫敖屈瑕说："绞国人轻浮草率，缺乏计谋，我们可以引诱他们出城。让我们的伙夫去打柴，故意被他们抓住。"带兵的将领依计而行。绞国人果然中计，把楚国人捉了回去。

(PPT 1)

(PPT 2)

之后，绞国人更加大胆，争着从北门出城，到山里去抓打柴的楚国人。楚军预先在山里设下埋伏，一面堵住北门，一面伏兵齐起，把绞国打得大败。于是，楚国强迫绞国订立了"城下之盟"。我们看到，在这个典故中，楚绞之间城下之盟的签订基于两个条件，一方面，被攻伐的绞国本身国力弱小，另一方面，战争的结果是绞国失败，由此签订的屈辱性盟约。史载，城下之盟签订后，绞国逐渐衰落乃至于亡国。如果依据这个标准来看，宋辽之间的澶渊之盟符合被攻伐的一方弱小，战争的结局以被攻伐的一方失败而终结吗？下面我们从两个方面来看北宋在澶州之战前后是否孱弱，一方面是经济实力，经济实力在很大程度上决定了国力的强弱，而另一方面是军事科技水平，这是国家实力在战争中的直接体现。

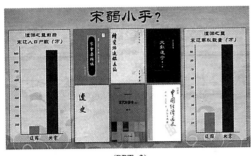

(PPT 3)

板书：经济实力

教师：对于古代文明而言，人口的多寡是经济实力的重要指标（翻页笔，PPT 3）。根据《宋会要辑稿》《续资治通鉴长编》《辽史》的史料，同时结合《宋代经济史》《中国经济通史（辽夏金）》的研究，我们发现，澶渊之盟前后宋辽人口户数相差悬殊，北宋人口接近一千万，而辽国人口将近一百万，两国人口有近十倍的差别。那么用于投入生产劳动的人口差别自然是极大的。通常情况下，处在同一时期的游牧民族经济发展相对农耕文明而言是落后的，而事实上，辽国反复对北宋侵扰，重要的目的也在于夺取北宋的人口、粮食等。另一方面，宋辽的军队数量也有明显差距。北宋真宗朝的军队总数在百万左右，而辽国的军队人数是二十余万。后来真宗御驾亲征，各地收到勤王命令，逐渐汇集到澶州的宋军就将近九十万，这对前线的辽国产生了巨大的压力。我们说，仅就人口的多寡我们能够看出来，宋在经济实力上不但不弱小而且是超过辽国的，即便站在整个中国古代社会的角度来看，宋代的经济发展也是居于顶峰的。那么，澶渊之战中，宋溃败了吗？

(PPT 4)

板书：军事科技

教师：辽朝二十万大军在萧太后和耶律隆绪的统帅下，深入大宋腹地数百里，前锋直抵澶州。但在这个过程中，辽军的行进并不顺利。比如著名的瀛洲攻防战中，辽国损失惨重，伤亡六万余人，而且辎重损失百万计。（翻页笔，PPT

4）以至于后来的大宋宰执毕士安评价："本朝雄富，虏常惧一旦举兵复幽州。"辽国进军受阻，此时就有了议和之意。我们看到，从整个澶渊之盟缔结的过程中来看，不但不是大宋首提议和，反倒是由进攻的一方提出议和。在之后的澶州对峙中，一个偶然性事件的发生，又进一步推动了辽宋之间的议和趋势。这就是辽军前线统帅萧挞览被宋军床子弩射伤不治身亡的事件。三弓床子弩可谓是宋军的"黑科技"，史载，床子弩不是单纯靠人力把弩箭射出，而是通过士兵转动轴承，借助机械力弹射，其力度可以使弩箭钉到城墙之上，其射程甚至可以达到1500米。（翻页笔，PPT 5）萧挞览在视察前线阵地时"中额而殒"，辽军遭此打击，士气大挫，辽军最高统帅萧太后"闻之大恸"，乃至于"辍朝五日"。萧太后和耶律隆绪意识到，一方面辽军深入大宋腹地，所谓孤军深入，而且战事逐渐呈现出对辽军的不利；另一方面随着宋真宗的御驾亲征，各地勤王之师逐渐汇集于澶州，宋军气势高涨。辽军想通过战场上的优势获得谈判桌上的主动已然不太现实，正是在这样的情况下，辽军确定了议和的方针。综合来看，澶渊之盟的签订，辽军虽然是主动进攻的一方，但是并没有在战场上取得压倒性优势，反倒损兵折将。宋军凭借经济军事科技实力，也并没有溃败。显然，从城下之盟的标准来衡量，宋辽之间的澶渊之盟并不是城下之盟。（翻页笔，PPT 6）

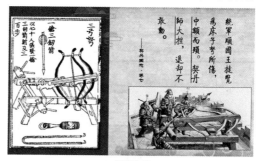

(PPT 5)

(PPT 6)

(PPT 7)

那么宋辽之间的澶渊之盟的性质到底是怎样的呢？我们就需要结合盟约的内容以及盟约订立之后对双方的影响来看。（翻页笔，PPT 7）澶渊之盟的盟约内容主要有三点，根据《三朝北盟会编》等史料文献的记载，首先，宋辽之间以白沟河为界，约为兄弟之国，宋真宗年长为兄，耶律隆绪为弟。每逢双方的重要节日，互通国书以示庆贺。聂崇岐在《宋史丛考》中统计，澶渊之盟后宋辽之间互通国书的次数达到八十余次，《契丹国志》记载"讲好以来，互守成规，义若一家，共思于悠永"。（翻页笔，PPT 8）其次，就是宋每年支付辽"岁币"三十万匹两。围绕这三十万匹两的岁币，学界多有争议，有学者认为就是因为宋每年给辽三十万岁币，所以这是屈辱性的盟约。但我们需要从三十万匹两的来由分析。宋辽议和之时，宋真宗派曹利用为使节前往辽营。临行之时，宋真宗许之百万两白银，前提只要辽军退兵。曹利用退出真宗大帐后，途经平章政事新任宰执寇准的营寨。寇准，我们在前面的课程中也提到过。面对来势汹汹的辽军，正是在他的力荐之下，宋真宗才一度摒弃了逃跑的主张，御驾亲征北上御敌，也就有了当下的宋辽议和。而曹利用被寇准召到面前，耳提面命："虽有旨许百万，若过三十万，将斩汝。"（翻页笔，PPT 9）也就是在寇准看来，最多只能支付辽军三十万。而后来曹利用不辱使命，与辽军的唇枪舌剑之后，最终确定了三十万匹两的岁币——这是一个积极争取之后的谈判结果。三十万匹两的岁币约占当时宋廷每年国库收入的 1.5%，况且每年宋廷用于军费的支出约占国库收入的 50% 以上，但就这两点支出来看，可以说宋花费最小的代价赢得了长久的和平。不但真宗皇帝龙颜大悦，而且宋廷内外大多认为"澶渊之盟"未为失策。从澶渊之盟签订之后对宋辽双方的影响来看，又是怎样的情况呢？（翻页笔，PPT 10）首先对于辽国而言，宋辽不再有大规模的边境冲突，宋廷也基本放弃幽云十六州的收复，因此，辽国可以利用从北宋学到的农业生产

(PPT 8)

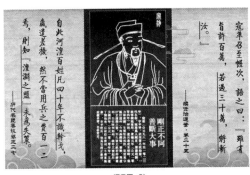

(PPT 9)

(PPT 10)

技术、边境互开榷场等进一步开发和经营幽云十六州，在一定程度上促进了幽云十六州乃至辽国经济的发展。同时，宋辽互开榷场使得北宋先进的儒家文化传入辽国，辽国皇家贵胄兴起了以学习儒家文化为荣的风气，并且辽国君主带头研读《贞观政要》等治国理政的文献，推动了辽国政治、社会的发展。既然是双方互开榷场，那么对于北宋的经济有何影响呢？（翻页笔，PPT 11）我们看到，北宋在互市贸易中主要获得的是牲畜，主要是战马，这对提升北宋骑兵的作战能力有重要意义，而辽国主要从宋获取粮食、丝绸、茶叶、瓷器等物，这对于进一步推动辽国经济发展乃至繁荣有重要意义。在这个过程中，通过对榷场贸易征收赋税以及双方贸易的差额，宋不仅弥补了三十万匹两的岁币，而且多有盈余。正是从整体的角度来看，澶渊之盟对于宋廷而言，不仅不是城下之盟，反而对于双方而言，更多的是化干戈为玉帛的互利协议。相对和平的外部环境，为宋辽双方各自发展提供了重要前提，尤其是宋代，在接下来的一个世纪中，经济、文化、社会全面发展，尤其文化极其繁荣，达到了中国古代历史的巅峰。（翻页笔，PPT 12）

(PPT 11)

(PPT 12)

板书：互利协议

小结：同学们，今天我们从宋辽双方的经济实力和军事科技两方面探讨了澶渊之盟的性质，它是平等互利的协议，它的签订促进了宋辽双方经济的繁荣，社会的发展，尤其为北宋走上中国古代文化史的巅峰奠定了极为重要的外部条件。而在战争阴霾的笼罩之下，以寇准为代表的士大夫们不畏强敌，迎难而上，以战促和，这种大忠大勇是中华优秀传统文化的重要内容，时至今日，也依然值得我们去传承与弘扬。课下大家可以进一步思考，站在历史学的角度，结合纪录片《历史的拐点——澶渊之盟》和《寇准传》等影视作品著作，澶渊之盟有没有消极影响呢？我们在"学习通"上进一步交流。

【教学反思】

一、教学目标

本节教学片段主要围绕两个问题展开，即宋辽之间澶渊之盟是否为城下之盟以及澶渊之盟的性质究竟是什么。重点在于把史料与学界研究相结合，阐述宋辽澶渊之盟并非屈辱性的城下之盟。难点在于参考学界已有成果，依托相关史料，确定澶渊之盟的根本性质。根据相关一手史料，从盟约本身出发，结合相关数据，分析澶渊之盟后对双方社会造成的影响，向学生阐明，澶渊之盟并非传统意义上的城下之盟，而是在当时的历史条件下，对于宋辽双方而言，是平等互利的协议。

本次教学片段的教学目标清晰，重难点设定较为合理，借助多媒体，通过史料分析确定澶渊之盟性质的同时，深入澶渊之盟签订过程中具体历史人物的语言行为，揭示以寇准为代表的文人士大夫在面对民族危亡时所表现出来的大智与大勇。这实际上是对中华优秀传统文化的传承，也是中华民族不屈不挠的民族精神的展现。通过这一内容的讲解，有助于增强学生的文化认同感。

二、教学过程

本次教学片段展示用时约二十分钟，由导语、正课、结语和课后作业布置四个环节构成。其中导语用时约一分钟，正课用时约十七分钟，结语和课后作业布置用时约二分钟。重点内容讲解用时约八分钟，难点内容突破用时约九分钟。从教学效果来看，时间分配较为合理，重难点突出，教学节奏掌握适当。

在重难点讲授方面，从城下之盟原本的含义入手，从战争双方的胜负和战争对双方的影响两方面分析城下之盟的内涵。由此出发，从战前宋辽双方的经济实力、军事实力等方面的对比，可以看出北宋国力强于辽朝。而宋辽双方在澶州对峙时，由于北宋军事科技水平导致辽军统帅阵亡，从而促使辽军首先提出议和。综合来看，虽然辽朝是战争的发动者，是主动进攻的一方，但战前实力不敌北宋，战时又屡屡受挫，乃至前线统帅阵亡。所以，宋辽的澶渊之盟并不是辽朝兵临城下，北宋不得不屈膝投降签订的城下之盟。而通过当时北宋执政者的评价以及战争对宋辽双方的影响，尤其宋辽互通国书、开展榷场贸易等，促进了宋辽双方的经济、社会的发展。从这些角度而言，澶渊之盟更多地属于平等互利的协议。

在课后作业布置环节，要求学生课下观看央视纪录片《历史的拐点·澶渊之盟》，并且阅读《寇准传》。通过纪录片的观看和学术专著的阅读，艺术地再现澶渊之盟的场景，使学生能够对这场战争有形象直观的认识。同时，对以寇准为代表的北宋士大夫的家国情怀和责任担当有更为深刻的理解。

三、改进计划

本次课程完成了教学目标，重难点突出，教学节段的时间分配较为合理，板书结构清晰，课程思政元素在课程教学的过程中有所体现。但在史料运用方面有待完善，主要集中在宋辽双方的综合实力对比方面。

宋辽双方的综合实力对比，原本就存在一定困难。很重要的一个原因在于宋为农耕文明，辽为游牧文明。文明形态的差异使得评价标准并不容易统一。单就人口户数、军队数量等，不足以完全说明两者之间的显著差别。因此，在后续完善过程中，需要进一步充实史料，尤其围绕赋税征收、军事实力（包括武器装备水平、技战术运用等），从而使该部分内容的讲授逻辑更为清晰、论据更为充分。

【教学评价】

章凤红：

本次课程教学目标清晰，结构完整，史料丰富、内容充实、语言流畅。但本次授课内容中的课程思政元素的展现方式有些生硬，尤其寇准在宋辽"岁币"问题上的历史贡献突显不足。宋辽战争的过程中，无论是在寇准力主下宋真宗御驾亲征，还是澶渊之盟缔结中寇准积极主动为北宋争取政治和经济利益，无不彰显了作为北宋士大夫的责任担当，类似寇准这样的历史人物不屈不挠、勇于斗争的精神，是构成中华民族脊梁、中华优秀传统文化传承的不竭动力。这是本次授课应予以适当展现的内容，同时也是课程思政元素在本次课中的表现。

卢勇：

本次课程从学术界的争议入手，引出澶渊之盟性质的讨论，通过史料印证澶渊之盟对于北宋而言并非城下之盟，对于宋辽双方都是一个平等互利的协议。授课的逻辑思路清晰，内容较为充实。但同时，把澶渊之盟放在长时期的历史阶段中考量，它的签订又对宋辽双方有消极影响。虽然不属于本课的重点内容，在教学过程中仍然有必要予以适当点评，这是历史的辩证思维在本次内容中的体现，也是培养学生历史素养的要求。

刘永海：

本次课内容充实，结构紧凑、思路清晰，教学重难点设置较为合理。但从历史学的学科特质角度而言，史料的选取需要更为聚焦、更为典型，尤其在讲解宋辽双方综合国力的比较时，更应该突出强调。作为游牧民族的辽朝，其赋税征收和统计的方式不同于农耕文明，所以宋辽在经济实力的对比时就存在一定的难度和复杂性，但这又是宋辽经济实力乃至综合国力的重要组成，因此，需要给予足够的关注，否则综合国力上宋优于辽的结论，可信度就会打折扣。建议参考和借鉴中国古代经济史研究领域中的成果，以补充该部分的史料，进一步增强史料的丰富性和观点的说服力。

东坡治水

【教学详案】

导入：（翻页笔）同学们，2019 年水利部公布了第一批中国历史治水名人。我们看到，荣登这个榜单的有我们所熟悉的为了治理水患三过家门而不入的大禹（翻页笔），有我们熟悉的李冰，修建了都江堰而成就天府之国，并且这项水利工程一直沿用至今，是真正意义上的利在千秋，被列为世界文化遗产。然而，往下看，我们看到了更为熟悉的名字——苏轼（翻页笔）。我们知道，苏轼是北宋文学家，位列唐宋八大家之一，同时也是著名的政治家、思想家、书法家等等，集多重身份于一身。但是，他为什么也能够位列治水名人呢？而且，凭借怎样的功绩能够成为和大禹、李冰同一级别的治水专家呢？今天这节课我们就来共同走进水利专家苏东坡，共同探讨他的治水功绩。（翻页笔，PPT 1）

(PPT 1)

板书：东坡治水

教师：首先，作为治水专家的苏轼，他有一系列有关治水的著述传世，大家在这里看到的，是其中一部分，而我们把这些著述分为三类，一是关于治水的具体对策，二是治水奏章，包含治水的效果，三是关于治水的诗文，包含治水的思想等等。这些著述表明，苏轼对于治水是进行过理论研究的。（翻页笔，PPT 2）从理论出发，用理论指导实践，效果怎么样？苏轼治水的实践大多是在他出任地方官或者被贬谪到地方任职时完成的。

(PPT 2)

（翻页笔，PPT 3）我们来看这样一幅图，这里显示的是苏轼出任地方官时足迹遍及的主要地方，而这几个地方是苏轼被贬谪出任地方官的所在。可以这样说，苏轼宦海生涯仕途多舛，从礼部尚书最后贬成了琼州别驾，总计被贬了 14 级。可能换其他人也就就此沉沦了，但苏轼不但没有沉沦，其乐观豁达的性格以及心系家国、造福百姓的人生理想使他在地方上作出了彪炳千古的功绩。首先我们来看他在徐州的抗洪。

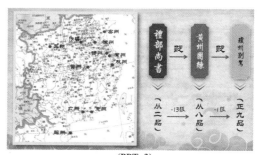

(PPT 3)

板书：徐州抗洪

教师：整体上而言，中国古代自然灾害频发，而洪灾是危害颇大的自然灾害之一。徐州处于河流汇集之所，地势低洼，这为洪灾的发生提供了前提条件。史载，公元 1077 年苏轼出任徐州知州。上任不久，便遭遇洪水来袭。洪水来势汹汹，我们看到，"田庐漂荡，父子流离"，民不聊生，惨状异常。情况紧急，不容犹豫。苏轼抽调五千人，昼夜筑堤，堤坝修筑之后，湍急的洪水止于堤前。而雨日夜不停，为了保证堤坝的安全稳定，苏轼与当年的大禹一样，过家门而不入，吃住在抗洪一线，而且派熟悉水性者乘舟驾船给受困的人送粮食物资，从而挽救了大量的百姓。（翻页笔，PPT 4）

(PPT 4)

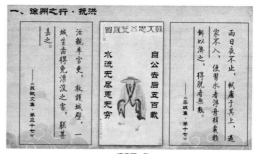

(PPT 5)

神宗皇帝得知后，亲自嘉奖苏轼，表彰他为保全徐州城所做的巨大贡献。明人赞誉苏轼时说，自公去后五百载，水流无尽恩无穷。可见苏轼徐州抗洪，利在当时，功在千秋。（翻页笔，PPT 5）

而我们刚刚说到，苏轼仕途多舛，在被贬谪出任地方官时，也取得了治水的功绩。这又是怎么回事呢？我们来看苏轼的广州之行。

板书：广州引水

教师：史载，公元 1094 年，苏轼被贬谪到今天的广东惠州，途经广州。到达广州之后，苏轼发现广州百姓"好饮咸苦水，春夏疾疫时，所损多矣"。

于是他考察了广州周边，发现离广州城不远处的白云山山泉水非常清澈可口。那么如何让广州城的百姓能够喝上山泉水呢？经过缜密考察，他发现了泉水从山上流下时必经的地势较低处，然后在这里建立了引水处。这一引水处一直保留至今。在这里，苏轼修筑了一个大石槽，然后用若干节竹子连成一个筒，借助地势的高低起伏，把白云山的山泉水引入广州城，同学们，这是广州博物馆展示的东坡引水装置模型。而水进入广州城后，再修筑一个大石槽，由此可以把山泉水再引入城中各处，方便百姓取用。当前学界普遍认为，这是中国历史上最早的自来水系统。（翻页笔，PPT 7）那么如何保证这项惠民工程的可持续利用呢？苏轼是这样做的。为了避免年久失修而导致这套系统废弃，苏轼要求把每一节竹子用钉子钻几个绿豆大的孔，平时把这些孔堵住，当发现引水系统不能正常使用时，派人检查每一节竹筒，如果水不能从竹筒上的孔漏出，说明这一节竹筒有问题，只需要更换这一节就可以了，从而极大地降低了维修成本，也保证了这一整套引水系统的可持续使用。我们看到，这是《农书》中保留的竹筒引水系统图。（翻页笔，PPT 8）可以说，将近一千年前的时代，能有这样一套系统惠泽百姓真正落实了儒家主张的"为生民立命"的政治理想。

（PPT 6）

（PPT 7）

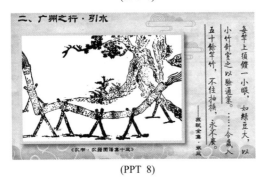

（PPT 8）

板书：惠州筑堤

教师：离开广州之后，苏轼前往惠州。到达惠州，他发现惠州东西两城被水环绕，民众出行极不便利。他借鉴之前在杭州疏浚西湖筑堤的经验，在惠州东西两城选择适宜之处筑堤，然后在东西两城之间并排放置船舶，进而在船只上建桥,从而便利了惠州百姓的出行,这座桥被誉为苏公桥,后来在苏公桥的基础上进一步改进加固,这就是至今我们依然可以看到的苏公桥(翻页笔,PPT 9)。由于苏轼的筑堤修桥惠泽百姓,为了纪念他的功绩,现在的惠州西湖桥头立有"苏堤玩月",成为惠州西湖的著名景点。当然,作为水利专家的苏轼并不仅仅抗洪浚湖、引水入城、筑堤修桥,还有一些与大工程相比的小工程,比如惠州的东坡井,海南的浮粟泉,虽然工程小,但惠泽万民的口碑却一直流传至今。(翻页笔,PPT 10)

(PPT 9)

小结:今天我们共同探讨了作为水利专家的苏轼。我们看到,无论他的徐州抗洪、惠州筑堤,还是设计建造了中国古代史上最早的引水工程,无一不对当地百姓的生活和后来社会的发展产生了深远影响。而这些功绩大多是在他遭到政治上的贬谪,处于人生低谷之时所取得的。作为儒生士大夫的一个代表,苏轼秉承了"为生民立命,为万世开太平"的政治抱负,虽然历经磨难,但他的超世之才和坚忍不拔,使他在中国治水史上留下了浓墨重彩的一笔,这也是他能够成为与大禹、李冰等人齐名而位列治水名人的原因。他的家国情怀、心系百姓的人生理想,豁达乐观、超然物外的人格魅力已然融入了中

(PPT 10)

(PPT 11)

华优秀传统文化而具有了永恒的意义。(翻页笔,PPT 11)请大家课后阅读《苏东坡传》和《苏轼评传》,思考这样一个问题:除了治水,苏轼还有哪些惠民之举呢?我们在"学习通"上进一步交流。

【教学反思】

一、教学目标

本次教学片段主要讲述北宋文人士大夫的代表人物苏轼在地方任所的治

水功绩。重点在于苏轼出任和被贬在地方任所时解决水患，在治水领域取得一系列成就，造福百姓乃至于泽被后世。难点在于苏轼在广州治水时兴建了中国古代历史上著名的引水工程，被誉为最早的自来水工程。通过图片、史料和动态 PPT 的展示，让学生认识到苏轼在治水领域的成果可以分为理论研究和实践经验两部分，其中，徐州抗洪、广州引水和惠州筑堤构成了苏轼治水功绩的主要方面，这是苏轼被列为历史治水名人的重要原因。

本次教学片段的教学目标较为清晰，重难点设定较为合理，借助多媒体，形象地展现了广州引水工程的特点，使学生对苏轼高超的智慧以及在困境中依然心系百姓的情怀有直观认识，同时，使学生能够感触以苏轼为代表的北宋士大夫"为生民立命，为万世开太平"的人格魅力，从而强化学生的家国情怀、对中国优秀传统文化以及历史人物的认同感。

二、教学过程

本次教学片段展示用时大约二十分钟，可以分为导语、正课、结语和作业布置四个环节。导语用时约一分钟，正课用时十七分钟，结语和作业布置约用时二分钟。其中，重点内容讲解用时十分钟，难点内容突破用时约七分钟。从教学效果来看，教学过程的时间分配较为合理，详略得当，重难点突出，教学节奏适宜。

在重难点的讲授方面，图文结合，从苏轼治水的历史背景出发，即苏轼治水的理论著述和一波三折的官宦生涯，按照地域差异分为徐州抗洪、广州引水和惠州筑堤三个部分。苏轼在这些地方取得的治水功绩无一不是造福当地、泽被后世。其中，尤以苏轼在被贬惠州途经广州时修建的引水工程最为著名，这也被史学家誉为中国历史上最早的自来水工程，而且为了保证该项工程的可持续利用，苏轼别出心裁，在输水管道上钻孔，为后期检验管道的顺畅与否创造了条件。时至今日，广州白云山依然保留着"东坡取水处"作为纪念。这一部分是本次课程的难点，主要从技术史的角度阐述和评价苏轼的引水工程。借助动态 PPT，有助于难点的突破，展现了一个不同于以往的文人士大夫形象的苏轼，引导学生学会从不同角度思考和评价历史人物。

课后作业布置环节，要求学生进一步阅读《苏轼评传》和《宋代士大夫群体意识研究》，目的在于通过阅读学术专著，开阔学生视野，使学生对以苏轼为代表的宋代士大夫群体有多元化认识，提升学生的史学思辨能力。课后作业布置难度适中，同时也有助于拓展学生对于宋代社会史、思想史的认识。

三、改进计划

本次课完成了教学目标，重难点突出，板书设计较为合理，课程思政元素较好地体现在了授课过程中。但在教学语言的文采和教育手段的使用方面有待改进。

　　苏轼作为中国历史上第一流的文学家，其文学性贯穿于他全部的政治生涯以及日常生活中，因此，苏轼关于治水的感受、思考等，很多都是以诗词文章的形式展现。这一部分的讲授应该在一定程度上凸显苏轼的文人特性，教学语言就需要一定的文采，使苏轼作为治水专家，也有着不同于他人的特点，从而使历史人物形象更为鲜活，更易于被学生理解。

　　本课教学涉及苏轼广州引水工程设计建造的讲授，多媒体教学有助于技术呈现的形象直观，但苏轼建的输水管道，就地取材，把钻了孔的竹节相连通，如果在教学环节中能够出示这一教具，那么将进一步调动学生的学习兴趣，使学生直观地感受到一千年前古人的智慧，也能够在无形中强化课程思政的育人功能。

【教学评价】

冷江山：

　　本次课的讲授，节奏掌控较好，结构较为清晰。但首尾呼应的程度不够。导语并不是单纯地开头，在讲授过程中、课堂结语等部分都要有相应的体现，加强课堂教学各个环节的联系，有助于提升课堂教学的整体性和逻辑性。此外，针对本课，还需要突出苏轼对民生的关注，还可以适当延长难点讲授的时间，让学生有形象认识的同时，也给他们留下思考的空间，这是史学思辨性的体现。

章凤红：

　　本次课程教学目标设计合理，史料多样，论证较为充分。但苏轼作为中国古代文人的代表，诗词的创作贯穿其一生的方方面面，治水领域也不例外，因此，需要嵌入一定量的与治水有关的诗词，以彰显作为治水专家的苏轼不失其文人的风采。同时，苏轼宦海沉浮几十载，在贬谪途中依然心系天下、笑对人生，这本身就是极好的课程思政元素，可以在结语中进一步强化。

唐定坤：

　　本次课程讲授，内容较为充实，史料运用娴熟，逻辑思路清晰；选题别开生面，从大家熟悉的文学家着手，却讲其科技治理，契合于建构主义的认知期待。但板书设计还需优化，可以考虑形式的整饬骈化，以显得凝练而有文采，增加教学的趣味性，在一定程度上又可以凸显本课内容的特殊性，即教学对象是大诗人、大词人苏轼；个别汉字的书写，在笔顺上不能太随意。苏轼实际上是北宋士大夫的一个缩影，从这一个角度上而言，课后作业的布置是合理的，将课内课外连成一片，使学生的认知由点及面，由苏轼到士大夫群体，这有助于开阔学生视野，激发学生思维能力。

青苗法的推行

【教学详案】

导入：公元 1069 年，意气风发的宋神宗任用王安石为参知政事，由此拉开了两宋历史上影响最为深远的熙宁变法。历经九百多年的沧桑，熙宁变法依然是学术史上的公案。有的史学家认为熙宁变法导致了北宋的衰亡，有的则认为此次变法实现了富国强兵。熙宁变法前后持续了将近二十年，推行了一系列的措施，其中的一项措施影响颇大，甚至一度被认为对于熙宁变法的成败起到了决定性作用。其波及的范围，上至地主乡绅，下至升斗小民。这就是青苗法。（翻页笔，PPT 1）今天这节课，我们就来共同探讨青苗法的推行。

板书：力行青苗

教师：北宋神宗朝初年，百余年的历史沧桑使前朝积累的多种弊病日渐凸显，其中影响最大的则是来自财政的压力。由于北宋推行的是不抑兼并，因此，土地兼并日益严重，国家税收受到严重影响；同时，官僚体系的规模日渐庞大、军队数量日益增长，由此导致的费用支出数额惊人，这就是我们通常提到困扰北宋政府的"三冗"问题（冗官、冗兵、冗费），北宋的财政体系在入不敷出的困境中濒临崩溃。（翻页笔，PPT 2）而神宗皇帝设置制置三司条例司，任用王安石推行变法的目的即在于富国强兵，改变"虽简约而民不富，虽忧勤而国不强"的现状。熙宁变法推行的诸多措施可以分为三类，即富国、强兵和育人。其中富国的措施主要有

(PPT 1)

(PPT 2)

青苗法、农田水利法、免役法、均输法、市易法和方田均税法，强兵的措施主要有将兵法、保甲法、保马法和设军器监，育人的措施主要有三舍法，推行《三经新义》和铨试。富国是最主要的，而其中又以青苗法的推行最为重要，甚至有学者指出，青苗法的成败直接决定了熙宁变法的成败。那么，青苗法制定的初衷是怎样的呢？它的执行过程是怎样的呢？对北宋社会产生的影响又是怎样的呢？首先我们来看青苗法制定的初衷。

板书：济世安民

教师：首先我们来看青苗法的内容是什么。（翻页笔，PPT 3）根据《宋史》所载，"青苗法者，以常平籴本作青苗钱，散与人户，令出息二分，春散秋敛。"青苗法又称常平新法，熙宁二年（1069）九月由制置三司条例司颁布施行。青苗法的本意就是由政府在青黄不接之时，以较低的利息将常平仓、广惠仓里的粮食借给老百姓，等到秋收以后，再连本带利一起收回来。从百姓的角度出发，如有需要借贷的民户，要求五户或十户结为一保，由上三等户作保，每年正月三十日以前贷请

（PPT 3）

现钱（青苗钱）或粮谷（称为夏料），五月三十日以前贷请现钱（青苗钱）或粮谷（称为秋料），夏料和秋料分别于五月和十月随二税偿还，各收息二分。我们可以看到，青苗法的制定，初衷在于解决两个问题，一方面通过征收二分利息而增加政府收入，另一方面可以帮助农民度过荒年，避免遭受高利贷的盘剥。同时，政府的陈年旧粮也可以实现更新换代。正是从这个角度而言，青苗法制定的初衷是济世安民。那么，在执行过程中，青苗法落实得怎么样呢？

板书：政见不同

教师：王安石在制定、推行青苗法时，朝中就有不少大臣反对该项法令。比如欧阳修、文彦博、司马光、韩琦、苏轼、苏辙等等，比如，苏辙认为，"钱入民手，虽良民不免非理之费；及其纳钱，虽富家不免违限"，也就是说无论钱贷给百姓还是富户都不可能按时按量收回，甚至他指出"自古为国，止于食租衣税，纵有不足，不过辅以茶盐酒税之征。未闻复用青苗放债取利，与民争锥刀之末，以富国强兵者也"。通过与民争利而实现富国强兵根本行不通；（翻页笔，PPT 4）而三朝元老韩琦则指出，"今放青苗钱，凡春贷十千，

(PPT 4)

(PPT 5)

(PPT 6)

(PPT 7)

半年之内，使令纳利二千；秋再放十千，至年终又令纳利二千，则是贷万钱者不问远近之地，岁令出息四千也"。（翻页笔，PPT 5）民众从官府贷万钱，利息就四千，必然造成贫苦百姓虽然有需要，但绝不会轻易借贷的结果。朝廷中央一片反对之声，地方上呢？（翻页笔，PPT 6）我们看到，富弼出任亳州知州时，"妄追县吏，重笞之；又遣人示诸县，令未得依提举司牒施行"，由于富弼原本反对青苗法，因此他在地方任所之上就阻挠青苗法的推行。那么除了朝廷官员彼此之间的政见不同影响了青苗法的推行之外，部分地区在推行青苗法的过程中又是怎样的呢？

板书：执行不力

教师：执行不力主要体现在各级地方政府在落实青苗法的过程中。比如，知陈留县的姜潜，接到推行青苗法的通知后，仅仅把青苗法的通知张贴出去，等待三日就以"民不顾矣"为名撤掉榜文，从而使推行青苗法成为一纸空文；（翻页笔，PPT 7）而还有不少地方官员为了政绩工程，讨好朝中的王安石，或为了从中渔利，在实际执行过程中想方设法多放贷款，多收利息，强行摊派贷款，特别是将贷款强行摊派给不需要贷款却有偿还能力的富户，而不愿贷给真正需要的贫农。百姓对新法自然也就怨声载道。同时，在推行青苗法的过程中，要求地方百姓十户为一组，其中家产富裕者被称之为上户。当下等民户无法或者无力偿还利息时，同组的富户就有责任把贫苦拖欠的利息或者本金与利息悉数偿还。（翻页笔，PPT 8）那么，这种做法造成了哪些影响呢？当然，在这个过程中，一定有农户受益，而国家财政税收也的确有所提升。但更多的是什么情况呢？那就是天下骚然。

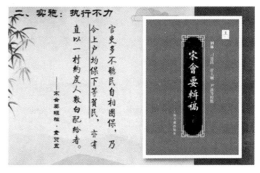

(PPT 8)

板书：结果——天下骚然

教师：通过前面内容的学习，我们知道，原本在王朝初兴之时，由于之前的战乱原因，旧有的土地关系分崩离析，小自耕农往往占主体。但是，由于地力不同、赋役繁重等因素，加上小农自身资产少、投入多，抗风险能力差，小农较易破产——投入农业生产的钱财收不回来。那么遇到天灾或重赋时，小农该如何生存下去？（翻页笔，PPT 9）一，卖地换钱，或干脆当别人佃户租地，或流亡他乡；二，借贷，但民间借贷利率一般很高。因此，政府进行低息农业贷款是维系小农的重要手段，可以说，这是青苗法制定和推行的社会背景。（翻页笔，PPT 10）但是，在执行过程中，就像我们前面所说，有些地方官吏为了追求政绩强行借贷给民众，以至于到了偿还期限，民众

(PPT 9)

(PPT 10)

无法偿还本金和利息，反倒出现"破荡产业者固多，此所以有害而无利""二十年间，因欠青苗至卖田宅雇妻女投水自缢者，不可胜数"的局面。而1074年爆发了严重旱灾。安上门门监，即开封城的守门小吏郑侠因目睹"东北流民扶携塞道，羸瘠愁苦身无完衣"的惨状，于是作《流民图》"绘所见流民扶老携幼困苦之状"。（翻页笔，PPT 11）由于他身份卑贱无法直接上书

神宗皇帝，因此委托他人辗转上呈神宗。神宗反复观看《流民图》，叹气失眠，乃至涕泪横流。最终，面对天下骚然的态势，在朝堂内外一片反对声中，青苗法最终被废止。（翻页笔，PPT 12）究其原因，就如同《宋史》所载，在王安石的弟子陆佃看来："法非不善，但推行不能如初意，还为扰民，如青苗是也。"

板书：用非其人，有违初衷

小结：同学们，本节课我们探讨了青苗法制定的初衷，推行的过程以及造成的影响。我们看到，青苗法最终被废止，非常重要的原因在于制定之时韩琦、富弼等人反对，推行之时，地方官吏流于形式或者唯利是图，违背初衷，从而导致天下骚然，惠民之举一转而成扰民之策。（翻页笔，PPT 13）实际上，这是中国古代历史上历次改革失败的共通之处，也就是改革反对者颇多，同时，改革政策落实不力。最为关键的是孤立无援，没有取得百姓民众的认可和支持，所以，青苗法从制定推行到被废止，前后十六年之久，贯穿了熙宁变法的全过程。青苗法被废止，也就标志着熙宁变法的最终失败。历史再次印证了，人民是历史的推动者，人民的支持是改革成功与否的关键。

(PPT 11)

(PPT 12)

(PPT 13)

课下请同学们阅读《北宋政治改革家王安石》和《王安石变法研究史》，思考王安石变法对北宋政治的影响到底是怎样的呢？我们在"学习通"上进一步交流。

【教学反思】

一、教学目标

本次课主要围绕北宋熙宁变法中最为重要的青苗法进行讲解。从青苗法制定的初衷、推行的过程、产生的影响三方面，结合学界已有成果，依托相关史料，引导学生学会评价历史人物、历史事件的角度和方法。熙宁变法是北宋乃至整个中国历史上的重要事件，青苗法是关乎熙宁变法成败的关键措施，对青苗法较为全面的解读，有助于培养学生的时空观念、史料实证、历史解释等方面的素养，在评价历史事件的过程中，有助于提升学生的历史思辨能力。

在教学目标的设定方面，本次课程的重点在于青苗法制定的初衷、推行的效果。结合《宋史》《宋会要辑稿》等史料，引导学生在阅读、分析史料过程中认识青苗法制定的初衷，论从史出，阐述青苗法的社会影响。通过启发式教学，使学生掌握分析历史事件的角度和方法，让学生明确青苗法制定的初衷是利国利民，但由于推行过程中种种问题，导致青苗法推行的实际效果与初衷大相径庭，最终归于失败，对北宋中后期社会产生了深远影响。教学难点在于评价青苗法失败的原因。承接青苗法推行过程中的实际效果，结合不同人对于青苗法推行的不同做法，阐释青苗法失败的原因，揭示用人不当、孤立无援是青苗法被废止的重要原因，从而引导学生思考，中国历史上的新政变法无论成功与否，用人都是最为关键的问题。使学生在反思历史的过程中，以古鉴今。

总体而言，本次课教学目标明确，重难点突出，围绕历史反思的课程思政内容的设计较为合理。通过启发式引导，使学生学会基于具体史料的分析方法，论从史出，在反思历史现象的过程中，强化学生以古鉴今的史学思维。

二、教学内容

本次教学片段展示用时约二十分钟，可以分为导语、正课、结语和课后作业布置四个环节。其中，导语用时约一分钟，正课用时约十七分钟，结语和课后作业布置约二分钟。重点内容讲授用时约十一分钟，难点内容突破用时约六分钟。从实际教学效果来看，教学重难点时间分配较为合理，教学节奏快慢适当，能够在有限时间内实现重点突出、难点突破，完成教学目标。

本课从北宋中期神宗执政之后面临的财政压力入手，分析熙宁变法推行的历史背景与必然趋势。同时，指出青苗法在熙宁变法中占有极为重要的地位，甚至有的学者提出，青苗法的成败直接决定了熙宁变法的成败。首先，结合《宋史》的相关记载，阐述青苗法的具体内容，揭示青苗法制定的初衷是两方面，即增加政府收入和帮助农民度荒，同时避免农民受到高利贷者的盘剥，有助于维护社会稳定。其次，从青苗法推行的过程来看，存在两方面问题，一方面，在中央政见不同，结合《全宋文》《龙川文集》等史料文献，列举欧阳修、司马光、韩琦、苏轼、苏辙等人都反对青苗法；另一方面，在地方执行不力，从而使得青苗法的推行障碍重重。《宋史》《宋会要辑稿》中记载了不少地方官员为了自身政绩或从中渔利，在实际推行中想方设法多放贷款，乃至强行摊派。最后，从青苗法推行的效果来看，由于政见不同和执行不力，导致了"破荡产业者多，有害而无利"的局面，而郑侠的《流民图》把青苗法推行引发的天下骚然的情景形象地呈现在了神宗面前，这对青苗法废止产生了直接的推动作用。综合以上三方面的内容，引导学生分析青苗法失败的历史教训，提升学生的史料分析与历史反思的能力。

课后作业布置环节，要求学生课下继续阅读《北宋政治改革家王安石》和《王安石变法研究史》，进一步了解除青苗法之外的熙宁变法的相关内容，对熙宁变法有更为全面和深入的认识。通过阅读学术经典，拓展学生的史学视野，拓深学生对历史事件的纵向思考，有助于提升学生的史学思辨能力。

三、改进计划

本次课内容充实，史料丰富，运用娴熟，教学重难点突出，讲授思路清晰，通过提问、设问、反问等方式，引导学生学会基于史料分析历史事件的原因，进而对历史人物和历史现象进行反思。但讲授改革事件时，容易在改革措施的解读上过度用力，而使课程内容失去趣味。因此，有必要增加关于青苗法制定、推行和影响的故事，通过故事的讲授，通过故事中人物的冲突，展现变法改革推行中的复杂和艰辛，更容易使学生有心理和思想上的共鸣，从而为引导学生反思历史奠定基础。

【教学评价】

冷江山：

作为中国古代历史上著名的政治改革家，王安石主持的熙宁变法对中国历史影响深远。当时和后世围绕熙宁变法产生的争议也极大，可以说是中国学术史上的一大公案。青苗法既然是熙宁变法成败的关键，那么在导入时可以考虑适当增加些学界关于熙宁变法，主要是青苗法不同观点的争鸣，从这个角度更加凸显讲授青苗法的价值和意义。这可以为讲授过程中引发学生反思青苗法推行的效果，进而反思改革成败的因素奠定必要的基础。

安尊华：

本次课内容充实，史料多元，运用娴熟，结构紧凑，逻辑思路清晰，语言表达严谨，教态自然亲切。关于青苗法的内容，不同史料文献之间的记载略有差异。对青苗法内容的解读既然是本课的重点内容之一，可以考虑列举包括《宋史》在内的其他史料，如《续资治通鉴长编》《苏轼文集》等，从不同角度分析青苗法的内容，有助于学生能够更全面地认知和理解青苗法的内容，同时也让学生能够看到，正是由于宋朝廷和地方各级官员层次复杂，不同人对青苗法的解读不同，因此在新法推行过程中才不免衍生种种问题，这也是导致青苗法的实际效果有违初衷的重要原因。

王兴锋：

　　熙宁变法是宋代以及中国古代政治改革史上的重要事件，围绕这一事件学术界多有争议。本课选取了熙宁变法中的关键措施青苗法加以讲解，围绕青苗法制定的初衷、推行的过程、产生的影响进行了较充分地解读，逻辑思路清晰，内容充实，史料引用规范。但在作业布置环节，两部学术著作虽然经典，却与本课内容并不直接相关。可以考虑把与青苗法直接相关的研究论文列成表格，供学生阅读，这样更有助于学生围绕青苗法做更深层次的思考和探究。

宋人抗疫

【教学详案】

　　导入：同学们，数千年的历史沧桑告诉我们，人类文明的发展并不是一种单向度的因果链条，而是诸多因素共同铺就了人类社会演进的轨迹。其中，瘟疫是不断干扰和戕害人类社会的因素之一。当前，新冠疫情在全球肆虐，根据世卫组织的最新统计，全球累计死亡人数已近六百五十万，这必将深刻影响人类社会的发展。而中国古代典籍中，对瘟疫的记载颇多，关于瘟疫防治的政策和措施多样，隔离就是行之有效的方式，尤其在宋代，隔离的同时辅之以中药治疗，疗效明显，活者不可计数。这在我国古代瘟疫防治史上留下了浓墨重彩的一笔，而且对于我们当前的疫情防控依然有现实意义。（翻页笔，PPT 1）今天这节课，我们把历史的时针往回拨一千年，走进宋人抗疫。

　　板书：宋人抗疫

　　教师：纵观两宋三百二十年的历史，瘟疫多发是一个总体特征，根据韩毅《宋代瘟疫的流行与防治》一书的研究，我们可以看到，北宋除了太祖、英宗和钦宗外，其余六位皇帝当政时瘟疫暴发次数较多，尤以仁宗和神宗时为最多，而南宋（端宗和帝昺不计）除光宗、度宗和恭帝时较少外，其余皇帝当政时瘟疫暴发频繁，尤以高宗和孝宗为最多。综合统计，宋代瘟疫暴发平均 0.93 次/年，可以说几乎每年都会暴发。（翻页笔，PPT 2）而从地域角度而言，瘟疫的暴发遍布南北方，尤以开封府、河北路、两浙路、江南路、广南路为多，平均为 19 次。而史料文献中关于瘟疫频发造成的影响，记载颇多，比如

(PPT 1)

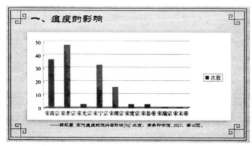

(PPT 2)

《宋史》中"京师大热，疫死者众，及北风至，疫疾遂止"，《续资治通鉴长编》中"饥疫之年，乡村人户迫于朝夕，往往逃移"等等。显然，瘟疫直接造成了人口锐减、流民增加、经济倒退，从而加剧了统治危机。（翻页笔，PPT 3）那么宋人如何应对由瘟疫带来的多米诺骨牌效应呢？

板书：管理有度

教师：不同时代应对瘟疫的方法不同。但大多都有一个共同之处，即管理有度，否则势必会人为地加剧瘟疫的传播和恶劣的影响。宋代的管理如何体现有度呢？我们以仁宗朝为例。（翻页笔，PPT 4）史载庆历八年（1048），河北、京东等地"大饥疫，人相食"，同时造成了流民不可胜计——流民就成为疫病传播的重要人群。但是由于施救者管理不当，使得灾民聚集在城郭中，在分食粥的过程中，加剧了疫病的传播，"名为救之，而实杀之"。（翻页笔，PPT 5）面对这种情况，身为知州的富弼推行了五条措施，这五条措施不仅代表了宋人在瘟疫防治方面的管理水平，而且深得宋仁宗的赏识得以广泛推行。具体而言，这五条措施是什么内容呢？我们来逐条分析。（翻页笔，PPT 6）首先，"择所部丰稔

(PPT 3)

(PPT 4)

(PPT 5)

(PPT 6)

者五州，劝民出粟，得十五万斛，益以官廪，随所在贮之"。瘟疫暴发后，物资转运往往不畅，其中对百姓民众产生极大影响的就是粮食供给。为了保证粮食供给，富弼要求粮食储备丰盈的地方规劝百姓拿出粮食，共得到十五万

斛，增加到官府的粮仓中，以满足流民的粮食所需。其次，"得公私庐舍十余万区，散处其人"。整理公私庐舍十万余处，用于灾民的分散居住，这一条措施尤为重要。我们看到，最迟到北宋，面对瘟疫暴发已经开始采用分散隔离的政策了，由此可见宋人在瘟疫防治方面的管理有度。而时至今日，我们在遭遇汹汹疫情时，依然要采取分散隔离政策——实践表明，分散隔离是疫情防控的最有效方式之一。再次，"官吏皆书具劳，约为奏请，使他日得以次受赏于朝"。参与疫情防控管理的官员一一记载下他们的功绩，使他们都能够得到中央朝廷的认可与赏赐。实际上就是表彰有功之臣，这种做法一方面使得受赏赐的官员成为其他官员的榜样，另一方面也树立了中央朝廷的形象，即有功必赏，赏罚分明，从而有利于提升政府部门的行政效率。又次，"山林河泊之利有可取以为生者，听流民取之，其主不得禁"。开放相应的自然资源，允许灾民各取所需，为灾民的自救创造条件，这在一定程度上可以减轻地方政府疫情防控的社会压力，在一定程度上能够提升管理效率。最后，"流民死者为大冢葬之，谓之'丛冢'，自为文祭之"。对于因疫情死亡的灾民，政府统一安葬，并且富弼亲自写文章祭奠。站在我们今天的角度来看，这就是重视善后安抚，这在极大程度上能够起到安定人心、稳定社会的作用，千年之前的宋人在疫情防控过程中并没有忽略人文关怀。这五点防控管理措施取得了显著效果，"流民受粮而归，凡活五十余万人"，"天下传以为法。至于今，不知所活者几千万人矣"。因此，仁宗皇帝对富弼厉行升迁嘉奖，但富弼认为"救灾，守臣职也"而坚辞不受升赏。富弼在疫情防控方面取得的成效"利在千秋"，但并不以此为自己邀功，无愧于北宋名相范仲淹的评价"王佐才也"。（翻页笔，PPT 7）

(PPT 7)

管理有度，这是宋人抗疫的一方面。另一方面则是措施有力，这展现了宋人抗疫的科学一面，在这个过程中，中医药发挥了巨大作用。

板书：措施有力

教师：在利用中医药防治疫情并且取得了显著效果的人物中间，有一个我们非常熟悉的名字，那就是苏轼——北宋乃至整个中国古代历史上著名的文学家、思想家、政治家。他曾经在诗作中评价自己："心似已灰之木，身如不系之舟。问汝平生功业，黄州惠州儋州。"一方面，在黄州、惠州、儋州这三个地方取得的功业足以令后人敬仰，另一方面，黄州抗疫、惠州治水、儋州教化这些功业都是在他遭遇无妄之灾，贬谪之难，处于人生低谷时所实现的，这份乐观豁达、宠辱不惊的人生态度又深刻地影响了中国古代文人士大夫，融入了中华民族的血脉而传承至今。除遭贬谪外，苏轼先后两次出任杭州地方长官，与杭州结下了不解之缘。据《宋史》所载，苏东坡"既至杭，大旱，饥疫并作"。中国古代社会的公共医疗卫生条件对于瘟疫几乎无法抵御和防治，疫区百姓只能坐以待毙，加之一些不法郎中和药商借机抬高诊费药价大发瘟疫财，使得众多疫病家庭雪上加霜。苏东坡忧心如焚，他首先拨出二千缗公款，自己又带头捐赠五十两黄金，在杭州众安桥兴建了一所公立病坊，取名"安乐坊"，邀请远近郎中和懂医术的僧人在安乐坊坐堂诊治，并要求属下每年从地方财政中拿出一定资金，用于维持安乐坊的日常运营，这就是我国历史上第一所为百姓兴建的官办慈善医院。（翻页笔，PPT 8）后来安乐坊迁移到西湖岸边并改名为安济坊。而苏东坡在疫情汹涌时果断决策建立公立病坊，与企图在疫情中牟取暴利的不法郎中和药商相博弈与抗衡，这与他手中握有曾经在黄州瘟疫中发挥关键作用的圣散子方直接相关。苏东坡在组织人员建设安乐坊的同时，部署当地官吏和寺庙僧人到各地大量购置中药材，以圣散子方制成药剂，令

衙役在杭州大街小巷架起铁锅进行熬煎，无论男女老幼尊卑贵贱，无论杭州本地人还是外埠人，只要有疫病症状者均可免费服用，绝大部分患者服用数日后疫症逐渐消失。我们这里提到的圣散子方是专门用于治疗由阴冷寒湿引发的各种疫病，是苏轼的眉山老友巢谷送给他的抗"疫"药方。巢谷赠送苏东坡药方时一再叮嘱其不要传于外人，苏东坡只好指着江水发誓才取得巢谷的信任。但当看到黄州百姓因为疫情大量死亡时，具有济世情怀的苏东坡果断拿出圣散子方："活者不可计数。"（翻页笔，PPT 9）苏东坡不仅在短时间内平抑了这场杭州历史上罕见的瘟疫，而且

(PPT 8)

(PPT 9)

将圣散子方传播到民间使更多罹患疫病的贫民转危为安。一代名医庞安时闻此消息，亲自到杭州拜见苏东坡，两人相见恨晚遂结为好友，苏东坡便将圣

散子方传给庞安时，并为其后来所著《伤寒总病论》一书作叙记之。作为一代文宗和旷世奇才，苏东坡既是中华传统文化发展到鼎盛时的代表，也是一位把事业诗文功名写在中华大地上的典范。苏东坡兴建的"安乐坊"和经他手而广为流传的圣散子方，不仅使宋代在中国古代防疫史上留下了浓墨重彩的一笔，而且充分彰显了中国古代中医药在防治疫情方面的实效，这是中华优秀传统文化的结晶之一。

板书：惠及万民，泽被后世

小结：同学们，今天这节课我们共同回顾了宋人防治瘟疫的历史。两宋三百二十年，瘟疫暴发次数多、范围广、危害大。面对这一情况，宋人建立了较为科学的管理政策，通过服用中草药应对疫情，科学防治。同时，无论对于逝者还是生者，宋人都注重人文关怀。（翻页笔，PPT 10）当历史跨越千年，人类进入 21 世纪，由于生物技术的发展，人类拥有了防治疫情的更为有效的利器，那就是疫苗。但同时，我们更为注重的是疫情之中的人的心理疏导，本质上而言，这就是我们的人文关怀。遵循科学规律，依靠科学管理，注重人文关怀，这是历史给予我们的宝贵经验，也是我们在汲取历史经验中实

(PPT 10)

现的不断反思、不断完善和不断成长。课下请同学们阅读《宋代瘟疫的流行与防治》，进一步思考，面对瘟疫来袭，宋代的防治之法还有哪些？地方政府又起到了哪些作用呢？我们在"学习通"上进一步交流。

【教学反思】

一、教学目标

本节课主要讲授在宋代疫病频繁暴发的背景下，以富弼、苏轼为代表的宋人防治疫情的一系列措施。在这个过程中，宋人的管理有度、措施有力，取得了惠泽万民的社会效果，这对于我们今天而言依然有现实价值。通过这一内容的讲授，提升学生分析基本史料的能力，强化学生从不同角度看待历史、评价人物的辩证思维方式。

在教学目标的设定上，本次课的教学重点是宋代疫情防控中的管理政策。结合《宋史》《续资治通鉴长编》等史料，以北宋富弼出任地方官时推行的疫情防治管理措施为例，引导学生逐条分析管理政策的内容及其取得的效果，使学生掌握分析历史事件的角度和方法，通过启发式教学，让学生理解宋代

历史上科学合理的管理政策对于疫情防控的作用。教学难点在于宋代疫情防治中中医药的作用及其对中医药的评价。结合《宋史》《续资治通鉴长编》《苏轼文集》等史料文献，引导学生分析苏轼在疫情防治中的具体措施，如建立中国历史上最早的公立慈善医院安乐坊、按照圣散子方熬制中药免费分发百姓，取得了"活者不可计数"的社会效果。而管理有度和措施有力的背后，展现了以富弼和苏轼为代表的北宋士大夫们"为生民立命、为万世开太平"的人文情怀，这实际上是本次教学中课程思政元素的体现。

　　总体而言，本次课教学目标设定较为合理，重难点突出，课程思政元素的设计切实可行。通过引导、启发式教学，能够提升学生史料实证、历史解释的能力，在解读历史的过程，强化学生以史鉴今的学科素养和思维方式，增强学生的文化认同感。

二、教学内容

　　本次教学片段用时约二十分钟，分为导语、正课、结语和课后作业布置四个环节。其中导语用时约一分钟，正课用时约十七分钟，结语和课后作业布置用时约二分钟。重点部分讲解用时约十一分钟，难点内容讲解用时约六分钟。从实际教学效果来看，时间分配较为合理，重点突出，难点能够突破，课程思政元素可以落实，教学目标能够完成。

　　本次课从宋代疫情的频发情况入手，把《宋史》《续资治通鉴长编》等史料和前辈学者的研究相互结合，阐释了宋代三百二十年间疫情发生集中的阶段、分布的范围，揭示了宋代疫情的频发直接造成了人口锐减、流民增加、经济衰退。面对这种危及统治的局面，宋朝从中央到地方各级政府都予以了高度重视，推行了一系列管理政策和具体措施。一方面，管理有度。这主要体现在仁宗朝富弼为地方官时行之有效的管理。第一，调配物资。富弼要求粮食储备丰盈的地方规劝百姓民众拿出粮食，增加到官府的粮仓中，以满足流民的粮食所需；第二，整理公私庐舍十万余处，用于灾民的分散居住。可见，最迟到北宋，面对瘟疫暴发已经开始采用分散隔离的政策了。而时至今日，我们在遭遇汹汹疫情时，依然采取分散隔离政策；第三，把参与疫情防控管理的官员功绩一一记录在册，使他们都能够得到中央朝廷的认可与赏赐，赏罚分明，从而有利于提升政府部门的行政效率；第四，开放相应的自然资源，允许灾民各取所需，为灾民的自救创造条件，这在一定程度上可以减轻地方政府疫情防控的社会压力；第五，对于因疫情死亡的灾民，政府统一安葬，并且富弼亲自写文章祭奠。这在极大程度上能够起到安定人心、稳定社会的作用，千年之前的宋人在疫情防控过程中并没有忽略人文关怀。这五点防控管理措施取得了显著效果，对于我们今天而言，这也是有实践价值的。

另一方面，措施有力。这集中体现在苏轼出任杭州地方官时利用中药防治疫情。苏轼拨出二千缗公款，自己又带头捐赠五十两黄金，兴建了中国古代第一所公办慈善医院"安乐坊"，用于救治病患。同时，他又部署当地官吏和寺庙僧人到各地大量购置中药材，以圣散子方制成药剂，令衙役在杭州大街小巷架起铁锅进行熬煎，免费供民众饮用，绝大部分患者由此转危为安。苏轼利用中药防治疫病并取得了显著成效，这在中国古代防疫史上留下了浓墨重彩的一笔，而且充分彰显了中国古代中医药在防治疫情方面的实效。通过管理有度和措施有力两方面的讲解，引导学生思考中华优秀传统文化的现实价值。

课后作业布置环节，要求学生们课下阅读《宋代瘟疫的流行与防治》，进一步思考，宋人在瘟疫防治方面还有哪些措施？面对新冠疫情的肆虐，我们今天又能够从历史中汲取哪些智慧呢？拓宽学生的阅读视野，同时引导学生围绕这一主题做更为深层次地思考和探究，提升学生的史学思辨能力。

三、改进计划

本节课讲授思路清晰，重难点突出，史料运用娴熟，板书设计合理，课程思政元素与讲授内容的结合较为自然。然而宋人防疫的管理有度与措施有力的内容有待进一步充实完善。富弼和苏轼可以作为宋人在防治瘟疫领域中的代表，但仅此二人的作为对于本节课内容而言略显单薄，需要在今后的教学中逐步补充宋代中央政府的措施以及其他地方官员的言行，由此才能够较为全面地反映宋人抗疫及其影响。

【教学评价】

冷江山：

本次课主题极具有现实意义。宋人在疫病防治中所推行的管理政策和利用中药治疗病患，彰显了中国古代在疫病防治中的管理智慧和中药的现实价值。面对当前的新冠疫情，我们依然采取的是隔离政策，在治疗方式上我们可以借助现代医疗手段，治疗效果也远超千年前的宋代。这是时代的进步，这也是人类与瘟疫抗争过程中继承前人成功经验的结果，这也是本节课以史鉴今的意义所在。

王建设：

本次课史料多元，教学重难点突出，思路清晰，板书设计较为合理，课程思政元素在课程讲授过程中有所体现。但是在语言文采方面需要完善。如讲到苏轼利用圣散子方救治百姓民众时，要通过一定的文学性语言塑造苏轼悲天悯人的形象，这是本节内容的亮点之一，也是中国古代文人士大夫"为生民立命"政治理想的展现。

安尊华：

本次课内容新颖而且具有很强的现实意义。这是历史学的重要功能所在。人类社会的进步和文明的发展，正是在对历史经验的传承和对历史教训的不断反思中实现的。一千多年前宋人面对疫情时采取的隔离政策和利用重要中草药成功治疗疫病的经验对我们今天抗疫来说，依然具有可资借鉴的方面。本次课程教学目标明确，思路清晰，史料翔实。尽管如此，教学中教师仍可以在此基础上增加其他相关案例，进一步充实教学内容，使教学内容完美，以期能更好地为提高教学质量服务。

徽宗君臣的腐朽统治

【教学详案】

导入：公元 1127 年四月，北风凛冽，在金人的挟持之下，北宋徽、钦二帝以及宗室贵胄三千余人被迫北上，从今天的开封历时一年，到达遥远的黑龙江依兰县，北宋灭亡，这就是历史上著名的"靖康之耻"，而徽、钦二帝最终客死他乡。我们看到，这就是当年宋钦宗被囚禁之处（翻页笔，PPT 1）。在南宋著名抗金将领岳飞的《满江红》中提到"靖康耻，犹未雪，臣子恨，何时灭"。悲愤之情跃然纸上（翻页笔，PPT 2）。那么，我们不禁要问为什么会发生靖康之耻呢？这一事件的出现，是历史的必然吗？今天这节课我们就来共同讨论"徽宗君臣的腐朽统治"。

板书：徽宗君臣的腐朽统治

教师：学界普遍认为，宋徽宗的继位是导致靖康之耻的一个重要因素。史载"端王轻佻，不可以君天下"。这是《宋史》中对徽宗继位之前的评价。这一评价委实不假。（翻页笔，PPT 3）为什么这么说呢？首先徽宗皇帝评价自己"别无他好，惟好画耳"（翻页笔，PPT 4）。的确徽宗皇帝在古代帝王中的艺术品位和艺术修养是首屈一指的，大家看，这是徽宗独步天下的瘦金体以及他的传世名画《芙蓉锦鸡图》。作为一流的艺术家，徽宗当之无愧，但这种艺术家的风

(PPT 1)

(PPT 2)

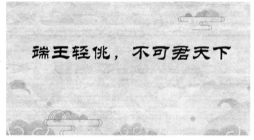

(PPT 3)

格给徽宗的临朝执政带来了什么呢？大家现在看到的这两幅作品是被誉为宋四家的米芾的书法作品。徽宗皇帝非常看重米芾的艺术，经常命米芾入宫为他现场演示书法。米芾挥毫泼墨之际，徽宗皇帝总能够赏赐大量的精美器物。

甚至有一次，徽宗皇帝龙颜大悦，把自己所用的一方端砚赏赐给了米芾。（翻页笔，PPT 5）看似不经意的赏赐，实际上展现出来的是什么呢？作为君临天下的帝王，按照自己的喜好随意赏赐，这让前方浴血奋战的将士怎么看呢？是的，这叫赏罚失度。

(PPT 4)

大家看到，这是《清明上河图》的局部，这条河上有一架木桥，在木桥的北边，靠近河流西岸的地方有一块奇形怪状的石头，这块石头是普通之物吗？不，这是著名的太湖石（翻页笔，PPT 6）。张择端为什么在这里画上一块太湖石呢？作为艺术家的徽宗皇帝，对于天下的奇珍异玩有一种特殊的偏好。产于太湖的石头由于其玲珑剔透、奇形怪状而深受徽宗皇帝的青睐。上有所好，下必从之。因此，朱勔广为搜集太湖石，悉数通过水运，送至当时的北宋都城开封，供皇帝观赏，并且修建极其奢华的皇家园林——"艮岳"。运送石头的每十条大船称之为"一纲"，因此，运送太湖石的官船就被称为

(PPT 5)

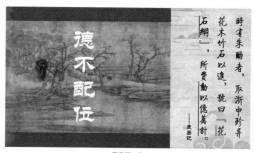

(PPT 6)

"花石纲"。为了运送其中最大的一块石头，花费竟然达到了惊人的30万贯，这相当于北宋一万户中产人家一年的收入。而穿州过府，拆掉的城门、毁坏的道路、推倒的民宅不可计数，由此造成了大量百姓的流离失所，可谓民怨沸腾、天下骚然。由此我们可以看出，徽宗皇帝的德不配位。而后来北宋亡于金人，金人在现在的北京建立中都，把徽宗皇帝留在开封的一部分太湖石

(PPT 7)

(PPT 8)

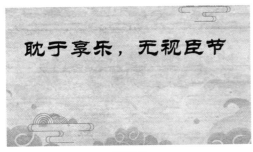

(PPT 9)

(PPT 10)

运送到北京，修建园林。所以我们至今能够看到，在北京的北海公园保留下来了当年的太湖石（翻页笔，PPT 7）。这里的每一块石头不光见证了八百多年的历史沧桑，而且都饱含着劳动人民的血汗。元朝郝经感慨万千，作诗曰："中原自古多亡国，亡宋谁知是石头。"

此外，徽宗皇帝在面对劲敌金人铁蹄南下时，并不是组织军队抵御，反倒提出南巡，其实就是逃跑。以宗泽、李纲为代表的主战派敦请徽宗留下组织抗金军队。无奈徽宗在仓皇之际传位于钦宗，一路南逃到扬州避难，这种畏战主和的心态，极大地挫伤了前线将士的斗志，而宗泽不得已孤军奋战，最终高呼三声"过河、过河、过河"，而命丧前线（翻页笔，PPT 8）。读史者每当看到这里往往唏嘘不已——出师未捷身先死，长使英雄泪满襟。后来的《宋史》中这样评价："使得毕力殚虑于靖康、建炎间，二帝何至于北行？"

板书：君：轻佻任性，玩物丧志

教师：以上这是徽宗皇帝的昏庸，而御前的大臣们又是怎样做的呢？我们可以用八个字概括——耽于享乐，无视臣节（翻页笔，PPT 9）。蔡京作为徽宗皇帝的宠臣，官居宰相，却极度奢靡。"视官爵财物如粪土"（翻页笔，PPT 10），比如他喜欢吃鹌鹑，史载，一顿饭吃掉的鹌鹑就达到300只。厨房做蟹黄包子切葱丝都要雇佣年轻貌美的女子。蔡京为了使自己辛苦积累的财富和地位能够传于后辈，就找了当时的新科状元张老师教导孙辈。而张老师并未教授课程，反倒是把蔡京的孙子们叫到跟前，嘱咐只需要学习"逃跑"就可以了。蔡京的诸多孙辈不解。张老师解释说：你们的祖父不修德行，恶贯满盈，迟早会东窗事发。那时你们谁跑得快，谁就能够保住命，说完，张老师头也不回地离开了蔡府。果然，蔡京晚年东窗事发，祸及子孙，其后辈不是被发配就是被杀头。而后人有诗叹曰——骨朽人间骂未消。蔡京的奢华无度，只是北宋末年官场风气的一种

表现。还比如另外一位后来也是官居宰执的大臣王黼，居然怂恿徽宗皇帝在宫中通过角色扮演，互相取乐。徽宗皇帝扮演卖肉的屠夫，而王黼扮演乞丐，行走到徽宗面前口称施舍；而另外一位号称"浪子宰相"的李邦彦居然爬到树上学女子声音，哗众取宠，惹得徽宗皇帝开怀大笑。而皇后途经于此，慨然叹曰：亡国之兆。（翻页笔，PPT 11）宰执一类臣子的曲意逢迎使得北宋末年官场乌烟瘴气。而后来明清之际的著名思想家王夫之在《宋论》中一针见血地指出，北宋亡国，实在是由于不能知人善任（翻页笔，PPT 12）。而"宠奸佞，远贤臣"，必将导致国将不国，可以说，这是历史的规律。

(PPT 11)

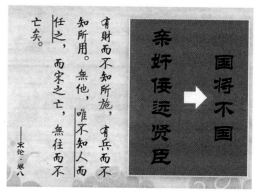

(PPT 12)

板书：臣：耽于享乐，无视臣节

教师：本节课，我们共同探讨了北宋末年徽宗皇帝和臣子们的荒唐之处。我们看到，为君者，轻佻任性，玩物丧志；为臣者，耽于享乐，无视臣节，就是这一群昏君佞臣把一个富庶繁华的北宋带入了万

(PPT 13)

劫不复的深渊，最终上演了中国古代历史上罕见的君主客死他乡、宗室惨遭

欺凌的悲剧。

板书：靖康之耻

小结：纵观历史上的王朝灭亡，大多可以归结为天灾人祸，北宋的亡国实在是人祸，短短的二十五年，一个当时世界上首屈一指的帝国，终结在了徽宗君臣的手上。因此说，"徽宗亡国，最为可恨"。历史无数次地告诫我们，勤俭兴邦，奢侈亡国。靖康之耻的发生是历史的必然，也是历史为后人敲响的警钟，值得后来人深刻反思。（翻页笔）请大家课下阅读《宋史》和《靖康之变》，我们下节课讨论靖康之耻的发生。

【教学反思】

一、教学目标

本次教学片段主要讲授北宋末年徽宗君臣的腐朽统治。教学的重点在于北宋末年徽宗皇帝耽于享乐与朝廷重臣曲意逢迎的具体表现。借助多媒体，图文结合，以《宋史》《艮岳记》《宋论》等文献资料为依托，阐释徽宗君臣的一系列荒唐言行。难点在于通过徽宗君臣的腐朽统治，引导学生思考为什么说"徽宗亡国，实为可恨"。依据相关史料，通过对比分析，徽宗君臣执政短短二十余年就把富庶繁华的大宋王朝送上了万劫不复之路，通过启发式讲授，使学生反思北宋亡国的原因时，能够较为深刻地理解"勤勉兴邦，奢侈亡国"的历史教训，同时使学生理解"徽宗亡国，实为可恨"，北宋亡国，完全是人祸的结果，这也是本次内容的课程思政元素。

总体而言，本次课的教学目标明确，重难点突出，课程思政元素的体现较为合理。图文结合，通过启发式引导与讲授，能够使学生学会基于具体史料的分析方法，提升学生的历史解释能力，在反思历史人物和现象的过程中，强化学生以古鉴今的史学思维。

二、教学内容

本次教学片段展示用时约二十分钟，可以分为导语、正课、结语和课后作业布置四个环节。其中，导语用时约一分钟，正课用时约十七分钟，结语和课后作业布置约二分钟。重点内容讲授用时约十一分钟，难点内容突破用时约六分钟。从实际教学效果来看，教学重难点时间分配较为合理，能够在有限时间内实现凸显重点，突破难点。教学节奏快慢适当，能够在内容的讲授中引发学生思考，实现课程思政元素的育人功能。

在重难点的讲授方面，从徽宗皇帝的书法和绘画作品入手，结合徽宗本人的自评"别无他好，惟好画耳"，指出徽宗皇帝在艺术领域的天赋与投入，成就了艺术史上冠绝古今的作品，但同时朝政荒废的程度也为中国古代政治史上所罕有。通过讲授徽宗皇帝与米芾的故事、朱勔在徽宗皇帝的授意下运送花石纲、金人南下时徽宗远遁扬州，畏战主和，所有这些都从不同角度指向了徽宗皇帝执政能力不足，也印证了"端王轻佻，不可君天下"的评价。而徽宗皇帝在政治上的昏庸，又为朝廷重臣"耽于享乐，无视臣节"的滋生提供了土壤。以蔡京的奢侈无度、王黼的曲意逢迎、李邦彦的放浪不羁为代表，北宋中央朝廷一片乌烟瘴气。在徽宗君臣的共同作用下，北宋末年天下骚然，百姓民不聊生，最终为靖康之耻、北宋亡国埋下了祸根。王夫之《宋论》中指出，之所以"宋之亡，无往而不亡"的重要原因就是"唯不知人而任之"，同时也揭示了北宋亡国实在出于人祸。史料分析与故事讲解相结合，使历史更为具体化，使学生能够产生思想和心理上的共鸣。

　　课后作业的布置，要求学生课下继续阅读《宋史》和《靖康之变》，在"学习通"上进一步交流。通过阅读经典专著与新著，使学生了解学术界关于北宋末年政治腐败的最新研究，拓宽学生的视野，同时，在"学习通"上再交流，有助于学生巩固所学，激发学生围绕本节课内容进行多元化的思考，提升学生的史学思辨能力。

三、改进计划

　　本节课内容充实、教学目标清晰，重难点突出，板书设计合理，课程思政元素较好地体现在了授课环节中。但在具体内容讲授过程中，需要通过更为具体的数据，增强观点的说服力度。比如针对徽宗皇帝"赏罚失度"的内容，需要通过对比，即作为书法家的米芾与浴血奋战的将士获得赏赐的差别展现"赏罚失度"，而不仅仅是史料的呈现与史实的讲授。

【教学评价】

冷江山：

　　本次课程教学思路清晰，史料运用娴熟，教学内容充实。但在导语和结语的处理方面仍然需要完善。历史课程的讲授导语要有代入感，即通过语言或者图片等资料的展示，引导学生进入具体的历史情境，针对本课可以考虑以徽、钦二帝被囚禁的遗址作为导入，引发学生思考导致这一结果的原因，从而过渡到主题的讲授。对于结语，除了回顾本课内容之外，可以考虑设置问题，为后续课程做铺垫或者引发学生反思历史，强化学生的史学思辨能力。

刘永海：

　　本节课内容充实、史料多样、结构清晰。但其中的部分内容需要细化，通过细节彰显历史的温度。如在徽宗皇帝示意下，北宋政府频繁由江南地区大规模运载太湖石到开封城，从而造成天下骚然的局面，在这个过程中，需要展示人力、物力、财力等方面的具体花费，使学生们能够直观感受到花石纲事件是引发北宋末年农民起义、社会动荡的重要原因，也正是可以通过这一细节，自然引发学生对北宋末年民不聊生的原因的思考，这也是本节课的课程思政元素之一。

王兴锋：

本节课教学目标明确，内容较为充实，逻辑思路清晰，通过内容的讲授，引导学生从历史教训的角度思考历史学习和研究的现实意义，较好地体现了历史学科的学科特质。但讲授的过程中要注意语言的精炼，不重复、不拖沓的教学语言更有助于教学的感染力。建议通过适当的提问或者设问，进一步增强教学过程中各部分内容之间的连贯性和逻辑性。努力全面客观地探索徽宗君臣的腐朽统治与北宋灭亡的深刻原因以及王朝兴衰的历史启示。

宋代文化繁荣的原因

【教学详案】

导入：著名史学家陈寅恪先生在评价宋代文化发展时曾有一句经典论断：华夏民族之文化，历数千载之演进，造极于赵宋之世，其后势衰，终必复振。确如先生所言，中国文化发展到宋代呈现出了异彩纷呈、蔚为大观的局面。举凡文学、史学、哲学、艺术、科技、教育等等，都有享誉后世的人物和成就出现，对中国文化的发展产生了深远影响。文化领域的硕果累累，归因于经济的富庶繁荣，政治的相对宽松，当然还有文化自身发展的内在理路（翻页笔，PPT 1）。今天这节课，我们就共同走进文化大繁荣的宋代，同时探求文化繁荣背后的直接原因。

板书：宋代文化繁荣的原因

教师：探讨宋代文化繁荣的原因，我们先要明确，宋代在文化领域真的繁荣吗？宋代文化繁荣的表现有哪些呢？我们从以下三个方面入手来看宋代文化繁荣的表现。一是文学和艺术，二是理学和史学，三是科技和教育。首先我们来看文学和艺术领域。

板书：文学和艺术

(PPT 1)

教师：在文学领域，宋代文人袭承唐代韩愈、柳宗元，改骈为散，继续推崇文以载道的古文运动，使宋代文风较前代起了很大变化。后世所谓"唐宋八大家"，北宋一代就占了六名，而且都集中在了仁宗一朝，极大地便利了学术思想与文化的传播。（翻页笔，PPT 2）同时，由五七言诗衍化而成的长短句，即词，兴起于唐代，经五

(PPT 2)

代至宋，达到了全盛，成为宋代文学的代表，涌现出柳永、晏殊、欧阳修、苏轼、李清照、辛弃疾、陆游、陈亮等一大批艺术成就卓著的优秀词人。他们在词坛开拓创新，突破了传统观念的束缚，广泛而深刻地反映了当时社会各阶层的生活和思想，具有鲜明的时代性、强烈的人民性，词人们怀着炽热的爱国激情，写下了大量豪迈奔放、气势磅礴的作品，文学领域所谓"楚辞、汉赋、唐诗、宋词、元曲"之说，成为千古之定论。书法领域中，北宋苏黄米蔡并称为宋四家，徽宗赵佶创立的"瘦金体"独步天下，其中以生活在宋末元初的赵宋宗室后裔赵孟頫成就最大，他在遍学晋唐名家书法特别是二王书法的基础上，创造出自己外貌圆润而筋骨内涵，外似柔润而内实坚强，形体端秀而骨架劲挺的"赵体"书法，与颜真卿、柳公权、欧阳询并称为楷书四大家。而《元史》中评价赵孟頫"篆籀分隶真行草无不冠绝古今，遂以书名天下"。绘画领域中有享誉后世的《清明上河图》《千里江山图》，时至今日，也是故宫博物院珍藏的中国传世十大名画。总体上而言，在文学艺术领域，宋代呈现出异彩纷呈的特征。

板书：理学和史学

教师：在哲学思想上，这一时期各种学派蓬勃兴起，从而形成了中国历史上继春秋战国之后的第二次流派纷呈、百家争鸣的繁荣景象，尤以理学的发展最为耀眼。（翻页笔，PPT 3）从"北宋五子"周敦颐、张载、邵雍、二程到南宋朱熹、陆九渊等人，其治学无不是"致广大，尽精微"。他们为儒家政治理想与社会秩序寻找恒久不变的基础，弥补了先秦诸子思想中"本体论"的缺失。著名文史学家钱穆先生在《朱子学提纲》中，甚至认为朱熹是和孔子同一级别的一代儒宗，影响中国古代社会七百余年。而宋代史学，足以超迈前代，又为后世所难以望其项背。宋代史官制度更为完善，史学名家辈出，忧患意识、经世意识、史评意识表现得非常明显。同时，宋代各种官修史书卷帙庞大，史书体例趋于完备，史学理论进一步发展和成熟。此外，

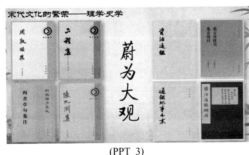

(PPT 3)

鸿篇巨制之多，史学家成就之大，都凌驾汉唐，睥睨明清。司马光主编了我国第一部编年体通史《资治通鉴》；刘敞、欧阳修开创了金石学，为近代考古学的嚆矢。朱熹撰述《资治通鉴纲目》是编年体体例的又一重大发展；袁枢《通鉴纪事本末》开创了史书纪事本末体的先河，是明清两代史家广为

采用的史体等等，正是从这个角度而言，陈寅恪先生评价"中国史学莫盛于宋"。可以说，在理学和史学领域，宋代文化又呈现出蔚为大观的特征。

板书：科技和教育

教师：宋代处于中国古代科技发展的黄金时期，其水平在世界科技史上也居于前列，为世界科技文明做出了重大的贡献。（翻页笔，PPT 4）特别是沈括所著的《梦溪笔谈》，在中国科技史上具有里程碑意义，被西方学者誉为世界上最早的科技百科全书。《武经总要》中已确定"火药"这一中文名称，并且记载了抛射武器、毒气和烟雾信号弹、喷火器以及其他新发明。淳祐七年（1247），宋慈完成的世界上第一部法医学专著——《洗冤集录》，集中体现了当时司法检验水平的先进，先后被翻译成英法德意等九种语言流传于世，早于欧洲第一部法医学著作350多年。宋代的太学和各地的州县学、书院蓬勃兴起。其中，以白鹿洞书院为代表的书院教育对后世的影响尤大。宋神宗时，在太学实行三舍法，即外舍、内舍和上舍的升级制度，这是中国以至世界教育史上的首创，实为现代教育分级制的先河。北宋对前代的教育分科有所发展，在太学之外，先后建立武学、律学、医学、算学、书学、画学等，尽管对其他学科重视不够，但无疑是高等教育实行分科的萌芽。我们说，宋代在科技和教育领域呈现出了继往开来的态势。而宋代文化繁荣背后的直接原因有哪些呢？我们主要从三个方面来探讨。

板书：扩大科举

(PPT 4)

教师：宋太祖赵匡胤陈桥兵变、黄袍加身，建都于开封，有宋三百二十年的历史大幕由此拉开。（翻页笔，PPT 5）作为开基立业之主，虽然出身行伍，但在不断阅读史书的过程中，深谙"马上得天下，不能马上治天下"的道理，他倡导"宰相当用读书人"，他的亲信宰执大臣赵普发奋读书，留下了"半部《论语》治天下"的典故，对于宋初中央政权的巩固作出了重要贡献。同时赵匡胤也汲取五代十国时期武将擅权的教训，为了避免大宋成为继五代十国之后的第

(PPT 5)

六个短命王朝，一系列被后世称为"祖宗家法"的律令规定在宋太祖和宋太宗时代被制定和落实。其中非常重要的内容之一在于削弱武将势力，抑制武人干政，提高文臣地位，强化文人执政。那么如何强化文人执政呢？就要吸纳优秀人才到中央以及地方政府中。通过什么途径呢？科举制。同学们，我们知道，科举出现于隋代，唐朝已经相对成熟，宋代考试制度的操作更加严密，面对的群体则更为开放。为了最大限度地实现科举取士的公开公平公正，选拔出有真才实学可堪大任的官员，科举制在宋代进一步得到完善。（翻页笔，PPT 6）如当时发展出糊名、誊录等办法。糊名是把举子考卷上填写的姓名、籍贯等糊封起来，待阅卷完成、决定录取名次之后，才能拆封，查对姓名、公布成绩，借以杜绝考官营私舞弊。后来更进而将考生的试卷另行誊录，考官阅卷时只看副本，为了避免誊录有误，还要找一些人专门去核对。糊名、誊录，无疑是制度严密化的具体体现，这种做法，使得科举制度相对公平，使出身于庶民的青年学子有更多的晋升机会。我们所熟知的北宋名相范仲淹、文坛领袖欧阳修、改革名臣王安石等等全部都是科举出身。据统计，有宋一代的科举取士人数在一千三百年的科举史上是最多的。可以说，科举的公平公正为宋代文化的繁荣提供了重要的制度保证。仅仅扩大科举就够了吗？不是。我们来看第二点，提高待遇。

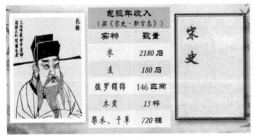

(PPT 6)

(PPT 7)

板书：提高待遇

教师：科举制度的公开透明、科举取士人数的增加为宋代中央和地方各级政府提供了人才准入的口径。但通过科举考试被选拔出来的人才如何能够人尽其才，防止贪腐堕落呢？（翻页笔，PPT 7）宋代政府进一步提高官员待遇，降低官员贪腐的必要性。我们知道，北宋做过开封府尹的包拯被誉为清官的象征。根据《宋史》《宋会要辑稿》《文献通考》等文献史料的记载，包拯的年实物收入折合成今天的货币，至少相当于一千万元人民币。如此优渥的待遇，一方面吸引了大量的士人举子们参加科考，另一方面也降低了官员贪腐堕落的必要性。还有一个方面，即言论宽松，这是最为重要的方面，毕竟创新思维的前提之一是言论环境的宽松。

板书：宽松言论

教师：同学们，相比于扩大科举取士名额和提高官员经济待遇，言论的宽松更有助于激活创新思维。那么宽松的言论是如何实现的呢？（翻页笔，PPT 8）宋太祖赵匡胤立国之初，在太庙寝殿的夹室中立有一块石碑，这就是著名的"太祖誓约"，其中的第二条就是"不得杀士大夫及上书言事人"。从这条誓约的执行情况来看，两宋三百二十年的确没有嗜杀大臣，尤其犯言直谏的耿直之臣。例如，宋仁宗嘉祐六年（1061）北宋最高规格的考试"制科"考试即将开考。而所谓制科考试，也叫"制举"考试，是国家为了选拔特定人才而举行的不定期考试，难度比中进士要大得多，两宋三百二十年的历史中，中进士者 4 万多人，中制科者仅 41 人，这 41 人无一不是人中龙凤。本次制科考试的主题是"贤良方正直言极谏科"，实质上就是给皇帝提建议。作为考生之一的苏轼和苏辙直言不讳，尤其是苏辙，更是上来就把仁宗皇帝骂了个狗血淋头。（翻页笔，PPT 9）他在考卷中直接指出宋仁宗的四条罪状："陛下自近岁以来，宫中贵姬至以千数，歌舞饮酒，欢乐失节；陛下择吏不精，百姓受害于下；陛下赋敛烦重，百姓日以贫困；臣观陛下之意，不过欲使史官书之，以邀美名于后世耳。"群臣为此争论不已，主考官胡宿主张不录用，司马光则认为此生犯言直谏，实为国家的栋梁之才。（翻页

(PPT 8)

(PPT 9)

(PPT 10)

笔，PPT 10）最终还要请示宋仁宗定夺。仁宗皇帝认为"以直言召人，而以直言弃之，天下其谓我何？"于是决定录用苏辙。回到后宫，仁宗皇帝还对曹皇后说："朕今日为子孙得两宰相矣！"北宋言论的宽松由此可见一斑。因此，李心传在《建炎以来系年要录》中评价："祖宗以来，传世仁厚，虽甚威怒，未尝妄杀，故论者谓不嗜杀人，惟本朝有之。"（翻页笔，PPT 11）

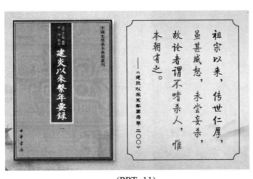

(PPT 11)

(PPT 12)

小结：同学们，今天这节课我们共同探讨了宋代文化繁荣的表现以及直接原因。（翻页笔，PPT 12）著名史学家邓广铭先生认为，两宋的精神文明在中国整个封建社会历史时期内，可以说是空前绝后的。而造成这一空前绝后局面的是一系列的原因，宋代立国之初推行的重文政策实际上为宋代文化繁荣提供了一个重要的背景。在这个背景之下，进一步扩大科举取士的规模，改进科举取士的方式，提高文人士大夫的待遇，营造相对宽松的言论环境，共同促进了宋代文化的繁荣。一部中国历史告诉我们，特定历史时期文化繁荣的背后，实际上展现的是一个时代对于人才的尊重，对于人才发展所需要的制度的建构。尤其是制度的建构，会为人才的源源不断提供根本动力。课下，请同学们阅读《北宋文化史述论》和《宋史》，进一步思考宋代文化繁荣的原因还有哪些？我们在"学习通"上进一步交流。

【教学反思】

一、教学目标

本次教学片段主要讲解宋代文化繁荣的表现与原因。宋代文化繁荣的表现选择有代表性的三个领域，即文学和艺术、史学和理学、科技和教育代表性人物和成果以及历史影响加以阐述。针对文化繁荣的表现，阐述繁荣的原因，史论结合，引导学生从制度完善、待遇优渥、言论宽松三个方面进行分析和评价。通过这一内容的讲授，强化学生的文化认同感，培养学生的历史解释素养。

在教学目标的设定方面，本次课的重点是宋代文化繁荣的表现。通过图片和史料相互结合，让学生对宋代文化重要领域的发展有较为直观形象的认识。本次课的难点是宋代文化繁荣的原因。为此，教师结合《建炎以来系年要录》《宋史》等史料文献，从三个方面引导学生分析文化繁荣的原因，让学生学会从北宋重文抑武的祖宗家法，扩大科举取士的规模、增强科举取士的公平性，提升文人士大夫的经济待遇，不杀上书言事人、营造宽松的言论环境等方面思考和评价宋代文化繁荣的原因以及现实意义。通过这一内容的讲授，增强学生文化认同感的同时，提升学生的史学思辨能力，让学生逐渐养成以史鉴今的史学思维方式。

根据学生以往学习的积累，本次教学片段重难点的目标设定较为合理。借助多媒体，图文相结合，降低了文化本身的抽象性，提升了学生解读史料的能力和辩证思维能力。同时，有助于增强学生对民族文化的认同，实现课程思政立德树人的目标。

二、教学过程

本次教学片段大约用时二十分钟。可以分为导语、正课、结语、作业布置四个环节。其中，导语、结语、课后作业布置约用时四分钟，正课用时约十六分钟。重点内容的阐释约用时六分钟，难点内容的分析约用时十分钟。总体而言，教学过程的时间分配较为合理，教学节奏的掌握较为适宜，在凸显重点内容的同时，也能够较为清晰地完成宋代文化繁荣原因的分析。

在重难点的讲授方面。借助多媒体，通过阐释宋代有深远影响的学术著作、艺术作品、人物活动等突出宋代文化"异彩纷呈""蔚为大观""继往开来"的典型特征。宋代立国之初推行的重文政策实际上为宋代文化繁荣提供了一个重要的背景，而进一步扩大科举取士的规模，改进科举取士的方式，提高文人士大夫的待遇，营造相对宽松的言论环境，则成为宋代文化繁荣的直接原因。通过启发式讲授，让学生认识宋代文化繁荣的表现，引导学生从不同角度去思考宋代文化繁荣的原因，突出了重点，突破了难点。讲授过程中有步骤地呈现板书，结构清晰，有助于学生理清思路。

课后作业的布置环节，要求学生进一步阅读《北宋文化史述论》和断代史《宋史》。目的在于通过阅读巩固学生对于宋代文化繁荣发展的认识，而学术专著的阅读也能够打开学生的视野，有助于提升学生的史学思维能力。课后的阅读作业，难度适中，也有助于相关课程内容如熙宁变法、宋人抗疫等的学习。

三、改进计划

本次课教学完成了教学目标，重难点突出，板书设计较为合理，但在教学语言的运用、课程思政元素的体现方面有待改进。

一方面，针对本次内容需要增强教学语言的文采和深度，尤其在阐释宋代文学艺术、史学理学的成就方面。同时，需要继续增加必要的过渡性教学语言，比如开放性问题的设置，有助于相关教学内容的衔接，也可以进一步提升教学内容的逻辑性。

另一方面，本次课内容在课程思政方面，主要在于增强学生的文化认同，并且以史鉴今，引导学生思考重视人才、尊重人才的现实意义。所举事例虽然典型，但由于时间有限，每个方面仅举了一例，需要辅以相关事例或者史料，进一步增强史料或者史实的说服力，可以通过史料枚举的方式，提供学生课下查找阅读相关史料的路径，以弥补课堂教学时间的不足。

【教学评价】

冷江山：

本节课内容较为充实，但宋代文化繁荣的表现程度不够，在时间有限的情况下，语言不够凝练。具备历史的时空感，史料运用得当，但讲授过程中故事性不够，缺乏历史的温度。建议凝练语言，增强语言的文学性，增加必要的、有情节、有出处的故事，在故事的讲授中，引发听者的思考和共鸣，降低历史与现实的距离感。同时，在课程讲授的相应环节，要为课程思政元素做相应铺垫，要实现课程思政元素润物细无声式的呈现。

唐定坤：

本节课的讲授，内容较为充实，所选事例较为典型，原因分析较为深刻；同时完成了教学目标，课程思政元素设计得体。但这类课型选题太大，容易讲空。在讲授宋代文化繁荣的表现时，教学内容通过教学语言营造的冲击力不够，无法彰显"繁荣"和程度。建议通过纵向对比的方式，如文学和艺术方面，讲授宋代超越前代的表现；教育和科技方面，讲授宋代影响后代的表现等等，从而突出宋代文化的卓越之处。

刘永海：

本课内容充实，重难点突出，逻辑思路清晰，课程思政元素较好地融入了课程讲授过程。但本课教学重点部分更多的是语言描述，史料较少。历史学的学科特质之一在于论从史出，史料实证是历史解释的基础。通过引导学生分析史料，能够训练历史专业本科生基本的历史素养。建议该部分讲授时，可以适当压缩讲授内容，在现有内容中选择更具有代表性的文化现象和历史人物进行阐述，增加必要的史料文献，彰显历史学的学科特质。

治隆唐宋

　　导入：公元 1699 年，康熙皇帝第三次南巡，到达了江宁府，也就是今天的南京。富庶繁华的景象使康熙皇帝赞叹不已。随即他再次来到了明孝陵，这是明太祖朱元璋的陵寝。（翻页笔，PPT 1）他对随行大臣说"明洪武乃创业之祖，今朕临幸，必当亲往祭祀"。在明孝陵康熙大礼参拜，三跪九叩，并且亲自手书"治隆唐宋"四个大字，由江宁织造曹寅也就是曹雪芹的祖父负责立碑，至今在明孝陵清晰可见。按照中国传统，当朝皇帝不拜前朝君主，那么为什么康熙皇帝六次南巡五次亲自祭拜明朝开国皇帝朱元璋呢？朱元璋做了哪些事情在康熙看来是超过唐宋的呢？今天这节课，我们就来共同探讨治隆唐宋。

　　板书：洪武之治

　　教师：纵观中国古代从秦朝到清末两千余年的帝王时代，出身游丐而终有天下的几乎仅此一人，得位最正者莫过于洪武朱元璋。《明史》中这样评价朱元璋："十五载而成帝业。崛起布衣，奄奠海宇，西汉以后所未有也。"当然，这也是时代使然。朱元璋借元末农民起义的历史潮流，在群雄并立中崛起，开创了大明二百七十七年的国祚，在位三十一年，年号洪武。历史上对朱元璋一生的评价历来众说纷纭，有人指出他"雄猜好杀"，开国的功臣宿将几乎被悉数屠戮，有人认为他雄才大略，驱除胡虏、恢复中华，再一次实现了中华民族

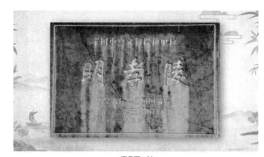

(PPT 1)

(PPT 2)

的统一。我们说，总体而言，朱元璋顺应了历史发展的大势，为后来的明王朝走向巅峰，成为当时世界上首屈一指、富庶强大的东方帝国奠定了坚实的

基础。（翻页笔，PPT 2）所以康熙皇帝数次拜谒明孝陵，并向群臣给出了此举的理由"洪武乃英武伟烈之主，非寻常帝王可比"，虽然这其中不免有收服人心、巩固清朝统治的政治动机，但明太祖朱元璋在位对后世影响最深的莫过于两件事，一方面是华夏一统，推行民族融合，另一方面是厚生利民，增进百姓福祉。首先我们来看武定祸乱。

板书：武定祸乱

教师：据《元史》《元典章》等文献史料的记载，从 1271 年到 1368 年近百年的历史时期中，元朝自然灾害频发，共发生大水灾九十四次，大旱灾六十二次，大蝗灾四十九次，大饥馑七十二次，而人相食的记载不绝史书。同时，元朝皇室贵胄极度的奢侈腐败："皇后日用所需，钞十万锭，币五万匹，绵五千斤"，由此灾荒连年、民不聊生与统治阶层的严酷剥削、无情践踏交织在一起，加剧了社会的动荡不安，导致元末农民起义风起云涌，群雄割据纷纷攘攘。朱元璋身处百年未有之大乱局，历经十五年在击破各路农民起义军后，于 1368 年在应天府（今南京）称帝建立大明王朝。随后即开展了十三次北伐，开疆拓土，巩固政权。史载，1381 年平定云南，1387 年平定辽东，1388 年捕鱼儿海之战大败元军，朱元璋奠定了大明王朝的疆域版图，推动了统一的中华认同，磨平了南北对立的文化冲突，收复南宋丢失近一百年的江南地区，收复北宋丢失近二百五十年的中原，收复晚唐丢失近四五百年的云南、贵州、甘肃、辽东、燕云，又进一步夺东北、青海、西藏："计明初封略，东起朝鲜，西据吐番，南包安南，北距大碛。"（翻页笔，PPT 4）实际上确立了明清两代乃至今日中国疆域的基本边界。中国历史上有两次大乱局，一次是汉末三国两晋南北朝，一次是宋辽夏金，"自胡马窥江去，再无燕云十六州"，宋辽夏金元并立纷争长达四百五十年的局面终于在洪武一朝实现一统，可以说，这是朱元璋对中华民族的最重要贡献。（翻页笔，PPT 5）而洪武一朝实现华夏一统之后，一改之

(PPT 3)

(PPT 4)

前元朝四等人制，推行民族平等与融合政策，朱元璋主张"蒙古色目虽非华夏族类，有能知礼义愿为臣民者，与中夏之人抚养无异"，同时在具体措施上他尊重并支持由于民族差异而形成的生活风俗的不同："蒙古色目诸人，自归附之后，所有羊马孳畜从便牧养，有司常加存恤。"这在很大程度上弱化了民族矛盾。被康熙皇帝誉为"治隆唐宋"的洪武一朝，在统一华夏的基础上还推行了一系列厚生利民、增进百姓福祉的措施，从而终结了元末社会动荡的局面，基本实现了社会的稳定，具体而言又有哪些表现呢？

(PPT 5)

板书：文致太平

教师：洪武一朝推行的很多政策都与朱元璋出身布衣有直接或者间接的关系。朱元璋自己评价"我本淮右布衣"，出身社会底层，一方面他深知稼穑之艰辛，农民之不易："保国之道，藏富于民，民之贫富，国家休戚系焉"，他教导后来的太子朱标："凡居处食用，必念农之劳，取之有制，用之有节，使之不苦于饥寒。"（翻页笔，PPT 6）因此他取得天下之后，劝课农桑，注重兴修水利工程："集吏民乘农隙修治水利。"仅以洪武二十八年（1395）为例，修筑了塘堰 40987 处，陂渠 5048 处，疏通了河道 4162 处，垦田的数量从洪武十四年（1381）开始，十四

(PPT 6)

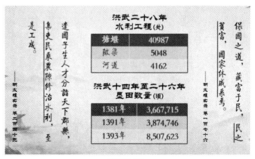

(PPT 7)

年之间增加了近两倍，达到 8507623 顷。（翻页笔，PPT 7）同时，朱元璋规定，凡是开荒出来的土地，可以免除三年赋税，目的在于鼓励农民种粮植桑。要求全国土地十分之一种植棉花且不收税，这一政策极大地推动了大明王朝棉花的种植，而从此之后，北方百姓才有了真正意义上的御寒之物——棉衣，

同时也推动了南方纺织业的发展，对明朝中期商品经济的发展起到了深远影响。（翻页笔，PPT 8）另一方面他生性节俭，生活俭朴，所卧之榻无金龙在上，"与中人之家无异"，在朱元璋的影响之下，宫中嫔妃也多注重节俭。有一次，有个内侍穿着新靴子在雨中行走，朱元璋就把这个内侍痛骂一顿，并且命行刑官给内侍五十大板；还有一次，一个散骑舍人穿了件十分华丽的新衣服，朱元璋问他："这衣服用了多少钱？"舍人回道："五百贯。"朱元璋斥责道："五百贯是数口之家的农夫一年的费用，而你却用来做一件衣服。如此骄奢，实在是太糟蹋东西了。"朱元璋当即要求这位散骑舍人脱掉华丽的衣服。生性节俭的他，对待年八十以上的贫民，"月给米五斗，酒三斗，肉五斤。

(PPT 8)

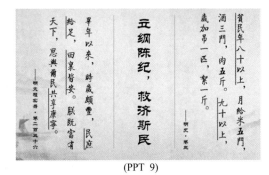

(PPT 9)

九十以上，岁加吊一匹，絮一斤"。朱元璋力求践行"老吾老以及人之老，幼吾幼以及人之幼"的儒家理念，无论是力度还是广度，都取得了相应的成就，从元末社会动荡到明初社会稳定，也就用了三十年，为大明王朝的经济、政治、文化、科技、外交全面发展和"永乐之治"的出现奠定了基础。（翻页笔，PPT 9）三十一年的执政生涯，朱元璋在他的遗诏中总结："三十有一年，忧危积心，日勤不怠。"而最终也实现了"毕年以来，时岁颇丰，民庶给足，田里皆安。朕既富有天下，思与尔民共享康宁"的局面。

板书：治隆唐宋

小结：同学们，今天这节课我们共同探讨了治隆唐宋的主题。朱元璋出身社会最底层，身处元末乱世，十五载而有帝业。君临天下之后，一方面，施行民族平等，开疆拓土，巩固明王朝的政权。另一方面，他深知水能载舟亦能覆舟的道理，勤于政事，三十一年未敢忘忧，修建水利，奖励垦荒，厚养百姓，为明王朝走向鼎盛，迎来永乐盛世提供了历史机遇。六百年的历史沧桑，我们回溯过往，朱元璋时期的民族平等、厚养百姓为明王朝的长治久安奠定了坚实的基础，这也就是康熙皇帝前后五次拜谒明孝陵并且手书"治隆唐宋"的重要原因。课下，请同学们继续阅读《明史讲义》《朱元璋传》并进一步思考如何评价朱元璋的洪武之治对后来大明王朝发展所产生的重要影响？我们在"学习通"上进一步交流。

【教学反思】

一、教学目标

本次课主要围绕朱元璋"武定祸乱、文致太平"营造了明朝初年的"洪武之治"为主题展开讲授。"武定祸乱"阐述朱元璋时期华夏一统局面的再次形成；"文致太平"主要阐述朱元璋时期推行民族平等、兴修水利、重视农桑、崇尚节俭、厚生利民等内容，使学

(PPT 10)

生学会从史料细节认知历史事件、评价历史现象，强化学生的历史解释素养。

在教学目标的设定方面，本课的重点在于朱元璋时期多民族统一国家的再次形成，并且通过一系列措施，巩固了多民族统一的局面，使多民族统一成为明清两代的大趋势。该部分结合《明太祖实录》《明史》等史料，使学生掌握分析历史事件的角度和方法，通过启发式教学，让学生理解明朝初年推行民族平等，主张民族融合对于多民族统一国家的巩固有极为重要的历史意义。本课的教学难点在于理解历史上对朱元璋的评价。图文结合，通过启发式讲授，使学生了解一方面朱元璋个人生性节俭、生活俭朴、勤于政事。另一方面，从朱元璋执政时期推行的政策角度着手，分兴修水利、重视农桑、厚生利民等角度，让学生理解康熙皇帝评价朱元璋"治隆唐宋"的原因。使学生学会依托具体史料，从不同角度分析历史现象、评价历史人物的方法，从而强化学生的史料实证、历史解释等学科素养。

总体而言，本次课教学目标明确，重难点设置合理，同时课程思政元素能够融入教学重难点，结合史料文献，通过启发式教学，引导学生学会分析史料、论从史出，提升学生的史学思辨能力。

二、教学内容

本次教学片段展示用时约二十分钟，分为导语、正课、结语和课后作业布置四个环节。其中，导语用时约一分钟，正课用时约十七分钟，结语和课后作业布置约二分钟。重点内容讲授用时约九分钟，难点内容突破用时约八分钟。从实际教学效果来看，教学重难点时间分配较为合理，能够在有限时间内实现重点突出，难点突破。教学节奏快慢适当，能够在内容的讲授中引

发学生思考，实现课程思政元素的育人功能。

　　本课从康熙皇帝南巡拜谒明孝陵并亲笔题字"治隆唐宋"入手，引导学生思考，按照通常惯例"当今皇帝不拜前朝君主"，为什么康熙皇帝拜谒朱元璋并且亲笔题字？由此导入朱元璋的历史功绩——"武定祸乱、文致太平"。围绕"武定祸乱"，主要讲授朱元璋崛起元末，在风起云涌的农民起义浪潮中，顺应历史趋势，再次实现了华夏一统的局面。根据史料，对比结合，通过讲授朱元璋推行民族平等政策，使学生理解对于多民族国家而言，民族平等、多元并存对于维护国家政权、巩固统一的重要作用，强化学生对多民族统一的历史大势的认同。在"武定祸乱"的基础上，进一步探讨"文致太平"。主要围绕朱元璋在位之际，重视兴修水利工程，奖励垦荒种田，崇尚节俭、厚生利民等方面展开阐述，通过具体数据阐明朱元璋时期社会经济相较以往有了长足发展，比如仅洪武二十八年（1395），全国修筑了塘堰40987处，陂渠5048处，疏通了河道4162处，垦田的数量从洪武十四年（1381）开始，十四年之间增加了近两倍，达到8507623顷。通过这些具体的数据变化，使学生能够理解史料文献中"毕年以来，时岁颇丰，民庶给足，田里皆安"的局面。之所以朱元璋执政的三十一年，明王朝扭转了元末的衰败，这与朱元璋勤于政事有直接的关系，并且为之后的"永乐盛治"奠定了基础。明王朝的勃兴再一次印证了"勤勉兴邦，奢侈亡国"的古训。而康熙帝的"治隆唐宋"的题字，不仅是对朱元璋的高度评价，也是对自身的勉励，即便今天读来，也是有现实意义的。通过这一内容的讲解，提升学生的历史思辨能力。

　　课后作业布置环节，要求学生们课下继续阅读《明史讲义》《朱元璋传》的相关章节，并进一步思考如何评价朱元璋的洪武之治对后来大明王朝发展所产生的重要影响。在阅读学术经典的过程中，巩固所学、开拓视野，学习前辈学者治史的角度与方法。

三、改进计划

　　本次课教学目标明确，内容充实，重难点突出，史料丰富。通过讲授朱元璋勤于政事、励精图治，阐释勤勉兴邦的主题思想，实现了课程思政元素与课程内容的相互融合。但在具体内容的讲授过程中，还需要相关史料进行史实或者论点的支撑，如水利工程修建的数据来源、全国垦田面积的数据来源等。史料实证是历史学的学科特质之一，讲授过程中言出有据、论从史出是历史课程不同于其他学科的特点，这也是在讲授过程中向学生展示历史学研究方法的路径。

【教学评价】

冷江山：

　　本课内容充实，逻辑思路清晰，史料运用娴熟。通过朱元璋勤于政事、重视农桑、增进百姓福祉的讲授，印证了勤勉兴邦以及水能载舟亦能覆舟的历史古训，这是本课的课程思政所在。关于朱元璋的历史评价，学术界多有争议。但作为中国历史上得位最正的皇帝，出身贫寒，通过自身的努力，顺应历史的潮流，不仅改变了自己的命运，也改变了元末中国历史的走向。之前学术界更多地讨论朱元璋的暴政，以及明清君主专制走向顶峰，这些在一定程度上掩盖了洪武之治的影响和治隆唐宋的评价。本课内容恰恰凸显的就是被掩盖的内容，给人耳目一新的感觉。

刘永海：

　　本课内容充实、史料运用娴熟。通过启发式教学，引导学生基于史料分析史实，论从史出，给予学生历史学研究方法，实现了课程思政的育人目标。但在史料的选取方面，个别之处有待修改，如《明史纪事本末》，该文献系纪事本末体，这种体裁决定了其史料非第一手文献，由于其成书较早，对于明史学习而言，自然有一定的参考价值，对于明史的研究与教学而言，《明史纪事本末》并非首选史料。

王兴锋：

　　本课重难点突出，内容充实、逻辑思路清晰，史料运用娴熟、注重从不同角度剖析历史事件、评价历史人物，通过本课内容的讲授，有助于学生学习史学研究的角度和方法。同时，PPT中动画效果的应用，增强了讲授内容的形象性、直观性和趣味性。通过历史故事讲解朱元璋崇尚节俭，也有助于拉近听者和历史的距离。历史课的讲授，无论是哪个学段，在很多情况下都可以、也都需要借助故事进行阐述，这也才能够彰显出历史的温度。

郑和远航的意图

【教学详案】

导入：公元 1405 年到 1424 年，在永乐皇帝在位之际，郑和船队完成了前后六下西洋的壮举，在世界航海史上留下了浓墨重彩的一笔。中国科学院外籍院士、英国著名科学史家李约瑟评价说，郑和下西洋使中国人在 15 世纪得以称雄海上。而当时明王朝为此也花费了巨额的银两。我们看到，十余年间的费用是 600 万两白银（翻页笔，PPT 1）。我们不禁要问，永乐皇帝为什么要如此执着先后六次派郑和远航呢？被誉为"明初盛事"的郑和远航，其背后的真实意图是什么呢（翻页笔，PPT 2）？今天这节课我们就来共同探讨郑和远航的意图。

(PPT 1)

(PPT 2)

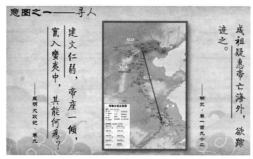

(PPT 3)

板书：郑和远航的意图

教师：涉及郑和远航的意图，要从一个重要的历史事件入手，这就是"靖难之役"。这是中国历史上唯一的地方藩王起兵推翻中央政权继而君临天下的事件。（翻页笔）公元 1398 年朱元璋驾崩，继帝位者是年轻的皇长孙朱允炆。继位之后他推行削藩，激起以朱棣为首的众家藩王不满，随后公元 1399 年朱棣以"清君侧"为名发动靖难之役，由今天的北京起兵，经过近四年的时间，打到南京城（翻页笔，PPT 3），史载"宫中火起，建文不知所终"。这一事件，如果从中国传统帝王得位方式的角度而言，朱棣篡权夺位，属于乱臣贼子。而这也是朱棣一生的忌讳之处。那么建文帝到底去哪了呢？每当想起不知所终的建文帝，朱棣坐立不安，于是就有了这样的想法，《明史》所载，朱棣怀疑建文帝逃亡海外，要寻找他的踪迹，因此才有了派人出海之举。这就是我们看到的郑和远航的第一种意图——寻人。

板书：寻人

教师：然而，当时也有人对寻人这个意图提出疑问，认为"建文仁弱"，即便是逃入蛮夷之地又能怎么样呢？显然，寻人可能是永乐皇帝派郑和远航的意图之一，但不是唯一的，那么除此之外，郑和远航还有什么意图呢？（翻页笔，PPT 4）我们先来看一张表。这张表是根据《明史》中的《外国传》整理而成。我们看到，这张表中的贡品有一个共同之处，是什么呢？对，都是奢侈品。今天的故宫博物院给我们保留下来了大量的明清皇家御用之物，比如我们在这里看到的桃形杯、手镯、簪子等，全部都是奢侈品，这些物品背后实际上指向了郑和远航的第二个意图，大家觉得是什么呢？对，享乐，尤其皇家贵胄的享乐。

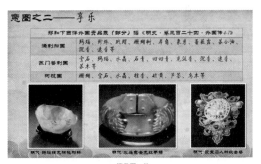

(PPT 4)

板书：享乐

教师：很显然，这些物品并不在民间流通，是无助于经济发展的，因此就有一个问题摆在了我们面前。永乐皇帝在位之际，郑和六

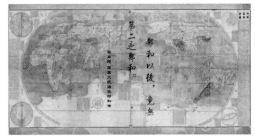

(PPT 5)

下西洋，充分展现了明朝发达的造船技术和科学的航海知识，这对于当时的世界而言，无疑是最先进的，这是明朝国力强盛的重要体现。也许历史给予了明朝发现世界的机遇，也许历史给予了明朝改变人类历史进程的机遇，但是终究一切也只是终止在了也许。梁启超先生在他的《郑和传》中，这样评价：郑和之后再无郑和（翻页笔，PPT 5）。反倒明王朝逐渐走向闭关锁国，而日渐落后于世界的脚步，这一点历史是要我们深入思考之处。我们说，上述两点都是郑和远航的意图，但并不是根本意图，那么，根本意图是什么呢？

那就是"耀兵异域，示中国富强"。朱棣为了堵住悠悠之口，摆脱千夫所指，就想通过展示其治下的王朝富庶繁华来表明他的皇位实在是天命所归。在郑和为第六次下西洋做准备时亲自撰写了一篇文章，并且派能工巧匠镌刻在了石碑上，这就是著名的《天妃灵应之记》，很清楚地表明郑和远航的目的是"宣德化而柔远人"，即怀柔（翻页笔，PPT 6）。

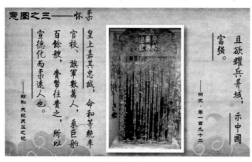

(PPT 6)

(PPT 7)

(PPT 8)

板书：怀柔

教师：怀柔，就是通过一定的手段笼络其他国家或者民族，使他们归附自己。为了达到怀柔的目的，郑和是怎么做的呢？我们看，这是郑和远航的路线图。在今天的印度尼西亚的巨港，史称旧港。祖籍广东而盘踞在此多年的海盗陈祖义对过往商人大肆劫掠，对南海，甚至印度洋等海域的安全造成了极大威胁，永乐皇帝曾一度悬赏750万两白银捉拿此人。（翻页笔，PPT 7）直到郑和第一次下西洋途经此地，用计谋诱骗陈祖义，最终活捉，派人送至京城明正典刑。这不仅维护了东南亚、南亚等地区的和平安全，"海内振肃"，而且也确实有助于明朝天朝上国以及海外形象的树立。所以，我们在相关的史料中看到，四方纷纷向明朝进贡示好，"奇珍异宝，名禽殊兽"日增月益，前代所稀（翻页笔，PPT 8）。在这些贡品中，有一件深得永乐皇帝厚爱，是什么呢？就是在中国史籍中出现过的祥瑞之兽麒麟。这是郑和第四次下西洋，麻林国（就是今天的东非肯尼亚）的进贡之物。中国传统认为，只有盛世才能够出现凤凰、麒麟这些神兽，本身就是祥瑞之兆。永乐皇帝闻听麒麟现世，龙颜大悦，亲率文武百官出奉天门迎接，京师震动。但我们看看，永乐皇帝眼中的麒麟到底是什么呢？明人有一幅画传世，名为《瑞应麒麟图》，就是这一幅（翻页笔，PPT 9），很显然，令永乐皇帝亲自出迎的麒麟就是我们今天常见的长颈鹿。历史在这儿给明人开了

一个玩笑。但从中我们可以探寻到，朱棣亟待向世人证明其政权合法性的意图是不言而喻的。

板书：积极影响

教师：客观上而言，郑和的远航对于历史也产生了积极的影响。比如（翻页笔，PPT 10）1409 年郑和第三次下西洋时，途经锡兰山，也就是现在的斯里兰卡，不但捐助当地修建佛寺，而且派人参与其中。当地人为了纪念郑和，把这一事件镌刻在石碑上，这就是至今保留在斯里兰卡国家博物馆的《布施锡兰山佛寺碑》。2014 年习近平主席访问斯里兰卡时，斯方就把这通石碑的拓片当作国宝送给了习近平主席，作为两国友谊源远流长的见证。此外，就是遍布东南亚、南亚多个地区的三宝井、三宝庙等等，这些历史遗迹告诉我们，郑和下西洋的意图虽然主要并不在于造福当地，但是客观上对于途经地区产生了积极的影响，这恐怕也是六百多年前的永乐皇帝所不曾想到的吧。

(PPT 9)

(PPT 10)

(PPT 11)

板书：和平友好

小结：显然，这不同于后来由哥伦布远航的意图。我们说，哥伦布发现新大陆由此拉开了大航海时代的帷幕，但随着这个潘多拉魔盒的开启，美洲、非洲相继卷入了殖民浪潮，那又是一部血与火的历史，而郑和远航更多的是和平与友好，（翻页笔，PPT 11）这也就是我们为什么从 2005 年开始，把每年的 7 月 11 日作为中国航海日，一方面纪念郑和远航的壮举，一方面传承郑和远航背后和平友好的精神，这也是我们当前构建人类命运共同体意识所需

要的精神。课下，大家可以观看央视纪录片《历史的拐点——下西洋》以及阅读《郑和远航与世界文明》，思考郑和船队掌握了哪些先进的航海技术以保证远航的成功呢？我们下节课接着探讨。

【教学反思】

一、教学目标

本节课主要围绕寻人、享乐、怀柔三个方面以及历史影响展开讲授，结合《明史》《星槎胜览》等史料文献，阐述郑和远航的主要意图。郑和数次开启规模宏大的远航，其主要目的在于怀柔远人，寻人和享乐为辅，这体现了郑和远航意图中的政治性。通过这一内容的讲授，使学生学会在不同史料分析过程中探究郑和远航意图的主要方面，强化学生的史料实证素养，提升史学思辨的能力。

本次课的教学重点在于郑和远航的意图。从明成祖斥巨资支持郑和远航入手，结合相关史料文献，引导学生寻人、享乐、怀柔三个方面，分析郑和远航的多方面意图，使学生掌握分析历史事件的角度和方法。通过启发式教学，让学生明确郑和远航的意图决定了"郑和之后再无郑和"，引发学生对历史的深刻反思。教学难点在于分析郑和远航的客观影响及对郑和远航的评价。图文结合，通过讲授郑和平定海寇、为东南亚地区百姓凿井取水、捐建寺庙等内容，使学生了解郑和远航的客观影响是有助于东南亚地区的发展的。通过对比，阐释郑和远航不同于后来的哥伦布等人探索新航路的远航，前者展现了和平友好的一面，后者更多地为西欧早期殖民活动拉开了帷幕，而这也是我们当前纪念郑和的重要原因。这一内容的讲授有助于强化学生的文化认同和民族自豪感，引导学生思考和平发展对于人类文明的意义。

本次课教学目标明确，重难点突出，课程思政元素能够体现在教学设计中。通过启发式教学，使学生学会史料分析的角度和方法，提升学生的史学思辨能力。

二、教学内容

本次教学片段展示用时约二十分钟，分为导语、正课、结语和课后作业布置四个环节。其中，导语用时约一分钟，正课用时约十七分钟，结语和课后作业布置约二分钟。重点内容讲授用时约九分钟，难点内容突破用时约八分钟。从实际教学效果来看，教学重难点时间分配较为合理，能够在有限时间内实现重点突出，难点突破。教学节奏快慢适当，能够在内容的讲授中引发学生思考，实现课程思政元素的育人功能。

本课从"靖难之役"入手，阐述燕王朱棣以"清君侧"为名经过近四年的时间推翻建文帝政权，君临天下，而得位不正成为永乐皇帝一生的心结。

由于"建文不知所终",因此,寻找建文帝下落也就成为史料文献中记载郑和远航的意图之一。但是关于这一点明朝人和史学界多有异议。根据史料文献以及故宫博物院保存下来的明代御用之物,图文结合,指向郑和远航的第二种可能的意图,即享乐。郑和远航的同时,四方进贡,进献的物品大多是奢侈品,这是随着郑和远航而来的朝贡贸易。通过这一内容的讲授,引导学生思考朝贡贸易与一般经济贸易的差异,从而揭示朝贡贸易并没有引起明朝前期经济领域的革新,反倒是由于郑和远航的成本巨大,最终被明王朝终止。第三就是郑和远航意图中的主要方面,即怀柔。引导学生分析史料,阐述永乐皇帝为了向世人表明其政权的合法性,要通过声势浩大的远航行为获得周边方国的认可。虽然这些是永乐皇帝力求证明自身政权合法性的体现,但客观上却对东南亚社会产生了积极影响,比如平定海寇、捐建寺庙、凿井利民等等,不同于后来哥伦布等人给美洲文明带去的血与火,郑和远航更多的是和平与友好。通过前后相关史实的对比,引导学生反思历史,探究我们今天依然关注郑和远航的意义。

课后作业布置环节,要求学生们观看央视纪录片《历史的拐点——下西洋》以及阅读《郑和远航与世界文明》。开阔学生视野的同时,进一步思考郑和船队掌握了哪些先进的航海技术以保证远航的成功呢?巩固所学,为下节课讲授郑和远航的科技条件奠定基础。

三、改进计划

本次课教学目标明确,重难点突出,讲授节奏适中,课程思政元素较为自然地融入了课程讲授中。通过启发式教学,引导学生在解读史料的过程中,学会从不同角度分析郑和远航的意图,提升学生的史学思辨能力。从郑和远航对当时的世界,尤其东南亚的影响来看,郑和远航带给周边国家和地区更多的是和平友好,这也是我们今天依然纪念郑和远航的重要原因。通过这一内容的讲授,强化学生的文化认同与民族自豪感,培养学生以史鉴今的史学思维。这三个意图中,寻人和享乐可以归属于个人原因,怀柔可以归属于政治原因,除此之外,郑和远航是否还存在其他原因或者意图?需要进一步求证,使该内容更为充实。

【教学评价】

冷江山:

郑和远航是明朝前期中外文化交流史上的重要事件,也是世界航海史上的一大壮举。郑和率领规模庞大的船队前后七下西洋,不仅展现了明王朝强大的国力,而且积极影响了东南亚许多国家和地区的社会发展。郑和远航的主题是友好和平,这也是一个强国在对外交往中应当秉持的态度。虽然这种积极影响并不是永和皇帝和明朝文武臣僚的主观意愿，但历史就是这么深邃，换个角度思考，我们往往会发现历史的另一面。

安尊华：

　　本次课教学目标明确，重难点突出，内容充实，史料运用娴熟。启发式教学有助于激发学生的思维，使学生学会从不同角度思考和评价历史事件。郑和远航是 15 世纪上半叶中国航海家的伟大壮举，《明史》中评价为"明初盛事"。导致这一事件发生的原因较多，永乐皇帝得位不正的心结固然是其重要原因之一，有鉴于此，教师讲授此专题时，是否可以考虑将郑和下西洋放在更广阔的历史背景中去探讨？通过郑和远航的原因分析，力图揭示中国历史发展到明朝时所呈现出来的必然趋势，这可能更符合教学和研究中以小见大的历史学范式。

刘永海：

　　本节课重点在讲授郑和远航的意图，难点在于郑和远航的影响与评价。从授课过程来看，重点突出，难点得到了突破。但涉及郑和远航的精神内涵时，虽然之前也讲到了平定海寇、捐建寺庙等，但和平友好的评价则稍显生硬。原因可能在于郑和远航的三个意图中没有为和平友好奠定足够的基础。可以考虑在解读郑和远航的意图时，在语言的表达上为后面阐述和平友好奠定基础，否则郑和精神的讲授就会稍显突兀。

郑和远航的科技条件

【教学详案】

导入：公元 15、16 世纪之交是一个波澜壮阔的时代。（翻页笔，PPT 1）其中 1492 年哥伦布船队发现美洲新大陆，1522 年麦哲伦船队完成环球航行，从而开辟了一个崭新的时代。但他们也都为此付出了极大的代价。比如哥伦布船队中装备精良的旗舰圣玛利亚号在航行中触礁沉没，而麦哲伦船队回到西班牙时，五艘船只剩下一艘，270 名船员只剩下 18 人。但是早于他们之前近一个世纪的明朝人郑和率领着百倍于他们的船只与船员，前后七下西洋航程超过 30 万海里。我们不禁要问，郑和船队为什么能够安全返航呢？今天我们就来共同探讨郑和远航的科技条件（翻页笔，PPT 2）。

(PPT 1)

板书：郑和远航的科技条件

教师：远洋航行的前提条件之一就是船舶的制造。明朝的造船技术是如何保证远洋航行的安全呢？首先我们就来看一看郑和远航时的造船技术。

(PPT 2)

板书：造船技术发达

教师：为了打造坚固的船只，永乐皇帝朱棣集合了当时造船技术最为娴熟的工匠，在清江浦、龙江和苏州府形成了规模庞大的造船厂，尤其龙江造船厂，后来享誉后世的郑和宝船就出自这里。（翻页笔，PPT 3）单就郑和宝船而言

(PPT 3)

"体势巍然"，我们看到，仅仅是"锚舵"就需要至少二三百人才能够举动。而郑和宝船和哥伦布远洋帆船相比，前者长度150余米，后者25米，相比于郑和宝船，哥伦布帆船就是"一叶扁舟"了（翻页笔，PPT 4）。除了船体规模巨硕无比，在船体结构方面，郑和宝船也有它的关键技术。

(PPT 4)

(PPT 5)

板书：水密隔舱

教师：大家看，在1974年泉州发掘的宋代沉船有什么结构会引起你的关注呢？是的，就是船舱中一个一个的隔板。这些隔板把船舱分隔成了若干个空间。这能够起到什么作用呢？三个字"防海险"。用隔板把船舱分隔成独立密闭的空间，当航行时触礁或者遭到大型海洋生物，比如鲸的攻击时，部分船体破裂进水不会波及其他隔离的舱体，最大限度地保证船体不沉，靠岸之后再修整。这种把船体隔离成密闭舱体的技术被称为水密隔舱。而到了明朝，水密隔舱技术已经相当成熟，史载，在郑和宝船中，隔舱的数量达到了惊人的60个。最大程度保证了远洋航行的安全（翻页笔，PPT 5）。而在20世纪初年震惊世界的"泰坦尼克号海难"事件中，技术专家们后来发现，泰坦尼克号虽然应用了水密隔舱技术，但是各个舱体并没有完全隔离，使得船体触礁之后，海水依次进入了各个舱体，最终导致了这艘被誉为"永不沉没"的豪华游轮的沉没。可见，直到20世纪，水密隔舱技术依然在远洋航行中扮演着关键角色，水密隔舱技术的应用大大提升了远航的安全系数。但仅有这项技术就够了吗？肯定不够，那还有哪些技术？

板书：梯形斜帆

教师：古代的远航，必须还要有帆，借助风力的作用实现海上航行。而至少到了唐代，我们就已经做到了扬帆而起航。我们看到，敦煌莫高窟中保留着古人扬帆远航的壁画，宋代的南海一号中巨大的船帆是海上丝绸之路得以开辟的保证。而在郑和船队中，船帆得到改进而发明出平衡式梯形斜帆（翻页笔，PPT 6）。这一改进，解决了一个关键问题。什么问题呢？是的，逆风航行。我们知道，古人借助风力实现海上航行，但并不是所有时候都能够顺风而行，那么遇到逆风的时候呢？古人的智慧就此显现出来。我们看这样一段视频。当船只航行遇到逆风时，调整船只航行和船帆的角度，使逆风形成的力被分解为两个，一个在船体航行中被抵消，一个保证船体斜身向前航行。航行一段距离之后，船体和船帆再调整角度继续航行，呈现出之字形的航行轨迹，但在总体上，船只就实现了逆风而行。到此，我们探讨了郑和远航的造船技术，用什么来概括呢？显然是发达。而仅仅有发达的造船技术就够了吗？不是，远洋航行还必须掌握相应的知识，而且必须是科学的。我们接下来就看一看，郑和船队掌握了哪些科学知识？

(PPT 6)

板书：航海知识科学

教师：我们看到，郑和远航的出发点在现在的福建长乐（翻页笔，PPT 7）。为什么选择在这里呢？我们看到，目的是"伺风开洋"。长乐的地理位置使得该地在冬季时的离岸风最为强劲，从而有助于开洋远航。从这一点我们也能够看到明朝人掌握的气象知识。

(PPT 7)

板书：季风动力

教师：我们知道，中国处于东亚季风盛行区（翻页笔，PPT 8）。每年冬季前后，风由陆地吹向海洋；而每年夏季前后，风从海洋吹向陆地。这就是为什么郑和远航通常选择秋冬季节开洋，而次年夏季

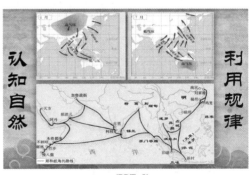
(PPT 8)

前后回到中国的原因，这背后体现的就是郑和船队对气象知识的掌握，进而利用自然规律实现远航的成功。

板书：陆海定向

教师：而在远航过程中，靠近陆地时，可以借助陆地上的物体来确定船只的相对位置，（翻页笔，PPT 9）远离陆地在茫茫海洋中时，借助指南针定

(PPT 9)

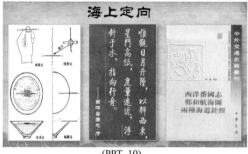

(PPT 10)

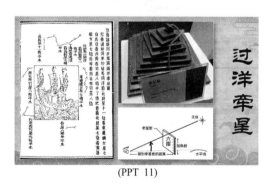

(PPT 11)

(PPT 12)

位。我们看到在《西洋番国志》中记载了当时的"浮针于水，指向行舟"，而"浮针于水"早在北宋沈括的《梦溪笔谈》中即有记载，这是《梦溪笔谈》中关于指南针四种用法的图示。所以，我们看到，郑和船队的远航离不开中华文化的传承（翻页笔，PPT 10）。当然，还有一项令后人叹为观止的技术，就是"过洋牵星"。在流传至今的郑和航海图中就记载着这样顶尖的技术。过洋牵星术要用到的是牵星板。牵星板就是十二块大小不等的正方形木板，用一条绳贯穿在木板中心，观察者一手持板，手臂向前伸直，另一手持住绳端置于眼前。此时，眼看方板上下边缘，将下边缘与水平线取平，上边缘与被测的星体重合，然后根据所用之板属于几指，便得出星辰高度的指数，从而确定船只的具体位置（翻页笔，PPT 11）。正是这些先进的科技条件，保证了郑和远航方向和安全。因此，在郑和亲自撰写的碑文中他才这样说："昼夜星驰，涉彼狂澜，若履通衢。"而梁启超先生在《郑和传》中评价郑和为"航海伟人"。但实际上，任何一位"伟人"的诞生都离不开特定的历史时期，明朝发达的造船工艺，科学的自然知识是造就郑和成为航海伟人的关键，当然，这也离不开郑和坚韧不拔的个性。这就是《明史》中对郑和远航的评价，即"明初盛事"。

板书：明初盛事

小结：中国科学院外籍院士、英国著名科学史家李约瑟在他的著作中评价郑和远航是光辉灿烂的景象，15 世纪上半叶世界航海史上留下了中国人称雄海上的身影。（翻页笔，PPT 13）但是，历史给予我们另外一个思考就是，如此发

(PPT 13)

达的科技水平虽然远超近一个世纪之后的哥伦布、麦哲伦等人，成就了郑和船队远航壮举，但为什么郑和之后再无郑和呢？郑和远航并没有开启明朝乃至世界的大航海时代，这是为什么呢？明朝在郑和之后，为什么走向了闭关锁国呢？请大家课下继续阅读《郑和全传》《郑和远航与世界文明》《郑和航海与人类海洋世纪》等学术专著的相关内容，我们在"学习通"上进一步交流。

【教学反思】

一、教学目标

本节课分两方面讲授郑和远航的科技条件，一方面是郑和远航的造船技术水平，另一方面是郑和远航掌握的科学知识，包括气象知识、导航知识。结合相关史料与历史地图，引导学生认知中国古代的造船技术发展到明朝前期已经达到了非常高的水平，这是保证郑和远航能够安全返航的必要条件。同时，对自然现象的科学认知和自然规律的正确利用，也是郑和数次远航成功的关键所在。通过这一内容的讲授，强化学生的文化认同与民族自豪感，反思科学技术的发达并没有为中国开启近代化进程的大门，原因何在？提升学生的史学思辨能力。

本节课重点在于郑和远航的技术水平。从郑和远航发达的造船技术入手，图文结合，从船体规模、水密隔舱技术、梯形斜帆的应用等几个方面，让学生直观地感受到郑和时代中国造船业的发达，与动画视频相结合，展示郑和船队配置的梯形斜帆在遭遇逆风时如何前行。教学难点在于郑和远航的科学知识水平。从郑和远航数次选择现在的福建长乐出港入手，讲授郑和远航时已经掌握了东亚季风气候的特点，充分利用风向的季节变化出航和返港。结合历史地图阐述，郑和为了保证远洋航行的安全，利用陆标定向、海上定向的方法。最后结合动图，讲解明朝世界级水平的导航技术——过洋牵星术，这是郑和数次远航并且能够安全返航的重要保障。从而突出郑和远航所展现的明朝高超的技术水平，培养学生们的民族自豪感与文化认同感。

　　总体而言，本次课教学目标明确，重难点突出，课程思政元素的设计较为合理。通过启发式引导，使学生学会基于具体史料的分析方法，论从史出，在反思历史现象的过程中，强化学生以古鉴今的史学思维。

二、教学内容

　　本次教学片段展示用时约二十分钟，分为导语、正课、结语和课后作业布置四个环节。其中，导语用时约一分钟，正课用时约十七分钟，结语和课后作业布置约二分钟。重点内容讲授用时约八分钟，难点内容突破用时约九分钟。从实际教学效果来看，教学重难点的时间分配较为合理，能够在有限时间内实现重点突出，难点突破。能够在内容的讲授中引发学生思考，实现课程思政元素的育人功能。

　　本课从明朝发达的造船技术入手，把历史地图和史料文献相结合，阐述明朝为郑和远航集中了人力、物力、财力，建造了规模庞大的造船厂，"体势巍然"的郑和宝船就产自其中之一的龙江造船厂。引导学生对比郑和宝船与哥伦布远洋帆船，使学生对郑和宝船有形象直观的认识。借助郑和宝船的PPT动图，着重分析郑和远航能够安全返航的关键技术，即郑和宝船的水密隔舱结构。这不仅能够最大限度地保证船体不沉，而且在遇到海险时，部分船体破裂进水不会波及其他的舱体。通过与20世纪初年震惊世界的"泰坦尼克号海难"事件对比，强化学生的文化认同与文化自信。另外，通过动漫视频讲解郑和船队借助平衡式梯形斜帆实现逆风行驶，这也体现了明朝高超的造船技术水平。通过启发式教学，结合气象图、航海图以及《梦溪笔谈》《西洋番国志》等相关史料文献，引导学生解读郑和远航的成功，展现出明朝人已经掌握了科学的航海知识，比如季风知识、海陆定向以及令后人叹为观止的"过洋牵星术"。通过上述内容的讲述，引导学生总结明朝发达的造船工艺，科学的航海知识是造就被后世誉为"航海伟人"的郑和的关键，当然，这也离不开郑和坚韧不拔的个性，强化学生民族自豪感的同时，进一步思考，高度发达的科学技术水平为什么没有引领明朝的中国打开世界近代史的大门？相反，逐渐走向闭关锁国的古老东方帝国的大门四百年后在西方的船坚炮利之下被迫打开，从而被动地卷入了近代化的浪潮中，这背后的历史原因到底是什么？通过这些问题的设置，提升学生的史学思辨能力。

　　课后作业布置环节，要求学生进一步阅读《郑和全传》《郑和远航与世界文明》《郑和航海与人类海洋世纪》等学术专著，开拓学术视野，引导学生学习前辈学者的治学角度和方法。在"学习通"上的交流，有助于学生巩固所学，激发学生围绕本节课内容进行多元化的思考，提升学生的史学思辨能力。

三、改进计划

本次课教学目标明确，重难点突出，内容充实，课程思政元素能够较好地融入教学过程中。作为15世纪初年世界航海史上的重要事件，郑和远航影响深远。郑和远航展现出来的科技水平与明清中国走向闭关锁国形成了强烈的反差，足以引起我们的深入思考。PPT和动漫视频的应用有助于关键技术的阐述，但还可以借助相关教具，比如郑和宝船模型、过洋牵星板等等，使课程内容尤其技术的讲解更为直观形象。

【教学评价】

冷江山：

郑和远航是中国航海史以及世界航海史上的重大事件，无论从远航的规模还是远航的科技水平，都远远超过后来的哥伦布等人的远航，是中国古代高超的科技发展水平的代表。但如此发达的科技水平并没有引发地理大发现，进而改变世界历史的进程，反倒经过了三四个世纪后逐渐落后于世界的前进步伐，其背后的原因的确值得我们深思。可以考虑在内容讲授过程中，适当增加相关史学家针对这一问题的观点，为学生的进一步思考和探究提供参考。

刘永海：

本次课教学目标明确，内容充实，史料运用娴熟，通过郑和远航反映出来的明朝科技水平的讲解，有助于使学生在细节上了解郑和远航，这属于讲授角度的创新。讲授过程中提出的一些问题，能够引发学生进一步思考，有助于提升学生的史学思辨能力。建议在课程结束时，围绕郑和远航为什么没有拉开地理大发现的帷幕等问题，以表格形式列举相关文献供学生参考阅读。

安尊华：

本次课内容充实，角度新颖，重难点突出，史料运用娴熟。郑和远航是在以明朝永乐皇帝为代表的国家意志推动下完成的，是明朝初年国力强大的体现。对这一事件的解读离不开具体的历史阶段，也不能脱离具体的历史背景，即在时空中解读历史、评价历史。教师可以在讲授郑和远航的科技条件之前，对明朝科学技术发展的整体水平进行简要概述，使学生明白郑和远航体现的科技水平是明朝整体科技发展中的一部分。历史课的讲授既要展现细节，又要把细节放在整体中，处理好局部与整体的关系，凸显历史的鲜活特征，这有助于学生全面而深入地认识历史、理解历史。

营建紫禁城

【教学详案】

导入：故宫，明朝人称之为紫禁城，是目前世界上保存最完整规模最大的皇家木质建筑群。（翻页笔 PPT 1）公元 1421 年正月初一，永乐皇帝在刚刚竣工的紫禁城奉天殿接受了文武百官的朝贺，从此紫禁城作为明清两代的政治中心，前后二十四位帝王在此办公和居住，对中国古代社会产生了深远影响。紫禁城占地面积 72 万平方米，现有建筑 980 座，从建材遴选到建设施工，前后十五年的时间，却历经了六百年的风雨洗礼，它成为中国乃至世界建筑史上的奇迹。那么，这个奇迹是怎样缔造的呢？今天这节课我们就共同走进紫禁城，并且探寻传承至今的工匠精神。

(PPT 1)

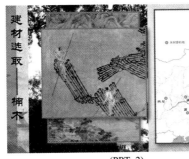

(PPT 2)

板书：营建紫禁城

教师：公元 1406 年，永乐皇帝颁布诏旨要仿照南京紫禁城的规模在当时的北平也就是今天的北京营建紫禁城，为迁都做准备。这也就开启了大规模地选取建材的过程。大家觉得，中国古代建筑的主要建材是什么呢？对，就是木材。而营建紫禁城的木材，能是一般的木材吗？显然不是。

板书：卢沟运筏

教师：（翻页笔，PPT 2）这是今天北京太和殿的立柱，长 12.7 米，直径 1.06 米。如此巨大的立柱，取自一种名为楠木的珍贵树种，而这些高大笔直的楠木大多生长在我国的云贵川、江南地区。它们的采伐、运输，在六百多年前是一个难题。史载，"入山一千，出山五百"，木材的采伐，民众伤亡极大。采伐之后又是怎样运输到北京的呢？我们看到，体量巨大的木材主要采用水运的方式。由西到东，再经由京杭大运河运至北方，再进入加工场。这是中国国家博物馆珍藏的《卢沟运筏图》，我们把它放大一下，大家能够清晰地看到，人站在木筏之上，借助水流实现巨大木材的运送，这展现了我国劳动人民的智慧。

板书：金砖墁地

教师：除了木材的采运，还有就是金砖的烧制，这也是紫禁城营建中必不可少的建材。（翻页笔，PPT 3）民间曾长期流传，皇宫禁地是金砖墁地，金碧辉煌。而实际上，并不是金砖而是京砖，意思就是专门供京城使用的砖，由于京金发音接近，而京砖在烧制铺设过程中，成本极高，成品敲击能够发出金属的声音，后来京砖也就成为金砖而广为流传了。2012 年中国首届御窑金砖拍卖会上，永乐年间烧制的一对金砖的成交价居然达到了 80 万元人民币，也就是一块金砖 40 万元。铺设紫禁城重要宫殿的地砖，就是这种金砖。比如奉天殿，今天故宫的太和殿就是在这个基础上修缮而成的，地面就是用这种金砖铺设而成。（翻页笔，PPT 4）根据《明史》《明会典》的记载，根据尺寸不同，金砖可以分为三类。重量也不同，从 55 公斤到 104 公斤不等。明朝宋应星的《天工开物》为我们保留了金砖的烧制过程，一块金砖的烧制需要 29 个环节，前后近两年的时间，而且任何一个程序出现问题都会导致金砖烧制的失败。这是其中的一个环节叫做窨水。金砖烧制接近尾声时，密封砖窑，然后由专人把水从砖窑顶部灌到温度极高的砖窑中，水量不多不少，流速不快不慢，时间不早不晚。一窑金砖需水量大约两千担，需要一个窑工挑水五昼夜。经过窨水这个环节，原本红色的砖才能够变成青色，也就是金砖。它有三大特点，就是"其形方正，其色纯青，其声如磬"，这是在苏州

(PPT 3)

(PPT 4)

御窑金砖博物馆中的金砖。而且，每一块金砖都有烧制的时间和窑工的名字，以备查验。复杂工艺的背后反映的是什么呢？对，就是中国传统的工匠精神，

精益求精。这就是著名的苏州陆慕御窑遗址。金砖成品经过检验之后，由专人搬运上船，船头挂有"苏州府"的旗帜或者灯笼，沿着京杭大运河一路运送到京城。到京城之后，由皇家派遣专人再次查验，淘汰其中的 70%—80%，只保留 20%—30%。以今天北京故宫的太和殿为例，金砖的铺设需要 11 道工序，一共需要 4405 人，分为软磨工、瓦工和壮工，按照规定，每天只能铺设三块，比如其中的"钻生"环节，就是把每一块金砖浸泡在桐油中，二至三天后才能使用，以保证每一块金砖能够光泽鲜亮，延长使用寿命。据统计，太和殿的金砖数量是 4718 块。（翻页笔，PPT 5）这就是我们今天看到的太和殿的地面，也就是著名的金砖墁地。近些年来，由于故宫游客数量庞大，太和殿的地面甚至被踩低了 2 厘米，从 2016 年开始，故宫不得不限制游客的日访问量。即便如此，故宫太和殿的地面也没有断裂之处。

(PPT 5)

(PPT 6)

(PPT 7)

板书：千龙吐水

教师：2012 年 7 月 21 日，北京遭受了特大暴雨侵袭，城市部分区域出现严重内涝。据《人民日报（海外版）》的统计，此次暴雨造成了 79 人死亡，经济损失高达 116.4 亿元。在这场六十年来最强暴雨和洪涝灾害面前，故宫却安然无恙，不但没有经历洪涝灾害，甚至没有明显的积水。故宫排水系统的设计以及其中所展现出来的古人的智慧令人叹为观止。故宫有着发达的排水系统，明沟暗道纵横交错（翻页笔，PPT 6）。雨水在极短时间内就能够通过众多沟渠排入金水河，故宫的地面只会潮湿而不会积水。故宫的设计建造者充分利用了地形特点，整体上，故宫北高南低，御路中间高两边低，利用自然之势提升排水的效率。（翻页笔，PPT 7）在故宫的排水系统中，有一个著名的现象，就是"千龙吐水"。这又是怎么一回事呢？提到"千龙吐水"，就一定要说明朝的"木工首"蒯祥了。蒯祥深得其父蒯富的家传，而蒯富是南京故宫的设计者。北京皇城设计建造的任务则落到了蒯祥的身上。设计建造之初，蒯祥遇到了一个难题。永乐皇帝为了彰显明王朝的国运昌盛以及皇城的赫赫威仪，命蒯祥寻找千条真龙来装饰皇宫建筑。王命不可违，蒯祥怎么办呢？众人无不为蒯祥的命运担忧，而蒯祥自己倒显得成竹在胸。从承天门（也就是今天天安门的前身）开始施工之日起，不到三年的时间，这个宏大的工程就快要竣工了。但是众人并没有见到一千条真龙，而是只见到了一千个龙头排水口。这一千个龙头围绕基台周围，龙头都是用汉白玉雕筑而成。这一切都是工人按照蒯祥的意思建造的。工程验收这天，永乐皇帝与文武臣僚前来共同观赏，并没有见到真龙现身。永乐皇帝质问蒯祥：真龙何在？蒯祥回禀：请陛下稍安。时值盛夏，天气炎热，太阳照射在地上，几乎要把地上的石头烤熟。片刻之际，乌云密布，狂风刮过，电闪雷鸣，大雨滂沱。而清凉的雨水刚一碰到地上炎热的石头，就蒸腾起层层的水汽。水汽氤氲，衬托着喷水口龙头仿佛活了过来一样。从远处望去，好似一千条龙头随着云雾蒸腾而起舞，场面无比壮观。暴雨来得快去得也快，没一会儿的工夫，乌云纷纷退散，又恢复晴朗的日空，好像真龙也随着乌云离开一样，地上一切恢复原状，连一点积水也没有。众人早就沉浸在刚刚那场如痴如醉的景象中，文武臣僚无不称奇。永乐皇帝龙颜大悦：赏！并且当众赐予蒯祥"蒯鲁班"的称号。而时至今日，每当暴雨降临，"千龙吐水"也依然是故宫的壮观景象之一。这不仅是故宫建筑奇迹的代表，更是以蒯祥为代表的劳动人民的智慧体现。

　　教师：同学们，今天我们共同探讨了紫禁城营建过程中的三项技术。从卢沟运筏到金砖墁地再到千龙吐水。这三项技术的背后实际上展现的是我国劳动人民的智慧和辛勤的汗水。徜徉在今天的故宫，我们得以触摸中华文明的厚重，我们更能够感受到什么是工匠精神。我们说，人民是历史的创造者，是物质文明的创造者，也是精神文明的创造者。人民才是这项建筑奇迹的缔造者。（翻页笔，PPT 8）

（PPT 8）

板书：人民创造历史

小结：站在历史的角度而言，这项建筑史上的奇迹，人类文明史上的瑰宝，已经不再仅仅属于我们自己了，它属于全人类，那么我们又该如何去保护它呢？课下，请同学们继续阅读和思考，我们在"学习通"上进一步交流。

【教学反思】

一、教学目标

本次教学片段主要从建材选取和宫殿建造两方面讲授明朝紫禁城营建过程中的一些重要环节。通过这些内容的讲授，展现明人设计建造的智慧、高超的工艺水平，精益求精的工匠精神，同时凸显人民群众是历史的创造者，更是文化的传承者这一唯物史观。

在教学目标的设定方面，通过本次内容的讲授，使学生认识明人营建紫禁城过程中的关键技术及其影响，引导学生在分析《明史》《天工开物》等史料文献的过程中，提升学生的史料实证的能力，进而对明朝的科技水平有较为直观的把握和理解，强化课程思政元素中的唯物史观。本次教学的重点在于明朝永乐年间紫禁城营建过程中的关键环节的讲解，如以规模宏大的楠木采伐与运输为主题的"卢沟运筏"，以精雕细琢的金砖烧制与铺设为主题的"金砖墁地"，以匠心独运的排水系统的设计为主题的"千龙吐水"，通过这些内容的讲授，让学生认识并理解保留至今、历经六百年沧桑的紫禁城，之所以能够成为中国乃至世界建筑史上的奇迹，是有一系列重要原因的。难点在于通过上述三方面内容的讲解，使学生理解并思考，紫禁城营建中展现的工匠精神，这构成了中华优秀传统文化的重要内核，并且人民群众不但是物质文化的创造者，也是精神文化的创造者，更是历史的创造者。

总体而言，本次内容教学目标设定较为合理，逻辑思路清晰，重难点突出，借助多媒体和动态 PPT 的展示，能够让学生在形象直观认识历史的基础上，引导他们对历史进行更为深入的思考和探索，强化学生的唯物史观。

二、教学内容

本次教学片段展示用时约二十分钟，分为导语、正课、结语和课后作业布置四个环节。其中，导语用时约一分钟，正课用时约十七分钟，结语和课后作业布置用时约二分钟。重点内容讲解用时十二分钟，难点部分讲解用时五分钟。从实际的课堂效果来看，上述环节的时间分配较为合理，重点能够突出，难点能够突破，教学目标能够实现。

课程讲授从营建紫禁城前后用时十五年，历经六百年沧桑保留至今，成为现存于世的规模最大的皇家木质建筑群，位列世界五大宫之首入手，直接导向紫禁城建造过程中的技术水平。首先，依托《明史》的相关记载，结合国家博物馆保存的《卢沟运筏图》，阐释六百年前楠木采伐的难度以及为了运输数量巨大的木材，劳动人民不仅付出了极大代价而且展现了极高智慧。其次，围绕金砖的烧制工艺，阐释《明史》《明会典》中关于金砖尺寸的记载，同时结合动态PPT，展示《天工开物》中关于金砖烧制的流程，在这个过程中，分析中国古代精益求精的工匠精神，此外，"金砖墁地"前后十一道工序，其严苛的标准为紫禁城六百年的历史奠定了坚实基础。最后，地处北京的紫禁城，防涝排水的设计也充分展示了劳动人民的智慧，借助遍布紫禁城形式各异的排水设施图片，结合著名的"千龙吐水"奇迹的阐述，使学生对紫禁城发达的排水系统以及劳动人民的建筑智慧形成直观认识，引导学生进一步思考，得出人民群众才是历史的创造者，才是奇迹缔造者的结论。在这个过程中，提升学生史料实证与历史解释的能力，强化学生的家国情怀和对中国优秀传统文化精髓的认同感。

课后作业的布置环节，要求学生课下观看央视纪录片《故宫》，同时继续阅读《图解中国古代建筑史》，在巩固本次课内容的同时，延伸到中国古代建筑发展史，充分感受中国古代建筑背后体现的劳动人民的智慧。该项作业难度适中，有助于开阔学生视野，激发学生进一步学习和探究的兴趣。

三、改进计划

本次课需要完善之处，主要有两方面。一方面，在建材选取部分，关于以楠木为代表的巨大木材的采伐和运输，《卢沟运筏图》有代表性，但仅仅一幅图又略显单薄，需要适当增加同类型的图片或者其他史料文献，增强该部分观点的说服力；另一方面，课程讲授的节奏有待调整，"金砖墁地""千龙吐水"两部分内容需要适当增加讲授时间。

【教学评价】

冷江山：

本次课程内容充实，逻辑思路清晰，结构完整，通过紫禁城营建过程中技术水平的讲解，使学生从技术史的角度认识到了明朝前期科技发展的总体水平，能够增强学生的文化认同感。图文结合，尤其动态PPT的运用，有助于学生形象直观地认识金砖烧制的复杂工艺，同时也增强了课堂讲授的趣味性。但在紫禁城设计建造过程中，防震技术也是一项重要成果，在今后教学中可以适当地加以阐释和呈现。

王建设：

本次课程史料丰富，内容充实，结构清晰，图文结合，较完整地呈现了紫禁城建造中的关键技术，同时，较好地落实了课程思政理念的育人功能。但有一个方面需要完善。在针对"千龙吐水"部分的故事讲解中，语言需要精炼，否则课堂中的故事讲解极容易陷入拖沓而影响后面内容的讲授，同时，拖沓的故事容易分散学生的注意力，可能会对授课效果产生不良影响。

安尊华：

本课内容充实、史料多样、讲授思路清晰，节奏紧凑，结构完整。紫禁城营建这一历史事件不仅在明朝历史上占有重要地位，而且深刻影响了明朝永乐之后直到近现代中国历史的发展。从技术维度解读紫禁城的设计建造在一定程度上揭开了紫禁城的神秘面纱。但在一些关键技术的讲解中，比如"金砖墁地"，教师需要对其中的专业术语"泼墨""起油""呛生""净揉"等概念进行必要的解释，以增强课程讲授中知识传授的准确性，同时亦能突出课程的形象性。

永乐迁都的原因

【教学详案】

导入：公元 1421 年正月初一，永乐皇帝朱棣在刚刚落成的紫禁城奉天殿接受文武百官的朝见。自此之后，紫禁城就成为明清二十四位帝王的理政和居住之所。而北京从此正式成为明王朝的首都，这也为后来的清朝沿用下来，对中国古代后期六百年的历史产生了深远影响。为了迁都北京，永乐皇帝用了近二十年的时间去营建新都，动用了三十万工匠，百万民众，花费无可计数。我们不禁要问，永乐皇帝为什么如此兴师动众地要迁都北京呢？今天这节课我们就共同探讨永乐迁都的原因。（翻页笔，PPT 1）

板书：永乐迁都的原因

教师：永乐迁都是明初政治中的一件大事，影响深远。迁都的原因历来学界多有纷争。但大多认为与一件事密切相关，这就是靖难之役。（翻页笔，PPT 2）公元 1398 年，明太祖洪武皇帝朱元璋驾崩，皇位直接传给了皇长孙朱允炆。朱允炆临朝执政后随即展开削藩，由此激化了中央和地方藩王的矛盾。而被朱元璋敕封燕王的朱棣在北平驻守，借机以"清君侧"为名发动了"靖难之役"，历经三年多的时间，由北平一直打到南京。1402 年南京城破火起，史载建文帝朱允炆"不知所终"。而朱棣就是在这种情况下，在他本人狐疑不定和很多朝臣的反对声中君临天下，皇位来路不正也就成了朱棣一生的心结——这也是朱棣最终决定迁都北京的第一个原因。

(PPT 1)

板书：心神不宁

(PPT 2)

教师：为了维护皇位的稳固，

朱棣采取了血腥镇压的方式以堵住悠悠之口。比如，朱棣要求方孝孺为他撰写继位诏书，遭到方孝孺的拒绝和羞辱，于是诛杀了方孝孺的十族，这是中国历史上唯一被诛十族的人（翻页笔，PPT 3）。又比如，朱棣早朝之时，前朝建文帝朱允炆的重臣景清"欲为故主报仇"在大殿之上妄图谋刺永乐皇帝，被发现后，施以酷刑同时灭族。而类似这样的事件层出不穷，由此永乐皇帝大开杀戒。根据《明史》《明实录》等史料文献的记载，朱棣继位之初，爆发了如"方孝孺党案""邹瑾案""胡闰之狱""董镛之逮""陈迪之党"等一系列清理建文朝旧臣的大案，累计受牵连的人数超过两千人（翻页笔，PPT 4）。可以说，一时之间，六朝古都的南京陷入白色恐怖之中。残酷的镇压，的确在短时期收到了钳制舆论的效果，但对于朱棣而言，杀人如麻对他的心理产生

(PPT 3)

(PPT 4)

了极大冲击，不仅噩梦连连，甚至有几次恍惚之间眼前浮现出了建文帝朱允炆吊民伐罪的景象。长期的心神不宁，是朱棣迁都北京，回到龙兴之所的一个原因。除此之外，还有哪些原因呢？我们来看第二方面，即堪舆之思。

板书：堪舆之思

教师：在中国古代文化视域下，迁都是关乎国家长治久安、社稷太平安宁的大事，历代但凡有迁都意愿的政权，无不经过缜密考察。而明代自朱元璋开基立业以来，实际上就有迁都之意。其中很重要的一个原因在于，南京虽然虎踞龙盘的帝王之都，但是偏安江南一隅，战略纵深不足，难以实现对全国的有力控制，尤其当南京的紫禁城出现"前昂后洼，形势不称"，即宫殿前高后低，不利于大明王朝江山永固（翻页笔，PPT 5）。后来，朱元璋委派当时的太子朱标考察过西安、洛阳等地，而自己则亲往开封和老家凤阳考察，但都是出于种种因素的考虑而作罢。况且，出身农民的朱元璋深知民间疾苦，他"本欲迁都，天下新定，不欲劳民"。因此，终洪武一朝，迁都一事一拖再拖，也没能落实。直到永乐登基，迁都一事再次被提上日程，并且确定都城要由南京迁往永乐皇帝的"龙兴所在"北平。北平，朱棣登基之前

苦心孤诣经营了二十载。不但一扫
之前元末战乱的衰败之景，而且逐
渐恢复了往日的繁华。在朱棣看
来，北平地处战略要地，古今兵家
必争，千年的建史和数百年的建都
史足以证明北平的特殊地位。北平
依山傍水，俯瞰中原大地，所以
《天府广记》中评价其为"今建都
之地皆莫过于冀都"（翻页笔，
PPT 6）。如果迁都于此，兴建紫禁
城，还有天然的优势，即紫禁城背
靠万岁山，被金水河环绕，万岁山
象征着神龟，金水河象征着蛇灵，
在朱棣看来，这就是中国传统四大
神兽之一"玄武"，在此地建都，
在此地建城，能够彰显永乐政权的
"受命于天"，从而为"靖难之役"
披上了合法合理的外衣，也为永乐
政权的巩固奠定了重要基础（翻
页笔，PPT 7）。历史证明，作为雄
才伟略的一代帝王，上述两点并不
是迁都的根本缘由。我们说，根本
原因还是要归结于政治因素，即第
三方面宅中图治，掌控天下。

　　板书：宅中图治

　　教师：作为一代雄主的朱棣，
是有英雄情结的，巩固大一统王
权，开创盛世伟业，向天下、向历
史证明永乐盛世贯穿于他二十余载
的皇帝生涯。自登基以来，他不仅
勤于政事，而且五征漠北维护大明
王朝的政权，六下西洋扬国威于海
外，修撰《永乐大典》集中华文
化之大成。而迁都北平宅中图治对

(PPT 5)

(PPT 6)

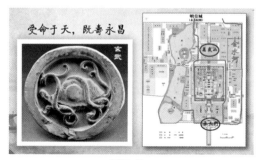

(PPT 7)

(PPT 8)

（PPT 9）

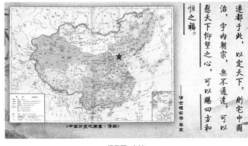

（PPT 10）

（PPT 11）

巩固多民族统一国家影响深远（翻页笔，PPT 8）。尤其这一点其实也是最为关键的一点，北平这个位置很特殊，之前是元朝首都元大都，明王朝取得天下之后，蒙元残余势力一直在漠北草原虎视眈眈，对明王朝国家政权的巩固始终构成威胁。同时，之前以金陵为都城"终不能控制西北"（翻页笔，PPT 9），综合考虑，迁都北平将有助于北伐讨元，守卫京城，控驭四方，实现"无敌于天下"，进而接受万邦来朝。（翻页笔，PPT 10）因此，出于巩固政权的需要，出于加强国防的考虑，定都北平的意义非凡。（翻页笔，PPT 11）历史也证明，定都北平后，明清两代都是大一统的王朝直至中国古代王朝政治的终结，而北方的经济、文化则持续发展，为今天的政治、经济、文化格局奠定了坚实基础。清人编撰的《明史》中用八个字评价朱棣："远迈汉唐，卓乎盛矣"（翻页笔，PPT 12）。

板书：远迈汉唐，卓乎盛矣

小结：同学们，今天我们共同探讨了永乐迁都的原因。我们从三个方面一是从个人角度而言，靖难之役造成了朱棣心神不宁，二是从中国古代文化角度而言，南京年久失修地势低洼，明人认为此乃不祥之兆，三是从政治经济角度而言，永乐迁都了宅中图治，促进北方

经济、社会发展。尤其以第三个目的为重。事实证明，永乐迁都之后对中国

六百年历史发展产生了深远影响。明清二十四位帝王均以北京为都城，北方的经济和社会开始逐渐缩小了与南方的差距，政治上有助于强化对北方广大地区尤其蒙古的统治，从而在整体上有利于巩固明王朝政治统治，这是中国古代后期多民族统一趋势的重要组成。课下，请同学们继续阅读南炳文等先生的《明史》和商传先生的《永乐大帝》，思考永乐迁都对中国历史的深远影响具体体现在哪些方面？我们在"学习通"上进一步交流。

【教学反思】

一、教学目标

本次课堂教学片段主要讲授明朝初年明成祖朱棣在位之际迁都北京的原因。永乐迁都对于中国古代历史后期的演变和发展产生了深远影响。通过本次内容的讲授，引导学生结合《明史》《明实录》《清实录》等史料文献，学会从不同角度分析和认识永乐迁都的原因，提升学生史料实证和辩证思维的能力。

本次授课的重点是永乐迁都的三方面原因，即从个人角度而言的"心神不宁"，从文化角度而言的"堪舆之思"，从政治角度而言的"宅中图治"。作为明朝初年乃至中国古代后期历史中的重要事件，永乐迁都的原因一定是极其复杂的。三方面原因从不同角度指向这一事件，向学生揭示了重大历史事件的复杂性。难点在于引导学生基于史料分析，把握永乐迁都的三方面原因中，最主要的是政治原因，即加强统治，维护统一。而后来的历史发展也充分证明了迁都北京有助于巩固多民族统一的国家政权。通过这一内容的讲述，有助于强化学生的民族认同感，加深对统一多民族国家形成的理解。

本次教学片段的教学目标设定合理，重难点突出，课程思政元素能够有机地融合在课程内容之中，在对重要历史事件、历史人物的分析中，拓展学生的史学视野，激发学生的史学创新思维，提升学生的史料实证与历史解释能力。

二、教学内容

本次教学片段用时约二十分钟，分为导语、正课、结语和课后作业布置四个环节。其中导语用时约一分钟，正课用时约十七分钟，结语和课后作业布置用时约二分钟。重点部分讲解用时约十一分钟，难点内容讲解用时约六分钟。从实际教学效果来看，时间分配较为合理，重点突出，难点能够突破，课程思政元素可以落实，教学目标能够完成。

从明成祖朱棣用了近二十年的时间去营建新都，在这个过程中，征用了百余万民众，其中包括三十余万工匠，花费无可计数入手，追问迁都的原因。分三个方面阐述，首先就是明成祖的个人原因。通过靖难之役而君临天下的朱棣，始终处于得位不正的舆论中，为了堵住悠悠之口，他采取了大杀四方的手段，由此造成的白色恐怖反过来又对朱棣的心理产生了极大冲击，加之屡屡遭遇刺客，朱棣就萌生了迁都、远离是非之地的想法；其次，从文化角度而言，南京城虽然虎踞龙盘，但不是风水最佳之处，而且南京城年久失修，并不利于明王朝的长治久安。因此，朱元璋也曾派人乃至亲临考察过西安、洛阳、开封等地，由于种种原因最终放弃迁都。而对于朱棣而言，当时的北平是"龙兴之地"，风水极佳，所谓"受命于天，既寿永昌"，这是他选择迁都北平的重要原因；最后，也是最重要的，从政治角度而言，南京"终不能控制西北"，迁都北京则可以"控四夷，制天下"，所谓"宅中图治，无敌于天下"。因此，迁都北京有助于巩固明王朝的统一。而历史证明，迁都北京之后，多民族统一的格局延续了明清两代。通过以上三方面的讲解，使学生学会从多角度分析历史现象的成因，有助于提升学生的史学思辨能力。

课后作业布置环节，要求学生课下继续阅读南炳文先生的《明史》和商传先生的《永乐大帝》。通过阅读学术经典，开阔学生视野的同时，能够学习到前辈学者的治学方法。该项作业难度适中，具有可操作性。

三、改进计划

本次授课需要完善之处主要在于课程讲授过程中的内容衔接。三种意图分别从个人角度、文化角度和政治角度进行阐释，揭示永乐迁都的历史必然性。这三个方面是层层递进、由浅入深的关系，因此，需要通过过渡性语言或者问题的设置，增强三部分之间的联系，也就是本课内容的整体性。

【教学评价】

伍志燕：

本次课教学目标清晰、逻辑结构完整、重难点突出，史料丰富。但在课程思政元素的体现方面有待完善。尤其在阐释永乐迁都的政治意图时，可以结合永乐迁都之后对中国历史的影响，强化永乐迁都不但有助于巩固明王朝的政权，而且对多民族统一国家的发展产生了积极影响，同时，也有助于中华民族共同体意识的塑造，增强中华文化认同。本次课的重难点集中于文化和政治两个方面，课程思政元素也就需要充分体现在讲授这两部分内容的过程中。

王兴锋：

本次课程教学内容充实、史料丰富多样、逻辑思路清晰，重难点突出。但在教学语言的严谨性方面有待改进。尽量避免重复使用同义词语，讲授过程中要剔除口水话。同时，在讲到永乐迁都的政治因素时，要加以突出，教学时间的分配，围绕政治因素的为最多，这是永乐迁都的根本原因，也是对中国历史产生深远影响的方面。

段红丽：

　　本次课程教学目标清晰、教学方法恰当，重难点突出，史料运用娴熟。在涉及永乐迁都的个人因素时，通过故事的讲授，能够较为形象地展现永乐皇帝作为"人"的一面，有助于学生从不同角度理解历史人物。建议在讲授文化因素时，适当增加明代史料中关于北京城的地理位置优越、堪舆风水极佳的记载，明人关于堪舆风水的思想观念是一个更为直接的影响因素，其他朝代关于北京城的评价最多也就是参考。教师"以人叙史，以史育人"，拉进了学生与历史的距离，有助于学生亲近历史、理解历史、感悟历史，进而形成正确的历史观。可以说，在此次教学中教师真正成为学科之"魂"与学生之"心"对话的桥梁。

《永乐大典》的历史价值

【教学详案】

导入：同学们，2020 年 7 月法国博桑勒费福尔拍卖行以八百余万欧元，约合人民币六千四百多万拍出了两册书，一时之间引起各大媒体争相报道。是什么书能够以如此天价完成交易呢？这就是著名的《永乐大典》（翻页笔，PPT 1）《永乐大典》是明朝永乐年间，先后由解缙、姚广孝等人主持编纂的大型类书，可以说集中国古典文献之大成。全书 3.7 亿字，总计 11095 册，对于中华文化的传承而言，有着极为重要的历史价值。同时，《永乐大典》也是世界上最早的百科全书，早于世界著名大英百科全书三个世纪。那么这部旷世奇书的历史价值到底是怎样的呢？今天这节课，我们就来共同走近《永乐大典》，探讨它的历史价值（翻页笔，PPT 2）。

(PPT 1)

(PPT 2)

板书：《永乐大典》的历史价值

教师：我们首先来了解一下《永乐大典》编纂的基本情况。实际上，《永乐大典》的编纂，前后两个阶段，永乐皇帝朱棣首先派解缙主持编修，于永乐二年（1404）成书，初名《文献集成》，但朱棣不甚满意，后来命姚广孝组织人员再次编纂，于永乐六年（1408）正式成书，朱棣阅后深感满意，赐名《永乐大典》。《永乐大典》的编纂，前后参与两千余人，持续六年之久，收录图书文献八千余种，内容突破了儒家范围，而涵盖上古至明初经史子集、道释医卜，被誉为人类历史上规模最大的"百科全书"（翻页笔，PPT 3）。那么，这部最大的类书，历史价值主要体现在几个方面呢？我们认为主要集中在三个方面，即文物价值、学术价值、文献价值。首先，我们来看《永乐大典》的文物价值。

板书：文物价值

教师：从版式和纸张上来看，《永乐大典》开本宏大，每一册高50.3厘米、宽30厘米，基本上是二卷一册。采用"包背装"，书衣用多层宣纸硬裱，外用黄绢包裹，格外庄重。装裱后在书皮左上方贴长条黄绢镶蓝边书签，题"永乐大典×××卷"，右上方贴一小方块黄绢边签，题书目及本册次等。从所用纸张看，《永乐大典》使用的是以桑树皮和楮树皮为主要原料制成的皮纸，纸张厚度约为0.12毫米，俗称"白棉纸"。这种纸在嘉靖前后上百年生产量很大，

(PPT 3)

纸质莹白柔韧，"茧素灿如雪"，是书写的极佳用纸，堪与"澄心堂纸"相媲美。从书写上来看，抄写《永乐大典》的墨均用徽墨，以黄山松烟加多种配料制成，不干不酥，湿润有光，古香古色。朱墨则以朱砂矿物质制成，经久不褪色，粲然悦目。抄写时除将各个门类事物的首字用篆、隶、草体书写外，正文均为端正大方的楷书台阁体。正文为墨色，引用书名文字为红色，断句和标声符号用红色小圆戳钤印。在高35.7厘米，宽23.4厘米手工描制的红色板框中，半页8行，每行28字。通篇朱墨灿然运笔精到，圆笔中锋，丰润醇和，劲秀工整，纵横有行，分布和谐，端庄有致，温润古雅，是写本中的精品（翻页笔，PPT 4）。而嘉靖年间在抄写副本时，为了保证副本与正本的一致不二，参与抄写的百余名生员，严格遵守规制，不得涂改，每天抄写三页，历时五年完成。时至今日，保留下来收藏在国家图书馆的《永乐大典》不但纸张完好，字迹清晰可见，台阁体书法也是艺术珍品。

历经六百年的历史沧桑，《永乐大典》昭示给我们的是中国传统益求其精的工匠精神，同时也展现了其独特的文物价值。除了文物价值外，第二方面就是学术价值。

板书：学术价值

教师：《永乐大典》的学术价

(PPT 4)

(PPT 5)

(PPT 6)

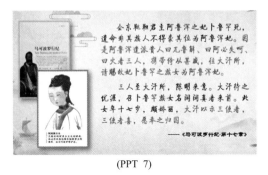

(PPT 7)

(PPT 8)

值，其表现之一就是有助于厘清重要史实。例如，马可·波罗来华的问题。马可·波罗来华和《马可·波罗行纪》的真伪，是中外文化交流史上的重要问题，也是学界长期争论的焦点问题之一。有学者指出，最具中国文化特色的茶叶和筷子，在《行纪》中没有被提到，这是马可·波罗并没有来过中国的重要证据（翻页笔，PPT 5）。当然，也有学者从学理的角度分析，茶叶和筷子没有出现在《行纪》中并不能说明马可·波罗没有来过中国。直到著名元史学家杨志玖在 1941 年在《永乐大典》中发现了一则重要史料，由此印证了马可·波罗的确来过中国。《永乐大典》卷一九四一八中记载了东鞑靼（即波斯伊利汗国）君主阿鲁浑派遣专使向元世祖忽必烈求亲的史事（翻页笔，PPT 6）。求亲成功后往返回的时间、使者的姓名、求亲的队伍等与《行纪》中的记载一般不二。《行纪》中同时记载了忽必烈遣阔阔真公主远嫁东鞑靼国，而马可·波罗就是在此时随使团离开中国返回欧洲的（翻页笔，PPT 7）。这一研究成果公开发表之后获得国际学术界的极大关注，并且获得了以法国著名汉学家伯希和（Paul Pelliot）和美国著名学者柯立夫（Francis Cleaves）为代表的欧美学界的认可。而马可·波罗来华一事从此基本成为定论（翻页笔，PPT 8）。由此可见，《永乐大典》在澄清历史史实、还原历史细节等方面具有重要学术价值。而《永乐大典》在文献辑佚方面的价值最为学术界瞩目。

板书：文献价值

教师：清人《四库全书》的编纂在中国文献学史上占有重要地位，影响也极为深远，而《四库全书》编纂过程中，清人从当时的《永乐大典》中辑佚出来的文献达到数百种之多，经史子集四部三百八十五种，四千九百四十六卷。后来的文史学家们在此基础上辑佚出来的文献总计达到六百余种（翻页笔，PPT 9）。可以说，没有《永乐大典》，我们的二十四史不会完整。比如一部《旧五代史》就源自《永乐大典》；研究北宋一朝的重要文献《续资治通鉴长编》源自《永乐大典》；研究南宋高宗朝的重要典籍《建炎以来系年要录》源自《永乐大典》；研究两宋政治、经济、社会、文化等的一手史料《宋会要辑稿》源自《永乐大典》；中国数学史上的第一部专著《九章算术》源自《永乐大典》；李商隐的部分诗文失传已久，而后人从《永乐大典》中辑出了一部《樊南文集》，成为研究李商隐和唐代文学史的重要文献依据，如此等等，不胜枚举。基于此，有学者指出，仅就《永乐大典》副本残卷而言，对于中国古代历史文化意义重大。而正本的下落一直是学界之谜。如果能够发现《永乐大典》正本，在很大程度上也许会更新我们对中国古代历史和文化的认知（翻页笔，PPT 10）。但是，作为中国乃至世界上规模最大的"百科全书"，《永乐大典》自从编纂、抄录完成后，历经六百年的沧桑，时至今日，只有四百余册，八百余卷存世。陈寅恪先生曾经评价敦煌遗

(PPT 9)

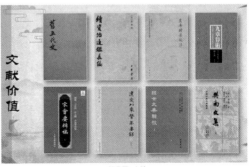

(PPT 10)

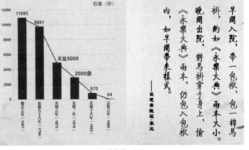

(PPT 11)

书是"吾国学术之伤心史也"，《永乐大典》又何尝不是呢？（翻页笔，PPT 11）我们看到，《永乐大典》编纂之初是 11095 册，到了清末却仅仅有不到一千册。为什么呢？我们看到，有的翰林监守自盗，私自把《永乐大典》分册带出翰林院变卖，而价格仅仅是 10 两白银。《永乐大典》在近代遭遇的最大一次厄运就是 1900 年庚子国变。为了攻占隔壁的英国公使馆，义和团和清军居然火焚翰林院，妄图从翰林院打开缺口。就在这个过程中，翰林院保存的珍贵善本古籍文献遭到永久毁灭，其中就包括 605 册国宝级文献《永乐大典》（翻页笔，PPT 12）。每每回顾这一段不堪回首的历史，我们都不免为之唏嘘不已。

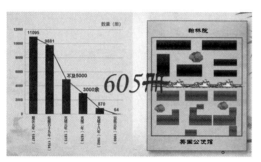

(PPT 12)

板书：文献保护与文化传承

教师：而截至 2020 年年底，留存于世的《永乐大典》仅四百余册，散见于中国、日本、美国、英国、德国等国家（翻页笔，PPT 13）。

(PPT 13)

小结：清末思想家龚自珍有言，欲要亡其国，必先亡其史，欲灭其族，必先灭其文化。中华文明的传承，优秀传统文化的弘扬，很大程度上依赖于文献的保存和阐释。有学者指出，《永乐大典》残卷的历史价值超过后母戊方鼎，而 224 册《永乐大典》成为国家图书馆镇馆之宝的重要原因即在于它们是两千多年中华文明史的重要载体。那么，对于这些珍贵文献，如何才能够有效保存呢？我们又该怎样承担起文化传承的责任呢？请大家课下阅读《〈永乐大典〉史话》《中国图书散佚史》等，思考古籍数字化的意义何在？如何有效落实古籍数字化呢？我们在"学习通"上进一步交流。

【教学反思】

一、教学目标

本次教学片段展示主要围绕文物价值、学术价值和文献价值三个方面，阐释《永乐大典》的历史价值。通过简要介绍《永乐大典》的编纂情况，使学生了解《永乐大典》在中国文化史乃至世界文化史上的重要地位。结合相关史料、分析相关史实，使学生认识《永乐大典》多元化的历史价值，强化学生的文化认同感和文化自信，同时，引导学生进一步思考，在中华优秀文化的传承过程中，珍贵的文献典籍如何得到有效的保存。

在教学目标的设定方面，本次教学片段的重点是《永乐大典》的文物价值和学术价值。依托具体史料，在讲解过程中，引导学生掌握把文献记载与逻辑推演相结合，从而厘清历史史实的方法。通过启发式教学，让学生理解《永乐大典》在我国文明传承中的文物价值和学术价值。难点在于使学生理解《永乐大典》的文献价值。文献价值是《永乐大典》的历史价值中比较抽象的内容，也是《永乐大典》最重要的历史价值。通过图文结合的方式，选取从《永乐大典》中辑佚出来的代表性文献，使学生能够比较直观地认识《永乐大典》在辑佚文献方面不可替代的价值。通过讲授《永乐大典》的历史价值，强化学生的文化认同。同时，结合《永乐大典》散佚情况的讲解，引发学生思考关于古籍文物保护和在文明传承过程中要肩负的历史、责任。

总体而言，本次课教学目标明确，重难点突出，课程思政元素的设计较为合理，落实途径可行。通过启发式引导，使学生学会基于具体史料的分析方法，论从史出，在反思历史现象的过程中，强化学生以古鉴今的史学思维。

二、教学内容

本次教学片段展示用时约二十分钟，可以分为导语、正课、结语和课后作业布置四个环节。其中，导语用时约一分钟，正课用时约十七分钟，结语和课后作业布置约二分钟。重点内容讲授用时约十分钟，难点内容突破用时约七分钟。从实际教学效果来看，教学重难点时间分配较为合理，能够在有限时间内实现重点突出，难点突破。教学节奏快慢适当，能够在内容的讲授中引发学生思考，实现课程思政元素的育人功能。

本课从《永乐大典》的编纂情况入手，然后结合具体史料，分三个方面讲授《永乐大典》的文物价值、学术价值和文献价值。首先是文物价值。从《永乐大典》的版式编排、纸张选取、字体多样等诸多方面来讲授，图文并茂，充分展现《永乐大典》丰润醇和，劲秀工整，分布和谐，端庄有致，温润古雅，确为写本中的精品。历经六百年历史沧桑，《永乐大典》本身昭示给我们的是中国传统益求其精的工匠精神，同时也展现了其独特的文物价值；其次是学术价值。以学术界关于马可·波罗来华的史实问题为例展开讲授。通过讲解元史学家杨志玖 1941 年在《永乐大典》中发现的重要史料，与《马可·波罗行纪》相互比对，由此印证了马可·波罗的确来过中国。这一结论深得国内和国际学界的广泛认同。通过这一案例的讲解，使学生理解《永乐大典》在历史学研究领域，对于厘清史实有着特殊的价值。同时，在讲解过程中，引导学生掌握把文献记载与逻辑推演相结合的方法，这有助于提升学生的史学思辨和史学研究的能力；最后是文献价值，这不但是本节课的难点，也是《永乐大典》在中国文化史上独特地位的重要表现。图文并茂，阐述从《永乐大典》中辑佚出的古代文献达到六百余种，重要的如《宋会要辑稿》《续资治通鉴长编》《建炎以来系年要录》等都是研究中国古代历史文化不可或缺的史料。而《永乐大典》自明朝编纂之初的 11095 册，到了清末只传承下来了不到一千册，这无疑是中国古代文化的重大损失。究其原因，清朝翰林们监守自盗，私自把《永乐大典》分册带出翰林院变卖，而 1900 年庚子国变之时，翰林院又遭遇义和团和清军的火焚，保存在翰林院中的包括《永乐大典》在内的许多珍贵善本古籍遭到永久毁灭。通过这一段《永乐大典》散佚史的简单回顾，引导学生思考如何实现古籍文献的有效保存，这实际上是以史鉴今，进一步引发学生对历史现象的反思。

课后作业的布置，要求学生课下继续阅读《〈永乐大典〉史话》和《中国图书散佚史》。通过阅读经典专著与新著，使学生了解学术界关于《永乐大典》研究的现状。拓宽学生的视野，同时，在"学习通"上再交流，有助于学生巩固所学，激发学生围绕本节课内容进行多元化的思考，提升学生的史学思辨能力。

三、改进计划

本节课内容充实、讲授思路清晰，教学目标设定合理，重难点突出，板书详略得当，课程思政元素也较好地体现在了授课环节中。但在具体内容讲授过程中，需要通过更为具体的数据或者案例，增强观点的说服力度。比如针对《永乐大典》的学术价值方面，马可·波罗来华这段史实的厘清固然是非常重要，而且影响深远。但仅仅是马可·波罗来华的澄清，不能够完全展现《永乐大典》的学术价值，因此该部分需要增加案例，使该部分内容更为充实，更有说服力。

【教学评价】

冷江山：

本次课教学思路清晰，史料多元，运用娴熟，内容充实。但在语言的表述方面有待完善。本课围绕《永乐大典》历史价值，分三方面展开讲授。第一方面集中于《永乐大典》的文物价值，要通过文学性的语言增强该部分内容的美感，从而突出其艺术性。第三部分尤其在讲到《永乐大典》的散佚史时，节奏要稍稍放慢，通过细节的描述，让听者对《永乐大典》的命运多舛扼腕叹息。语言，尤其历史课中不同内容的语言表达方式的差异，会对该部分内容的讲授效果产生较为明显的影响。

陈华森：

总体而言，本节课的讲授，内容充实，教学目标明确，重难点时间分配较为恰当，板书设计较为合理、书写流畅。但在具体讲授《永乐大典》的文献价值时，讲到《宋会要辑稿》《续资治通鉴长编》等重要文献史料皆源自《永乐大典》时，需要对《宋会要辑稿》《续资治通鉴长编》等文献的内容做简要介绍，并且对它们各自的用途和学术价值稍加解读，否则无法凸显《永乐大典》在保存古代珍贵文献典籍时不可替代的价值。

王建设：

本节课内容充实、史料丰富，运用娴熟。逻辑思路清晰，语言表述较为准确，重难点突出，板书设计合理。但有一个方面，在讲到《永乐大典》的散佚史时，由于已经涉及清末的历史了，可以考虑寻找、增加一些与《永乐大典》相关的影像资料，比如从央视纪录片中寻找合适的片段，插到PPT中，通过纪录片的内容讲解，使听者能够产生更为直观形象的认识。

明人治蝗

【教学详案】

导入：同学们，2020 年我国科学家首次确认 4 乙烯基苯甲醚是导致蝗虫聚群成灾的原因，由此，绿色控蝗成为可能，而这一研究引发国际学术界的热烈探讨。从历史上看，蝗灾是影响人类生存和发展的主要灾害之一。据统计，一平方千米的蝗虫群，一天之内可以吃掉 3.5 万人的口粮。历史上蝗灾的频发甚至会危及王朝的存续。在中国古代历史上，被后人誉为远迈汉唐的明朝，也是一个蝗灾多发的王朝，那么明人是怎样应对蝗灾的呢？明人治蝗，又能够给予我们哪些经验呢（翻页笔，PPT 1）？今天这节课，我们就来共同探讨明人治蝗。

(PPT 1)

(PPT 2)

板书：明人治蝗

教师：纵观整个明朝二百七十六年的国祚，自然灾害频发，当然这与明朝所处的大环境直接相关。总体而言，明清时期恰巧处于地球平均温度降低的小冰河期，由此引发了一系列自然灾害。作为农耕文明为主的明王朝，除了水旱灾害的影响之外，蝗灾对农业生产的影响最大，而且直接关乎社会稳定、政权存续。

板书：蝗灾频仍，影响深远

教师：根据长时期的农业生产经验，明人发现蝗灾的爆发主要集中在夏秋两季。《明史》《明实录》《大明会典》等史料文献中记载了从洪武年间到崇祯一朝，二百七十六年中总共发生了 967 次，平均每年发生 3.5 次，这个数据在历代中央王朝当中是极为少见的（翻页笔，PPT 2）。同时，蝗灾爆发的地域从北方到南方，遍及大明王朝统辖的疆域，其中尤以直隶、山东、河南为重，而这三个省份又是历来的产粮大省，产粮大省蝗灾频发，可以想见对大明王朝农业，乃至经济发展的影响。而各类方志文献中关于蝗灾及其影响的记载也是不绝于缕："嘉靖八年七月，五谷颖粟苗草尽为（蝗）食毁。地皮尽赤，小民流移，父子兄弟离散。""（万历三年）七八月大旱生蝗，斗米千钱，后至千三四百，民噎糠枇，死大半。""（嘉靖十八年）秋大蝗，野无遗禾，黎民相食者甚多，饿殍者枕藉道路，春夏瘟疫大行。"（翻页笔，PPT 3）从这些史料文献的记载中我们可以看到，蝗灾对大明王朝造成的直接影响是流民增加、人口锐减，甚至瘟疫流行，间接就会造成统治危机。

那么，面对蝗灾的肆虐，明人采取怎样的方式应对呢？在管理方式和治蝗措施方面呈现出哪些特征呢？首先我们来看管理方面，明人为了应对蝗灾，建立了比较完整的一套应对体系。

(PPT 3)

板书：应对体系完整

教师：应对体系完整，首先体现在逐级上报、分级处理上（翻页笔，PPT 4）。根据朝廷考核官吏要求，蝗灾爆发后地方官员需要逐级上报至中央户部，户部根据蝗灾爆发的严重程度的不同，指派不同级别地方政府处置。有的由县级官员负责捕蝗，如"（万历四十七年）南直隶江阴蝗灾，知县宋光兰购捕，每百斤给钱三百文"。有的由省级布政司负责遣人捕杀，如"（宣德元年）河南布政司奏安阳临漳二县蝗，遣人驰驿分捕，有司巡视"（翻页笔，PPT 5），有的则是由户部亲自派人调集各方人力物力财力参与捕杀，最严重者，则由皇帝亲自委派人员参与捕杀，如"（宣德五年）四月，易州奏蝗蝻

(PPT 4)

(PPT 5)

生。上即选贤能御史往督，有司发民并力扑捕"。同时，在这个过程中，加强对官吏的考核，赏罚严明，有功者嘉奖，怠慢者，按律治罪："（永乐元年）户部尚书郁新言河南郡县蝗，所司不以闻，请罪之。上命都察院遣监察御史按治之。"（翻页笔，PPT 6）一方面能够调动官吏防灾治灾的积极性，另一方面能够提升官吏在蝗灾防治中的行政效率。除建立较为完整的管理体系外，在防治蝗灾的具体措施方面，明人又做了哪些呢？

(PPT 6)

(PPT 7)

板书：治理措施多元

教师：多元化的治理措施中，首先就是推陈出新（翻页笔，PPT 7）。明末著名学者徐光启在《农政全书》中写道："惟旱极而蝗"，也就是旱地是蝗虫滋生的温床，蝗虫成群则容易演变为蝗灾，因此如果要根治蝗灾，就要铲除蝗虫滋生的温床，因此，他主张改旱田为水田，水田增多，蝗虫的繁殖就会受到抑制，此法尤其适用于南方地区，因此应该在南方地区推广："水田之制由人力，且虫灾之害又少于陆，水田既然，其利兼倍，与陆田不侔也。"同时，他也主张在条件允许的地区种植蝗虫不喜食的作物，如绿豆、豌豆、豇豆、大麻、苘麻、芝麻等等，这些植物都是含有胆碱和胡萝卜碱等之类的物质，对蝗虫来说危害巨大，所以蝗虫会特意避开这些植物，因此，可以明显地减少农家的损失："农家宜兼种，以备不虞。"当然，如果要实现这一转变，仅仅依靠当地政府是远远不够的，需要发挥民众的力量，所谓"必须郡邑之协心，必须千万人同力"。这也属于我们第三方面要讲到群防群治。其次，采取以禽除蝗，也就是我们今天的生物防治（翻页笔，PPT 8）。关于生物防治蝗灾的方法，并不是明人首创，在中国防治蝗灾的历史上，早在魏晋隋唐之际的史料文献中就有生物防治蝗灾的记载，如"范洪胄有田一顷，将秋遇蝗，忽有飞鸟千群，蔽日而至，瞬息之间，食虫遂尽而去，莫知何鸟"。"（开元二十五年）贝州蝗，有白鸟数千万，群飞食之，一夕而尽，禾稼不伤。"只不过之前更多的是顺势而为，人为利用生物防治的方法并不普遍。但到了明代，人为利用生物天敌相克治理蝗灾有一大突破，通常认为明末陈世元《治蝗传习录》中明确记载了畜鸭治蝗的方法："一鸭较胜一夫，四十之鸭，可治四万之蝗。一夫挑鸭一笼，可胜四十夫。不惟治蝗，且可以牟利。"畜鸭治蝗不仅效率远超人工，而且所畜之鸭还可以食用和牟利，可谓一举三得。而时至今日，利用鸭子防治蝗灾依然被沿用下来，如新华社报道《新疆哈密鸡鸭治蝗有成效》，明人治蝗经验传承至今，依然有重要的实践意义。再次，则是群防群治，充分发挥百姓民众的力量："（嘉靖二十年）湖广广济蝗飞蔽日，知县蒋崇禄令：民有能捕蝗者，给米一石，不十日蝗尽。"实质上，无论是防治蝗灾，还是防治水旱等其他灾害，百姓的力量不但不能小觑，而且是自然灾害防治取得成效的重要保障（翻页笔，PPT 9）。保存至今的明代《捕蝗图》为我们生动展现了明人群防群治的情景。除此之外，徐光启《农政全书》中还保留了明人在防治蝗灾过程中的"除虫卵""坑蝗蝻"等从根本上遏制蝗虫成灾的方法，比如"视蝻到处，预掘长沟，沟中相距丈许作一坑，以便掩埋。多集人众，不论老弱"等，多元化的防治措施，都需要百姓的广泛参与（翻页笔，PPT 10）。同时，明人防治蝗灾的经验传之后世，清人钱炘和的《捕蝗图说》中保留了十二幅捕蝗的方式，形象直观地阐述了捕蝗要领，这是明清乃至中国古代蝗灾防治史的结晶，我们既能够看到古人在蝗虫防治中的智慧，对于我们今天而言，也依然具有参考价值。

(PPT 8)

(PPT 9)

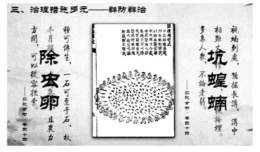

(PPT 10)

(PPT 11)

小结：同学们，今天这节课我们共同探讨了明人在防治蝗灾方面的政策和措施。面对蝗灾的肆虐，明人建立了防治体系，推行了旱田改水田，以禽除蝗以及群防群治的措施。而跨越了五六百年的历史沧桑，即便当前我们可以借助化学、生物、生态的防治方法，但不能忽略的是百姓的力量（翻页笔，PPT 11）。明人治蝗告诉我们的就是，在重大自然灾害面前，政府的管理、技术的应用是必要的，但同时更需要充分发挥百姓的智慧，在人民群众的积极参与之下，才能够实现有效地应对自然灾害。课下，请同学们阅读《中国救荒史》、参考《农政全书校注》，思考我们应该如何评价并传承古人在防治自然灾害中的成功经验？我们在"学习通"上进一步交流。

【教学反思】

一、教学目标

作为以农耕为本的文明，蝗灾的爆发对于特定历史阶段的社会产生的影响是深远的，乃至从根本上会危及政权的存续。而本节课主要就围绕蝗灾肆虐对明朝社会的影响，明朝防治蝗灾的制度和措施进行讲授。通过对明朝应对蝗灾的制度和措施的阐释，引导学生学会利用一手史料重构历史场景，在明人治蝗的经验和教训中以史鉴今，提升学生的历史解释和史学思辨能力。

在教学目标的设定方面，本次课的教学重点是明人防治蝗灾的管理政策。结合《明史》《大明会典》《明实录》等史料文献，引导学生从逐级上报、分级管理、赏罚严明三个角度阐释明人防治蝗灾的政策措施，使学生掌握分析历史事件的角度和方法，通过启发式教学，让学生认识明人防治蝗灾的体系完备的程度。教学难点在于明人防治蝗灾的具体措施。基于明人防治体系的完备，从推陈出新、以禽治蝗、群防群治三个方面，展现明人防治蝗灾的多元化措施。结合《明实录》《农政全书》的文献资料，通过启发式讲授，让学生理解明人防治蝗灾的效果明显。通过分析明人在防治蝗灾中的政策与措施，使学生认知古人的防治蝗灾智慧，增强民族文化的认同感，从历史中汲取经验，以古鉴今。

总体而言，本次课教学目标设定明确，重难点突出，凸显重点、突破难点的方法切实可行。通过启发式教学，引导学生在回顾明人治蝗的历史过程中，认识中国古人在长期实践中积累的有效经验，增强文化认同感的同时，思考明人治蝗的现实意义。

二、教学内容

本次教学片段展示用时约二十分钟，可以分为导语、正课、结语和课后作业布置四个环节。其中，导语用时约一分钟，正课用时约十七分钟，结语和课后作业布置约二分钟。重点内容讲授用时约十分钟，难点内容突破用时约七分钟。从实际教学效果来看，教学重难点时间分配较为合理，能够在有限时间内实现重点突出，难点突破。教学节奏快慢适当，能够在内容的讲授中引发学生思考，实现课程思政元素的育人功能。

本次课从蝗灾对农耕文明的危害入手，具体到明朝，据《明史》《明实录》《大明会典》等史料文献的记载，276 年的国祚总共发生了 967 次蝗灾，平均每年发生 3.5 次。明朝蝗灾的爆发，无论从频率还是波及的地域范围，在中国古代王朝中都是极为罕见的，甚至危及了明王朝的政权统治。正是从这个角度而言，明人治蝗对于明朝历史才具有了特殊的意义。蝗灾频仍对于明王朝造成的影响主要是人口锐减、流民增加、瘟疫爆发，而"民噎糠枇，死大半"的记载不绝于史书。这就使明人对于蝗灾治理极为重视。一方面，明人建立了较为完备的逐级上报、分级处理的应对体系。根据蝗灾爆发的区域、严重的程度，分别由县级、省级、中央户部集中人力、物力、财力加以捕杀治理，及时有效地应对蝗灾也被纳入地方官员的赏罚考核中。这不仅能够调动各级政府和官吏防灾治灾的积极性，也能够提升政府管理在蝗灾防治中的行政效率。另一方面，明人在蝗灾防治过程中还推行了多元化的积极有效的措施，以保证治理效果。比如徐光启在《农政全书》提出旱地改水田；种植蝗虫不喜食的绿豆、豌豆、豇豆等农作物；以禽除蝗，即利用生物天敌治理蝗灾，而这种方式一直到现在也是我们部分地区应对蝗灾的有效方式。在所有的治蝗经验中，明人留给我们最宝贵的经验就是群防群治，即充分发挥百姓民众的力量。无论是明代山西的《捕蝗图》给我们留下民众捕杀蝗虫形象直观的画面，还是清人钱炘和《捕蝗图说》中详细阐述的捕蝗要领，都离不开百姓的全力参与，这就是我们今天所说的，应对自然灾害一定要走群众路线，这是明清乃至中国古代蝗灾防治史的智慧结晶。通过这一内容的讲授，使学生了解基本史实的同时，增强学生们的文化认同感。

课后作业布置环节，要求学生们参考《农政全书校注》，进一步阅读《中国救荒史》，思考当前我们应该如何评价并传承古人在防治自然灾害中的成功经验。通过阅读经典专著与新著，拓宽学生的视野，有助于学生巩固所学，激发学生围绕本节课内容进行多元化的思考，提升学生的史学思辨能力。

三、改进计划

本次课内容充实，教学目标明确，重难点突出，思路清晰，授课节奏适当，板书详略得当。但在明人治蝗的主题意义方面尚需充实。中国古代史上不仅明朝治蝗取得了显著成效，宋代、清代都取得了相应的效果。因此需要突出明人治蝗的独特之处，即独特的意义所在，从而有助于突出该选题的历史价值与现实意义。

【教学评价】

冷江山：

本次课内容依然有现实意义。但与之前宋人抗疫不同之处在于，蝗灾治理的成功经验在中国历史上并不少见，唐代就有著名的姚崇治蝗。可以说明人治蝗一定有对前人经验的汲取。因此，本课就应该更加突出明人在治蝗方面的特殊性。可以适当增加一些与前人和后人的对比，以增强明人治蝗的特殊性。当然，也可以通过突出蝗灾频仍对于明朝政权的威胁以此突出明人治蝗的历史意义。总之，该课的讲授需要突出明人治蝗的意义和影响，为以史鉴今的启发奠定基础。

陈华森：

本次课内容充实，重难点突出，史料运用娴熟，课程思政元素与教学内容能够实现有机融合。在内容上，适当增加蝗灾频频爆发对明王朝政权和社会影响的阐述，有助于明人治蝗意义的理解。可以通过增加史料并加以分析的方法，或者在讲授过程中适当引用笔记文献中的部分记载，通过更为形象化的语言描述或者图片的展示，使学生更为直观地理解蝗灾在古代社会中的深远影响，在此基础上能够更深入理解明人治蝗政策和措施的必要性。

王兴锋：

本次课教学目标明确，内容充实，重难点突出，史料丰富，运用娴熟，讲授过程中注重通过反问和设问等方式引导学生思考，提升学生的史学思辨能力。导入部分援引了当前的相关热点问题为例，进而进入明人治蝗的主题，总体而言，导入恰当，但在课程讲授的整个过程中并没有听到与导入内容相关的呼应性内容，这就容易使导入陷入"为导入而导入"的境地。课程的讲授是一个有机整体，导入、结语和讲授的各个环节之间都应该有相应的直接或者间接联系，这有助于提升教学的逻辑性。一个精彩的导入，既可以激发学生思维，又可以使学生产生浓厚的学习兴趣与求知欲。

阳明治赣

【教学详案】

导入：公元 1506 年，王阳明被贬至贵州修文龙场驿，在困顿与痛苦之中，他日夜思索，孜孜以求，终于体悟了"圣人之道，吾性自足"，这就是中国哲学史上著名的"龙场悟道"。十年之后的 1516 年，王阳明受朝廷委派，巡抚南赣地区。王阳明平定匪患、德法共治、移风易俗，短短的三年时间，就实现了南赣地区的"治境"，充分展现了心学思想的实践价值。作为中国古代历史上少有的"立德立功立言"的圣人，王阳明治理南赣地区经验给予我们今天哪些启发呢？今天这节课，我们就来共同探讨阳明治赣（翻页笔，PPT 1）。

板书：阳明治赣

教师：同学们，在《中国历史地图集（明代卷）》中我们看到，王阳明治理的南赣地区范围涉及现在的福建汀州、漳州，江西南安、赣州等地，治所在赣州，并不仅仅局限于江西。"南赣山谷险阻，往多贼窟"，武夷山脉横贯其中，地形复杂，加之经济落后，也就为盗贼栖身提供了便利条件，同时增加了剿匪的难度："东追则西窜，南捕则北奔。"前几任巡抚投入了十余万的兵力，花费粮饷难以计数，然而大都是无功而返，长此以往，造成了南赣地区常年的社会矛盾尖锐、动荡不安，使得南赣巡抚成为明王朝的烫手山芋。那么，面对如此窘境，王阳明如何处理呢？首先就是平定匪患，营造正常的社会环境（翻页笔，PPT 2）。

(PPT 1)

(PPT 2)

板书：平定匪患

教师：通过调查，王阳明发现，南赣地区土匪帮派甚多，约略三十余股，但其中主要的是四股，即谢志珊部、詹师富部、卢珂部、池仲容部。只要剿平了这四股势力，南赣地区的匪患基本就可以平定，恢复正常的社会秩序指日可待。那么，先从哪一部入手呢？经过审慎思考，王阳明决定首先平定詹师富部，虽然该部距离最远，粮饷花费较高，但"兵者，诡道也"，距离最远的，往往疏于防备，反倒更易于平定。1517 年，王阳明派奇兵突袭詹师富部，令明军从四面进攻詹师富部藏身的土楼，但是攻入的明军主要在土楼中放火，以此把詹师富部的土匪从土楼中逼迫出来，当詹师富部的土匪从土楼中出来之后，王阳明再令明军四外围歼。仅此一战，明军重创詹师富部土匪，而詹师富带着他的残余势力退进了象湖山。为了彻底平灭詹师富部土匪，在接下来的一个月中，王阳明令官军佯装败退，乃至一触即溃，给詹师富造成官军粮饷不济，实力大不如之前的假象，由此进一步降低詹师富的戒备之心。明军与土匪相持了一个月有余，在这个过程中，王阳明暗地部署，完成了对象湖山的包围。之后，官军突然发起猛攻，凌厉的攻势之下，詹师富部无法抵御，于是准备向象湖山跑，但发现已经无路可逃，就在这样的情况下，詹师富部土匪被一举歼灭，詹师富本人则被活捉。随着詹师富部匪患的平定，对其余三股势力造成了极大影响。紧接着，王阳明手书一封信《告谕浰头巢贼书》，张贴于市镇码头，晓之以理、动之以情，阐明四层意思：一是希望其余匪徒不要自恃兵力之强，二是对其余匪徒表达了同情与理解，三是分析失身为贼、落草为寇并没有实质好处，四是对于官军而言，匪患平定并非难事，前车之鉴即是如此。这封信收到了立竿见影的效果，卢珂部即率众归顺。对于拒不投降的顽固势力，王阳明先后剿灭了谢志珊部和最为强大的池仲容部，而其余三十余股匪患不是投降就是被剿灭。至此，王阳明用了一年三个月的时间，平定了南赣地区几十年的匪患，他也成为中国历史上少有的文人统兵而能取得累累战果的儒将。仅仅平定匪患就够了吗？王阳明深知"破山中贼易，治心中贼难"，匪患就是山中贼，那么接下来他又做了哪些事实现"治心中贼"呢？"乃举乡约告谕父老子弟，使相警戒"——中国古代历史上著名的《南赣乡约》就是王阳明"治心中贼"的纲领。《南赣乡约》的内涵丰富，我们来看其中的两方面，一是德法共治，二是移风易俗。首先我们来看德法共治。

板书：德法共治

教师：对于南赣地区的管理，首先需要一个行之有效的机构。但王阳明深知，作为管理者，手中的权力实在是一柄双刃剑。"小人窃之以成其恶，君子用之以济其善"（翻页笔，PPT 3）。因此，他注重管理者的德行，有德行的管理者才能够胜任管理的职位。在他的《南赣乡约》中，他建立了一个管理体系，由约长1人，约副2人，约正4人，约史4人，知约4人，约赞2人组成。而"年高有德为众所敬服者"为选人的重要标准。这一套管理组织目的是什么呢？对于南赣治下的百姓民众主要有六个方面的社会功能和管理责任，即"救危解难、宽舍贫民、息诉止讼、纳粮当差、适时婚嫁和节俭丧葬"。王阳明劝导百姓"尔辈须以仁礼存心，以孝弟为本，以圣贤自期"。由于王阳明主张"圣人之道，吾性具足""人人都可以为尧舜"，因此以古圣先贤为榜样去要求自己，是可以成为圣贤的。这实际上是王阳明心学思想在基层社会治理中的实践（翻页笔，PPT 4）。对于不遵守规约的乡民，则采取循序渐进的惩戒手段："须先期阴与之言；若不能改，然

(PPT 3)

(PPT 4)

(PPT 5)

后纠而书之；又不能改，同约之人执送之官；势不能执，勠力协谋官府请兵灭之。"除了德法共治外，就是通过移风易俗，重塑正常的社会风气。

板书：移风易俗

教师：在社会治理层面，移风易俗的难度要远超过一项制度的确立（翻页笔，PPT 5）。王阳明通过《南赣乡约》对民众百姓提出一系列的要求，比如"皆宜孝尔父母，敬尔兄长，和顺尔乡里，死丧相助，患难相恤，务为良善之民，共成仁厚之俗"，明确社会治理的方向即"务为良善之民，共成仁厚之俗"。面对明朝中后期盛行的"夸多斗靡，僭侈过度"之风，甚至出现婚丧嫁娶中，百姓民众都不惜倾家荡产也要追求自身财力无法承担的花费的现象，百姓多受其苦，却又无力改变。基于此，王阳明在南赣地区推行"及

（PPT 6）

（PPT 7）

（PPT 8）

（PPT 9）

时嫁娶"　"称家之有无，随时婚嫁"的政策，要根据自身财力适时嫁娶，力图改变奢侈过度的民俗（翻页笔，PPT 6）。另外，王阳明在赣州兴办书院，亲自执教，宣讲自己的心学思想。由于王阳明非常尊崇北宋思想家周敦颐，因此就把他兴办的书院称为濂溪书院，时至今日，江西赣州依然保留着濂溪书院（翻页笔，PPT 7）。在濂溪书院，王阳明对远近求学的莘莘学子讲授"良知""致良知""知行合一"等思想，这些成为后来中国思想史上的经典《传习录》中的重要内容。而王阳明巡抚南赣地区期间，从武定匪患到文治基层，从德法共治到移风易俗，均取得了显著成效。《王阳明年谱》所载"守仁镇守三年，兵威武略奇变如神，遂为治境""赣人初与贼通，俗多鄙野。守仁治赣三年，而赣俗丕变，赣人多为良善，问学君子亦多矣"。"赣俗丕变"就是"治心中贼"的结果（翻页笔，PPT 8）。

板书：治心中贼

小结：同学们，今天这节课我们共同探讨了阳明治赣。1516—1519 年的三年之间，南赣地区从最初的盗贼横行、俗多鄙野转变成为良善滋盛、民风淳厚，这离不开王阳明的励精图治。他一方面平定匪患，破山中贼，另一方面德法并行，治心中贼。从而使南赣地区实现了移风易俗的"治境"。同时，这也成就了王阳明在十一岁时所立下的成圣作贤之志（翻页笔，PPT 9）。这就是王阳明在基层社会治理方面所展现出来的独具特色的圣人之治。如果说十年之前的龙场悟道是王阳明留在中国古代思想史上的印记，那么十年之后的巡抚南赣就是王阳明留给中国古代政治史的遗产。我们看到，龙场悟道之后，他把"致良知""知行合一"的理论应用于实践中，南赣地区的"治境"展现了心学思想在地方治理中的强大力量。这也是今天我们回溯这段历史，我们研究龙场悟道，我们传承阳明思想的意义所在。课下，请同学们继续阅读《旷世大儒王阳明》和《王守仁评传》并思考，王阳明的心学思想还在哪些方面对我们产生了深刻影响？我们又该从哪些方面传承阳明思想呢？我们在"学习通"上进一步交流。

【教学反思】

一、教学目标

本节课主要从平定匪患、德法共治、移风易俗三方面，阐述王阳明用三年时间治理南赣地区，实现了南赣地区的"治境"，充分展现了心学思想的实践价值。通过这一内容的讲授，使学生从社会实践的角度认识和理解王阳明心学体系的历史价值，思考心学思想的现代意义，增强学生的文化认同感的同时，提升学生以史鉴今的史学思辨能力。

在教学目标的设定方面，本次课的重点是王阳明治理南赣的措施。从明朝中期的政治环境入手，结合《明史》《明实录》等，使学生了解王阳明治理南赣的背景，同时引导学生从王阳明平定匪患之后所推行的德法共治、移风易俗的措施，论从史出，通过启发式讲授，让学生结合史料，评价王阳明治理南赣的措施，使学生掌握分析历史事件的角度和方法，提升学生的历史思维能力。教学难点在于王阳明治理南赣过程中所体现的王阳明心学思想及其当代启示。致良知、知行合一等是王阳明思想中的核心理念，这体现在他的政治活动中，尤其在治理南赣的过程中。图文结合，通过分析南赣地区的形势与王阳明治理南赣取得的成就进行对比，引导学生挖掘王阳明治理南赣所体现的阳明思想，理解王阳明心学思想落实在社会治理实践中的路径，进而思考阳明心学的历史价值和现代意义。

总体而言，本次课的教学目标明确，重难点突出，以史鉴今的课程思政元素融入教学过程较为合理。通过启发式教学，使学生学会分析史料的角度和方法，提升学生的史料实证素养。同时，引导学生论从史出，在分析历史人物言行、阐释思想内涵的过程中，提升学生的历史解释能力，强化学生以古鉴今的史学思维。

二、教学内容

本次教学片段展示用时约二十分钟，可以分为导语、正课、结语和课后作业布置四个环节。其中，导语用时约一分钟，正课用时约十七分钟，结语和课后作业布置约二分钟。重点内容讲授用时约十一分钟，难点内容突破用时约六分钟。从实际教学效果来看，教学重难点时间分配较为合理，能够在有限时间内实现重点突出，难点突破。教学节奏快慢适当，能够在内容的讲授中引发学生思考，实现课程思政元素的育人功能。

本课从王阳明 1516 年受朝廷委派巡抚南赣入手，首先结合《中国历史地图集》《王阳明全集》等史料文献，讲解南赣地区多年的匪患形势，而王阳明到达南赣地区后即面临社会矛盾尖锐、动荡不安的窘境。因此，王阳明采取雷厉风行的措施治理匪患，恢复正常的社会秩序。王阳明剿抚结合，仅仅用了一年三个月的时间，先后平定了四股主要的匪患，解决了南赣地区几十年的匪患问题，成为中国历史上少有的文人统兵而能取得累累战果的儒将，但在王阳明看来，这属于"破山中贼"，是相对容易的，恢复社会秩序的重点在于"破心中贼"，通过启发式教学，引导学生进一步思考王阳明治理南赣地区如何破心中贼。分析《南赣乡约》，揭示王阳明为了进一步恢复社会秩序，德法共治，创办濂溪书院，宣讲心学思想，扭转南赣地区奢侈成风的社会习俗，从而实现移风易俗，南赣地区出现"治境"的局面。王阳明从武定匪患到文治基层，从德法共治到移风易俗，短短的三年左右时间，心学思想即显示出巨大的实践价值，理论指导实践，破山中贼与治心中贼相结合，这是王阳明在基层社会治理方面不同于他人之处，即圣人之治。通过这一内容的讲解，引导学生思考和评价心学思想的现实意义。

课后作业布置环节，要求学生们阅读《旷世大儒王阳明》和《王守仁评传》。通过阅读学术经典，开阔学生视野的同时，引导学生思考作为中华优秀传统文化重要组成的阳明心学，应该在现阶段如何继承并发扬光大？在"学习通"上进一步交流，有助于巩固学生本次课所学，强化学生的文化认同感。

三、改进计划

本次课内容充实，史料丰富，教学思路清晰，重难点突出，课程思政内容设置较为合理，能够较好地融入课程教学过程。南赣地区的治理是王阳明政治生涯中的重要一环，围绕这一事件进行的评价是多元化的，因此有必要在课程讲授过程中适当引入和讲解学术界关于阳明治赣的研究成果或评价，在引导学生评价阳明心学思想和南赣治理的影响时，有助于培养学生从不同角度思考历史、评价人物的能力。

【教学评价】

冷江山：

本次课内容充实，重难点突出，史料运用娴熟。通过王阳明治理南赣前后的对比，凸显王阳明在基层社会治理过程中推行的政策卓有成效，从而揭示了其不同于他人的"圣人之治"，这对我们今天的社会治理以及构建和谐社会依然有较强的现实意义。但在讲授时，可以考虑适当强调南赣地区在王阳明到来之前的衰乱，着重背后原因的分析，可以借助影视剧片段，增强讲授的形象感。这样，前后对比效果更为明显，更有助于学生产生思想和情感上共鸣，引发学生对历史的进一步反思和对现实问题的探究。

唐定坤：

本次课史料丰富，运用娴熟，生动形象，重难点突出，课程思政元素较好地融入了课程内容的讲授。王阳明治理基层社会不同于他人之处在于"破山中贼"与"治心中贼"相结合，治标的同时更注重于治本，但是治标与治本有逻辑顺序。讲授的过程中，需要讲出层层递进之感。可以通过过渡性语言，强化讲授的逻辑性；更主要的则是内容之间的逻辑联系，即平定匪患属于"破山中贼"，进而过渡到通过德法共治和移风易俗实现"治心中贼"。这里的逻辑展开，需要结合板书内容的书写顺序，最终归于圣人之治。

刘永海：

本次课内容充实，史料运用娴熟，逻辑思路清晰，教学目标设定合理，重难点突出。但在讲授时，一方面需要强调阳明治赣的"赣"并非与今天的江西完全吻合，而是更为复杂的构成，应该结合历史地图，使学生明确历史上的地理范畴和今天的行政区划不同，这体现了我们历史学科的时空观念。另一方面，思想史的内容不容易理解，关键概念，如"致良知""知行合一"等，可以通过历史故事的讲授，阐释概念的内涵，可能更有助于学生的理解。

印刷术西传

【教学详案】

导入：同学们，这幅图是《清明上河图》的局部，这是一个书坊，也就是我们今天的书店，我们看到的是一摞一摞待出售的书籍。由于印刷术在北宋已经非常普及，因此才有了批量印制的书籍出售。印刷术在我国历史上被誉为四大发明之一，极大地推动了文化的传承与传播。而印刷术传至西方，直接促进了西方印刷术的出现，降低了文化传承与传播的成本，间接推动了西方的宗教改革、科学革命，在中西文化交流史上影响深远（翻页笔，PPT 1）。那么，中国的印刷术是如何传到西方的呢？对于西方文化的影响，具体表现在哪些方面呢？今天这节课我们就共同探讨印刷术西传。

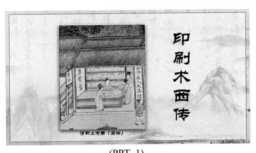

(PPT 1)

板书：印刷术西传

教师：同学们，我们知道，印刷术是古代劳动人民的伟大发明（翻页笔，PPT 2）。它开创了人类复印技术的先河，极大地降低了文化传播的成本，是文化传承和传播

(PPT 2)

的重要载体，它的发明对东西方历史的发展都产生了深远影响。通常而言，印刷术分为两种，即雕版印刷和活字印刷。其中，雕版印刷是利用刻刀在木板上雕刻文字或图案，再用墨、纸等材料刷印、最后装订成书籍，粗略算来，雕版印刷迄今已有1300多年的历史。而活字印刷又称为活版印刷术或者活字排版印刷术、摆版印刷术，通常认为是北宋布衣毕昇发明，迄今也有千年的历史了。根据北宋沈括在《梦溪笔谈》中的记载，活字印刷大约分为制字、排版、固版、印刷等几道工序。其中，根据制字原料的不同，在我国先后出

现过泥活字、木活字、锡活字、铜活字、铅活字等等。字制好后就是拣字排版、边栏界行的夹围、固版，版固好了，就可以跟雕版一样敷墨铺纸印刷。由于这种技术所用的字模是彼此独立并且可以移动的活字，又因其活字可以依文稿要求拣排成版，然后印刷，所以就称"活字印刷术"。又因其版可以拆卸移换，所以也称为"活版印刷术"。而印刷术发明之后，凭借战争与和平两种方式辗转传到西方，进而直接促进了西方印刷术在 16 世纪中叶的出现。那么，具体而言，印刷术是怎样传到西方的呢（翻页笔，PPT 3）？

板书：战争

教师：历史上文化交流的实现，大多是通过两种途径，一种是在暴力冲突，即战争中实现，一种是在和平交往（很多时候表现为商贸往来）中实现。印刷术由古代中国传到西方也大致是沿着这两种途径。首先我们来看，印刷术发明后，随着后来蒙古人的对外征伐，印刷术被擅长此项技术的工匠传入阿拉伯，再由阿拉伯人传到欧洲。成吉思汗及其子孙的三次西征，蒙古铁骑横跨亚欧大陆，在这个过程中，印刷术才开始发挥它的世界价值（翻页笔，PPT 4）。其次，就是前后长达二百年的十字军东侵事件。公元 1096—1291 年，在罗马天主教教皇的准许下，由西

(PPT 3)

(PPT 4)

欧的封建领主和骑士对他们认为是异教徒的国家（地中海东岸）发动了持续近 200 年的宗教战争，前后共计有九次，史称"十字军东征"。十字军东征的过程中接触到了东方文明，在与阿拉伯人冲突的过程中，接触到了印刷术。除了战争冲突有助于印刷术的传播，那么在和平状态下，印刷术又是怎样传至欧洲呢？这就是我们大家都比较熟悉的"丝绸之路"。

板书：商贸

教师：在人类文明相互交流的过程中，商贸往来扮演了极为重要的角色。在众多的商贸往来中，"丝绸之路"的地位最为重要，影响也最为深远（翻页笔，PPT 5）。丝绸之路开创于西汉，汉武帝刘彻派张骞出使西域。司马迁

《史记》中把它称之为"凿空"。之所以被称为丝绸之路，是因为古代中国的丝绸、瓷器、茶叶、铁器等均由此传播到西方，因此得名"丝绸之路"。当然，除了陆上丝绸之路外，随着中国古人航海技术难题的突破，航海水平的提高，海上丝绸之路顺势而生，而且到了宋元之际，海上丝绸之路发展到了鼎盛。史学界通常认为，丝绸之路是印刷术传播的重要路径。这一点也逐渐地被考古发现所证实。在今天的新疆，考古学家发现了一枚 14 世纪的中国纸牌，很明显一方面，纸牌的确是印刷物，另一方面，印刷物和印刷术就是通过丝绸之路传到欧洲的（翻页笔，PPT 6）。西班牙传教士门多萨在《中华大帝国史》中提到："印刷术经过罗斯和莫斯科公国传入德国，这是真实的。现在他们（中国）那里还有很多书，印刷日期早于德国开始发明之前五百年。"那么，由中国传到欧洲的印刷术催生了德意志人古腾堡在 16 世纪中叶发明了欧洲的印刷术，进而对欧洲近代文明的走势产生了深远影响（翻页笔，PPT 7）。那么这些影响主要体现在哪些方面呢？

(PPT 5)

(PPT 6)

(PPT 7)

板书：打破文化垄断

教师：印刷术发明之前，书籍大多是手写、手抄而成，手抄费时、费事，又容易抄错、抄漏，既阻碍了文化的发展，又给文化的传播带来不应有的损失。长时期以来，出于传教的需要，基督徒或者神职人员往往成为文化知识的载体，进而成为文化的垄断者（翻页笔，PPT 8）。但是印刷术发明之后，书籍价格便宜使更多人可以获得知识，书籍普及会使人们的识字率提高，反过来又扩大了书籍的需要量，文化垄断就此被打破，从而促进了教育的普及和知识的推广，影响了社会民众的人生观和世界观。打破文化垄断局面的同时，印刷术也推动了宗教改革。

板书：推动宗教改革

教师：同学们，我们知道，一系列的历史事件揭开了世界近代史的神秘面纱。其中有深远影响的是三件事，即地理大发现、文艺复兴和宗教改革。而印刷术直接推动了宗教改革的进程，并且为宗教改革的成功提供了重要条件（翻页笔，PPT 9）。著名的宗教改革家马丁·路德 1517 年在德国维滕贝格诸圣堂大门上张贴了名为《九十五条论纲》的辩论提纲，抗议罗马教廷兜售赎罪券。路德提出，教皇没有免除人的罪恶的权力，因此赎罪券可以免罪的说法是错误的。他进一步主张民众可以通过自行阅读

(PPT 8)

(PPT 9)

《圣经》建立起信仰，即可成为上帝的子民，否定了民众必须通过教廷才能建立信仰的途径，被当时社会各阶层广泛接受，通常认为《九十五条论纲》是西欧宗教改革的开端。我们看到，马丁·路德主张民众自行阅读《圣经》进而皈依上帝，这个主张的前提就是民众都有《圣经》可读。那么，印刷术就成为这个主张得以落实的重要条件。事实上，印刷术发明之后，《圣经》成为欧洲历史上发行量最大的文献，从而为宗教改革的推行和成功，提供了重要的技术条件。除此之外，还有一个方面，印刷术助力科学传播。

板书：助力科学传播

教师：近代科学产生的过程中，由于印刷术的发明，极大地促进了新思想、新知识的传播，推动了科学从哲学的母体中独立出来，而大踏步前进（翻页笔，PPT 10）。近代天文学革命得益于 1543 年哥

(PPT 10)

白尼《天体运行论》（新译本为《天球运行论》）的出版。该书再一次提出了日心说理论，对天文学和整个人类思想都产生了深远影响。弥留之际的哥白

尼在病榻之上抚摸着散发着油印味道的《天体运行论》，溘然长逝。在他身后七十余年的时间中，在印刷术的助力之下，这部书广为流传，直到 1616 年

(PPT 11)

被列为罗马教廷的禁书，但是新思想的影响已经不可遏制。1609 年前后，近代科学之父伽利略用改进之后的天文望远镜观测太空，印证了哥白尼理论的正确性。自此之后，天文学、物理学、化学等自然科学纷纷冲破了宗教的桎梏，属于科学的时代最终到来。可以说，以往的研究更多地关注了自然科学对于人类社会的影响，但印刷术在近代自然科学的崛起过程中扮演了不可或缺的角色。正是在这样的角度而言，马克思认为，"印刷术变成新教的工具，并且一般地说变成科学复兴的手段，变成创造精神发展的必要前提的最强大的推动力。"（翻页笔，PPT 11）

小结：同学们，今天这节课我们共同探讨了中国印刷术的西传。我们看到，印刷术西传主要以两种方式，一种是战争的形式，一种是和平（商贸）的方式。传至西方之后，对西方的文化传承、宗教改革、科学革命都产生了

(PPT 12)

极大的推动作用。这是中西方文化交流史上的一大盛事。恰如季羡林先生所言，人类文明之所以能发展到今天这个样子，中国人与有力焉。而在文化交流更为频繁的当代，文化交流更多地是以和平方式实现的，这是人类社会发展的必然趋势。基于历史经验，如何在国际文化交流的舞台上发挥越来越大的作用，推动人类文化的良性发展，这是值得我们深入思考的，也是历史给予我们的责任。课下，请同学们继续阅读《中国印刷术的发明和它的西传》以及《中华大帝国史》，思考在文化交流过程中，中国传统文化还有哪些优秀成果对人类文明产生了深远影响呢？我们在"学习通"上进一步交流。

【教学反思】

一、教学目标

本节课主要围绕我国古代印刷术的技术特点、西传路径和历史影响三方

面展开讲解。图文结合，使学生简要了解我国印刷术的分类和技术特点。结合相关史实和考古发现，揭示我国印刷术西传的方式和路径，使学生认识文化现象传播的复杂性。最后阐述印刷术传到西方后在打破文化垄断、推动宗教改革和助力科学传播三方面发挥的历史作用。引导学生思考技术，尤其中国古代技术的传播在西方文明发展中扮演的重要角色。

在教学目标的设定方面，本次课程的重点在于印刷术的技术特点、分类及其西传的路径。图文结合，把历史地图与考古发现相结合，向学生阐述印刷术借助商贸往来的和平方式和军事战争的暴力方式辗转传入西方。教学难点在于通过启发式教学，引导学生思考我国的印刷术传入西方后产生的影响。结合相关史实，从打破文化垄断到推动宗教改革再到助力近代科学的发展。由此可见，我国的印刷术传入欧洲后，经由欧洲早期的殖民运动而逐渐传播到了其他国家和地区，对人类文明的发展产生了深远影响。通过问题的设置，进一步引导学生思考，中国传统文化在中西文化交流的过程中扮演着重要角色，推动了人类社会的文明进程。经过这一内容的讲授，使学生理解不同文明成果之间的交流有助于文明的传承和发展。在当前全球文化交流的大背景下，我们该怎样传承发扬优秀文化，强化学生文化认同与文化自信的同时，提升学生以史鉴今的史学思辨能力。

总体而言，本次课教学目标的设定较为合理，重难点突出，课程思政元素能够较好地融入教学内容中。

二、教学内容

本次教学片段展示用时约二十分钟，分为导语、正课、结语和课后作业布置四个环节。其中，导语用时约一分钟，正课用时约十七分钟，结语和课后作业布置约二分钟。重点内容讲授用时约八分钟，难点内容突破用时约九分钟。从实际教学效果来看，教学重难点时间分配较为合理，能够在有限时间内实现重点突出，难点突破。教学节奏快慢适当，能够在内容的讲授中引发学生思考，实现课程思政元素的育人功能。

本课从分析我国传统印刷术的类型入手，图文结合，首先，讲授雕版印刷术和活字印刷术各自的特点，引导学生思考活字印刷术虽然在北宋被发明出来，但是并没有大规模推广的原因。其次，结合历史地图和考古发现，阐述我国传统印刷术西传的两种路径，即暴力战争与和平交往。前者主要以13世纪的蒙古西征和同一时期的欧洲十字军东征为例，后者主要以丝绸之路上的商贸往来为例。通过传播路径的讲解，使学生学会把史料文献与考古发现相结合分析历史现象的方法，同时使学生认识到历史上的文化交流是复杂的、多元的。而中国传统印刷作品及印刷技术传到欧洲后，对15世纪中叶德意志人古腾堡发明欧洲印刷术起到了直接的促进作用。古腾堡发明印刷术之后，对欧洲文明的近代化起到了重要的推动作用，这主要体现在三方面，即打破文化垄断、推动宗教改革和助力科学传播。通过启发式教学，引导学生进一步思考，技术的革新对于人类文明的突出作用。

课后作业的布置环节，要求学生们课下继续阅读《中国印刷术的发明和它的西传》以及《中华大帝国史》两部学术专著，了解西方人眼中中国传统印刷术的历史价值和社会影响。开拓学术视野、激发创新思维的同时，强化学生的文化认同与文化自信，对中国传统文化在人类文明史上扮演的角色有一个更为深入的认识。此外，可以进一步思考，在文化交流过程中，中国传统文化还有哪些优秀成果对人类文明产生了深远影响呢？提升学生的自主探究能力。

三、改进计划

本课教学目标明确，重难点突出，教学内容比较充实，史料运用娴熟，课程思政元素较为自然地融入了教学过程中。但有两方面需要改进，一方面，印刷术西传的路径需要进一步细化，还需要一些史料文献或者考古成果加以佐证。另一方面，中国传统印刷术传到西方之后，对古腾堡发明印刷术的促进作用，需要进一步细化。站在整个人类文明史的角度来看，传统印刷术西传极为重要，而这一过程又是极为复杂的，可以借助视频或者动图等方式，使这一过程形象化和直观化，更有助于学生的认知和理解。

【教学评价】

冷江山：

印刷术是中国传统技术中的突出代表，作为中国古代享誉世界的四大发明之一，不仅对于中华文明的传承有着重要意义，而且也深刻影响了世界文明的进程。通常而言，我们对印刷术的影响并不陌生，但涉及中国传统印刷术西传的细节则知之甚少。这是本节课的重点内容，因此有必要结合其他方式，如视频、动画，甚至虚拟技术，把这一细节呈现出来。细节的呈现往往能给人留下深刻印象，文化认同与文化自信也是通过细节的讲授和分析得以培养的。

唐定坤：

本课重难点突出，图文并茂，史料运用娴熟。但由于课程教学时间所限，关于中国传统印刷术对欧洲文明的影响的讲授，有待于深入。而且，在目前的三种影响中，打破文化垄断与推动宗教改革，实际上都与宗教文化有关；当然，欧洲由中世纪到近代的过渡中，宗教文化的影响颇深，打破宗教文化的垄断、推进宗教改革是欧洲近代化历程中的关键之一。本课的讲授过程中，可以考虑把影响中的前两点合并，同时探索其他的影响，从而使学生能够就中国传统印刷术的影响有更为全面的认识。

刘永海：

本课教学目标明确，重难点突出，内容紧凑、较为充实。但讲授过程中征引的史料文献的种类有些单薄。作为对人类文明发展产生深远影响的印刷术，无论是传播的路径、传播至西方后的影响，中西方学者的研究颇多，而且一手史料也非常丰富，如《中国印刷技术史》《中国和欧洲印刷术与书籍史》等著作中都包含了中国传统印刷术的传播与影响等内容，可以考虑在备课与教学过程中加以参考，并且在课程小结部分，以表格形式列举一些包括上述著作在内的参考文献，推荐学生进一步阅读，拓展学生的认知视野。

科举制西传

【教学详案】

导入：同学们，我们知道中国古代有享誉世界的四大发明，它们不但对于华夏文明的传承影响深远，而且在世界文明史上也占有极其重要的地位，正是从这个角度而言，英国著名思想家弗兰西斯·培根曾经评价，它们在世界范围内改变了事物的全部面貌。但是同学们，中国古代的众多发明中还有一项，它在中国历史上存在了一千三百年，传至西方后，直接催生了现代西方主要国家沿用至今的文官考试制度，从而对西方现代官员选拔任用产生了深远影响，这就是被誉为中国第五大发明的科举制（翻页笔，PPT 1）。那么，这项制度是如何传到西方的呢？对西方文官考试制度产生的影响，到底是怎样的呢？今天这节课，我们就来共同探讨东学西渐之科举西传。

板书：科举西传

教师：首先我们简单地了解一下科举制。科举制，是中国古代人才选拔

(PPT 1)

(PPT 2)

的机制之一，由于采用分科举士的办法，所以叫做科举。科举制推行之前，中国古代人才选拔经历了夏商周时代的"世卿世禄制"，秦汉时期的军功爵制、察举制和征辟制，魏晋南北朝时期的九品中正制这几个主要阶段。总体而言，科举制推行之前的人才选拔制度更多地注重人才的门第出身，尤其到魏晋南北朝时期，甚至一度出现了"上品无寒门，下品无士族"、国家政权被豪门望族把持的局面（翻页笔，PPT 2）。而隋大业元年（605）开始推行的科举制，最大限度地打破了门第出身的限制，无论从考试的环节、考试的形式、考

试的内容、考试的评价等方面，大多体现着公开公正公平的原则。到清光绪三十一年（1905）科举制被废止，一千三百年的科举史，为中国古代社会的发展、优秀文化的传承提供了数以百万计的举人、数以十万计的进士。我们所熟知的北宋名相范仲淹、著名史学家司马光、《永乐大典》编修者解缙、民族英雄林则徐等都是通过科举制选拔而成为中华民族的脊梁，可以说，科举制的推行是中华文明延绵千载的重要因素。而明清之际，在西学东渐和东学西渐的历史背景下，科举制度引起了欧洲的关注，那么科举制是怎样传播到西方的呢？学界一般认为通过两种途径，即耶稣会士来华和外国公使访华。

板书：耶稣会士来华

教师：耶稣会士，通常是指在中国传教的天主教传教士（翻页笔，PPT 3）。明朝嘉靖年间，中国出现了第一个耶稣会士，即方济各·沙勿略，此后耶稣会士陆续来华传教。在这些耶稣会士中，最为著名的是艾儒略、利玛窦、汤若望、南怀仁等等，而尤以利玛窦为代表。他开创了独具特色的"利玛窦规矩"，倡导尊重中国文明的独特性，把天主教教义与中国儒学思想相结合，从而推动了天主教在当时中国的传播。同时，以利玛窦为代表的这些耶稣会士把他们所了解的中国文化以书信、专著等形式传回本国，正是在这个过程中，科举制，作为明清之际中国的人才选拔制度，被传到了欧洲。那么，除了这种途径外，还有什么途径呢？就是外国公使访华。

板书：外国公使访华

教师：外国公使访华，尤以马戛尔尼访华为著名，这是中西文化交流史上的重要事件（翻页笔，PPT 4）。马戛尔尼是英国近代著名的政治家，公元1793年9月，他率领包括天文学家、数学家、艺术家、医生等在内的八十余人使团，以给乾隆皇帝祝寿为名访问中国，欲图通过谈判打开中国市场，但是于1794年3月无功而返。这是近代欧洲国家首次向中国派出正式的使节，同时，马戛尔尼和使团的其

(PPT 3)

(PPT 4)

(PPT 5)

(PPT 6)

(PPT 7)

(PPT 8)

他成员撰写了大量的回忆录，成为欧洲研究清朝的珍贵资料。关于科举制的推行、成效等等就保留在这些回忆录中。恰如马戛尔尼在《乾隆英使觐见记》中所描绘的："中国的考试永远公开举行""这种考试制度对社会上所有阶层的人都公开和平等"这些内容对于欧洲近代的人才选拔机制产生了直接影响。（翻页笔，PPT 5）我们看到，这是 16—17 世纪有关科举制度内容的部分西方文献，当然，18—19 世纪也保留了大量文献，这成为我们今天研究科举制西传和中西文化交流的重要史料。而科举制度传到西方之后究竟影响了西方的哪些方面呢？我们说主要体现在催生了西方近代文官选拔制度。

板书：西方文官选拔制度

教师：（翻页笔，PPT 6）在美国传教士丁韪良看来："当今在英国、法国和美国正在取得进展的文官考试制度是从中国的经验中借鉴而来的。"我们从几个事例来看。英国剑桥大学作为久负盛名的世界名校，也是在 1858 年成立考试委员会，开始正式通过考试方式来检验学生的学习情况（翻页笔，PPT 7）。这一模式逐渐推广到公务员选拔过程中。我们看到，英美国家要求公务员通过考试进入相关政府部门，从而逐渐形成正式的文官选拔制度，法国在 1791 年，德国在 1800 年，英国是 1855 年，美国则是 1883 年。这极大地改善了英美国家之前在人才选拔过程中存在的贪腐舞弊、任人唯亲的局面，从而在很大程度上提升了行政效率。以英国为例，在 1856—1861 年间，参与竞争考试的人数呈现上升的趋势，也就是说，文官选拔考试制度逐渐开始获得社会认可（翻页笔，PPT 8）。从考试科目的角度来看，1882 年英国公开考试复试科目不仅包括传统的英国历史、英文写作、希腊文、拉丁文、法文等，还包括当时部分自然科学，如电磁学、化学、天文学、机械原理等等。可以说，中国古代的科学考试更多地偏重于人文社会学科的考查，而以英国为代表的欧美国家，除了注重考查本国以及相关国家的历史文化等人文学科之外，还注重考查自然科学的成果，这充分展现了人类进入工业时代以来，近代科学和技术在社会中扮演的角色越来越重要，身处这样一个时代，政府相关部门的公务员有必要从提升自身素养方面学习自然科学和技术，从而在整体上提升政府的行政效率，推动国家社会的发展。这也能够从侧面说明欧洲在历经了工业革命之后，为什么逐渐超越了古老的中华帝国的原因所在（翻页笔，PPT 9）。另外，美国从 1853 年国会要求"通过考试"选拔政府工作人员，历经了近半个世纪，最终到 1893 年正式确立了文官考试制度（翻页笔，PPT 10）。正是基于这个角度，辛亥革命的先行者孙中山先生曾经评价："中国的考试制度，就是世界上用以拔取真才的最古最好的制度。"

(PPT 9)

(PPT 10)

小结：同学们，今天这节课我们共同探讨了科举制的西传及其影响。我们看到，以分科举士的方式选拔官吏的科举制，通过耶稣会士来华与外国公使访华两种方式传至西方，改变了之前西方恩赐官爵和政党分肥的制度，进而催生了西方文官考试制度。到 19 世纪末，欧美主要国家建立并完善了文官考试制度，使政府官员选拔呈现出了不同以往的公开、公正、公平的趋势。回溯这样一段历史，我们看到的是，文化交流在人类文明演进中的重要意义，它是推动人类社会不断发展的重要动力。而传承千年的华夏文明在人类文明发展史上扮演了极为重要的角色（翻页笔，PPT 11）。恰如季羡林先生所言："人类文明之所以能够发展

(PPT 11)

成今天这个样子，中国人与有力焉。"课后请同学们阅读《英国文官考试制度研究》和《科举制与科举学》两部专著，思考历史上的中西文化交流中，我们中华优秀传统文化及其成果占有怎样的地位？对于我们今天传承中华优秀传统文化，又有怎样的意义呢？我们在"学习通"上进一步交流。

【教学反思】

一、教学目标

本节课主要围绕东学西渐的过程中，中国的科举制度在明清之际主要通过传教士来华和西方公使访华两个途径传到西方，对西方近代文官选拔制度的形成产生了深远影响。通过启发式教学，引导学生思考中国文化在历史上对西方产生了极大影响，当今我们该怎样传承中华优秀传统文化。强化学生的文化认同感的同时，提升学生的历史思辨能力。

在教学目标的设定方面，本次课的教学重点在于科举制的特点及其西传的路径。通过启发式教学，图文结合，引导学生在中国传统文化语境下阐释科举制度的内涵，即分科举士，同时，结合历史地图，阐述科举制西传的方式，即传教士来华和外国公使访华，使学生能够比较清晰地描述科举制西传的路径，逐渐学会掌握分析历史现象源流的方法。明确文化交流过程的复杂性与多元性。教学难点方面，从传教士的书信集以及西方著作中有关科举制的记载和评价入手，引导学生思考科举制传到西方后，对西方文明尤其近代文明产生的深远影响，即催生了欧美各国的文官选拔制度。通过这一内容的阐述，让学生理解不同文明成果之间的交流对各自文明的发展能够产生积极影响。强化学生文化认同的同时，反思科举制度在中国反倒日渐衰落，最终于20世纪初年被废止的原因，提升学生的史学思辨能力。

本次课教学目标明确，重难点突出，课程思政元素的设计较为合理，通过启发式教学，引导学生学会分析史料，以科举制西传为例，思考文化交流对推动人类文明发展的重要作用。

二、教学内容

本次教学片段展示用时约二十分钟，可以分为导语、正课、结语和课后作业布置四个环节。其中，导语用时约一分钟，正课用时约十七分钟，结语和课后作业布置约二分钟。重点内容讲授用时约八分钟，难点内容突破用时约九分钟。从实际教学效果来看，教学重难点时间分配较为合理，能够在有限时间内实现重点突出，难点突破，能够在内容的讲授中引发学生思考，实现课程思政元素的育人功能。

本次课从科举制的内涵入手，在简单回顾中国古代人才选拔机制的基础上，引导学生思考科举制推行之前的人才选拔制度更多地注重人才的门第出身，而隋朝开始推行分科举士的科举制，最大限度地打破了门第出身的限制。一千三百年的科举史，为中国古代社会的发展培养了大量人才。北宋名相范仲淹、史学家司马光、《永乐大典》编修者解缙、民族英雄林则徐等都是通过科举制选拔而成为中华民族的脊梁。其次，通过启发式教学，讲授在西学东渐和东学西渐的历史背景下，科举制度通过耶稣会士来华和外国公使访华的方式传到西方。引导学生分析传教士的书信以及外国公使的回忆录，阐释西方人眼中的科举制度。展示16—19世纪西方记载、阐释科举制的文献，揭示科举制对西方文化的影响。以西方近代文官选拔制度和英国文官考试制度为例，阐述科举制度传到西方之后，经过考试内容等方面的改进，对西方近代人才选拔机制产生的直接影响。同时，引导学生进一步思考，为什么中国的科举制到明清之际走向衰落，最终被废止，而传到西方之后反倒催生了一项新制度的诞生？强化学生文化自信的同时，引发学生反思历史，提升学生的史学思辨能力。

课后作业布置环节，要求学生们阅读《英国文官考试制度研究》和《科举制与科举学》两部专著，思考在历史上的中西文化交流过程中，如何评价中华优秀传统文化的地位，这对于我们今天传承中华优秀传统文化，又有怎样的意义。通过阅读，开拓学生的视野，激发学生思维的多元化。

三、改进计划

本次课教学目标明确，内容较为充实，史料征引多元，课程思政元素较为合理地融入了课程教学过程中。但限于时间，关于西方近代文官选拔考试制度的内容，有待进一步充实，如评价的标准，文官选拔制度确立前后西方社会的变化等，上述内容的讲述，更有助于评价中国科举制度西传对近代西方的影响。同时，需要适当增加关于西方文官考试制度的具体内容，通过历史的细节，有助于学生更为深入地了解这一制度，也有助于学生反思中国科举制度本身兴衰的原因。

【教学评价】

冷江山：

中国的科举制度历史悠久，的确在中华文明传承过程中扮演了极为重要的角色，影响深远。作为东学西渐的文化现象之一，科举制催生近代西方文官选拔制度是中国文化对西方的一大贡献。文化的交流与传播，向来是极为复杂的，科举制的西传，除了传教士和外国公使这两种途径之外，是否还有其他途径？本次课呈现的这两种途径是重要的，但是否仅仅为这两种途径？需要在讲解时有一定的说明，否则，文化交流的复杂性就会被简单化。

王建设：

科举制度在中国传承了一千三百年，这在古今中外的制度史上是不多见的，无论是积极影响还是消极影响，必然是深远的。但科举制度最终在中国被废止了，那么有必要在讲授过程中，对这一问题进行回应。科举制在中国被废止，但传到西方之后催生了新的制度并产生了极大影响，可以通过前后的对比，引导学生思考中国文化对世界的意义。另外，针对本次课科举制度的传播路径和文化选拔制度本身还需要补充一些相关史料，使内容更为充实，历史学的讲授，单一史料不足以支撑论点。

卢勇：

本次课的内容本身就指向了课程思政，就指向了文化认同与文化自信，课程思政元素是显而易见的。但是在讲授过程中，问题设置的逻辑性需要进一步加强，通过问题的提出，引导学生反思科举制本身被废止的原因，思考科举制的内容与西方文官选拔制度的异同，进而评价科举制的历史意义，以此为例，可以使我们反思应该如何传承中国传统文化，使中国传统文化的精髓展现出时代意义。

明清之际的西学东渐

【教学详案】

导入：公元 1601 年，一个长发美髯、蓝眼睛高鼻梁，身着儒家传统服饰的意大利人走进了紫禁城，他给大明王朝的万历皇帝带来了包括大小自鸣钟在内的《坤舆万国全图》、三棱镜、西洋镜等等（翻页笔，PPT 1）。其中自鸣钟引起了万历皇帝的极大兴趣，被视为珍宝。这个意大利人是谁呢？就是我们左图中看到的利玛窦。他的到来，是明清之际西学东渐过程中的一个重要事件。而西方的天文、地理、数学等等先后传入中国，对中国传统文化

(PPT 1)

产生了极大冲击。那么明清之际的西学东渐是怎么一回事呢？对于中国传统文化产生的影响又是怎样的呢？今天这节课，我们就共同探讨明清之际的西学东渐。

板书：明清之际西学东渐

教师：西学东渐，这是东西方文化交流史上的重要事件。通常意义上而言，随着传教士的东来而拉开帷幕。而传教士是一般指由西方国家的宗教组织向海外派出的，肩负传播天主教教义，扩大信众规模等任务的神职人员。这批来华传教士中，最为著名的就是利玛窦。

板书：文化冲突

教师：利玛窦的东来，实际上意味着东西文化的碰撞。当然，在这个过程中，首先是来自文化差异导致的冲突。利玛窦、罗明坚等人在征得当地政府同意后，在广东肇庆兴建了中国内地第一座天主教堂，名为仙花寺。之后民众百姓纷纷入寺拜谒。利玛窦等人为传教活动的顺利开展而兴奋，但不久就发现，中国的百姓进入仙花寺，并不是西方意义上的礼拜，而是把教堂中悬挂的圣母圣子像当作是中国文化中的送子观音加以膜拜，这与天主教的教义相去甚远（翻页笔，PPT 2）。利玛窦等人感觉到，如果忽视中国传统文化

的深远影响而传教的话，根本不会收到实效。因此利玛窦等人就此调整了传教的方案，采取了在学习和适应中国传统文化的基础上，在入乡随俗的过程中，宣传天主教教义，这实际上是传教士传教史上的一个转折，自利玛窦之后，来华的传教士大多采用学习中国传统文化，用中国人能够接受的方式实现传教，这被称之为"利玛窦规矩"。这也就实现了由文化冲突到文化融合的转变过程。

(PPT 2)

(PPT 3)

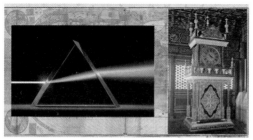

(PPT 4)

板书：文化融合

教师：文化融合是通过利玛窦转变传教方式和对象实现的。当他发现社会底层民众百姓并不容易接受甚至明显排斥天主教教义，但反倒儒生士大夫面对天主教教义产生了一定兴趣。因此，利玛窦等人通过学习儒家文化，结交儒生士大夫来开展传教事业（翻页笔，PPT 3）。在这个过程中，利玛窦的示范作用影响极大。一方面，利玛窦结识了当时明朝一批杰出的儒生士大夫，如李贽、徐光启、叶向高等，其中尤以徐光启为著名，二人其后翻译了在中国数学史上影响深远的《几何原本》的前六卷。同时，利玛窦随身带来的一些西方近代科学与技术的成果也引起了儒生士大夫的较大兴趣（翻页笔，PPT 4）。比如三棱镜，我们知道，三棱镜在西方近代光学、物理学的发展过程中扮演过极为重要的角色，享誉世界的牛顿的"色散实验"，就是以三棱镜为试验器具，发现了白光是复色光，实现了科学的重大

突破，在科学史上占有极为重要的地位。但当时明朝的儒生士大夫也仅仅停留在对这一器物感兴趣的阶段，并没有人对它展开相应的研究。利玛窦带来的三棱镜最终也就湮没在了历史的洪流中。另外，利玛窦带来的大小两件自

鸣钟，居然成为万历皇帝诏见利玛窦的重要理由，万历皇帝极感兴趣。而利玛窦也成为进入中国政治中心紫禁城的第一个西方人，并且获得了在华传教、居住的资格。利玛窦绘制的中国历史上第一幅世界地图《坤舆万国全图》也同时献给万历皇帝，虽然地图中大明王朝被画在了世界中心，但并没有使明朝皇帝流连忘返，在万历皇帝看来，自鸣钟带来的乐趣要远远超过一幅世界地图。万历皇帝甚至通过调整自鸣钟的方式，使自鸣钟报时不精准而从他的母亲那里夺回来放置在寝宫，据为己有。另一方面，利玛窦深入学习了儒家思想，对明朝的社会、文化等有了一定的认识，在华期间，利玛窦用中文写作《交友论》，在儒生士大夫中产生了较大影响（翻页笔，PPT 5）。利玛窦

在江西驻留时，应白鹿洞书院山长章潢之邀到书院讲学，并且较为深入了解了中国的科举制度，为之叹服。在后来的《利玛窦书信集》中，利玛窦不止一次地向友人盛赞中国的科举制，同学们，我们可以看到，明清之际西学东来的同时，也伴随着东学的西传。作为中国传统文化的人才选拔机制，时至明朝科举制已经有一千年的历史了，这项制度通过传教士传入西方后，直接催生了西方近现代的文官选拔制度。而我们今天看来，利玛窦等传教士来华，对中国明清之际的文化产生了怎样的影响呢？我们以著名的徐光启和利玛窦的交往为例来看一看。

(PPT 5)

(PPT 6)

板书：文化交流推动社会进步（翻页笔，PPT 6）

教师：《明史》中对徐光启这样评价："徐光启，字子先，上海人。……从西洋人利玛窦学天文、历算、火器，尽其术。"徐光启与利玛窦相交甚厚，是明朝末期重要的政治家、思想家、科学家。他们

(PPT 7)

二人合作翻译《几何原本》，用利玛窦的话说就是，"先生命余口传，自以笔受焉，凡三易稿。先生勤，余不敢承以怠"（翻页笔，PPT 7）。为什么要选择翻译《几何原本》而不是其他的典籍呢？因为在利玛窦看来，"中国人最喜欢的莫过于欧几里得的《几何原本》。或许是没有人比中国人更重视数学了"。（翻页笔，PPT 8）我们知道，《几何原本》是欧洲历史上影响深远的学术经典，滋养和启发了一代又一代的科学家，我们所熟知的牛顿就是在阅读《几何原本》的过程中完成了最初的学业启蒙。在欧洲的印刷术普及之后，《几何原本》的印行量也成为仅次于《圣经》居于第二位的书籍。但利玛窦和徐光启仅仅翻译了《几何原本》的前六卷，按照利玛窦的说法，刊行前六卷要看一看这本书的影响。事实证明，他们二人翻译的前六卷《几何原本》对中国数学史产生了巨大影响（翻页笔，PPT 9）。时至今日，我们在初等几何中学到的"平行线""直角""钝角""锐角""外切"等一系列重要概念均来自前六卷的《几何原本》，就连"几何"一词，也是来自利玛窦的翻译。著名思想家、史学家梁启超评价《几何原本》："利、徐合译之《几何原本》，字字精金美玉，是千古不朽的著作。"（翻页笔，PPT 10）而《几何原本》的全本

(PPT 8)

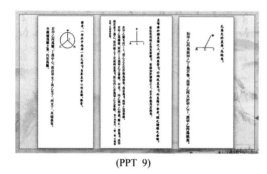

(PPT 9)

(PPT 10)

翻译直到清代著名数学家李善兰才完成。李善兰与英国传教士伟烈亚力合作翻译，他们模仿利玛窦和徐光启合译的模式，一个口授一个笔录。后来伟烈亚力回顾二人合作时说："余口之，君笔之。删芜正讹，反复详审，使其无有疵病，则李君之力居多，余得以借手告成而已。"可见李善兰在《几何原本》后九卷翻译中的重要贡献了（翻

页笔，PPT 11）。李善兰和伟烈亚力这次翻译的《几何原本》后九卷于 1857 年正式刊行——此时距前六卷刊行已过了整整 250 年。而 1865 年曾国藩平定太平军之后，出资捐助李善兰在南京重刻《几何原本》，这次李善兰将前六卷也一并付梓。这样我国才第一次出现了真正足本的《几何原本》。而回溯明清之际中国数学史，《几何原本》在起了中国传统数学家们极大的研究兴趣，我们可以看到，从 1611 年方中通《几何约》到 1906 年宗森宝的《几何原本例题》，前后跨越三个世纪，明清数学史上出版了一系列研究《几何原本》的著述。这极大丰富了中国古代数学史的内容，开拓了中国数学家的眼界，促进了中国传统数学的发展。同时，中国传统文化借由传教士而西传，实现了文化的双向交流，而有助于人类文明的发展（翻页笔，PPT 12）。恰如季羡林先生所言，"文化交流是推动人类社会前进的主要动力之一。如果没有文化交流，今天人类社会是个什么样子，简直无法想象。"

(PPT 11)

(PPT 12)

小结：同学们，"西学东渐"是明清时期中外文化关系史上的重要事件。在中西文化交流中扮演了重要角色的是欧洲天主教耶稣会的传教士们，而利玛窦是他们中的一员，也是最重要的代表之一。他们以传教为目的，客观上把西方当时的天文、地理、数学等等带到中国，对明清之际中国的某些领域产生了深远影响。但是我们看到，西学东渐更多的是对皇室还有儒生士大夫的影响，而且基本停留在个人的享乐和兴趣方面，对于底层民众而言，这种影响基本可以忽略，整体上明王朝依然沿着中国传统的轨迹运行着。一幅《坤舆万国全图》原本是历史的一个机遇，一个发现世界的契机，似乎一个发现世界的机会再一次从明朝的手指尖悄无声息地滑过去了，令人扼腕叹息的同时，这又不能不引起我们的深入思考。课下，请同学们阅读《传教士与西学东渐》和《中国文化对欧洲的影响》，思考，身处当前全球文化交流的浪潮中，我们该何去何从呢？我们在"学习通"上进一步交流。

【教学反思】

一、教学目标

本节课主要围绕明清之际西学东渐中的一系列关键人物和事件及其影响展开讲授。通过讲解，引导学生学会从史料文献的细节探讨西学东渐的历史过程、重要事件，理解西学东渐的历史影响，拓展学生们关于明清之际中西文化交流的反思，提升学生的史学思辨能力。

在教学目标的设定方面，本次课的教学重点在于了解西学东渐的代表人物及其主要的历史过程。图文结合，以利玛窦为例，阐述西学东渐的代表人物的主要活动，进而讲解西学东渐的主要历史过程和关键事件。使学生掌握分析历史事件的角度和方法，通过启发式教学，让学生明确西学东渐是一个长期的历史过程，并且西学东渐对于中国明清之际的历史与文化产生了一定的影响。本次教学的难点是基于西学东渐代表人物和关键事件的认识，引导学生从不同角度分析西学东渐的历史影响，并对西学东渐进行多角度评价。基于西学东渐历史过程的讲解，以对比的方式呈现西学东渐中不同群体的表现，结合《几何原本》的翻译与传播，通过启发式讲授，使学生思考西学东渐并没有开启中国近代化历程，反倒逐渐落后于西方的原因。通过该内容的讲解，一方面强化学生的文化认同感，另一方面，对明清之际西学东渐的反思，直接指向文化交流中我们应该何去何从。

总体而言，本次课教学目标明确，重难点突出，课程思政元素的设计较为合理。通过启发式引导，使学生学会论从史出，在反思历史现象的过程中，培养学生的文化认同与文化自信，提升学生的史学思辨能力以及强化学生以古鉴今的史学思维。

二、教学内容

本次教学片段展示用时约二十分钟，可以分为导语、正课、结语和课后作业布置四个环节。其中，导语用时约一分钟，正课用时约十七分钟，结语和课后作业布置约二分钟。重点内容讲授用时约十二分钟，难点内容突破用时约五分钟。从实际教学效果来看，教学重难点时间分配较为合理，能够在有限时间内实现重点突出，难点突破。教学节奏快慢适当，能够在内容的讲授中引发学生思考，实现课程思政元素的育人功能。

本次课从利玛窦东来入手，阐述利玛窦等人为了传教在内地修建教堂，由于并未取得明朝官方的认可，因此传教活动遭遇到了极大阻碍。为了顺利开展传教活动，利玛窦等人调整了措施，开始学习中国文化，用中国人能够接受的方式传教。正是在这个过程中，西方的文明成果先后传入中国，如世界地图、三棱镜、自鸣钟等等。同时，利玛窦等人也了解了包括科举制、印刷术等在内的中国文化的重要内容，利玛窦甚至成为精通中国文化的传教士。而中国文化也通过以利玛窦为代表的传教士西传至欧洲，对欧洲文化产生了深远影响。上述内容的讲授，通过启发式教学，引导学生基于史料文献对历史现象和人物言行进行分析阐释，培养学生论从史出的史学思维方式。另外，以《几何原本》的翻译为例，阐述西学东渐过程中中西文化的交流。利玛窦和徐光启翻译的《几何原本》（尽管是前六卷）极大丰富了中国古代数学史的内容，开拓了中国数学家的眼界，促进了中国传统数学的发展。上述内容的讲解，主要通过引导学生分析史料，图文结合，了解史实的过程中，思考西学东渐过程中中西文化交流对于人类文明的发展有着重要意义。引发学生进一步探究，在当前全球文化交流的大趋势下，我们该如何应对，强化学生以古鉴今的史学思维和素养。

课后作业布置环节，要求学生课下继续阅读《传教士与西学东渐》和《中国文化对欧洲的影响》，通过阅读，巩固所学的同时，开拓学生学术视野，引发学生进一步思考，身处当前全球文化交流的浪潮中，我们的责任与担当。

三、改进计划

本次课教学内容充实，教学重难点突出，史料丰富、运用娴熟，课程思政元素能够自然融入课程教学过程中。通过启发式教学，引导学生学会分析史料的方法、评价历史人物的角度，培养学生的史料实证和历史解释素养，提升学生的历史反思能力。西学东渐在中西文化交流史上占有重要地位，表现也是多元化的，《几何原本》的汉译是其中影响深远的代表性成果，但除此之外，还有其他一些文明成就，包括天文、地理、物理、光学等等，需要在讲授过程中做一个宏观勾勒，使学生对明清之际西学东渐过程中中西文化交流有整体性认识和把握。

【教学评价】

伍志燕：

本课教学重难点突出，内容充实，史料丰富，运用娴熟。通过启发式教学，以利玛窦的传教活动、《几何原本》的汉译及其影响为例，阐述了明清之际西学东渐中的重要片段。同时也关注了西学东渐过程中的东学西渐，也就是利玛窦学习中国文化，受到中国文化影响的事件。文化交流从来都是双向的，文化的差异是推动人类文明不断发展的动力之一。但在文化交流中采取何种态度和推行何种措施，会对处在文化浪潮中的民族产生不同的影响。明清之际的中国逐渐落后于欧洲，是有深刻历史原因的。结合相关阅读，引发学生进一步思考，有助于提升学生的史学思辨能力。

安尊华：

　　本次课逻辑思路清晰，内容充实，重难点突出，语言流畅，课程讲授节奏适中。教学过程中，教师通过问题的设置，促使学生不断思考，在思考中强化学生的史学思维方式。西学东渐和东学西渐，本质上就是中西文化交流，而文化交流的讲授，离不开文化差异的比较。因此，在本课的讲授过程中，教师可以考虑适当增加同一时期中西文化比较的内容，在比较中明确中西文化各自的特点、优势与不足，强化学生对中华文化的认同，从而增强学生的文化自信，同时引发学生对自身文化的反思，这是以史鉴今的基础。另外，课程讲授结束时，可用表格的形式向学生展示本节课的参考文献，意在帮助学生通过阅读相关章节，巩固所学内容。

段红丽：

　　明清之际的西学东渐是中国古代史后期的重要文化现象。当时西方文明中的一系列科学与技术的代表性成果逐渐传入中国，对中国文化产生了一定的影响。在这个过程中，以利玛窦为代表的传教士成为西学东渐的关键载体。当然，西学东渐的同时，中国文化也经由传教士而西传，文化交流由此而实现。但是，由于明清统治者长期以来以天朝上国自居，推行闭关锁国的政策，导致明清之际的中国逐渐开始落后于欧洲。本课的内容除了讲授西学东渐的代表人物、重要事件外，就是要引发学生的思考，为何明清之际的中国没有抓住历史给予的机遇？这是我们今天回顾这段历史的现实意义，也是本课的课程思政内容所在。教师以历史进程中的"人"和"事"为主线，引导学生深挖历史谜团，探寻历史底蕴，形成历史思维，涵养家国情怀，真正地落实了学科育人的使命。

小冰河期在明清易代中的影响

【教学详案】

导入：同学们，通过前面课程的学习，我们知道，中国古代历史上的王朝更迭大多可以归因于天灾人祸这四个字。其中的人祸通常表现为王朝末期政治腐败、经济衰退、社会动荡等等，这也是我们以往的历史学习中重点关注的内容。然而不可忽略的是，通常源于自然的天灾以及由此引发的一系列次生灾害在王朝易代的过程中也扮演了重要角色。中国古代自然灾害频发，这是历朝历代都要面对的问题。当自然灾害爆发的频率和影响的程度前所未有时，

(PPT 1)

就会成为王朝灭亡的有力推手（翻页笔，PPT 1）。今天这节课，我们就从自然史的角度，共同探讨历史上的小冰河期对明清易代的影响。

板书：明末小冰河期的影响

教师：同学们，我们要讨论明末小冰河期的历史影响，首先要明确什么是小冰河期。自然史的研究告诉我们，大约从 15 世纪前后开始，地球进入了一个相对寒冷的时期，平均而言，气温比现在低 1—2℃。由于这一时期基本对应于我国的明清时期，因此，在气象史领域中，也被称为"明清小冰期"。竺可桢先生的《中国近五千年来气候变迁的初步研究》一文也指出，中国历史上经历了四个比较突出的寒冷期，分别出现在公元前 2000 年左右，公元前 800 年左右，公元 400 年左右以及公元 1600 年左右。大家通过这个曲线图可以看到，大约在 1644 年前后，也就是明清易代之时，气温达到最低，为 - 2℃。这造成了什么影响呢（翻页笔，

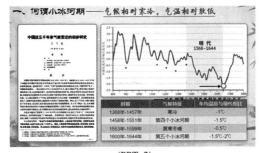

(PPT 2)

（PPT 3）

（PPT 4）

（PPT 5）

旱灾					
地区	干旱持续时间（年）	持续时间/年	地区	干旱持续时间（年）	持续时间/年
大同	1637-1641	5	太原	1637-1643	7
临汾	1633-1641	9	长治	1633-1640	8
银川	1636-1641	6	平凉	1636-1641	6
延安	1637-1641	5	西安	1637-1641	5
汉中	1635-1641	7	安康	1635-1641	7
郑州	1634-1641	8	洛阳	1634-1641	8
唐山	1639-1643	5	北京	1637-1643	7
天津	1636-1642	7	沧州	1636-1642	7
保定	1636-1643	8	石家庄	1633-1640	8
邯郸	1637-1644	8	德州	1637-1644	8
菏泽	1637-1644	8	济南	1638-1641	4
临沂	1638-1641	4	九江	1639-1644	6
长沙	1640-1646	7			

（PPT 6）

PPT 2）？史料文献中为我们留下了大量关于这一时期气候寒冷的记载，比如《清史稿》卷四十中提到"顺治九年冬，遵化州大雪，人畜多冻死。十年冬，西宁大雪四十余日，人多冻死。十一年冬，滦河大雪，冻死人畜无算"。而这一时期有大量画作描绘了严寒的景象，如文徵明《关山积雪图》、戴进《冒雪返家图》等等，使我们对当时的小冰河期有了更为形象直观的认识（翻页笔，PPT 3）。那么，小冰河期引发了哪些连锁反应呢？为什么说小冰河期在明清易代中也扮演了极为重要的角色呢？

板书：内忧：旱蝗疫涝

教师：从最直接的角度而言，明清小冰河期直接引发了四种次生灾害，分别是旱、蝗、疫、涝（翻页笔，PPT 4）。根据《明史》的记载，结合《中国历代天灾人祸表》的研究，我们统计了明代277年的国祚发生了水灾496次、旱灾434次、蝗灾967次、瘟疫330次。透过这一组数据，我们实际上看到了有明一代的民不聊生的状态（翻页笔，PPT 5）。我们知道，中国是典型的农耕文明，千余年的农业发展，积累了丰富的农业生产经验，为中国文明绵延千载奠定了坚实的基础。但同时，旱灾的频发对农业生产也造成了极大影响。尤其明朝末期的旱灾，持续时间长、影响范围广，几乎遍及大明王朝的统治疆域（翻页笔，PPT 6）。而史料文献中对旱灾的记载比比皆是，比如

"崇祯元年夏，畿辅旱，赤地千里。五年，杭、嘉、湖三府自八月至十月不雨。六年，京师及江西旱"。"（崇祯）十年夏，京师及河东不雨，江西大旱。十二年，畿南、山东、河南、山西、浙江旱。"等等，而旱灾的影响自然是危及百姓的生存，不仅树皮被剥吃光，"掘山中石块而食"，甚至"骨肉相残食"，由此出现了"野无青草，十室九空"的悲惨境况（翻页笔，PPT 7）。

旱灾的频发，对明朝中后期的农业发展造成了致命打击，但如果旱灾得不到有效遏制或者缓解，那么最先引发的次生灾害将是蝗灾。所谓"旱极而蝗"，蝗灾的爆发进一步加剧了颗粒无收、饿殍盈野的情况。根据《明史》《明实录》以及相关地方志的记载，明朝中后期的蝗灾遍及明朝统辖的疆域，尤以北方直隶、山东、河南为最。据统计，一平方千米的蝗虫群一天之内就可以吃掉3.5万人的口粮，蝗虫群随风迁移，每天又可以迁移约100千米。大家可以设想，虽然中国古代农业发展到了明朝积累了丰富的经验，农业产量也大大提升，但总体而言，古代生产力发展水平有限，在如此严峻的蝗灾面前，明王朝的农业几乎没有抵御之力（翻页笔，PPT 8）。关于"人多饥死""民噎糠枇，死大半"的记载不绝于史书，这也就直接造成了人口锐减。为了躲避蝗灾求得生存，大量灾民远避他乡，流民增加，社会动荡不安（翻页笔，PPT 9）。由于旱灾和蝗灾，饿殍遍地，地方

(PPT 7)

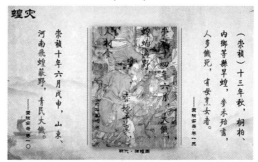

(PPT 8)

(PPT 9)

政府无暇及时处理灾民尸体，加之相对恶劣的卫生条件，这就极容易引发大规模的瘟疫。相对于旱灾和蝗灾，瘟疫爆发对百姓和社会的危害有过之而无不及，所谓"始一人终千百人，始一隅卒穷乡极邑"，"乡民千万死无辜"

（翻页笔，PPT 10）。根据《明代瘟疫与明代社会》的统计，我们看到，明朝瘟疫爆发的年总次数，除了河南、浙江、广西、贵州之外，其他大多数省份都是在两位数，尤以直隶、湖广、江西最多。《明实录》中对于瘟疫造成的影响，大多描述为"十室九死""有一家连死至五七口者，有举家死无一人存者"（翻页笔，PPT 11）。中国古代是以农耕为主的社会，人口的大量死亡，不免要造成社会经济的衰退，这实际上就为明王朝的衰亡埋下了祸根。最后，洪涝灾害在造成明朝末期社会动荡的过程中，也起到了推波助澜的作用。《中国灾害通史（明代卷）》中统计，明朝水灾为 1034 次，频率为 0.27 年/次，而且水灾发生的区域也大多集中于直隶、山东、河南和浙江。当然，这与上述地区所处的自然地理环境有直接关系，河流较多、河渠密集、季风气候带来的丰沛集中降水等等，加之一些地方政府疏于疏浚河道，水患在明朝与其他灾害共同造成了危及大明统治的重要因

(PPT 10)

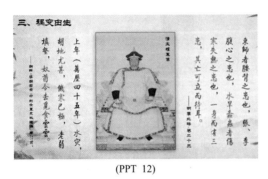

(PPT 11)

素，这些也构成了明王朝内忧的重要原因。不仅如此，小冰河期还间接地引发了外患。为什么这么说呢？

板书：外患：女真崛起

教师：公元 1559 年，努尔哈赤诞生。而在他之前，女真人曾经崛起过一次，那还是在遥远的宋辽年间，女真人用十年的时间灭掉了国力数十倍于它的辽国，紧接着用两年的时间灭掉了富庶繁华的北宋，深刻影响了 11 世纪中国的政治格局。跨越了五个世纪，16 世纪后半叶，小冰河期又一次把历史的机遇摆在了女真人面前（翻页笔，PPT 12）。气候转寒，气温降低，使得农业北界和牧业北界大幅度南迁，根据

(PPT 12)

《西辽河流域全新世以来人地系统演变历史的重建》一文，年均温1℃的变化，可以反映在农牧业北界波动300千米左右。游牧民族生产力水平较低，生产方式单一，草场生态结构脆弱，这些在气候条件发生变化时，对于游牧民族的生存而言，往往造成了极大威胁。生存的巨大压力，使得女真人不得不采取游牧民族的传统做法，那就是南下侵扰农耕文明，获取必要的生存物资。这一点在史料文献记载中非常明确，如"饥寒已极，老弱填壑，奴酋令去觅食"等等。《明季北略》中对大明王朝的灭亡做了这样的"三患"分析：一是女真之患、二是张献忠和李自成农民起义之患，三是水旱蝗疫自然之患，认为大明王朝"一身而有三患，其亡可立而待"。实际上，我们在这"三患"的背后都发现了自然的因素，即小冰河期的影响。恰如马克思所言，人类历史的前提之一是"人与自然界的关系"（翻页笔，PPT 13）。自然条件的变化在人类历史的变迁过程中扮演了极为重要的，但有时又会被忽略的角色。所以，当我们换一种方式，从自然史的角度来重新审视人类历史时，往往会发现自然的无形之手也是推动人类历史和社会变迁的重要力量。

(PPT 13)

　　小结：同学们，今天我们共同探讨了明末小冰河期对明清易代的影响。我们看到，明朝末年恰逢近五百年小冰河期中平均温度最低的时期，由此引发了一系列次生灾害，如旱灾、蝗灾、瘟疫、涝灾等等。而这些次生灾害进一步使经济衰退、社会动荡，进而危及明王朝的统治。以往的学习，我们更多关注的是人在历史中的角色。今天我们从自然的角度出发，发现自然在人类社会和人类历史演进过程中也扮演着不可忽略的角色，甚至在特定的历史时期，它成为推动历史演变的重要动力。这就是当下我们为什么要关注自然的演变，关注人与自然的关系的原因。课下大家进一步阅读《中国古代重大自然灾害和异常年表总集》和《马克思主义历史哲学》，思考：我们怎样评价自然环境在人类历史演进中所扮演的角色？我们在"学习通"上继续交流。

【教学反思】

一、教学目标

　　本次教学片段把明清易代放在自然环境演变的背景之下，讲授自然环境在明清易代中的重要影响。在知识目标方面，使学生认识小冰河期导致的明朝末年内忧不断以及小冰河期与女真崛起的关系；能力目标方面，通过引导学生分析史料，使学生具备史料实证的能力，同时学会从不同角度认识历史现象，让学生掌握辩证思维方法；课程思政目标方面，使学生从自然的角度重新思考王朝兴替的原因，拓展学生的思维，提升学生的辩证思维能力。

重点在于探讨小冰河期在明末清初引发的一系列自然灾害，比如旱灾、蝗灾、瘟疫、洪涝等。这些自然灾害短时期内集中爆发，成为导致明朝灭亡的重要因素。难点在于依托史料文献，使学生理解自然环境的变化在明朝末年内忧外患中扮演了重要的，但又往往被忽略的角色。使学生从自然史这一新的角度，认识中国古代王朝兴替的复杂性。

本次教学片段教学目标设定较为清晰，重难点设计合理，借助多媒体以及动态PPT，形象地再现自然灾害对明末社会的影响，引发学生反思自然在人类社会历史变迁过程中的重要作用和影响，提升学生的史学思辨能力。

二、教学内容

本次教学片段展示用时约二十分钟，分为导语、正课、结语和课后作业布置四个环节。其中，导语用时约一分钟，正课用时约十七分钟，结语和课后作业布置用时约两分钟。重点内容用时约十一分钟，难点讲授用时约六分钟。从课堂教学效果来看，时间分配较为合理，重点突出，难点能够突破，教学目标能够实现。

从小冰河期的概念入手，依托不同史料，从不同角度揭示小冰河期对明末清初的影响。然后直接过渡到本节课的重点内容，即由于小冰河期的原因，引发旱灾、蝗灾、瘟疫、洪涝等一系列次生灾害，对明朝社会产生了深远影响，直接的表现就是"人口锐减""流民增加""民不聊生""经济衰退""社会动荡"等等。同时，平均气温低于现在2℃的明朝末期，北方游牧民族活动区域草场退化，使游牧民族的生存面临极大压力，南下侵扰农耕文明、掠夺生存资源就成为女真族的选择。《明季北略》中总结明亡的三个原因，分别是东北女真边患、农民起义内患和"水旱蚤虫者伤寒失热之患"。实际上，最后一患为前两患的出现提供了温床，自然之手在悄然之间拉开了明清易代的帷幕。通过重难点的讲解，使学生理解历史变迁的复杂性，提升学生基于史料的分析能力。

课后作业布置环节，要求学生阅读《中国古代重大自然灾害和异常年表总集》，同时结合《马克思主义历史哲学》思考自然环境演变在人类社会变迁中所扮演的角色。该项作业难度适中，作为开放性作业，有助于开阔学生视野，激发创新思维。

三、改进计划

本次课程需要完善之处主要有两方面。一方面，需要在讲授过程中增加典型事例，彰显在自然灾害的侵袭下，明朝末年的动荡不安与民不聊生。另一方面，在讲到明末自然灾害的影响范围时，辅之以明末历史地图是必要的，使学生对明末自然灾害波及的地域之广能有更为直观的认识，有助于学生进一步理解自然灾害在明清易代中的深远影响。

【教学评价】

冷江山：

本次课程思路清晰、结构完整、内容充实、史料丰富，尤其提供了一个观察、思考历史的新角度，自然环境为人类社会的存续提供了基础，同时，自然环境的演变也会对人类社会的变迁产生深远影响。对于明末清初的历史而言，自然之手推动王朝兴替，就是一个典型案例。历史已经证明，并且将继续证明，自然环境的演变与人类社会的存续有着千丝万缕的联系，重视自然、保护自然，就是保护人类自己。

刘永海：

本次课从自然史的角度分析明清易代的自然原因。总体而言，中国古代的王朝兴替可以归因于两方面，即天灾人祸。在一般的历史研究和学习中，我们往往更多地关注不合理的政策，统治阶级的腐朽没落等人祸，对于天灾，尤其在王朝兴替过程中扮演了重要角色的自然灾害关注较少，但并不能说明这一方面不重要。自从人类出现在地球上以来，人与自然的相互作用、相互影响的趋势愈发明显。从自然史角度探讨王朝兴替，是教学角度的创新。

安尊华：

本次课史料丰富、角度较为新颖、逻辑思路清晰、结构完整，通过史料分析得到的观点发人深省，能够激发学生新的思考，并与以往课程内容的思考有所不同。史料的丰富往往意味着论据的充分，但仅仅有大量的史料，容易使历史课程的讲授过程偏向生硬，从而失去历史柔软而颇具活力的一面。建议本节课在讲授时适当增加有出处的人物及其事件，通过具体人物与事件的讲授，能够使学生对历史存在事实有更加直观的认识，还能够使学生学会在故事中感悟历史，而不至于将历史看作仅仅是一堆史料。

《皇舆全览图》的绘制

【教学详案】

导入：我们首先来看这样一幅图——这是著名的喜马拉雅山。那么我们大家是否知道珠穆朗玛峰第一次出现在地图上是在什么时候吗？大家看到的这幅图中，红圈就是珠穆朗玛峰首次出现在地图上的位置。显然，这是一幅地图的局部，哪幅地图呢？这就是康熙年间绘制的《皇舆全览图》。我们看

(PPT 1)

到，在这幅完整的《皇舆全览图》中珠穆朗玛峰的位置是 26°40′N 和 87°18′E，与今天测定的数值非常接近，而且，珠穆朗玛峰最开始被称为"朱母朗马阿林"，这是满语，汉译为"神女峰"（翻页笔，PPT 1）。这幅图在英国科学史家、中国科学院外籍院士李约瑟看来，比欧洲当时所有的地图都更精确。

那么，我们不禁要问，这样的一幅地图是怎样绘制出来的呢？这样一幅地图的绘制，反映了哪些问题呢？今天我们就一起来探讨《皇舆全览图》的绘制。

板书：《皇舆全览图》的绘制

教师：这幅图是在康熙皇帝的主持之下完成绘制的，集全国的人力物力财力，前后花费了三十余年心力而成。那么为什么要绘制这样一幅全国地图呢？

(PPT 2)

板书：原因：中俄之争

教师：公元 1689 年，中俄签订尼布楚条约时，虽然史学界通常认为该条约是平等性的条约，但中方当时没有地图可以据理力争，只能凭借俄方的地图划定两国疆界。因此，康熙皇帝决意绘制一幅高精

度的全国地图（翻页笔，PPT 2）。而在当时参与绘制的大臣们看来，《皇舆全览图》的绘制也是"从来舆图所未有也"。这就是保留至今的《皇舆全览图》，但由于当时清朝与准噶尔部的战争，导致新疆的一部分地区并没有被实地测量，随着准噶尔部被平灭，加之乾隆平定了大小和卓之乱，因此，直到乾隆时期，清朝派人深入新疆和西藏北部，测量并补全了《皇舆全览图》（翻页笔，PPT 3）。我们可以看到，这幅地图涵盖的范围，东北至萨哈连岛（库页岛），东南至台湾，西至阿克苏以西叶勒肯城，北至白尔鄂博（贝加尔湖），南至崖州（海南岛）。从这幅地图可以看到，新疆、西藏、台湾等自古以来就是我国领土不可分割的一部分，为我国的边界所属提供了强有力的

(PPT 3)

数据支撑。那么这样一幅地图的绘制，绘制过程是怎样的呢？用到了哪些关键性的技术呢？

板书：仪器先进

教师：康熙下令绘制地图时，采取了很多在当时极为先进的大地测量仪器，如测量水平角的双半圆仪、矩度全圆仪等；测量方位角的四定表全圆仪、四游千里镜罗盘仪、半圆罗盘仪等；测量物体距地平的高度及水平角的御制矩度象限仪、铜镀金象限仪、铜镀金双千里镜象限仪等，其中部分仪器至今还妥善地保存在故宫博物院里。我们选择其中几样来看（翻页笔，PPT 4）。首先我们来看这件御制方矩象限仪。这是清宫造办处仿西式象限仪而制作。仪盘铜质，呈正方形，与象限仪面相邻处设一方盘，盘中心嵌罗盘。盘面一直边的两端设照准器，可作定标。使用时，可利用铅垂线来确定高耸物体的顶部，利用罗盘来确定南北方向，利用瞄准器对准目标，因而可获得所测物体的高度和与参照物的水平角（翻页笔，PPT 5）。其次，铜制测高弧象限仪，弧上有角度分划。在半径末端的弧上设瞄准器，圆心处穿以圆柱体，中间穿孔，圆柱体可旋转以对准弧上的瞄准器，用以瞄准太阳。通过圆心置一铜坠

(PPT 4)

线作为天顶标准，利用这件仪器可以测量天体与天顶之间的角距离，即天顶距。第三件仪器是四游标半圆仪，这是清宫内务府造办处制作，由基座、立柱（高度可调）、半圆盘、游标和罗盘仪（指南针）组成。使用时，将游标与所测物体相交成三角形，应用比例关系可获得被测物体的高度或距离。第四件是铜镀金矩度全圆仪，总高 30 厘米，由基座、立柱、圆盘、游标、罗盘、铅垂线和矩尺组成。圆盘面上有直径为 18 厘米的游标穿过圆心，游标上有罗盘，罗盘内刻有 360° 标记。仪盘一侧有长 20 厘米的矩形尺，尺子上刻有 1 度到 120 度的标记。使用时，通过调整悬挂的铅垂线与底座的旋钮来定水平，然后分别将两个游标对准两个观测目标，其夹角即为所测水平角。将圆盘竖直安放时，还可测仰角（翻页笔，PPT 6）。正是这些先进测绘仪器的使用，使《皇舆全览图》的绘制建立在了科学严谨的基础之上，所绘地图精度极高，展现出了当时的历史条件下舆图绘制的高超水准。

板书：水平高超

教师：同学们，我们看到，正是上述诸多大地测量仪器的实际应用，使我国早在 300 多年前就绘制了精度极高的地图，比如在《皇舆全览图》的西南版块中，我们发现了"贵阳府"的字样，它的经纬网数据与我们今天测定的数据基本吻合（翻页笔，PPT 7）。同时首次完成了珠穆朗玛峰高度的测量，并定位于我国境内。这是人类历史上测量珠穆朗玛峰的首次突破，这反映了我国古代大地测量仪器在继承传统、融合西学的基础上发展到了一个高峰，而且利用这些

(PPT 5)

(PPT 6)

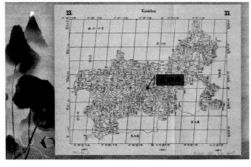

(PPT 7)

仪器进行测绘，其水平高超，在国际上依然处于领先地位。那么这幅地图的绘制，其影响或者价值何在呢？

板书：推动文化交流

教师：英国著名科学史家、中国科学院外籍院士李约瑟曾在《中国科学技术史》中评价《皇舆全览图》："不但是亚洲当时所有地图中最好的一幅，而且比当时的所有欧洲地图都更好、更精确。"（翻页笔，PPT 8）参与《皇舆全览图》绘制的人员当中，有一些是西方传教士。他们把其中的部分绘制

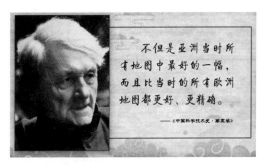

(PPT 8)

技术带回欧洲，对欧洲舆图的制作和测绘水平的发展产生了深远影响，正是在这个角度而言，《皇舆全览图》绘制过程中的技术推动了中西文化交流。同时，由于这是中国历史上第一幅通过实地测量绘制的地图，在这个过程中，参与实测的人员发现，随着纬度的变化，实地的距离也发生着变化，用我们今天的话来说，就是随着纬度的升高，实地距离在缩小，这是人类历史上第一次通过实地测量印证了地球的球体形状，而且地球并不是规则的正球体（翻页笔，PPT 9）。

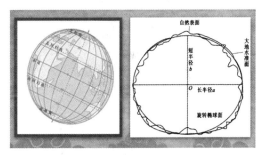

(PPT 9)

这一发现实际上强化了清初关于大地的球形观念。这与西方传入中国的地球观念融合在一起，推动了清初地球仪的制作。明末清初制造的地球仪现仅存三件，其中两件存于故宫博物院，一件存于伦敦英国博物馆（翻页笔，PPT 10）。我们现在看到的这两个地球仪，一个是顺治年间，一个是康熙年间。其中，康熙朝地球仪通高 135 厘米，球径70 厘米。球体中腰处的铜圈为地

(PPT 10)

平圈，上刻四象限。与地平圈相交的铜圈为子午圈，上刻 360°。球北极处附时盘，上刻十二时辰，分初、正。球面上绘黄道、赤道、经纬度，其中赤道

绘以红色，黄道绘以黄色，经纬线每隔10°画一条。黄道上标有二十四节气名称、南北回归线、南极圈、北极圈。球面绘大陆行政区域，标注一些大城市的名称，如中国的"北京""太原""兰州""南昌""苏州""厦门""武昌"等，还绘有河流、湖泊、岛屿，如南美南部的"火地岛"，北部的"亚马逊河"及西南太平洋上的"澳大利亚""菲律宾""爪哇""马来半岛"等。球面还标有特殊的地理位置，如中国的"长城"。地球仪下端的一部分表现的是在宽阔的海域中有奇形怪状的水兽、大小帆船及航海线等。地球仪安放在工艺精湛的紫檀木雕花三弯腿支架上。这件仪器的制作从一个侧面反映出"地圆说"理论在中国得到巩固，也反映了当时中国对世界地理知识的认识水平。

小结：同学们，今天我们共同学习了《皇舆全览图》绘制的原因、过程和它的价值。作为中国古代历史上第一幅用经纬网绘制的地图，它的绘制展

(PPT 11)

现了十八世纪初中国科技水平依然领先世界，并且绘制的方法传至西方，对欧洲地图绘制产生了深远影响（翻页笔，PPT 11）。但同时，历史又给予我们这样的思考：在康熙主持下绘制的《皇舆全览图》的确反映了清初中国传统舆图水平的高超，同时康熙皇帝也的确是中国古代帝王中科学素养最高的皇帝，他精通珠算、有自己的手摇式计算机、热衷于学习西方的天文学、数学等知识。但康熙的自然科学知识也几乎停留在个人炫耀的阶段，并没有凭借自己的特殊身份带动当时的科学技术发展。因此，虽然《皇舆全览图》作为当时世界上首屈一指精度最高的地图，但它长期保藏在内府秘而不宣，并没有改变当时的民众百姓对国家地理极度匮乏的认知。跨越几百年的沧桑，历经了近代的曲折，我们逐渐认识到，科学技术及其成果一定要融入社会，必须要被民众百姓掌握，才能够成为推动社会发展的强大动力。毕竟人民才是历史的创造者。课下请大家进一步阅读《康熙朝〈皇舆全览图〉》，同时结合《中国古代舆地图研究》思考，《皇舆全览图》的绘制对西方地图绘制的角度、方法等产生了哪些方面的影响？我们在"学习通"上继续交流。

【教学反思】

一、教学目标

本次教学片段主要围绕清朝康熙年间《皇舆全览图》绘制展开讲授。结

合史料文献以及故宫博物院的藏品，阐释《皇舆全览图》的主要绘制技术，引导学生分析《皇舆全览图》的历史价值和影响。通过这一内容的讲授，使学生对清康熙年间的科学技术发展水平有较直观的认识，增强学生的文化认同感和自豪感，同时对科学技术仅被清皇室垄断，最终使清朝落后于世界发展的步伐进行反思，提升学生的史学思辨能力。

在教学目标的设定方面，本次教学片段的重点在于《皇舆全览图》绘制的关键过程和技术水平。把《清圣祖实录》与故宫博物院藏品相结合，使学生从史料和实物两个角度较为直观地认识《皇舆全览图》绘制的关键环节。使学生掌握分析历史事件的角度和方法，通过启发式教学，让学生认识清初我国测绘技术的高超。教学难点在于《皇舆全览图》的历史价值以及对《皇舆全览图》的评价。从英国学者评价、《皇舆全览图》在理论和实践两方面的价值的角度，分析《皇舆全览图》绘制的历史价值，通过启发式讲授，使学生理解《皇舆全览图》第一次在理论上证明了地圆学说，而且在实地测绘中揭示了地球是一个不规则球体的事实，这是人类第一次在实践中发现地球的不规则性。从而使学生理解《皇舆全览图》的价值。在这个过程中，引导学生思考清康熙年间的科学技术水平并没有促进中国社会发展的原因，强化学生以史鉴今的史学思维方式。

总体而言，本次教学片段重难点设置较为合理，重难点突出，课程思政元素的设计较为合理，落实途径可行。通过启发式引导，使学生习惯于论从史出，在反思历史现象的过程中，提升学生的史学思辨能力，强化学生的史学思维方式。

二、教学内容

本次教学片段展示用时约二十分钟，分为导语、正课、结语和课后作业布置四个环节。其中，导语用时约一分钟，正课用时约十七分钟，结语和课后作业布置约二分钟。重点内容讲授用时约十一分钟，难点内容突破用时约六分钟。从实际教学效果来看，教学重难点时间分配较为合理，能够在有限时间内实现重点突出，难点突破。教学节奏快慢适当，能够在内容的讲授中引发学生思考，实现课程思政元素的育人功能。

本次课从人类历史上第一次测量珠穆朗玛峰的地理位置入手，引入《皇舆全览图》的绘制。首先结合《中俄尼布楚条约》的签订，阐述《皇舆全览图》绘制的历史背景。对于当时的历史而言，突出该图绘制的必要性和现实性。而这幅地图也充分印证了新疆、西藏、台湾等自古以来就是我国领土不可分割的一部分，为我国的边界所属提供了强有力的数据支撑。这一内容的讲解有助于强化学生的文化认同感。其次，结合故宫博物院部分藏品的图片，如测量水平角的双半圆仪、矩度全圆仪等；测量方位角的四定表全圆仪、四游千里镜罗盘仪、半圆罗盘仪等；测量物体距地平的高度及水平角的御制矩度象限仪、铜镀金象限仪、铜镀金双千里镜象限仪等，阐释上述仪器的功能以及在《皇舆全览图》绘制过程中发挥的作用。通过这些内容的讲授使学生认识到《皇舆全览图》的绘制建立在了当时严谨的科学基础之上，所绘地图精度极高，从而展现出了当时的历史条件下舆图绘制的高超水准，强化学生的民族和文化的自豪感。最后，以《皇舆全览图》的一块版图为例，阐释《皇舆全览图》绘制的精度，通过这一内容的讲解，再次强化学生文化自信的同时，引发学生反思康熙之后直到近代，中国科学与技术逐渐落后于西方的历史原因。

课后作业的布置环节，要求学生在课下阅读《康熙〈皇舆全览图〉》和《中国古代舆地图研究》两部专著，思考康熙时代作为中国古代历史上科学和技术依然比较发达的时代，却没有能够催生近代科学的原因，从而提升学生的历史反思能力。

三、改进计划

本次课程内容较为充实，讲授思路清晰，重难点设置合理，课程思政元素较好地融入了课程内容的讲授过程中。然而由于本课内容涉及绘图工具的功能介绍和使用，虽然有图片的展示，结合语言的描述，但依然存在直观性和形象性欠缺的问题，学生理解起来有一定的困难。有必要增加有关绘图工具的动图或者使用的相关视频，提升课程内容的直观形象，从而有助于学生的认知和理解。

【教学评价】

冷江山：

本次课内容充实，角度新颖，图文资料丰富，讲授逻辑清晰，课程思政元素与教学内容的结合较为自然。但在讲授绘图工具的功用以及《皇舆全览图》的价值时，内容较为抽象，学生理解存在一定的困难。建议该课程在讲授时可以考虑增加教具、PPT 中插入动图或者结合相关视频，有助于学生的理解和认知。

王建设：

本次课史料丰富，讲授思路清晰，针对内容进行的历史反思有一定的现实意义。但本次课有些内容涉及理科和工科的知识，对于历史专业的学生而言，在理解上存在一定的困难。因此，应该在课程内容的讲解过程中，借助教具展示、进一步优化 PPT 等方式，使内容更为直观形象，有助于学生理解关键绘图工具的功用。

刘永海:

　　本次课内容充实，史料运用娴熟，借助故宫博物院的藏品图片，使学生对《皇舆全览图》绘制过程中的工具有直观认识，尤其用贵阳府的事例凸显《皇舆全览图》的精度，能够拉近该图与学生的距离，文化认同与文化自信能够较为自然地融入讲授过程。但工具的功用讲述要注意发挥多媒体的优势，增加内容的形象化。另外，可以适当使用 VR 仿真教学技术，增加课程的趣味性与直观性。

雍正治贪

【教学详案】

导入：同学们，通过前面的学习，我们知道中国古代史上多次出现享誉后世的盛世与治世。中国古代社会后期持续时间最长的盛世是康乾盛世，前后一百三十余年。康熙是这个盛世的开创者，他在位六十年，开疆拓土、巩固统一；重视垦田，改革赋税；兴文重教，引进西学，为清王朝走向鼎盛奠定了道路。但是康熙朝末年尤其官场腐败，国库亏空等，成为阻碍清王朝发展的桎梏。而他的继任者雍正用十三年的勤勉一举扭转了这一颓势，为后来乾隆在位六十年奠定了极为重要的基础。可以说，没有雍正十三年，康乾盛世就无法列入中国古代盛世之中（翻页笔，PPT 1）。那么，雍正在澄清吏治、治理贪腐方面做了哪些事情使他在清朝近三百年的历史中留下了浓墨重彩的一笔呢？今天这节课我们就共同探讨雍正治贪。

贪官污吏遍天下，虽有参劾，不过十分之一，其他弊端较明季更甚。

——《清圣议·卷七》

康熙六十一年国库亏空情况

货币	亏空
黄金	498两5钱2分8厘
白银	2,592,957两6钱3分1厘
铜钱	9,324串820文

(PPT 1)

板书：雍正治贪

教师：面对"贪官污吏遍天下，弊端较明季更甚"以及国库亏空数百万两白银的情况，雍正是怎么做的呢？他首先成立名为"会考府"的专门机构（翻页笔，PPT 2）。会考府成立于雍正元年即公元1723年，是掌握准驳一切钱粮奏销事物相关大权的特设机构，具有一定的监察审核大权。雍正通过会考府表明自己彻查的态度——不惜亲自查勘。这对于贪腐治理而言，

(PPT 2)

是一个大前提。进一步，雍正要求地方各级督抚严格稽查，三年之内必须补足亏空。同时，面对地方官员的敷衍搪塞，乃至造假企图蒙混，雍正帝抓了一批官吏以为典型。譬如山西潞州知府揭发原山西巡抚苏克济，在职期间敲诈各级官员四百五十万两银子，雍正查实后抄了苏家。此后不断有官员被抄家。湖广布政使、江苏巡抚、湖南按察使、广西按察使等等。因此，私下里雍正皇帝被称为"抄家皇帝"。由此我们看到雍正上台之初整饬贪腐彻查到底的决心（翻页笔，PPT 3）。

(PPT 3)

板书：态度坚决

教师：除了态度坚决之外，雍正帝对于朝堂上下认为追缴措施过于严厉的反对之声是怎样处理的呢？作为四十五岁才继位的大龄皇帝而言，雍正对于官场中的舞弊的动机和手段十分清楚。他把这些朝堂内外的反对声音一概斥之为"无知嫉妒小人"，并且力行治贪（翻页笔，PPT 4）。那么他治理贪腐的具体措施总体而言是怎样的特点呢？四个字概括就是措施严厉。

(PPT 4)

板书：措施严厉

教师：雍正治贪措施严厉的表现是多种多样的。首先就是彻查到底。譬如江南地区钱粮亏空巨大，雍正帝亲自指派户部侍郎和刑部侍郎这种位高权重者奉旨前往查缴（翻页笔，PPT 5）。为了规避查缴过程中可能存在的地方官吏勾结中央大员的官官相护、欺瞒朝廷的情

(PPT 5)

况，雍正又从吏部挑选了候补官员四十位，命他们一同前往江南查缴亏空，并且规定，凡是查实者，犯官就地罢免直至接受相当级别的惩处，而随同前往的吏部候补官员随即补缺。如此严厉的措施在推行过程中，对于原本贪腐

盛行的官场形成了高压的态势，也在极大程度上遏制了官场中的官官相护。其次，康熙朝官员由于贪腐被御史弹劾时，通常的做法是鉴于官员在位之际的政绩，采取革职留任，戴罪立功的方式进行惩处。这就在极大程度上造成了官员惩处力度不够，不仅无助于官场风气的改变，甚至使其他官员看到贪腐成本过低而形成效仿的风气。为了扭转这一局面，雍正采取的方式是一经查实革职查办。同时指出，地方百姓联名上书的"万民伞""请愿书"等，极有可能是迫于官员的淫威不得已而为之，鉴于此种情况，反倒应该进一步彻查。（翻页笔，PPT 6）。再次，贪腐行为一旦查实，雍正帝推行查抄犯官全部家产，同时查抄犯官党族亲戚，最大限度地追缴贪腐的资产。但是，在这个过程中，如果有的官员蒙受不白之冤又该如何处理呢（翻页笔，PPT 7）？雍正帝指出，即便是查抄贪腐时存在冤假错案，然而其害不过一人一家而止，如果是榨取民膏，侵帑国库者，轻则危害一县，重则危害一府，乃至一国，因此必需严惩。那么经过如此严厉的查办贪腐的措施之后，取得的效果怎样呢？我们来看一组数据（翻页笔，PPT 8）。根据《清史稿》《清实录》的相关史料记载，我们看到，雍正元年户部存银 2361 万两，三年之后的雍正四年，户部存银

（PPT 6）

（PPT 7）

（PPT 8）

4741 万两，比之前翻了一倍，而三年后的雍正七年，户部存银进一步增加，成为 6025 万两白银。由此可见，雍正治理贪腐的收效明显，经过短短的六年，户部存银就增长了两倍。清中叶著名文史学家章学诚在《文史通义》中评价雍正治理贪腐时，说道"我宪皇帝裁革陋规，整饬官方，惩治贪墨，实为千载一时"（翻页笔，PPT 9）。那么，除了雍正帝治理贪腐的态度坚决、措施强硬有力之外，其本身的旰食宵衣、勤于政事是扭转康熙朝末期颓败之

势的重要因素。同学们，我们来看这张图片，这张图片中的物品是什么呢？对，一副眼镜。谁用过的呢？就是我们今天课上讲到的主角，雍正帝的御用之物。2019 年故宫博物院举行了"雍正故宫文物大展"，这是众多文物中的

一件。史载，雍正帝继位之后勤于政事，命内务府仿照西洋眼镜打造适合自己度数的眼镜，一天十二个时辰，每个时辰都要更换合适度数的眼镜佩戴。因此，故宫博物院保留至今的雍正帝眼镜居然超过百副。这是影视剧中雍正帝秉烛戴镜批阅奏章的情景（翻页笔，PPT 10）。根据《雍正起居注》《清实录》等史料文献的记载，雍正一朝十三年，御批奏折数量达到十九万两千余件，每年御批奏折近一万五千件，御批奏折的文字超过一千万字。单就雍正帝御批奏折的量来看，他也称得上是一位勤政之君了。

(PPT 9)

(PPT 10)

小结：数千年的历史沧桑告诉我们，勤勉兴邦，奢侈亡国。雍正的勤勉理政为后来清王朝的执政者树立了典范，他的勤政不但使康乾盛世得以延续，而且走上它的巅峰。课下，同学们可以继续阅读《清史讲义》和《雍正帝及其时代》，思考为什么说雍正十三年统治是康乾盛世出现的关键环节呢？我们在"学习通"上进一步交流。

【教学反思】

一、教学目标

本节课主要围绕康熙朝末年财政亏空的情况，讲授雍正初年整饬财政的措施及其效果。雍正在位十三年，在清前期的历史中并不长，但是其历史地位极为重要，雍正的勤勉扭转了康熙末年官场的懒政怠政之风，在很大程度上使清王朝摆脱了财政困境，为他身后治世的出现奠定了基础。

在教学目标的设定方面，本次课的重点是雍正整饬财政推行的诸多措施及其取得的社会效果。结合《雍正起居注》《清史稿》等史料文献，引导学生从雍正整饬财政的态度、推行的具体措施等角度分析雍正整饬财政取得的

效果。在这个过程中，使学生掌握分析历史事件的角度和方法，通过启发式教学，让学生对雍正朝整饬财政的历史过程有较为清晰和深入的认识。难点在于结合史实，评价雍正整饬财政、治理贪腐的历史价值和现实意义。结合雍正整饬财政、治理贪腐的实际效果入手，通过启发式讲授，引导学生站在清朝前期的历史阶段评价雍正朝整饬财政的历史影响和历史地位，对雍正朝十三年能有一个新的认识和评价。在结合史实，评价雍正整饬财政，使学生学会从不同角度回顾历史、评价人物，实现拓展学生史学视野，提升学生辩证思维能力的目的。

总体而言，本次课教学目标合理，重难点突出，课程思政元素的设计较为合理，融入角度和方式可行。通过启发式引导，结合具体史料，提升学生的史料实证与历史解释的能力，在反思历史现象的过程中，强化学生以古鉴今的史学思维。

二、教学内容

本次教学片段展示用时约二十分钟，分为导语、正课、结语和课后作业布置四个环节。其中，导语用时约一分钟，正课用时约十七分钟，结语和课后作业布置约二分钟。重点内容讲授用时约十分钟，难点内容突破用时约七分钟。从实际教学效果来看，教学重难点时间分配较为合理，能够在有限时间内实现重点突出，难点突破。教学节奏快慢适当，能够在内容的讲授中引发学生思考，实现课程思政元素的育人功能。

本课从康熙朝末年官场腐败、懒政之风盛行、财政亏空入手，引导学生思考：为什么雍正十三年在康雍乾近一百五十年的历史中占有极为重要的地位？引入本课"雍正治贪"的主题，主要从态度坚决、措施严厉两个方面剖析雍正整饬财政、治理贪腐的作为，从而展现雍正帝的勤政为国。一方面，面对"贪官污吏遍天下"以及国库亏空数百万两白银的情况，他成立专门机构"会考府"，向文武臣僚表明彻查的决心。根据《雍正朝起居注》《清世宗实录》等史料文献的记载，雍正帝抓了一批造假企图蒙混过关的官吏为典型，这对于扭转康熙朝末年的官场风气起到了直接的作用。另一方面，雍正帝治理贪腐的措施严厉，引导学生结合《上谕内阁》《永宪录》等史料文献，发现雍正帝惩治贪腐推行一经查实、彻查到底，革职查办、禁止戴罪立功，查抄贪腐官员及党族亲戚的家产等一系列措施。根据史料文献所载，引导学生结合《清史稿》等相关文献，通过雍正元年、四年、七年的数据对比，使学生直观地认识到雍正帝惩治贪腐、整饬财政收到了显著效果。同时，通过《文史通义》对雍正朝"惩治贪墨，实为千载一时"的评价，强化学生史论结合、论从史出的史学思维。最后，依托故宫博物院收藏的雍正帝用过的眼镜和批阅过的奏章，展现雍正帝勤政为国的历史形象，进而阐释"勤勉兴邦"的历史经验，这是本课的课程思政元素。

课后作业布置环节，要求学生们继续阅读《清史讲义》和《雍正帝及其时代》，拓展学术视野的同时，进一步思考雍正十三年统治的历史价值，有助于激发学生围绕这一主题进行多元化探索的兴趣，提升学生的史学思辨能力。

三、改进计划

本课教学目标设定合理，教学重难点突出，逻辑思路较为清晰，史料文献运用娴熟，课程思政元素能够有效地融入教学过程中。但在内容的充实方面，雍正帝的惩治贪腐是整饬财政的重要组成，但雍正朝扭转了康熙末年的财政亏空，原因不仅在于惩治贪腐，还推行了一系列措施，比如摊丁入亩、火耗归公、官绅一体当差纳粮等。这些政策加上惩治贪腐共同构成了雍正帝的改革体系，使清王朝逐渐摆脱财政亏空。因此，教学中需要对这些内容稍加分析和阐述，使学生避免形成对历史的简单认知。

【教学评价】

冷江山：

本课重难点突出，教学目标设定合理，逻辑思路清晰，尤其图文结合，借用故宫博物院的实物和影视剧桥段使雍正帝勤政形象更为直观，课程思政元素的融入较为自然。在讲授雍正帝惩治贪腐官吏时，可以适当增加故事，通过故事的讲授，更能够给学生留下深刻印象，而不仅仅是列举雍正帝抓了哪些巡抚、布政使、按察使等等。历史是有温度的，历史的温度往往能够体现在具体的故事中，历史人物的形象以及我们基于历史事件产生的共鸣，也大多是在故事中逐渐形成的。

安尊华：

本课教学思路清晰，重难点设定合理，教学方法适宜。教学过程中教师通过设问、反问等形式，引发学生基于史料进行思考。这种方式有利于学生针对多元的史料，逐步学会如何运用，直到娴熟。课后作业布置环节，要求学生课下阅读相关经典著作，有助于开阔学生视野。但在教学时间的分配上，重点部分可以稍微延长，教师通过雍正皇帝惩治贪腐的细节讲述，可以使学生在思考中领悟雍正皇帝整饬财政、惩治贪腐的历史意义和现实价值。就本课内容而言，难点的突破可以经由重点内容的讲解过程而自然实现。教学中重点突出、难点突破，相得益彰，水到渠成。

刘永海：

本节课教学重难点设计合理，逻辑思路清晰，史料多元、运用娴熟，课程思政元素与讲授内容基本实现了有机融合。但在部分内容的处理上，如雍正帝即位之初，也就是康熙朝末年形成的官场腐败现象的讲授，可适当加以延伸，与雍正帝惩治贪腐后的效果形成较为鲜明的对比，进一步凸显雍正帝整饬财政、惩治贪腐的价值和影响。章学诚在《文史通义》中的评价是恰当的，但可以考虑再补充一两条时人的评价，进一步凸显雍正一朝的历史地位。

结　语

"立德树人"视域下高师中古史
教研与中学历史教学的关系

《中国古代史（下）》是贵州师范大学历史专业的核心基础课。基于《中国古代史（上）》的讲授，继续面向本科一年级学生开设。《中国古代史（下）》课程始自唐末五代，终于清帝退位①，前后一千余年的历史，主要分为宋（辽西夏金）、元、明、清四个阶段，包括政治、经济、文化、社会、军事、外交等领域的重要史实的讲授。《中国古代史（下）》作为历史专业培养中学历史教师的核心课程与中学历史教育教学有着千丝万缕的联系。无论是内容的讲授、方法的运用、课程思政理念的落实等等，有助于中学历史教育教学过程中核心素养的培育，为核心素养的培养奠定必要的基础。关注中学历史教学改革，关注核心素养的培养，在一定程度上，比如教学理念、教学方法、教学评价等方面，实现与中学历史教学相互融合贯通，将有助于《中国古代史（下）》课程育人目标的实现，也有助于中学历史师资的培养。

一 《中国古代史（下）》课程教学的目标

（一）与时俱进，践行立德树人

中国古代史课程作为一门传统课程，在我国的各级各类高等师范院校历史专业中一直以来都是核心基础课。这门课程在我国高等教育培养历史学人才和历史教师的过程中，也一直占有十分重要的地位，发挥着极大的作用。

---

① 对于很多师范高校历史专业而言，中国古代史的讲授结束于1840年的中英鸦片战争。从鸦片战争开始到清帝退位属于中国近代史的内容，从1840年开始的七十余年通常被称为晚清。但我校的《中国古代史（下）》的内容讲授并没有沿用传统的讲法，而是把晚清七十余年的史实包括在了《中国古代史（下）》的课程内容中，选择晚清重要的政治、经济、文化、军事、外交等领域中的史实进行讲授。这样安排的重要原因在于晚清作为中国古代帝制时期的最后一个阶段，实际上是中国古代帝制母体中衍生出来的一个部分。鸦片战争、洋务运动、甲午战争等等，虽然与西方资本主义的崛起有着极其复杂的关系，但离开晚清乃至整个清代，是无法解释的。历史的变迁与传承，重要的事件往往有转折意义，但需要把有转折意义的历史事件放在历史长河中（清代近三百年，甚至明清六百年的历史文化深刻影响了民族思维方式和心理的形成）去阐释，才能够发现事件的转折意义。因此，我校《中国古代史（下）》课程的讲授下探到清帝退位，尽量在清代乃至中国古代史中探寻晚清重要史实的历史意义。

进入二十一世纪以来，尤其近十年来，不仅历史专业，整个高等教育领域都面临着一系列的变化，迎接了一系列的挑战。与时俱进，调整历史专业的教育教学，符合时代发展的需要，就成为必然。在这一系列变化中，对高等教育影响极大的就是课程思政理念的提出。

2020年，在《教育部关于印发〈高等学校课程思政建设指导纲要〉的通知》（以下简称《通知》）中，教育部明确提出要"把思想政治教育贯穿人才培养体系，全面推进高校课程思政建设，发挥好每门课程的育人作用，提高高校人才培养质量"[①]。在这份文件中，明确提出了课程思政理念。而围绕课程思政理念的推进落实，引发了高等教育界的热议[②]。教育部在《通知》中指出："落实立德树人根本任务，必须将价值塑造、知识传授和能力培养三者融为一体、不可割裂。全面推进课程思政建设，就是要寓价值观引导于知识传授和能力培养之中，帮助学生塑造正确的世界观、人生观、价值观，这是人才培养的应有之义，更是必备内容。"[③] 作为专业课的讲授，从课程性质本身、人才培养目标等角度出发，我们更多地偏重于"知识传授"和"能力培养"，但在一定程度上忽视了"价值塑造"，从而使我们的高等教育出现了人才专业技术过硬，但道德素养有待提升，甚至价值观扭曲的现象，而这一现象也引起了学术界的广泛关注[④]。因此，高等教育在注重学生专业知识、专业技能等方面的培养时，不能忽略德育教育、不能以专业素养培养取代三观教育。

在《通知》中，教育部除了确立"立德树人成效是检验高校一切工作的根本标准"外，也结合不同专业对课程思政理念的落实进行了规划。涉及历史专业，《通知》从不同角度进行了阐释。一方面，"加强中华优秀传统文化教育。大力弘扬以爱国主义为核心的民族精神和以改革创新为核心的时代精

① 教育部关于印发《高等学校课程思政建设指导纲要》的通知：www. moe. gov. cn/srcsite/A08/s7056/202006/t20200603_ 462437. html。

② 根据中国知网主题式搜索，以"课程思政理念"为主题的学术文章为2万余篇，其中与历史学相关的期刊文章6700余篇。从2020年5月教育部正式提出课程思政理念建设指导意见以来，短短两年时间学术成果丰硕，可见学术界对课程思政理念的高度关注与深入研究。

③ 教育部关于印发《高等学校课程思政建设指导纲要》的通知：www. moe. gov. cn/srcsite/A08/s7056/202006/t20200603_ 462437. html。

④ 近年来围绕人才培养中的德育教育、价值观塑造等进行研究的博士论文就有1000余篇，其中代表性的比如：栗嘉忻《新时代中国高校德育与美育协同发展研究》，博士学位论文，吉林大学，2019年；李辉《新时代我国高校师范生职业理想教育研究》，博士学位论文，河北师范大学，2020年；朱景坤《大学德性的迷失与重建研究》，博士学位论文，南京师范大学，2021年；黄娟《新时代高校立德树人落实机制研究》，博士学位论文，陕西师范大学，2021年；栾宇《高校哲学社会科学育人才方略研究》，博士学位论文，东北师范大学，2022年，等等。

神，教育引导学生深刻理解中华优秀传统文化中讲仁爱、重民本、守诚信、崇正义、尚和合、求大同的思想精华和时代价值，教育引导学生传承中华文脉，富有中国心、饱含中国情、充满中国味"①。单就《中国古代史（下）》课程内容而言，从唐末五代直到晚清风云，每一个阶段都有代表性的历史人物：心忧天下、不为良相便为良医的范仲淹，领导了北宋历史上著名的庆历新政；锐意进取、以富国强兵为己任的王安石，把革故鼎新引向更深层次，熙宁变法影响到了整个中国古代社会；宋元之际海上丝绸之路的发达，对于世界经济和政治格局产生了深远影响；明朝郑和远航，不仅是明初盛事，也是世界航海史上的壮举，不仅充分展现了明朝的国力和科技水平，而且客观上这一过程中所展现的和平友好是我们今天弘扬郑和精神的历史根据；明清之际经济的发展，文化领域中的民本思想、古典文学成就的辉煌等等，这些都是中华优秀传统文化的重要内容。通过这些内容的讲授，引发学生思考的同时弘扬"以爱国主义为核心的民族精神和以改革创新为核心的时代精神"，引导学生传承中华文脉；另一方面，"文学、历史学、哲学类专业课程。要在课程教学中帮助学生掌握马克思主义世界观和方法论，……要结合专业知识教育引导学生深刻理解社会主义核心价值观，自觉弘扬中华优秀传统文化、革命文化、社会主义先进文化"②。历史是人民群众创造的，历史进步的最终推动力量也是来自人民群众，这是唯物史观的重要观点，《中国古代史（下）》课程涉及宋（辽西夏金）元明清的朝代变迁，通过史实的讲授，使学生明确社会历史变迁大势的同时，引导学生思考推动这一历史大势演变的根本力量，一是生产力决定生产关系，二是人民群众是历史的最终创造者。在历史大势的演变中，感悟唯物史观的真理性。无论是传承中华优秀传统文化，还是在历史规律的探求中思考唯物史观，这不但是历史专业与时俱进，落实立德树人的表现，也是时代对历史专业人才培养提出来的要求。

（二）开拓视野，培养辩证思维

二十一世纪是网络信息时代。随着公众多媒体互联网的开通，我国的网络信息化建设进入高速发展阶段，进而迎来了信息化时代。手机和笔记本电脑等成为学生们的必备，而QQ、微信、电子邮件等也成为学生们日常沟通的主要方式——可以说，学生们已经置身于网络信息化的浪潮中。针对历史学而言，网络信息时代的到来也为历史学发展注入了新的活力。史料电子数据

---

①　教育部关于印发《高等学校课程思政建设指导纲要》的通知：www. moe. gov. cn/srcsite/A08/s7056/202006/t20200603_ 462437. html。

②　教育部关于印发《高等学校课程思政建设指导纲要》的通知：www. moe. gov. cn/srcsite/A08/s7056/202006/t20200603_ 462437. html。

库使史料搜集整理的便捷程度超过以往，新理念新观点纷至沓来。但同时，"以材料检索代替读书的便捷路径是否可靠，数据分析与逻辑分析、历史分析的关系，在数据库方法日益推广的条件下理论思维的价值和意义等，都是需要认真面对和慎重思考的问题"①。围绕《中国古代史（下）》课程的讲授和学生的学习，如何汲取、借鉴史学界的最新研究成果，扩展学生们的学术视野，激发创新思维，是网络信息时代历史学教学面临的新情况。

比如，"澶渊之盟"不但是宋史学界的学术公案之一，也是《中国古代史（下）》课程宋辽关系专题中的重要内容。无论是从科研的角度还是从教学的方面，学界都进行了较为深入地探讨。借助中国知网、万方数据知识服务平台、读秀文献资料服务平台等搜索引擎的论文检索，与这一主题相关的学术成果有229篇、385篇和580篇。这些研究从不同角度，如澶渊之盟战前宋辽双方的实力分析，澶渊之盟缔结之前战争的进程、澶渊之盟缔结之后对宋辽双方乃至整个东亚政治格局的深远影响、时人和后人对澶渊之盟的评价等分别进行了分析和阐述，参考学术界的研究成果，同时借助《资治通鉴长编》《宋史》《涑水记闻》《通志》等史料文献和《宋论》《二十二史札记》等古人的评价，向学生讲授澶渊之盟这一重要历史事件，在这一过程中，把网络信息时代检索方法、传统史学的史料分析，融入历史解释中，使学生掌握史学研究方法的同时，接触多元化的史学观点，有助于学生较为全面和深入地认识这一历史事件，同时结合自身的积累和理解，有根据地阐述自己的观点，从而培养学生的辩证思维，激发学生的创新思维。

（三）夯实基础，提升创新能力

作为历史专业的基础核心课程，《中国古代史（下）》课程的人才培养目标之一就是通过史实的讲授、问题的探讨、规律的探寻等，在有限的课时内，使学生掌握历史专业的基本理论、千年历史长河中的基本史实、研究史学的基本方法等，夯实历史专业学生的基础知识，以及历史专业师范生的教学技能。

夯实基础的目的在于培养历史专业学生的基本素养。此外就是创新的意识和能力。"创新是以新思维、新发明和新描述为特征的一个概念化的过程……。创新是人类特有的认识能力和实践能力，是人类主观能动性的高级表现，是推动民族进步和社会发展的不竭动力。"② 历史学是传统学科，传统

① 《史学月刊》编辑部：《计算机技术与史学研究形态笔谈》，《史学月刊》2015年第1期。

② 肖萍：《春风化雨　立德树人——高校教师师德榜样的力量》，武汉理工大学出版社2020年版，第171页。

学科的学科特色之一就是历史悠久，我们甚至可以说，历史学产生自人类社会伊始："随着人，我们进入了历史。……人离开狭义的动物愈远，就愈是有意识地自己创造自己的历史，未能预见的作用、未被控制的力量对这一历史的影响就愈小，历史的结果和预定的目的就愈加符合。"[①] 人类产生之时，属于人的有特殊价值的历史学随之产生。恩格斯在这里不但阐释历史学对于人类的独特意义，而且阐述人类自己创造自己的历史。站在一个相当长的历史阶段来看，人类创造自己的历史是目的性和预见性地创造。创造，从某种意义上说就意味着创新，创新是历史学的本质属性之一。但创新的前提是继承传统，传承文化。在继承和传承的过程中，做新的尝试和探索，才有新的发现。

在《中国古代史（下）》课程教学过程中，基本史实的学习，如宋元明清巩固中央集权的措施，庆历新政、熙宁变法、张居正改革、摊丁入亩等重要改革事件，由宋元海上丝绸之路到近代民族经济的崛起，宋词、元曲、明清古典小说这些文学形式的各领风骚数百年等等，这些是学生对历史的基本认知；通过史料研读，结合考古发现，进行逻辑推理，揭示历史事件的真相，如陈桥兵变黄袍加身、《马可·波罗行纪》的真伪、郑和远航的真实意图等等，在探寻这些史实的过程中，学生学会史学研究的基本方法。基本史实的认知和基本方法的掌握，这就是历史学的基础知识和基本技能。而以此出发，培养学生学会基于基本史料和史实，从不同角度出发看待同一历史事件、评价同一历史人物，得出不同或者同一结论，比如，以往讨论朝代更迭，通常从前朝的政治腐败、经济衰退、军事溃败、农民起义等"人祸"角度，对这一过程中自然条件的变化引发的"天灾"讨论较少。这一问题集中体现在明清易代这一事件中。由于持续四五个世纪之久的小冰河期，导致明朝末年一系列旱灾、蝗灾、瘟疫、涝灾等自然灾害的出现，实际上为明朝政权的崩溃提供了前提，这也是后金崛起并且不断南下的重要基础。站在自然的角度看待明清易代这一历史事件，就是历史研究和学习的角度创新，虽然我们得到的都是明亡清兴的结论，但这就是历史学领域中的"横看成岭侧成峰，远近高低各不同"或者"殊途同归，一致百虑"。

（四）传承文化，坚持史鉴明智

司马光在《进〈资治通鉴〉表》中写道："监前世之兴衰，考当今之得失，嘉善矜恶，取是舍非，足以懋稽古之盛德，跻无前之至治。"[②] 以史明

---

① ［德］恩格斯：《自然辩证法》，人民出版社1984年版，第18页。

② （宋）司马光：《司马温公集编年笺注》6，巴蜀书社2009年版，第88页。

鉴，一直是中国史学的传统之一。在历史中汲取经验教训，避免重蹈覆辙，这是史学的功能之一。[①] 但同时，"世异则事异，事异则备变"[②]，以韩非子为代表的法家倡导根据实际情况变法革新，推动社会发展也是中国社会的传统观念之一。无论是"法先王"还是"法后王"实际上都离不开对民族文化、历史社会的认知。我们正是在历史中认识华夏民族一路走来的轨迹，也正是历史成就了今天的民族文化。从这个角度而言，我们依然生活在历史中，我们无法离开特定的历史阶段和语境去理解民族文化，去理解我们自身。"知人者智，自知者明"[③] 小到了解别人，认知自己、大到认知民族，反思文化，都离不开对历史的研读。我们从历史认知中了解民族过往，我们在文化传承中推动社会进步。

严复在评价宋代对中国历史文化的影响时说，"若研究人心政俗之变，则赵宋一代历史，最宜究心。中国所以成为今日现象者，为善为恶，姑不具论，而为宋人之所造就，什八九可断言也。"[④] 实际上，不只宋代，元明清诸代以其独特价值，无论是元朝行省制度、还是明代编修《永乐大典》、清代摊丁入亩等等，都已经汇入中华文化的历史长河，不仅构成了中华文化的内核，成就了中华文化的独特性，而且推动了中华文化的发展，使中华文化成为世界文化史上唯一绵延数千年而又传承至今的文化。对中华文化这种独特性、复杂性、传承性的认识，也就是对中华民族的认识，今天多元一体的民族文化就是经历了数千年的文化积淀传承至今、影响至今的。《中国古代史（下）》课程通过千余年重要史实的讲授，使学生在追寻史实真相、反思历史源流、探讨文化真谛的过程中较为深入地认识中华民族和中华文化，理解中华民族在历经千年的洗礼后所呈现的多元一体，认同中华文化在儒释道合流之后形成的地负海涵，从而增进学生的文化认同，坚定学生的文化自信。

（五）融会贯通，助力中学教改

2017 版的《普通高中历史课程标准》以及 2020 年修订版《普通高中历

---

① 以史明鉴，通常也被认为是史学的意义所在。但有的学者，如吕思勉并不认同，他认为："世事亦安有真相同的？执着相同的方法，去应付不同的事情，哪有不失败之理？在社会变迁较缓慢之世，前后的事情，相类似的成分较多，执陈方以医新病，贻误尚浅，到社会情形变化剧烈时，就更难说了。近代世界大通，开出一个从古未有的新局面，我们所以应付之者，几于着着失败，其根源就在于此。"吕思勉主张历史的研究与学习，目的在于寻找现今状态的根源，在于通过历史认识自己、民族和文化。（参见吕思勉《吕思勉史学四种》，安徽师范大学出版社 2014 年版，第 3 页）

② （清）王先慎撰；钟哲校：《韩非子集解》，中华书局 2016 年版，第 486—487 页。

③ （魏）王弼注，楼宇烈校释：《新编诸子集成 老子道德经注校释》，中华书局 2016 年版，第 84 页。

④ 严复：《严复集》（第 3 册），中华书局 1986 年版，第 668 页。

史课程标准》明确提出了历史教学中要培养的五大核心素养，即唯物史观、时空观念、史料实证、历史解释和家国情怀。2022 年出版的《义务教育历史课程标准》中也明确提出了五大核心素养，不同之处在于义务教育阶段的历史课程标准在深入程度上不及高中历史课程标准，但是义务教育新课标的修订，实现了中学历史教育教学人才培养目标的贯通。义务教育阶段的核心素养为高中阶段历史课程核心素养的培养奠定了基础，有助于高中阶段的历史教育教学的深入。

《中国古代史（下）》课程讲授的重要目标之一在于培养学生的历史学科素养。而历史学科素养是"学生为适应现在生活及面对未来挑战，所应具备的核心历史知识、历史思维能力以及认同、尊重和融入历史的态度"[1]。具体而言，核心历史知识包括"时间知识、空间知识、人物知识、史观知识"，历史思维能力包括"运用时空知识准确表达历史能力、历史理解能力、历史逻辑推理能力、历史解释能力"，认同、尊重和融入历史的态度包括"对自身的态度，对民族、国家和社会的态度，对世界各国和各民族的态度"[2]。实际上我们看到，学科素养中的"核心历史知识""历史思维能力"以及"历史态度"基本上与中学历史教育教学培养的五大核心素养相对应。或者说，历史学科素养的培养与五大核心素养相贯通，有助于中学历史核心素养的培养。

《中国古代史（下）》课程遵循传统史学的讲授方式，把唐末五代到晚清风云的千年历史分为政治、经济、文化、社会、军事、外交等若干领域进行讲授，在这一过程中，以具体史料为依托，论从史出，史论结合。比如，在讲授宋代文化繁荣时，除了阐述宋代文化繁荣的表现，还会结合史料，引导学生从宋代立国之初重文抑武的祖宗家法、宋代恩养士人的待遇举措、扩大科举取士和改革科举制度、营造宽松自由的言论环境等几个方面探讨宋代文化繁荣的历史原因。对宋代文化繁荣表现的解读和原因的探讨，使学生对宋代文化繁荣能够有较为全面和深入的了解。在这一过程中，培养学生时空观念、史料实证、历史解释、家国情怀等核心素养。在本科阶段，让学生在学习和尝试研究历史的过程中，能够对中学历史教学所倡导的五大核心素养有感性的接触和理性的思考，为历史专业师范生未来的教育实习和教学实践奠定最初的基础。

---

[1]　张华中：《基于实践的历史学科核心素养体系刍议：以普通高中为例》，《历史教学（上半月刊）》2015 年第 9 期。

[2]　王德民：《中学历史教学设计》，安徽师范大学出版社 2018 年版，第 25 页。

二　中学历史课程教学中的核心素养

《普通高中历史课程标准（2020 年修订）》（以下简称《20 版课标》）是在《普通高中历史课程标准（2017 年版）》（以下简称《17 版课标》）的基础之上修订完成，与《17 版课标》相比较，《20 版课标》在基本理念、课程目标、部分课程内容等方面做了相应的修订，展现了《20 版课标》的与时俱进①。《20 版课标》指出："中学历史课程承载着历史学的教育功能。普通高中历史课程，是在义务教育历史课程的基础上，进一步运用历史唯物主义观点，以社会形态从低级到高级发展为主线，展现历史演进的基本过程以及人类在历史上创造的文明成果，揭示人类历史发展的基本规律和大趋势，促进学生全面发展的一门基础课程。学生通过高中历史课程的学习，进一步拓宽历史视野，发展历史思维，提高历史学科核心素养，能够从历史发展的角度理解并认同社会主义核心价值观和中华优秀传统文化，认识并弘扬以爱国主义为核心的民族精神和以改革创新为核心的时代精神，具有广阔的国际视野，树立正确的世界观、人生观、价值观和历史观"②，这里明确了普通高中历史课程"是在义务教育历史课程的基础上""进一步拓宽历史视野，发展历史思维，提高历史学科核心素养"。而《义务教育历史课程标准（2022 年版）》已于 2022 年 4 月出版，明确规定了义务教育阶段历史学科的五大核心素养③，与高中历史教学的五大核心素养一致，只是结合义务教育阶段的学情，在具体要求方面难度较低。至此，义务教育阶段历史教学的课程目标与高中阶段实现了贯通，从而实现了课程目标由基础到高阶、由浅显到深入的递进变化，也体现了历史教学在整个中学阶段的相互衔接，从而有助于学生在中学阶段形成较为完整的历史认知与历史观念，也有助于学生正确的三观养成。

如前所述，五大核心素养，即唯物史观、时空观念、史料实证、历史解释和家国情怀涵盖了当前中学历史教学育人的主要任务和目标。但五大核心素养在中学历史教育教学中的价值不同。其中，唯物史观是核心素养培育的理论保证；时空观念是历史学科的本质所在；史料实证是核心素养培育的必要途径；历史解释是对历史思维与表达能力的要求；家国情怀是价值追求的目标。通过

---

① 参见李卿《〈普通高中历史课程标准（2017 年版 2020 年修订）〉新变化》，《历史教学（中学版）》2020 年第 7 期。

② 中华人民共和国教育部：《普通高中历史课程（2020 年修订）》，人民教育出版社 2020 年版，第 1 页。

③ 中华人民共和国教育部：《义务教育历史课程标准（2022 年版）》，北京师范大学出版社 2022 年版，第 4—6 页。

诸素养的培育，达到立德树人的要求。① 而在具体的历史教育教学过程中，由于学情和教学内容的差异，有的内容能够同时体现五大核心素养，而有的内容则偏重于部分核心素养。所谓"教学有法，教无定法，贵在得法"，中学历史教学核心素养的培育，离不开具体的内容和教学方法，但目的只有一个，即"立德树人"②。那么，这五大核心素养内涵是什么？又是如何体现在《中外历史纲要》中，从而实现培养学生历史素养与立德树人的目标呢？

（一）以唯物史观为指导思想，培育学生的唯物史观素养

《20 版课标》中对唯物史观进行了相应的阐释："唯物史观是揭示人类社会历史客观基础及发展规律的科学的历史观和方法论。人类对历史的认识是由表及里、逐渐深化的，要透过历史的纷杂表象认识历史的本质，科学的历史观和方法论是非常重要的。唯物史观使历史学成为一门科学，只有运用唯物史观的立场、观点和方法，才能对历史有全面、客观的认识。"③ 进入 20 世纪，随着历史学的发展，一系列新的史观逐渐出现，如全球史观、文明史观、生态史观、社会史观、现代化史观④等等，这些史观在不同的史学研究领域中地位不同、影响不同，但是唯物史观在诸多史观中是最为重要的。概括而言，中学历史教学涉及的唯物史观主要包括生产力和生产关系的辩证关系⑤、经济基础和上层建筑的相互作用⑥、社会存在和社会意识的对立统一⑦、

---

① 中华人民共和国教育部：《普通高中历史课程（2020 年修订）》，人民教育出版社 2020 年版，第 4 页。

② 限于篇幅，本文主要讨论高中历史教学中的核心素养。

③ 中华人民共和国教育部：《普通高中历史课程（2020 年修订）》，人民教育出版社 2020 年版，第 4 页。

④ 参见刘新成《全球史观在中国》，《历史研究》2011 年第 6 期；李世安《全球化与全球史观：全球化与全球史观》，《史学理论研究》2005 年第 1 期；刘德斌《全球历史观：理想与现实之间的徘徊》，《史学集刊》2015 年第 5 期；于沛《大历史观视域下的文明史书写》，《史学理论研究》2022 年第 1 期；杨共乐《文明与文明观刍议》，《史学史研究》2022 年第 4 期；乌云格日乐、包庆德《生态史观：梅棹忠夫文明史演进的生态维度》，《自然辩证法研究》2019 年第 12 期等等。

⑤ 在教学过程中通常把这一辩证关系解读为生产力决定生产关系，生产关系制约生产力发展。当旧有的生产关系不适应生产力发展时，生产关系就会与生产力发展水平发生冲突，这是引发社会革命，进而导致社会形态更迭的根本的物质根源。而与生产力和生产关系辩证关系相关的就是社会形态的演变历程，即人类社会由原始社会阶段经过奴隶社会、封建社会、资本主义社会到社会主义社会，通常而言，把这一过程称为社会形态由低级到高级的演变。

⑥ 经济基础通常指生产力和生产关系的总和，而上层建筑可以分为政治上层建筑和观念上层建筑，其中观念上层建筑又可以分为哲学宗教、政治法律、道德艺术等等。二者之间的相互作用是经济基础决定上层建筑，上层建筑要与经济基础相适应，同时，上层建筑对经济基础有反作用。经济基础和上层建筑之间的关系是"一切社会变迁和政治变革的终极原因。"

⑦ 社会存在通常指社会物质生活（包括自然环境），而社会意识指社会精神生活。对于社会存在和发展而言，在一定的自然条件下，物质生活决定精神生活，而精神生活反作用于社会物质生活。

人民群众是历史的创造者①等内容。

以《中外历史纲要（上）》为例，分十个单元讲授了华夏文明和中国社会的变迁历程。其中古代史部分分为四个单元，即"从中华文明起源到秦汉大一统封建国家的建立与巩固"到"三国两晋南北朝的民族交融与隋唐大一统的发展"，进而"辽宋夏金多民族政权的并立与元朝的统一"，最后落脚到"明清中国版图的奠定与面临的挑战"，着重突出了政治、经济、文化、民族等方面多元一统的主题。就华夏文明产生和演变的角度而言，自然地理环境是华夏文明的基础，相对封闭的自然疆域是华夏文明在传承中没有遭遇大规模外族入侵而传承至今的重要保证，同时疆域广大、气候类型多样等等，也为华夏文明中农业的产生和发展提供了必要的自然条件。古代中国的农耕文明经历了漫长的"刀耕火种"，到春秋战国时代完成了第一次生产方式的重大转变，即铁器的广泛使用和牛耕的普遍推广，这极大促进了秦国生产力的发展，为统一六国提供了重要的物质基础。而西汉牛耕普及全国，出现了当时先进的播种工具"耧车"，东汉时耕作技术革新，出现了"二牛抬杠""一牛挽犁"，使两汉农业得到了极大发展，进而促进了文化的繁荣。魏晋南北朝时期，人口的大量南迁，长江以南的广大地区逐渐得到开发，经济开始崛起，不仅推动了唐宋年间中国经济格局的形成，也为唐宋时期中国文化发展到巅峰奠定了基础。同时，在阶级社会中，无论是夏商周的奴隶社会，还是秦汉以来的封建王朝，阶级矛盾和阶级斗争都是推动王朝更迭、社会进步的重要因素。劳动人民不仅创造了特定时期的物质与精神成就，使千年的华夏文明延续至今，朝代末期风起云涌的人民起义埋葬了旧有王朝，也开创了中国历史的新局面，正是在这一过程中，人民群众创造了历史，也是改变历史的主体。仅就上述内容，我们就可以看到，经济基础决定上层建筑的唯物史观原理："社会的物质生产力发展到一定阶段，便同他们一直在其中运动的现存生产关系或财产关系（这只是生产关系的法律用语）发生矛盾。于是这些关系便由生产力的发展形式变为生产力的桎梏。那时社会革命的时代就到来了。随着经济基础的变更，全部庞大的上层建筑也或慢或快地发生变革。"②

《中外历史纲要（上）》的近现代史部分分为六个单元，即"晚清时期的

---

① 唯物史观主张人民群众是历史的创造者和推动者。人民群众是物质文明的创造者，也是精神文明的创造者，还是社会革命的推动者和完成者。这既体现在探寻某一社会阶段文明发展过程中，也体现在阶级社会中不同社会阶段的变迁、王朝政权的更迭过程中。

② 中共中央马克思恩格斯列宁斯大林著作编译局编译：《马克思恩格斯选集（第三卷）》，人民出版社2012年版，第2页。

内忧外患与救亡图存""辛亥革命与中华民国的建立""中国共产党成立与新民主主义革命兴起""中华民族的抗日战争和人民解放战争""中华人民共和国的成立和社会主义建设""改革开放与中国特色社会主义道路",着重突出了中国人民经过近代以来不屈不挠的斗争,在社会实践中寻找到了中华民族伟大复兴的道路,从而开创了中华民族伟大复兴新局面的主题。在这一过程中,充分展现了社会存在决定社会意识以及人民群众是历史创造者的唯物史观。随着鸦片战争的爆发,近代中国进入了半殖民地半封建社会,这是近代中国最大的国情,也是近代中国的社会存在:"帝国主义列强侵略中国,一方面促使中国封建社会解体,促使中国发生了资本主义因素,把一个封建社会变成了一个半封建的社会;但是在另一方面,它们又残酷地统治了中国,把一个独立的中国变成了一个半殖民地和殖民地的中国。"① 在这样一个半殖民地半封建社会谋求民族独立和人民解放,必然要寻找适合中国国情的道路,这也就是不同于以往民主革命的新民主主义革命。而具体的道路也不能照抄照搬,历史已经表明,农村包围城市的革命道路是符合中国国情的最优选项。以毛泽东为代表的党的第一代领导集体,团结全国各族人民取得新民主主义革命伟大胜利的过程中形成的毛泽东思想,是基于近代中国国情形成的,是具体问题具体分析的典范。由此可见,中国历史和社会变迁的全过程都在不同角度体现唯物史观的科学性,因此,《20版课标》明确提出要"了解唯物史观的基本观点和方法,……理解唯物史观是科学的历史观;能够正确认识人类历史发展的总趋势;能够将唯物史观运用于历史的学习与探究中,并将唯物史观作为认识和解决现实问题的指导思想。"②

(二)在具体时空中理解历史,培育学生的时空观念素养

《20版课标》中对"时空观念"在高中历史教学核心素养中的地位概括为"学科本质的体现"③ 时空观念是最能够体现历史学不同于其他学科的所在。那么时空观念到底是什么意思?"时空观念是在特定的时间联系和空间联系中对事物进行观察、分析的意识和思维方式。任何历史事物都是在特定的、具体的时间和空间条件下发生的,只有在特定的时空框架当中,才可能对史

---

① 毛泽东:《毛泽东选集(第二卷)》,人民出版社2007年版,第630页。
② 中华人民共和国教育部:《普通高中历史课程(2020年修订)》,人民教育出版社2020年版,第6页。
③ 中华人民共和国教育部:《普通高中历史课程(2020年修订)》,人民教育出版社2020年版,第4页。

事有准确的理解。"①《20 版课标》中着重提到了"在特定的时间联系和空间联系中",也就是说,我们在分析评价历史事件、历史人物时,需要把它们放在具体的时空中去考量,不能单纯地以今天的视角去看待。

从字源的角度而言,在甲骨文和金文中,"历"原本的含义就是脚穿过林地,东汉的许慎在《说文解字》中认为,"历,过也"②。"历"字一开始就明确了史学的特质,即时空。而"史,记事者也"③。史,最开始指记事的人,后来演变为记事的人所记载的内容,由此我们看到,"史"就是发生在过去并被记载下来的内容。因此,"历史"的根本属性就在于时空观念,记载发生在特定时空中的人和事。这是《20 版课标》把时空观念确定为"学科本质的体现"的重要原因之一。而在教学实践过程中,我们面对纷繁复杂的史事和史实,首先就要明确历史事件和现象发生的时间和空间。如郑和下西洋的事件,在《明史》中仅仅被评价为"明初盛事"④。但是放在 15 世纪上半叶,却充分彰显了当时的明朝在世界历史上的地位和重要影响。郑和下西洋向世界展示了明朝经济的发达、文化的昌明、技术的高超、自然知识的科学,只有把郑和下西洋放在 15 世纪,在与同时代后来的航海家达伽马、哥伦布,乃至麦哲伦相比较时,才能够理解以郑和为代表的明人缔造了世界航海史上的奇迹。离开 15 世纪上半叶的历史背景,我们无法理解郑和下西洋带给历史的影响以及足以引起我们对历史的反思。因此,需要在教学实践过程中,阐释、评价历史事件和人物时,不能脱离时代背景和空间位置。基于此,《20 版课标》对高中历史教学实践提出了明确要求:"知道特定的史事是与特定的时间和空间相联系的;知道划分历史时间与空间的多种方式,并能够运用这些方式叙述过去;能够按照时间顺序和空间要素,建构历史事件、历史人物、历史现象之间的相互关联;能够在不同的时空框架下对史事作出合理解释;在认识现实社会时,能够将认识的对象置于具体的时空条件下进行考察。"⑤ 依然以郑和下西洋为例。显然,我们今天对东南亚、南亚、印度洋等处的航海环境有了远超郑和时代的科学认识,但即便如此,远航活动也并不完全在我们的掌控范围之内,海难的发生依然

---

①　中华人民共和国教育部:《普通高中历史课程(2020 年修订)》,人民教育出版社 2020 年版,第 5 页。

②　(东汉)许慎:《说文解字》,上海古籍出版社 2007 年版,第 74 页。

③　(东汉)许慎:《说文解字》,上海古籍出版社 2007 年版,第 140 页。

④　(清)张廷玉:《明史》,中华书局 2011 年版,第 7768 页。

⑤　中华人民共和国教育部:《普通高中历史课程(2020 年修订)》,人民教育出版社 2020 年版,第 6 页。

是威胁我们安全远航的重要因素①。而我们一旦把时间拨回六个世纪，面对茫茫大海和前途未卜，郑和等人又是以怎样的勇气和决心开启了一次又一次的远洋探险活动呢？因此，描述和阐释历史现象与事件，就必须阐释历史现象与事件得以发生或者存在的时空条件，否则历史不可解或者就真的成了任人打扮的小姑娘了。

（三）依托多元史料实证，培育学生的史料实证素养

"史料实证是指对获取的史料进行辨析，并运用可信的史料努力重现历史真实的态度与方法。历史过程是不可逆的，认识历史只能通过现存的史料。要形成对历史的正确、客观的认识，必须重视史料的搜集、整理和辨析，去伪存真。"② 历史的研究与学习，总要言出有据，而且这个"根据"必须"真实可靠"③，否则历史学将失去根基。因此，《20 版课标》指出："史料实证是诸素养得以达成的必要途径。"④ 在实际教学过程中，引导学生学会分析史料，在史料中发现史实是历史课程教学的突出特点，也是培育学生史学思维的主要方法。

以《中外历史纲要（上）》第 13 课"从明朝建立到清朝统一"中"内陆边疆与明清易代"这一子目为例，教材中对于"明清易代"的背景进行了高度概括："在清朝崛起之际，明朝政治黑暗，天灾流行，农民起义蜂起，统治摇摇欲坠。"⑤ 以"明清易代"为代表的王朝更迭原因的研究和阐释，在中国古代历史上一直是一个重要问题。而王朝更迭的原因大多可以归结为"天

---

① 由于安全远航能够反映某一国家在特定历史阶段的综合国力和科技水平，围绕海难的发生和救助也就一直为学界关注，比如［俄］杰夫·斯克里亚金，杨仕章、吴general荣译《震惊世界的三百起海难》，学林出版社 2002 年版；陈廷钰《中国百年海难史话》，百家出版社 2000 年版；杨秋平、邓为民、卢维滨《海难沉思录》，厦门大学出版社 1988 年版；李成海、胡甚平、崔建辉、王建涛《海难救助海区优化选择研究》，《航海》2022 年第 4 期；张晓雷、张茜《常见三类海难救助形式的应用研究》，《航海》2017 年第 6 期；薄淞尹《南海渔民海难救助问题研究》，《湖北警官学院学报》2015 年第 2 期等等。

② 中华人民共和国教育部：《普通高中历史课程（2020 年修订）》，人民教育出版社 2020 年版，第 5 页。

③ 真实可靠并不完全等同于客观现实。历史事件和现象都发生在过去，换句话说，发生在过去的才会被纳入到历史中，但同时还要有相应的方式传承下来，比如编纂史料文献、撰写文章史书，甚至日记，这些都属于史料。后人正是通过这些史料，才得以建构对曾经的认识，这就是历史学。没有被记载下来的，大多湮没在了历史洪流中，也许永远不会为后人所认知——这就决定了我们对历史认知一定是不全面的。另外，人们在编纂、积累史料文献，尤其日记时，所记所载可能与当事人的经历有所差异，可能一些细节或者不光彩之处，就会被认为修改乃至删除。因此，对于史料文献，也需要进行必要的辨伪——历史学的研究与学习就是建立在对史料真伪的辩证认识过程中。

④ 中华人民共和国教育部：《普通高中历史课程（2020 年修订）》，人民教育出版社 2020 年版，第 4 页。

⑤ 教育部：《中外历史纲要（上）》，人民教育出版社 2019 年版，第 88 页。

灾"和"人祸",通常在讲授这一问题时,更多地偏重于"人祸",即经济衰退、政治腐朽、军事溃败、民心向背、异族崛起等等,对"天灾"及其影响谈及较少。事实上,针对"明清易代",天灾扮演了极为重要的角色,从自然史和环境史的角度而言,明清易代恰逢前后长达四五个世纪的小冰河期,平均气温要比现代低1—2℃①,这就引发了一系列次生灾害,如旱灾、蝗灾、洪灾等等。关于这些灾害发生的频率和影响,《中国历代天灾人祸表》②《中国水旱灾害》③《明史·五行志》④《豫变纪略》⑤《明季北略》⑥《明实录》⑦《明经世文编》⑧《朝鲜〈李朝实录〉中的女真史料选编》⑨《清史稿》⑩等诸多史料文献都有记载和阐述,甚至这一时期的部分绘画作品,如明朝文徵明的《关山积雪图》,戴进的《冒雪返家图》也从侧面反映了自然力量在明清易代中的重要影响。这一内容的讲解,能够使学生认识到历史本身的复杂性和历史研究的综合性⑪。而通过引导学生对这些史料的分析,一方面,使学生逐步掌握史料搜集的途径和方法,另一方面,在分析史料、探寻史实的过程中,使学生逐步认识到,不同的史料文献在某些内容的记载方面可能都指向了同一个阶段的历史现象,历史的研究学习需要多种类型的史料彼此佐证,从而增强学生"实证意识"⑫,从而"能够以实证精神对待历史与现实问题。"⑬

（四）引导学生思考历史细节,培育学生的历史解释素养

《中外历史纲要》对中外历史大势进行了提纲挈领式勾勒,通过教师讲授,能够使学生对中外历史重要史实和发展演变趋势有一定了解。但同时,历史也

———————

①　肖杰：《明清小冰期鼎盛期气候变化及其社会响应》,《干旱区资源与环境》2018年第6期。

②　陈高佣：《中国历代天灾人祸表》,商务印书馆2020年版。

③　国家防汛抗旱总指挥部办公室,水利部南京水文水资源研究所：《中国水旱灾害》,中国水利水电出版社1997年版。

④　（清）张廷玉：《明史》,中华书局2011年版。

⑤　（明）郑廉：《豫变纪略》,浙江古籍出版社1984年版。

⑥　（清）计六奇：《明季北略》,中华书局1984年版。

⑦　《明实录》,"中央"研究院历史语言研究所1962年校印本。

⑧　（明）陈世龙等：《明经世文编》,上海书店出版社2019年版。

⑨　王锺翰：《朝鲜〈李朝实录〉中的女真史料选编》,辽宁大学历史系1979年版。

⑩　（民国）赵尔巽等：《清史稿》,中华书局1977年版。

⑪　人是自然的产物,人类社会对自然的演变产生了巨大影响,但自然同时对人类社会的存续也有反作用。明清易代过程中的源于自然的反作用展现了人与自然之间的辩证关系——辩证地看待历史现象是史学思维培育的重要内容。

⑫　中华人民共和国教育部：《普通高中历史课程（2020年修订）》,人民教育出版社2020年版,第6页。

⑬　中华人民共和国教育部：《普通高中历史课程（2020年修订）》,人民教育出版社2020年版,第6页。

是由细节构成，通过细节的分析讲解，能够让学生感受到历史的温度与人物的魅力。在把握历史大势与感悟历史细节的过程中，提升学生对特定历史现象的解释能力，培养学生的历史思维，为学生价值观的塑造奠定基础。基于此，《20版课标》把"历史解释"列为核心素养之一，并指出："历史解释是诸素养中对历史思维与表达能力的要求。"① 历史学的学科特质要求我们对历史现象的解读并不能主观随意，要以基本史料为出发点，秉承理性态度、遵从逻辑规律，在历史与逻辑辩证统一中实现对历史现象的解释和评价。对历史现象"不仅要将其描述出来，还要揭示其表象背后的深层因果关系。"②

　　仍以"澶渊之盟"为例，前面我们已经从"开拓视野，培养辩证思维"的角度，阐述了这一内容在高校课堂上给予学生的思考。那么中学历史教学中也涉及这一问题，又是怎样阐述的呢？这一问题又展现出怎样的历史细节呢？在《中外历史纲要（上）》第9课"两宋的政治和军事"里"边疆压力与财政危机"框题中讲授了宋辽之间的"岁币"问题后，设置了一个思考点："你觉得北宋这种'以钱财换和平'的做法是否可取？为什么？"③ 对这一问题的思考和回答，是基于宋辽之间重要历史事件"澶渊之盟"的解读和评价。教材中对这一重要事件也进行了高度概括："后来辽军大举南下，逼迫北宋签订协议，维持已有边界，辽宋皇帝以兄弟相称。北宋每年送给辽一笔钱物，称为'岁币'。通过这项协议，北宋勉强获得了北部边防的安定。"④ 前后66个字仅仅描述了"澶渊之盟"，但并没有解读澶渊之盟的因果关系，而紧接着又要求学生思考北宋"以钱财换和平"是否可取，很显然，中间缺失了历史细节的呈现，学生无法对这一问题进行有效思考。

　　澶渊之盟不仅对宋辽双方，而且对当时百余年的东亚政治格局都产生了深远影响，因此历来为学界重视⑤。教材中所提及的这一史实的部分内容，实

---

　　① 中华人民共和国教育部：《普通高中历史课程（2020 年修订）》，人民教育出版社 2020 年版，第 4 页。

　　② 中华人民共和国教育部：《普通高中历史课程（2020 年修订）》，人民教育出版社 2020 年版，第 5 页。

　　③ 教育部：《中外历史纲要（上）》，人民教育出版社 2019 年版，第 60 页。

　　④ 教育部：《中外历史纲要（上）》，人民教育出版社 2019 年版，第 59—60 页。

　　⑤ 刘喜民、刘浩然：《揭秘契丹辽王朝 2 澶渊之盟》，内蒙古人民出版社 2017 年版；张希清等：《澶渊之盟新论》，上海人民出版社 2007 年版；陶莎：《澶渊之盟后辽朝战略布局的演变》，《社会科学战线》2020 年第 6 期；赵永春：《试论"澶渊之盟"对宋辽关系的影响》，《社会科学辑刊》2008 年第 2 期；陈峰：《北宋御辽战略的演变与"澶渊之盟"的产生及影响》，《史学集刊》2007 年第 3 期；王晓波：《对澶渊之盟的重新认识和评价》，《四川大学学报》（哲学社会科学版）2003 年第 4 期；漆侠：《辽国的战略进攻与澶渊之盟的订立——宋辽战争研究之三》，《河北大学学报》（哲学社会科学版）1992 年第 3 期；任崇岳：《论"澶渊之盟"后的宋辽关系》，《历史教学》1984 年第 1 期等等。

际上涉及三个细节，即北宋是否被迫送给辽"岁币"？"岁币"换取的和平与宋辽连年征战的成本，哪一个更高？这项协议究竟对宋辽双方产生了怎样的影响？针对第一个细节，文献史料中①大多记载澶渊之盟时北宋综合国力，包括经济实力、军队数量、科技水平等都超过辽国，而且澶渊之盟签订前，辽国虽然是主动进攻的一方，但在战场上并未取得预期战果，反倒几无所获，甚至前线统帅命丧澶州（现河南濮阳）城下，这对辽国上下的士气产生了极大的打击②，因此，澶渊之盟的签订，北宋并非受辽国逼迫；但北宋为什么要给辽国"岁币"呢？这就是第二个细节，"岁币"实际上是以寇准为代表的北宋主战派，在宋辽澶渊之盟问题上积极主动为北宋争取的结果，每年三十万匹两的"岁币"，终止了宋辽近半个世纪的纷争，所谓"自此河湟百姓凡四十年不识干戈""'澶渊之盟'未为失策"③宋真宗甚至亲自赋诗一首，称"继好安边境，和同乐小康。"④可见，北宋真宗君臣还是很认可"澶渊之盟"的订立。而且从实际经济和军事这两方面来说，这三十万匹两的"岁币"，还不到北宋为了抵御辽国南侵军费支出的百分之一⑤，从这个角度而言，"岁币"支出不但对北宋影响不大，而且降低了北宋的外交成本。况且北宋从后期宋辽边境榷场贸易中的收入也已经超过"岁币"的支出；第三个细节就是澶渊之盟为宋辽百年好合奠定了基础，从此宋辽基本互不侵犯，大规模战争状态由此结束。而北宋在其后的百余年间，其经济的发展、社会的稳定、文化的繁荣等达到了中国古代历史的巅峰，辽国也在经营幽云十六州的过程中逐渐接受了农耕文明和儒家文化的熏陶，从而促进了辽国的经济、社会和文化的发展。以上这三方面的历史细节展现给我们的实际上是宋辽之间的澶渊之盟更多的是互利协议，站在当时的历史阶段来解读，为宋辽双方的发展都产生了积极影响。当然，消极影响也是存在的，"忘战去兵""武备皆废"⑥

---

① 如（宋）李焘《续资治通鉴长编》，中华书局2004年版；（宋）叶隆礼《契丹国志》，中华书局2014年版；（宋）叶梦得《石林燕语》，三秦出版社2004年版；（元）马端临《文献通考》，中华书局2018年版；（元）脱脱等《宋史》，中华书局2011年版；（元）脱脱《辽史》，中华书局2011年版；（明）黄淮、杨士奇《历代名臣奏议》，上海古籍出版社2012年版；（清）徐松《宋会要辑稿》，上海古籍出版社2014年版等等。

② 参见（清）徐松：《宋会要辑稿》，上海古籍出版社2014年版，《蕃夷一》；（宋）李焘《续资治通鉴长编》，中华书局2004年版，《卷五十七》；（宋）叶隆礼《契丹国志》，中华书局2014年版，《卷七》；（元）脱脱《辽史》，中华书局2011年版，《卷八十五》等等。

③ （清）徐松：《宋会要辑稿》，上海古籍出版社2014年版，第3640页。

④ 濮阳日报社：《濮阳春秋（下）》，中国国际广播出版社2008年版，第359页。

⑤ （宋）李焘：《续资治通鉴长编》，中华书局2004年版，第1578页。（原文：王旦曰："国家纳契丹和好已来，河朔生灵，方获安堵，虽每岁赠遗，较于用兵之费，不及百分之一。"）

⑥ （宋）王安石：《王荆公文集笺注》，巴蜀书社2005年版，第1733页。

也为辽宋先后亡于金朝埋下了伏笔。基于以上的细节分析，思考题中"'以钱财换和平'是否可取"并不能一概而论。教师通过历史细节的讲授，在解读史料、分析史实的过程中，实际上培养了学生基于史料的历史解释素养，为提升学生的历史思维，以史明智，学会站在历史学的角度，利用史学思维思考评判现实问题奠定了基础。这就为落实《20版课标》中"能够客观论述历史事件、历史人物和历史现象，有理有据地表达自己的看法；能够认识历史解释的重要性，学会从历史表象中发现问题，对历史事物之间的因果关系作出解释；能够客观评判现实社会生活中的问题。"[1] 的要求提供了路径。

（五）把握优秀文化的传承，培育学生的家国情怀素养

在几千年的世界文明史中，唯一传承至今的就是中华文明。对民族、国家的情感认同是中华文明延绵不绝的最重要因素，这在《20版课标》中被概括为"家国情怀"："家国情怀是学习和探究历史应具有的人文追求，体现了对国家富强、人民幸福的情感，以及对国家的高度认同感、归属感、责任感和使命感。学习和探究历史应具有价值关怀，要充满人文情怀并关注现实问题，以服务于国家强盛、民族自强和人类社会的进步为使命。"[2] 并且进一步指出家国情怀在高中历史核心素养中是"诸素养中价值追求的目标。"[3] 提出"在树立正确历史观基础上，从历史的角度认识中国的国情，形成对祖国的认同感和正确的国家观；能够认识中华民族多元一体的历史发展趋势，形成对中华民族的认同感和正确的民族观，具有民族自信心和自豪感；……能够确立积极进取的人生态度，塑造健全的人格，树立正确的世界观、人生观和价值观。"[4]《中外历史纲要（上下）》分别从中国史和世界史的角度讲授了历史与文明演变的大势，在对不同文明学习和思考的过程中，开拓学生的认知视野、强化学生的辩证思维、坚定学生的历史使命、培育学生的家国情怀。

《中外历史纲要（上）》主要讲授中国史，沿着两条线索对中国传统文化的形成、发展、演变进行讲授，一方面是纵向的阶段发展，另一方面是横向不同领域的成就。就纵向而言，从"中华文明的起源"入手，到"诸侯纷争"时期的"社会变革与百家争鸣"，再到"两汉的文化""三国到隋唐五代

① 中华人民共和国教育部：《普通高中历史课程（2020年修订）》，人民教育出版社2020年版，第6页。

② 中华人民共和国教育部：《普通高中历史课程（2020年修订）》，人民教育出版社2020年版，第5页。

③ 中华人民共和国教育部：《普通高中历史课程（2020年修订）》，人民教育出版社2020年版，第4页。

④ 中华人民共和国教育部：《普通高中历史课程（2020年修订）》，人民教育出版社2020年版，第6—7页。

的文化"，之后到"辽宋夏金元的文化"，最后是"明清的经济与文化"。就横向而言，同一阶段的不同领域包括哲学、史学、文学、宗教、医学、艺术、科技等。通过内容的讲授，使学生认识到中国传统文化在千余年的历史积淀中逐渐形成了自己的特点，其精神内核如"克己奉公""心忧天下""经世致用""勤勉兴邦""精益求精"等，这些共同构成了中华传统文化传承中不同阶段、不同领域之中的共通之处，是中华优秀传统文化紧紧围绕的核心。实际上，中华优秀传统文化的核心要素，不但是现代中国社会主义核心价值观的重要基础，而且同时融合在了社会主义核心价值观中，从而使中华优秀传统文化具有了现代意义。而对中国优秀传统文化的认同实际上是家国情怀的重要前提。正是在接纳传统、认识多元一统的历史大势和海纳百川的文化体系中，也才能够自然生发对于民族、国家的认同。而《中外历史纲要（下）》主要站在世界史的角度，讲授世界上主要国家、民族演变的历史大势，以及不同地区文明的特点，从而勾勒世界上不同的国家和地区由相对封闭到逐渐开放，由彼此孤立到密切联系的总体趋势，展现了不同民族在历史上形成的自身文明的特点。结合《中外历史纲要（上）》的学习，使学生在对比的过程中，思考中华文明在世界文明体系中的独特价值，坚持并坚定中国特色社会主义道路自信、理论自信、制度自信，尤其是文化自信，实现对学生家国情怀素养的培育。

总之，高中历史《20版课标》提出的五大核心素养，明确了历史学的学科特质。唯物史观、时空观念、史料实证、历史解释和家国情怀，内涵不同、价值不同，在结合《中外历史纲要（上下）》具体内容讲授时，有所侧重。但同时，这五大核心素养又是统一的，在实现历史学"立德树人"教育目标的过程中，缺一不可。

三　《中国古代史（下）》课程教学与中学历史教学的贯通

站在课程教学的角度而言，《中外历史纲要（上下）》包括了中国史和世界史两部分，时间跨度上百万年①，内容横跨中西；而贵州师范大学历史专业核心基础课《中国古代史（下）》仅包括中国古代从唐末五代到清帝退位，前后约一千年的时间。《中国古代史（下）》作为培养历史专业师范生的重要课程，不仅需要不断地思考该课程在人才培养中所承担的角色，通过教育教学改革实现师范生培养的与时俱进，而且也应该思考其教育教学改革与中学历史教学的贯通路径，为中学未来历史师资的成长奠定必要

---

① 《中外历史纲要（上）》的中国史部分最早就是从距今170万年的元谋人开始讲起，参见《中外历史纲要（上）》第1课"中华文明的起源与早期国家"。

的基础。

（一）《中国古代史（下）》课程教学与中学历史教学贯通的意义

一方面，《中国古代史（下）》课程教学与中学历史教学的贯通有助于中学历史师资的培养。当前，成为不同层级的中学历史教师是师范高校历史专业本科毕业生的就业选择之一。针对中学历史师资的培养，师范高校历史专业的核心课程占有重要地位。从中学历史教材和教学的内容安排来看，《中外历史纲要（上下）》涵盖了由古至今的中国以及世界的重要史实①。其中，《中外历史纲要（上）》的第三单元"辽宋夏金多民族政权的并立与元朝的统一"和第四单元"明清中国版图的奠定与面临的挑战"与《中国古代史（下）》课程教材与教学内容相对应。《中国古代史（下）》课程的培养目标即在于使学生了解重要史实，学会搜集整理史料文献，利用史料文献辩证地分析历史事件与历史人物，在认知细节的同时，把握历史发展的大势，从而坚定文化认同与文化自信。这与《20版课标》的要求共通之处："学生通过高中历史课程的学习，进一步拓宽历史视野，发展历史思维，提高历史学科核心素养，能够从历史发展的角度理解并认同社会主义核心价值观和中华优秀传统文化。"②

以《中外历史纲要（上）》第15课"明清经济与文化"中"思想领域的变化"这一子目为例，这一子目中主要讲授了王阳明的"心学"："明朝中期，王守仁在南宋陆九渊思想的基础上，提出一套以'致良知'为核心的理论，形成陆王心学。'良知'就是隐藏在每个人心中的'天理'，往往被私欲遮蔽，需要重新发现、扩充、实行，这样就可以达到圣贤境界。陆王心学强调主观能动性，激励人们奋发立志；而以自己的内心为准则，又隐含一定的平等和叛逆色彩。"③"良知"和"致良知"是阳明心学体系中的核心概念之一。这也是阳明心学由内圣开出外王的理论基础。而阳明心学之所以传承至今，不仅以其在理论上实现了对程朱理学的突破和创新，而且尤以其对实践的指导作用对我们今天依然有参考价值。这是王阳明被称为"真三不朽"圣人的根据，也是中华优秀传统文化在明朝中期的结出的硕果。

---

① 《中外历史纲要（上）》前四个单元共计十五课内容讲授考古时代的文明起源到十九世纪前期中华文明的演变，与高校历史专业的中国古代史课程内容相对应；后六个单元共计十四课内容讲授鸦片战争直至改革开放以来中国历史的重要史实，与高校历史专业中国近代史和中国现（当）代史课程内容相对应。但本文着重讨论《中外历史纲要（上）》的中国古代部分。

② 中华人民共和国教育部：《普通高中历史课程（2020年修订）》，人民教育出版社2020年版，第1页。

③ 教育部：《中外历史纲要（上）》，人民教育出版社2019年版，第98页。

　　《中国古代史（下）》第二十一章第二节"明朝与清朝前中期的学术"也对王阳明的心学体系进行了讲解①，但更多地也侧重于理论分析。在实际教学中仍需要补充阐释阳明心学的实践价值，引导学生对中国优秀传统文化现代意义的反思，坚定学生的文化认同与文化自信，比如王阳明在1516年巡抚南赣地区②，面对"山谷险阻，往多贼窟"③的局面，用先礼后兵的方式，前后十五个月即平定了南赣地区几十年的匪患，但他深知"破山中贼易，破心中贼难"④，因此王阳明订立了著名的《南赣乡约》"告谕父老子弟，使相警戒"⑤，推行德法共治，稳定南赣地区的社会秩序，同时，兴建书院，亲自执掌教席，弘扬心学理论，移风易俗，在很大程度上转变了当时南赣地区盛行的奢侈之风，史载"守仁镇守三年，兵威武略奇变如神，遂为治境。江右之民为立生祠"⑥"守仁治赣三年，而赣俗丕变，赣人多为良善，问学君子亦多矣"⑦王阳明在短短三年之间实现了南赣地区的"治境"，这既是由"颇山中贼"到"治心中贼"的迥然不同于他人的"圣人之治"，也印证了王阳明十二岁"读书学圣贤耳"⑧的大志向。⑨

　　通过以上内容的讲解有助于学生在细节上进一步认知明朝前中期学术中阳明心学的历史价值，并且引导学生思考我们今天依然弘扬阳明文化的历史根源。以此为例，师范高校历史专业的核心课程，如中国古代史、中国近代史等都涵盖了中学历史教学的内容。因此，高校专业课内容讲授以及一手文献的征引，为学生们从事中学历史教学提供了必要的方法和史料来源，从而有助于中学历史教学的开展。

　　另一方面，《中国古代史（下）》课程教学与中学历史教学的贯通有助于高校尤其师范高校历史专业人才的培养。《中国古代史（下）》课程的教学总目标是"掌握中国古代史从唐末五代到清朝晚期的基本知识、基本观点和基本理论，进一步深入理解中国古代史学科知识体系的基本思想、方法和价值；掌握唐末到晚清各时期各地区优秀的文明成果，通过学习使学生具备一定的人文情怀和人文素养；使学生学会运用辩证唯物主义和历史唯物主义的观点，

① 张岂之：《中国历史新编·古代史（下册）》，高等教育出版社2011年版，第528—529页。
② 明朝中期的南赣地区约为今天的福建汀州、漳州，江西南安、赣州等地。
③ 昌宁县志编纂委员会：《昌宁县志》，成文出版社1976年版，第1001页。
④ （明）王守仁：《王阳明全集》，上海古籍出版社2011年版，第188页。
⑤ （明）王守仁：《王阳明全集》，上海古籍出版社2011年版，第1368页。
⑥ （明）王守仁：《王阳明全集》，上海古籍出版社2011年版，第1620页。
⑦ （明）王守仁：《王阳明全集》，上海古籍出版社2011年版，第1565页。
⑧ （明）王守仁：《王阳明全集》，上海古籍出版社2011年版，第1346—1347页。
⑨ 参见本书"《中国古代史（下）》课程教学详案与反思"部分的《阳明治赣》。

加深对人类社会发展规律的认识，进而提高分析问题和解决问题的能力；掌握中国古代史学科中蕴含的德育思想与方法，形成"以德育人"的意识；初步掌握反思方法与技巧，了解中国古代史五代至清末领域的国内外研究动态，具备提出和分析问题的基本科研能力。"① 这些目标的实现全部都要依托具体内容的讲授，当然，在实际教学过程中，特定的教学内容并不能实现以上所有目标，只能侧重于上述某一方面。而中学历史教学需要培养学生的五大核心素养，即唯物史观、时空观念、史料实证、历史解释和家国情怀与《中国古代史（下）》课程的教学总目标有异曲同工之处。

《中外历史纲要（上）》第 11 课"辽宋夏金元的经济与社会"最后一部分"探究与拓展"列举了两段关于唐宋科举取士的材料，要求师生"请阅读上述材料，了解其中所说'糊名''誊录'的含义。在此基础上进一步了解唐宋两朝科举制的主要区别，说说为什么科举制在唐朝只能做到'多公'，在宋朝却能做到'至公'。"② 回答这个问题要对唐宋科举制的演变做一定讲解，比如，宋代出于"重文抑武"的祖宗家法，在科举领域推广"糊名""誊录"，不但使宋代科举达到了前所未有的公正、公开、公平，取士人数也是一千三百年科举史上的顶峰，而且深刻地影响了后来科举制的发展。在形式上，"糊名法"（宋代称为"弥封"）就是把考生的名字、籍贯等能够体现个人信息封住，使阅卷者不能仅仅据此做评判，"誊录"就是由专人把考生试卷誊抄一遍，防止考官通过字体字迹营私舞弊。内容上，宋以后的科举取士其标准参考书就是南宋大儒朱熹的《四书章句集注》，参加科考的士人不得随意阐发个人观点。这在一定程度上有助于思想观念的统一、国家社会的稳定，但也钳制了学术思想的发展和创新。通过这些内容的讲解，使高中学生对科举制的细节能够有初步地了解和认识，并且可以引导学生进一步思考"为什么唐宋八大家，有六位都生活在宋代，而且更集中于北宋仁宗朝？"，激发学生自主探究的兴趣。针对科举制的讲解，实际上就在培养学生把科举制置于唐宋这一特定时期，基于一定史料进行的历史解释。而《中国古代史（下）》在涉及这一内容时，是对这一问题进行多元化地、深入地分析与讲授。

《中国古代史（下）》课程中第十七章第六节"宋金元的文化"中依然会探讨宋代文化繁荣的表现及其原因。但会依托多种史料如《宋史》《宋会要辑稿》《避暑漫抄》《退斋笔录》《建炎以来系年要录》等，从不同角度分析

---

① 参见本书"教学理念与教学大纲"部分的"教学大纲"。
② 教育部：《中外历史纲要（上）》，人民教育出版社 2019 年版，第 76 页。

宋代文化繁荣的原因，科举制度就是其中的重要内容①。由于中学历史教学中对这一部分有所讲解，从而有助于学生进行深层次的思考或者加深对于史料的理解与剖析。在这一过程中，提升了学生整合、解读史料的能力以及逐渐掌握用辩证的方法从不同角度分析同一历史现象的能力，而这些在中学历史教学中已经完成了初步讲解，使学生具备了感性认识，这就构成了师范高校历史专业人才培养中的重要环节。

总体而言，历史学科的特质就决定了，以《中国古代史（下）》为代表的师范高校历史专业核心基础课的教学与中学历史教学的关系是非常密切的，《中国古代史（下）》的教学为中学历史教学的开展、师资的成长提供了有力支撑，而中学历史教学又为师范高校历史专业的人才培养提供了高素质的人才来源，从长远来看，有助于师范高校历史专业的良性发展。

（二）《中国古代史（下）》课程教学与中学历史教学贯通的基础

作为高校历史专业的核心基础课，《中国古代史（下）》的教学理念、教学目标和教学方法与中学历史的教学育人有相通之处，这就构成了高校《中国古代史（下）》课程教学与中学历史教学贯通的基础。

首先，《中国古代史（下）》课程教学与中学历史教学能够贯通的基础在于教学理念一致。2020年，教育部提出了课程思政理念，要求高等院校各专业各学科落实到的教育教学过程中，实现全方位全过程的"立德树人"。历史专业的"立德树人"离不开对史料的解读、对现象的分析、对人物的评价。对历史现象特点和原因的探析，如对辽宋夏金、元、明、清诸阶段哲学宗教、文学艺术、科技教育等方面演变的成就及原因分析，培养学生的文化认同感，在对民族文化进行反思的过程中，坚定对民族文化的自信，强化学生文化传承的责任感；抓住不同历史阶段的农业、手工业、商业等的发展，分析推动王朝更迭、社会演变背后的经济动因，阐释经济基础和政治法律、思想文化等上层建筑的关系，树立学生的唯物史观；通过对心忧天下力行新政的范仲淹、力主抗金收复失地的岳飞、尊孔崇儒推行汉化的耶律楚材、五征漠北大兴文教的永乐、勤政忧国铁腕治贪的雍正等这些历史人物的多角度评价，培育学生的辩证思维能力等等。"立德树人"理念本身内涵深刻多元，践行的途径也必然是多样化的。

对于中学历史教学而言，《20版课标》明确了高中历史教育教学的基本理念之一是："历史课程最基本和最重要的教育理念，是全面贯彻党的教育方针，切实落实立德树人的根本任务，坚持育人为本、德育为先，使历史教育

---

① 参见本书"《中国古代史（下）》课程教学详案与反思"部分的《宋代文化繁荣的原因》。

成为形成和发展社会主义核心价值观的重要途径。发挥历史课程立德树人的教育功能，使学生能够从历史的角度关心国家的命运，关注世界的发展，成为德智体美劳全面发展的社会主义建设者和接班人。"① 无论是"全面贯彻党的教育方针，切实落实立德树人的根本任务"，还是"坚持育人为本、德育为先，使历史教育成为形成和发展社会主义核心价值观的重要途径"都需要通过历史课程教学，在依托史料文献、结合考古发现探求历史真相，由表及里辩证分析历史现象、从不同角度评价历史人物，在反思历史的过程中以史鉴今，实现"立德树人"。虽然中学历史教学在对历史现象分析的深度和广度上不及高校，但教学理念的一致、学科特质的同一，为高校历史课程教学奠定了重要基础，这也是师范高校历史专业以《中国古代史（下）》为代表的课程教学可以与中学历史教学相贯通的基础之一。

其次，《中国古代史（下）》课程教学与中学历史教学能够贯通的基础还有教学目标的相通。《20 版课标》明确提出了高中历史教学"以培养和提高学生的历史学科核心素养为目标"②，围绕唯物史观、时空观念、史料实证、历史解释、家国情怀展开教学和育人。尽管师范高校历史专业并没有提出"核心素养"，但历史专业的核心基础课一直以来就是在培养学生的"核心素养"——这是由历史学的学科特质决定的。

作为师范高校历史专业的核心基础课，《中国古代史（下）》课程一直以来注重培养学生的学科素质，体现专业素养。历史专业的本科生经过近四年的专业学习，需要学会搜集、整理史料的基本方法，学会利用辩证思维，通过逻辑实证，依托史料文献见微知著，从细节分析史实，同时，又要能够把握历史大势，从历史中汲取智慧，提升以史鉴今思维能力。而《中国古代史（下）》课程在教学中，通过史实的探究和历史人物的分析，如结合《宋史》《续资治通鉴长编》《旧五代史》《辽史》《涑水记闻》《闻见近录》《全宋文》等文献史料分析赵匡胤陈桥兵变建立北宋的历史事件，从不同角度揭示历史真相，培养学生搜集整理史料的基本方法、分析史料的多元角度以及利用史料辩证分析的思维；基于《元史》《元朝名臣事略》《湛然居士文集》《西游录注》《耶律楚材评传》等文献资料，剖析一代名相耶律楚材崇尚汉法，推动民族融合、文化融合，对中华民族多元一体的形成作出的突出贡献，引导学生思考中华民族共同体意识深深植根于中华文化的沃土；依托多媒体，从

---

① 中华人民共和国教育部：《普通高中历史课程（2020 年修订）》，人民教育出版社 2020 年版，第 2 页。

② 中华人民共和国教育部：《普通高中历史课程（2020 年修订）》，人民教育出版社 2020 年版，第 2 页。

政治史、文化史、科技史的角度讲授永乐迁都过程中紫禁城的营建，分析这项被誉为建筑史上奇迹的工程背后所展现的人民群众的伟大，使学生直观地感悟唯物史观的重要观点——人民群众是历史的创造者和推动者等等，这些内容在广度和深度上超过了中学历史教学，但在教学和育人的目标方面与中学历史教学是共通的。

最后，《中国古代史（下）》课程教学与中学历史教学能够贯通的基础还包括教学方法的相似。无论是师范高校历史专业的核心基础课还是中学历史教学的不同授课板块，都属于历史学的教学范畴。站在历史学的学科特质角度，这二者在教学方法上存在相似之处，即把历史事件的分析、历史人物的评价放在具体的历史阶段当中，以唯物史观为指导，依托具体史料进行微观的阐述和宏观的把握，发现历史规律的同时，也展现历史的温度，引导学生在反思历史的过程中，发现历史现象的历史价值和现实意义。但高校历史专业的授课角度更为多元、思维更为发散、思考更为深入。

比如《中外历史纲要（上）》第 15 课"明清经济与文化"中的"科技"子目中"从明朝后期起，一些欧洲天主教传教士前来中国传教，代表人物有意大利人利玛窦等。他们在传教的同时，与一些开明的中国士大夫合作翻译西方科学书籍，在一定范围内传播了西方科技知识，包括地球和各大洲、大洋等地理概念。清朝前期，传教士还运用欧洲先进测绘技术，帮助清廷绘制了精确的全国地图。"[1] 教材内容涉及明清之际西学东渐这一重大历史事件，通常指"欧洲学问进入中国的过程"[2]，随着利玛窦等传教士的来华，欧洲的哲学、神学、科学等对明清之际的中国传统的思想、科技、艺术等产生了较为深远的影响。因此，有学者主张中国近代史的开端可以上溯到明清之际的"西学东渐"[3]。教材图文并茂，以利玛窦绘制的《坤舆万国全图》（摹本）为例，阐述了该图"向中国人展现了世界的整体轮廓。"《坤舆万国全图》在明清西学东渐史上占有重要地位，是明清之际欧洲绘图技术的代表作。教学中通过对这幅地图的讲解，能够使学生对明清之际欧洲绘图技术以及该图对中国人地理观念的影响做初步了解。但强调西学东渐的同时，有必要简要阐述"东学西渐"——文化的交流历来都是双向的。事实上，西学东渐传入明清之际的欧洲的神学思想、科技成就的确开拓了当时中国人的视野，但影响有限，基本局限于明清皇室和文人士大夫的层面，对社会中下层的广大民众影响甚

① 教育部：《中外历史纲要（上）》，人民教育出版社 2019 年版，第 100—101 页。
② 冯天瑜：《明清文化史散论》，湖北人民出版社 2018 年版，第 210 页。
③ 陈旭麓：《近代史思辨录》，上海人民出版社 2019 年版，第 1 页。

微，明清社会依然沿着传统轨迹演变。而这一时期的"东学西渐"对欧洲社会产生的影响远超"西学东渐"对明清社会的影响。其中，科举制度经由传教士传到欧洲，改变了近代欧美人才选拔机制，催生了欧美国家文官选拔制度，这极大提升了政府的工作效率，为近代欧美国家的崛起提供了强劲动力；十八世纪初清康熙年间，由雷孝思、马国贤、白晋等传教士参与绘制的《皇舆全览图》是当时中国第一幅经纬网地图，其精度和全面程度都超越以往。中国科学院外籍院士、英国著名科技史学者李约瑟评价该图："不但是亚洲当时所有地图中最好的一幅，而且比当时的所有欧洲地图都更好、更精确。"① 这幅图的绘制技术经传教士传到欧洲，直接促进了当时欧洲绘图技术的发展。这些案例是《中国古代史（下）》课程在讲到明清之际西学东渐时的必要内容，也应该是《中外历史纲要（上）》的补充内容，从具体史料出发，围绕具体案例对历史现象进行符合历史阶段的解释，一方面可以坚定学生的文化认同感，另一方面引发学生思考，为什么在明清之际中外文化交流的过程中，当时的中国没有抓住历史契机，实现向近代社会的转型？这是明清之际的西学东渐给予我们的反思之处。

总之，师范类高校历史专业的价值之一是为中学历史教学培养师资。因此，高校历史专业课程的讲授在一定程度上就需要与中学历史教学相贯通。同时，师范高校历史专业课程与中学历史同属于历史学教学的不同阶段，这也构成了二者之间的密切联系的基础。

（三）《中国古代史（下）》课程教学与中学历史教学贯通的路径

1. 传统与现代相结合，提升学生的文献整合能力。

史料文献的搜集整理，是历史学研究和教学的重要环节，言出有据是历史学区别于其他学科的主要特征。因此，无论是中学历史教学，还是高校历史课程教学，都要用历史学的方式讲授和研究历史："没有证据，只可悬而不断；证据不够，只可假设，不可武断；必须等到证据之后，方才奉为定论。"② 这也是胡适提出来的史学教学的方法论——大胆假设，小心求证。他的学生傅斯年甚至说：史学便是史料学。③ 尽管我们并不认为史学可以直接与史料学画等号，但傅斯年先生指出了史料文献对于历史学极为重要的意义。史料实证作为中学历史教学的五大核心素养，实际上具备着把其他四大核心素养融合在一起的价值——唯物史观、时空观念、历史解释和家国情怀最终

① 李约瑟：《中国科学技术史（第五卷）》，科学出版社 1976 年版，第 235 页。
② 胡适：《〈水浒传〉考证》，北京出版社 2019 年版，第 171 页。
③ 傅斯年：《史学方法导论》，吉林出版集团股份有限公司 2017 年版，第 2 页。

都要在史料文献中得以展现、落实。学生核心素养需要在文献史料搜集整理的基础上，通过分析解读逐渐培育。

当前是网络信息化时代，史料文献的电子化极大方便了文献的检索、搜集和整理。大型文献数据库，如"中华古籍资源库"①"爱如生—中国基本古籍库"②"雕龙古籍全文检索数据库"③"民国时期期刊全文数据库"④"中国科学院国家科学图书馆"⑤"万方数据知识服务平台"⑥"古籍馆数据库"⑦"中国金石总录"⑧"汉籍电子文献资料库"⑨"书同文古籍数据库"⑩等的建设和使用，不仅推进了古籍文献的保护和整理，而且推动了史学研究的发展，为历史学教学提供了强有力的史料支撑。历史学专业的学生在日常学习中，学会了文献检索的方法后，可以直接应用于未来的中学历史课堂教学，补充多样化史料、多角度解读不同史料有助于自身对历史现象和历史人物的理解，借助多媒体展示，从而有助于学生对特定历史阶段历史现象和人物的认知。

网络信息化给史学研究和教学带来了便利，但传统的阅读纸质版史料文献不能被电子数据库完全取代。在传统的阅读方式下，即在阅读纸质版文献的过程中，把相关史料归类整理，在某种程度上更能够近距离在细节上感悟史料文献所承载的历史信息。同时，纸质版与电子版史料文献相互比对印证，也是历史学研究和教学严谨性的保证。传统纸质版史料文献的阅读是历史教师的基本功，也是学生们学习历史的过程中需要训练的能力之一。使高中生具备一定史料文献搜集、整理、阅读的基本能力，是中学历史教学的目标，也为未来的历史专业的学习奠定必要的基础。因此，电子信息化时代史料文献的搜集、整理和阅读与传统方式需要融合，以提升学生史料文献的搜集、整合能力。

2. 一体与多元相结合，强化学生的史学思辨能力。

历史事件的真相与历史人物的评价是历史学研究和教学中的重要内容。探究历史事件的真相往往需要多种史料相互印证才能够最终被揭示。历史人

---

① http：//read. nlc. cn/thematDataSearch/toGujiIndex.
② http：//dh. ersjk. com.
③ http：//tk. cepiec. com. cn/ancientc/ancientkm？@@0. 663953320073623.
④ https：//www. cnbksy. com/search/advance.
⑤ https：//www. las. ac. cn.
⑥ https：//www. wanfangdata. com. cn/index. html.
⑦ https：//www. gujiguan. com.
⑧ https：//www. ch5000. com. cn.
⑨ https：//hanchi. ihp. sinica. edu. tw/ihp/hanji. htm.
⑩ https：//guji. unihan. com. cn.

物的评价，往往由于评价者的立场不同，评价的角度不同，结论呈现出一定的差异甚至大相径庭。而不同角度评价历史人物往往能够使历史人物更为真实，结论的可信度更高——人性本身就是复杂的，同一个历史人物置身不同情境中的所表现出来的语言行为，可能又呈现出明显差异，无论这种差异是相近还是相去甚远，诸多的评价都指向同一个历史人物，正是在这样一个依托多种史料，从不同角度分析、探究历史真相、评价历史人物的过程中，强化学生的史学思维，提升学生的辩证思维能力。史学思维的强化、思辨能力的提升是一个长期的过程，中学历史教学就是奠定基础的阶段，这也是高校历史教学与中学历史课程教学相贯通之处。

《中外历史纲要（上）》第 12 课"辽宋夏金元的文化"中"文学艺术"子目讲授了宋词，并且对宋词的代表人物苏轼、辛弃疾、柳永、李清照进行了简要评价："唐朝后期出现的一种新诗体——词，到宋朝进入鼎盛时期。词的句子长短不等，用来配乐歌唱，根据乐谱分为不同的词牌，各有固定格式。两宋城市生活丰富多彩，娱乐场所需要大量的歌词。士大夫的著名词作在社会上广泛流传。作家以豪放派的苏轼、辛弃疾和婉约派的柳永、李清照成就最突出。"[1] 苏轼，北宋乃至中国古代文人的代表，诗词文书画俱佳，在中国古代文化史上影响深远。我们对于苏轼的认识大多集中于他文学艺术领域中的成就。但实际上我们换个角度会发现这个历史人物的复杂，对于苏轼的评价也绝非限于文学家、艺术家。比如，苏轼在治水、防疫方面就取得了惠泽万民，利在千秋的功绩。乃至于九百多年后水利部公布的第一批中国历史之水名人中，苏轼的名字赫然在列[2]。苏轼与大禹、西门豹、李冰等同为中华民族的水利事业做出了彪炳千古的贡献。

苏轼的治水功绩大多是在他出任地方官或者被贬谪到地方任职时完成的。苏轼宦海生涯仕途多舛，但其乐观豁达的性格以及心系家国、造福百姓的人生理想却从未因官场失意而有丝毫改变。他的治水事业中有三件代表事件。首先是徐州抗洪。公元 1077 年苏轼调任徐州，出任徐州知州。上任不久即遭遇洪灾。面对来势汹汹的洪水，苏轼抽调五千人，昼夜筑堤，堤坝修筑之后，湍急的洪水止于堤前。而雨日夜不停，为了保证堤坝的安全稳定，"轼庐于其上，过家不入，使官吏分堵以守，卒全其城。"[3] 吃住在抗洪一线，而且派熟悉水性者乘舟驾船给受困的人送粮食物资，从而挽救了大量的百姓。其次是

---

① 教育部：《中外历史纲要（上）》，人民教育出版社 2019 年版，第 78 页。

② http://www.mwr.gov.cn/ztpd/2020ztbd/lszsmrzs/.

③ （宋）苏轼：《苏轼文集编年笺注（诗词附·第三册）》，巴蜀书社 2011 年版，第 376 页。

广州引水。公元 1094 年，苏轼被贬谪到今天的广东惠州，途经广州。他发现广州百姓"好饮咸苦水，春夏疾疫时，所损多矣"①。于是他考察了广州城周边，发现离广州城不远处的白云山山泉水非常清澈可口。当即决定选址修建引水处。同时苏轼在引水处修筑了一个大石槽，然后用若干节竹子连成一个筒，借助地势的高低起伏，把白云山的山泉水引入广州城，然后再修筑一个大石槽，由此可以把山泉水再引入城中各处，方便百姓取用。当前学界普遍认为，这是中国历史上最早的自来水系统。最后是惠州筑堤。苏轼到达惠州后，发现惠州东西两城被水环绕，民众出行极不便利，他就借鉴之前在杭州疏浚西湖筑堤的经验，在惠州东西两城选择适宜之处筑堤，然后在东西两城之间并排放置船舶，进而在船之上建桥，从而便利了惠州百姓的出行，这座桥被誉为苏公桥，后来在苏公桥的基础上进一步改进加固，一直保留至今。当然，苏轼的治水功绩还不限于以上三方面，其他如惠州的东坡井，海南的浮粟泉，虽然工程小，但惠泽万民的口碑却一直流传至今。

此外，宋代疫情多发，平均每年 0.93 次，而且每次疫情持续时间长、波及范围广②，加之中国古代社会的公共医疗卫生条件对于瘟疫几乎无法有效抵御和防治，因此对于宋代百姓生活产生了极大的威胁："饥疫之年，乡村人户迫于朝夕，往往逃移"③ 而瘟疫的频发又引发了人口锐减、流民增加、经济倒退，从而加剧了宋政府的统治危机。苏轼在出任杭州地方官时，也遭遇了疫情的肆虐。面苏轼不余遗力地救助当地百姓："轼乃裒集羡缗，得二千，复发私橐，得金五十两，以作病坊，稍蓄钱粮以待之，名曰'安乐'"④ 他用二千缗公款和自己的五十两黄金，在杭州众安桥兴建了一所公立医院，取名"安乐坊"——这是我国历史上第一所为百姓兴建的官办慈善医院。与此同时，苏东坡命当地官吏和寺庙僧人到各地大量购置中药材，以圣散子配方制成药剂，分发给病患免费服用，效果良好，"活者不可计数"。苏轼主持兴建的"安乐坊"和经他手而广为流传的圣散子方在中国古代防疫史上留下了浓墨重彩的一笔，而且充分彰显了中国古代中医药在防治疫情方面的实效。⑤

通过苏轼治水、抗疫这两方面内容讲授，可以使学生认识到，历史人物本身是复杂的，评价历史人物的角度必然是多元的。无论苏轼是文学家、政治家、美食家、艺术家、水利专家等等，多重身份汇集到一起，最终构成了

---

① （宋）苏轼：《苏东坡全集 第七卷》，北京燕山出版社 2009 年版，第 3906 页。
② 韩毅：《宋代瘟疫的流行与防治》，商务印书馆 2015 年版，第 48 页。
③ （宋）李焘：《续资治通鉴长编 第 472 卷》，中华书局 2004 年版，第 11270 页。
④ （宋）李焘：《续资治通鉴长编 第 435 卷》，中华书局 2004 年版，第 10496 页。
⑤ 参见本书"《中国古代史（下）》课程教学详案与反思"部分的《宋人抗疫》。

苏轼这个人——一个有血有肉、多才多艺、乐观豁达、心系天下的人。通过具体内容的讲授，使学生学会从不同角度评价历史人物、看待历史事件，是提升学生思辨能力的有效途径。

3. 历史与当下相结合，拓展学生学术视野与思维。

前后持续近二十年的王安石变法对北宋以及中国古代历史产生的影响是深远的。从王安石变法之初一直到今天，王安石及其所领导的变法引发了时人和后世的不断争论，这已经成为近千年来的学术公案，因此，王安石变法一直以来都是历史学研究和教学的重点难点。无论是高校的课堂，还是中学历史的教学，在教学实践中，不仅需要把王安石变法主要过程和措施讲解清楚，而且需要参考学界的研究成果，丰富教学内容的同时，拓展学生的学术视野，激发学生的思维。

《中外历史纲要（上）》第9课"两宋的政治和军事"中用单独的一个子目"王安石变法"来讲解宋代政治上的这一重要事件："1069年，宋神宗任用王安石主持变法。变法涉及农业、商业、水利、赋税、基层管理、军事训练、科举教育等诸多领域，基本原则是加强国家对这些领域的管理和控制，达到富国强兵的目的。富国方面，官府通过向农民提供农业贷款、拨巨资从事商业经营等手段，力图在调控经济的同时开辟财源；强兵方面，对农民进行编制管理和军事训练，希望借以逐渐恢复'兵农合一'的征兵制，取代募兵制。"[1] 并且评价"一些措施在执行过程中加重了人民的负担，也引起激烈争议。围绕变法问题，统治集团内部的分裂日益严重，引发党争，北宋逐渐走向衰亡。"[2] 根据教材的描述，我们看到，导致北宋日渐衰亡的重要原因就在于王安石变法中部分措施的推行，加重了人民负担，激化了社会矛盾，加剧了统治集团内部的分裂，进而引发党争等，但对哪些措施"加重了人民的负担"并没有提及，这就需要我们在实际教学中，深入到王安石变法的时代，以史料为基础分析王安石变法的措施，揭示哪些措施的推行导致了北宋日渐衰亡。[3]

我们以"青苗法"为例。青苗法是王安石变法中的核心措施，它的推行关乎着王安石变法的效果和成败。"青苗法者，以常平籴本作青苗钱，散与人户，令出息二分，春散秋敛"[4] 青苗法就是政府贷给农民钱粮种子，然后向

---

① 教育部：《中外历史纲要（上）》，人民教育出版社2019年版，第61页。

② 教育部：《中外历史纲要（上）》，人民教育出版社2019年版，第61页。

③ 北宋衰亡的原因是比较复杂的，学术界认为，如果把王安石变法视为北宋衰亡的原因，那么也仅仅是原因之一。北宋末年君臣的腐朽统治是更为重要的原因。参见本书"《中国古代史（下）》课程教学详案与反思"部分的《徽宗君臣的腐朽统治》。

④ （元）脱脱等：《宋史》，中华书局2011年版，第10544页。

农民征收 20% 的利息。王安石推行青苗法的初衷，一方面是帮助农民度过荒年，使农民免遭高利贷的盘剥，另一方面则是增加政府收入，使府库的陈年粮种得以更新。但以韩琦、苏辙为代表的官员并不认同，他们认为一年之内政府分两次征收利息"贷万钱者不问远近之地，岁令出息四千也"①，对于农民而言实属暴利。因此，从一开始就反对青苗法的推行。同时由于用人不当，青苗法推行过程中，地方官吏往往为了迎合中央政府取利，强行放贷："诸路提举官往往迎合安石之意，务以多散为功。富民不愿取，贫者乃欲得之，即令随户等高下品配，又令贫富相兼，十人为保，以富者为保首。"② 而青苗法推行于地方时，地方官员出于政绩和晋升的动机，往往又急于回收成本和利息，就此偏离了青苗法的制定初衷："上散青苗钱于设厅，而置酒肆于谯门，民持钱而出者，诱之使饮，十费其二三矣。又恐其不顾也，则命娼女坐肆作乐以蛊惑之。小民无知，争竞斗殴，官不能禁，则又差兵官，列枷杖以弹压之。"③ 青苗法的推行导致了"天下骚然"，最终由利民演变为扰民，甚至害民："二十年间，因欠青苗至卖田宅雇妻女投水自缢者，不可胜数。朝廷忍复行之欤！"④ 通过这一内容的讲授，使学生能够认识和理解王安石变法中哪些措施实际上"加重了人民的负担"，思考和回答这一问题的过程中，也能够寻找到历史与当下的衔接之处，感悟历史研究的意义与价值，即一项改革最终能否成功，其重要的衡量标准就是是否有利于人民群众的根本利益，当代如此，古代亦然。符合人民群众根本利益的，人民群众自然会支持，否则，归于失败只是时间的早晚而已。青苗法最终被废止，这也是王安石罢相的原因之一。尽管如此，我们却不能否定以青苗法为例的王安石变法推行的初衷，通过历史事件的讲解与历史人物的评价，结合学术界的研究⑤，开拓学生学术视野，激发学生思维的活跃度，引导学生思考问题出现的原因，历史学研究与教学的以史鉴今价值即在于此，这是高校与中学历史教学的共通之处。

　　4. 微观与宏观相结合，增强学生文化认同与自信。

　　历史是由一个个鲜活的人物、一件件生动的事件组成的，这是历史的细

---

① （宋）韩琦：《安阳集编年笺注（下）》，巴蜀书社 2000 年版，第 1847 页。

② （元）脱脱等：《宋史》，中华书局 2011 年版，第 4281 页。

③ （宋）王栐：《燕翼诒谋录》，中华书局 1981 年版，第 23 页。

④ （宋）苏轼：《苏轼文集编年笺注（诗词附·三）》，巴蜀书社 2011 年版，第 768 页。

⑤ 参见李华瑞《王安石变法与南宋以后中国社会变迁》，人民出版社 2004 年版；李华瑞《九百年来社会变迁与王安石历史地位的沉浮（上）》，《河北学刊》2004 年第 2 期；李华瑞《九百年来社会变迁与王安石历史地位的沉浮（下）》，《河北学刊》2004 年第 4 期；朱瑞熙《20 世纪中国王安石及其变法的研究》，《安徽师范大学学报》（人文社会科学版）2003 年第 2 期；张呈忠《日本近代化进程中的王安石变法研究——从海保青陵到京都学派》，《全球史评论》2019 年第 2 期等等。

微之处；同时历史的发展大势是不以个人的意志为转移，而呈现出来它本身的宏观规律性。由于前者，我们每个人都是历史的参与者，我们每个人都创造自己的历史，展现出个体的主观能动性；由于后者，我们又不能随意创造自己的历史，要基于特定的背景和条件才能够创造自己的历史，也在一定程度上推动历史的演进。因此，我们看待历史，研究历史、讲授历史等，需要把微观的分析和宏观的把握结合在一起，既能够触摸到历史的温度，又能够感悟历史的规律。在中学历史教学的过程中，需要给予学生对历史的初步认知，高校历史课堂上就需要在此基础上加深学生对历史的感悟和理解。近距离微观的探究历史，有助于增强学生的文化认同感，远距离宏观的思考历史，有助于坚定学生的文化自信。

《中外历史纲要（上）》第12课"辽宋夏金元的文化"中"科技"这一子目涉及中国古代三大发明以及沈括、郭守敬两位科学家的介绍。其中，三大发明是我们耳熟能详的："印刷术、火药和指南针三大发明在宋朝基本成熟。雕版印刷已经相当普及，北宋工匠毕昇发明了活字印刷术。火药大量制造并用于军事，由燃烧型火器逐步发展为爆炸型火器。利用磁石指示南北的特性，用人工磁化的方法造出了指南针，并且广泛应用于航海。三大发明为人类文明的进步作出了重要贡献。"① 这三大发明的世界级影响不必多说，马克思曾给予三大发明高度评价："火药、指南针、印刷术——这是预告资产阶级社会到来的三大发明。火药把骑士阶层炸得粉碎，指南针打开了世界市场并建立了殖民地，而印刷术则变成了新教的工具，总的来说变成了科学复兴的手段，变成对精神发展创造必要前提的最强大的杠杆。"② 但除此之外，《中外历史纲要（上）》中所提到的"三大发明为人类文明的进步作出了重要贡献"，究竟是怎样的"重要贡献"呢？以马克思把印刷术看作"科学复兴的手段和精神发展创造的必要前提"又是怎样的呢？这两个问题都指向了历史的微观之处。

中国古代的印刷术基本可以分为雕版印刷术和活字印刷术。雕版印刷术的起源问题是学术界研究的热点，至今没有统一的意见③，但大多认为雕版印刷术最迟到北宋已经成熟，并且大规模应用于社会中，极大地便利了书籍的

① 教育部：《中外历史纲要（上）》，人民教育出版社2019年版，第80页。
② 中共中央马克思恩格斯列宁斯大林著作编译局编译：《马克思恩格斯文集 第8卷》，人民出版社2009年版，第338页。
③ 参见辛德勇《中国印刷史研究》，生活·读书·新知三联书店2016年版；韩琦、[意]米盖拉《中国和欧洲：印刷术与书籍史》，商务印书馆2008年版；潘吉星《中国金属活字印刷技术史》，辽宁科学技术出版社2001年版等著作中关于印刷术起源的讨论。

印刷和出版，北宋末年《清明上河图》中的"书坊"就为我们保留了印刷术在宋代传播和应用的场景。而活字印刷术通常被认为由平民毕昇在北宋发明，但在宋代以后并没有得到大规模推广，其原因是多方面的。① 无论是雕版印刷还是活字印刷，对于文明的传承和传播而言，意义重大。中华文明之所以成为古代文明中唯一一支传承至今的文明，印刷术起到了不可或缺的作用。而宋元之际，随着蒙古铁骑的西征以及欧洲十字军东征，印刷术辗转传到欧洲。西班牙传教士门多萨在《中华大帝国史》中描述了印刷术的西传："一般的意见是，欧洲印刷术的发明是在 1458 年。但中国人称，最早是他们国家发明。后来印刷术经过罗斯（Ruscia）和莫斯科公国（Moscovia）传入德国，这是真实的。现在他们那里还有很多书，印刷日期早于德国开始发明之前五百年。"② 印刷术传到欧洲后，德意志人古腾堡在此基础上发明了欧洲的印刷术，进而引起了多米诺骨牌效应。那么，印刷术对于欧洲文明又产生了哪些影响呢？主要体现在三方面。第一，印刷术的发明打破了教会对于文化的垄断。印刷术发明之前，书籍大多是手写、手抄而成，手抄费时、费事，又容易抄错、抄漏，而且成本极高。出于传教的需要，基督徒或者神职人员往往成为文化知识的载体，进而成为文化的垄断者。印刷术发明之后，书籍制作成本降低，通过阅读大大提高了人们的识字率，促进了教育的普及和知识的推广，教会和神职人员的文化垄断就此被打破，深刻影响了欧洲社会民众的思想；第二，印刷术推动了宗教改革，使宗教改革成为现实。1517 年马丁·路德在德国维滕贝格诸圣堂大门上张贴了名为《九十五条论纲》的辩论提纲，抗议罗马教廷兜售赎罪券。同时主张民众可以通过自行阅读《圣经》建立对上帝的信仰，否定了民众必须通过教廷才能建立信仰的途径，由此拉开了西欧宗教改革的帷幕。但宗教改革的大规模推行，有一个重要前提，即民众都要有《圣经》可读。印刷术就使人手一册《圣经》成为可能和现实。事实上，印刷术发明之后，《圣经》成为欧洲历史上发行量最大的文献，为宗教改革的推行，提供了重要的技术条件；第三，印刷术助力科学传播。1543年哥白尼《天体运行论》（新译本为《天球运行论》）出版。该书主张的日心说理论，之所以对天文学和整个人类思想都产生了深远影响，得益于印刷术

---

① 参见刘琳琳《活字印刷术推广应用迟缓原因探析》，《贵州文史丛刊》2004 年第 1 期；陆亚萍《我国古代活字印刷术发展缓慢原因探析》，《广东印刷》1998 年第 4 期；陈力《中国古代活字印刷术新论（上）》，《中国图书馆学报》2019 年第 2 期；陈力《中国古代活字印刷术新论（下）》，《中国图书馆学报》2019 年第 3 期；田峰《19 世纪西方传教士与中国印刷业转型》，《山东理工大学学报》（社会科学版）2017 年第 4 期等。

② ［西］门多萨：《中华大帝国史》，中华书局 2013 年版，第 110—111 页。

的助力。在哥白尼身后七十余年的时间中，这部书广为流传，直到1616年被列为罗马教廷的禁书，但是新思想的影响已经不可遏制。自此之后，天文学、物理学、化学等自然科学纷纷冲破了宗教的桎梏，属于科学的时代最终到来。可以说，以往的研究更多地关注了自然科学对于人类社会的影响，但印刷术在近代自然科学的崛起过程中扮演了不可或缺的角色。

我们看到，从微观的角度比较雕版印刷术和活字印刷术的差异，从宏观的角度讲授印刷术对人类文明的影响，有助于提高学生的思维深度、拓宽学生的思维广度，同时引导学生思考，在文化交流更为频繁的当代，如何在国际舞台上发挥越来越大的作用，推动人类文化的良性发展，这是历史给予我们的责任，毕竟"从全世界的历史和现状来看，人类文明之所以能发展到今天这个样子，中国人与有力焉。"[1]

为建立健全教育质量保障体系，不断提高高校教学水平和人才培养质量，教育部依据《普通高等学校本科专业目录（2012年）》制定了《普通高等学校本科专业类教学质量国家标准》（后文简称《标准》）。其中，针对历史学类教学质量《标准》有明确规定："历史学类专业教育教学应坚持以马克思主义为指导，培养学生具有坚定正确的政治方向、扎实的理论基础、广博的历史知识、深厚的人文素养、敏锐的问题意识与思辨能力，掌握历史信息搜集、考证与分析的基本方法，能在历史过程和现实处境中考察特定的历史现象，记录、搜集和处理相关信息，形成合理的见解，以开放和包容的眼光理解人类社会生活及其价值观念的复杂性和多样性，能在高等和中等学校及相关科研部门从事历史学教育与研究，适应国家社会经济文化发展的需要。"[2]这段文字简明扼要地提出了历史学类专业人才培养的要求，并且明确了本科专业培养的学生应该具备在高等和中等学校从事历史学教育与研究的能力。很显然，《标准》指出了高等学校历史学类专业承担着中学历史师资培养的责任。那么高等学校历史学类专业教师就有必要了解中学教学以及课程教改，在高等学校历史学类的课程讲授过程中，依据具体的内容，适当把高校历史学类课程教学与中学历史教学贯通，使高校人才培养能够与时俱进。

---

[1] 季羡林：《季羡林谈义理》，人民出版社2010年版，第39页。
[2] 教育部高等学校教学指导委员会：《普通高等学校本科专业类教学质量国家标准（上）》，高等教育出版社2018年版，第102页。

附　点评专家简介

（按姓名拼音首字母顺序排列）

安尊华，男，1966 年生，贵州省思南县人，博士，贵州师范大学历史与政治学院教授，博士生导师，贵州师范大学贵州民间文献研究中心主任、中国明史学会贵州沈万三分会副会长、中国民族史学会理事、贵阳市史学会副会长、贵州省历史学会常务理事和贵州省行政区划变更论证专家。主要研究领域为历史文献学、中国文化史、明清民国社会经济史；主持完成国家社科基金项目 3 项，完成省、厅级项目 5 项，目前在研贵州省哲学社会科学国学单列项目"清水江文书儒家精髓运用与传承研究"；获省哲学社会科学优秀成果三等奖 2 项；公开发表学术论文 30 余篇。

陈华森，男，1970 年生，江西丰城人，法学博士，贵州师范大学历史与政治学院院长，二级教授，博士生导师。贵州省省管专家，贵州省新型智库专家，国务院政府特殊津贴专家，贵州省甲秀文化人才（理论类），贵州省高校哲社学术带头人，贵州省政治学国内一流建设学科带头人、贵州省第一批"学术先锋号"领衔专家，贵州师范大学政治学一级学科博士点带头人。国家社科基金同行评审专家，中国政治学会常务理事，贵州省科学社会主义暨政治学学会副会长，贵州省社会学学会副会长。主持国家社科基金重点项目 1 项，主持完成国家社科基金一般项目 1 项及特别委托项目子课题 1 项、教育部人文社科一般项目 1 项；出版独著 2 部、教材 1 部；获省部级科研成果一等奖 1 项、二等奖 5 项。在《政治学研究》《贵州社会科学》等核心刊物发表学术论文 70 余篇。

段红丽，女，1980 年生，云南玉溪人，教育学博士，贵州师范大学历史与政治学院教师，研究方向为课程与教学基本理论。曾长期担任高中历史学科教研组长、备课组长，同时负责指导新任教师，积累了丰富的中学教育教学经验。指导本科生参加国家级和省级教学技能大赛，学生分别获得一等奖

2 次，二等奖 2 次。目前主持贵州省教育课科学规划重点项目"过程与评价：课改深化阶段中学历史教师知识发展的实践研究"和贵州省教学内容和课程体系改革项目"主体·主题·主动：'中学历史教学设计'课程内容变革与实践研究"，在《当代教育科学》《现代基础教育研究》等核心刊物发表多篇教学教改论文。

冷江山，男，1980 年生，山东临清人，文学博士，贵州师范大学文学院教授，博士生导师，师大附中副校长，师大党委教师工作部副部长，加拿大英属哥伦比亚大学（UBC）教师教育学院、华东师范大学教育学部高级访问学者，贵州省"五一劳动奖章"获得者。自参加工作以来，先后获得贵州省第二届高校青年教师教学竞赛一等奖、第二届全国高校青年教师教学竞赛一等奖、贵州师范大学"思贤名师·教学精英"等奖项及荣誉称号；科研方面，在《光明日报》《敦煌研究》等刊物发表高水平论文 30 多篇，先后主持并完成省教改、教育部人文社科和国家社科基金等多项科研项目。

刘永海，男，1968 年生，河北省遵化县人，历史文献学博士，中国民族史学会理事，中国历史文献学会会员，贵州省儒学会理事。贵州师范大学历史与政治学院教授，博士生导师。主要研究领域为中国古代史、历史文献学，主讲《历史文献学》《中国古代史》等课程。近年来，在 CSSCI 等期刊公开发表本专业学术论文 46 篇，在人民出版社、中华书局等出版社独立出版学术专著 6 部，主持并完成国家社科基金项目 1 项。

卢勇，男，1980 年生，哲学博士，贵州师范大学马克思主义学院副教授，硕士生导师。荣获贵州省"五一劳动奖章"，入选贵州师范大学首届"思贤名师"培育对象。曾获得第四届全国高校青年教师教学竞赛三等奖、教育部思政示范金课、第四届贵州省高校青年教师教学竞赛一等奖、贵州省高校思想政治理论课"精彩教案"及"精彩教案"二等奖、贵州省高校思想政治理论课"精彩一课"等各级各类奖励。在《东南学术》《理论月刊》等核心刊物发表学术论文多篇。

唐定坤，字履霜，男，1978 年生，贵州师范大学文学院教授，贵州师范大学"思贤名师"（教学精英），硕士生导师；中华诗教学会理事，中华诗词学会高校诗词工作委员会委员，贵州省古典文学学会副秘书长，南雅诗社社长。主要研究中国诗赋及人文教学，先后主持国家社科基金"诗教传统及其现代转化研究"、教育部人文社科基金"唐前诗赋文体交叉研究"、贵州省高校教学内容和课程体系改革项目"大学'诗教'与师范类中文专业人才培养模式改革"等各类课题 5 项，出版专著三部，在《中山大学学报》《中国大学教学》《中国文化》等刊物发表学术论文和教研论文三十余篇，获第二届"屈原诗学奖"（论文奖）、第三届全国高校青年教师教学大赛二等奖、贵州省"五一劳动奖章"等荣誉。

王建设，女，1952 年生，贵州师范大学文学院教授，硕士生导师，贵州师范大学本科教学督导，国家级普通话测评员。重点从事汉语言文学专业本科及研究生的教学工作，主要讲授《现代汉语》《语言学概论》《普通话》《汉语语法研究》等课程，主编教材 1 部，在《贵州师范大学学报（社会科学版)》发表多篇学术论文。

王兴锋，男，1984 年生，陕西宝鸡人。现为贵州师范大学历史系副教授，硕士生导师。任中国民族史学会会员、贵州省史学会理事。主要教学与研究领域为中国古代史、中国文化史、历史地理学等。在《中国边疆史地研究》《中国历史地理论丛》《历史地理》《历史教学问题》等权威与核心期刊公开发表论文 20 余篇。目前主持国家社会科学基金重大项目"中国古代长城的历史地理学研究"的子课题以及国家社会科学基金青年项目"秦汉时期河套地区民族迁徙与边疆治理研究"。

伍志燕，男，1975 年生，哲学博士，贵州师范大学历史与政治学院教授、博士生导师，贵州省省管专家、黔灵学者、高校哲学社会科学学术带头人。近年来，主持国家社科基金（含重点项目）2 项、教育部人文社科规划课题 2 项、省厅级课题 8 项，出版专著 5 部；在《光明日报》（理论版）、《中国社会科学内部文稿》等重要刊物发表论文 100 余篇；获得省部级科研成果二等奖、三等奖 2 项，省级教学成果二等奖 1 项、校级教学成果奖 3 项。

章凤红，女，1968 年生，教授，硕士生导师，研究方向为大学生思想政治教育，贵州师范大学马克思主义学院任课教师。曾获贵州省高校思政课教学名师；"全国五一劳动奖章"获得者；"全国优秀教师"；入选教育部社科司首批百千万人才培养计划；全国高校学术、党建"百名双带头人"工作室项目建设负责人。主要承担高校思想政治理论课教学工作，先后获教育部《思想道德修养与法律基础》"精彩一门课"奖、《读好"战疫"书》获全国高校思想政治工作优秀金微课、主讲《高举真理火炬　培育时代先锋》获全国高校学习"七一"重要讲话精神"金课";主持的《高校微课教学探析》教学改革项目,入选教育部高校思想政治理论课教学改革《善教之道》"择优推广"计划,在全国各高校推广实施;完成省部级课题 10 余项,发表文章 20 余篇;"国家意识形态安全视阈下高校思政课建设研究"获国家社科基金立项建设。